高等学校工业工程类教材

# 物流与供应链管理

陈 璐　郑美妹　周耀明 ◎ 主编

LOGISTICS AND
SUPPLY CHAIN MANAGEMENT

清华大学出版社
北京

版权所有,侵权必究。举报：010-62782989,beiqinquan@tup.tsinghua.edu.cn。

**图书在版编目(CIP)数据**

物流与供应链管理/陈璐,郑美妹,周耀明主编. —北京：清华大学出版社,2024.3
高等学校工业工程类教指委规划教材
ISBN 978-7-302-65765-1

Ⅰ.①物… Ⅱ.①陈… ②郑… ③周… Ⅲ.①物流管理－高等学校－教材 ②供应链管理－高等学校－教材 Ⅳ.①F252.1

中国国家版本馆 CIP 数据核字(2024)第 055802 号

责任编辑：冯　昕　赵从棉
封面设计：李召霞
责任校对：薄军霞
责任印制：刘　菲

出版发行：清华大学出版社
　　　　网　　址：https://www.tup.com.cn,https://www.wqxuetang.com
　　　　地　　址：北京清华大学学研大厦 A 座　　邮　　编：100084
　　　　社 总 机：010-83470000　　邮　　购：010-62786544
　　　　投稿与读者服务：010-62776969,c-service@tup.tsinghua.edu.cn
　　　　质量反馈：010-62772015,zhiliang@tup.tsinghua.edu.cn
印 装 者：大厂回族自治县彩虹印刷有限公司
经　　销：全国新华书店
开　　本：185mm×260mm　　印　张：21.25　　字　数：513 千字
版　　次：2024 年 5 月第 1 版　　印　次：2024 年 5 月第 1 次印刷
定　　价：69.00 元

产品编号：093444-01

# 编 委 会

**顾　问**　汪应洛　杨善林　郑　力　齐二石
**主　任**　江志斌（上海交通大学）
**副主任**　高　亮（华中科技大学）　王凯波（清华大学）
**委　员**
　　　　　　何　桢　天津大学
　　　　　　周德群　南京航空航天大学
　　　　　　鲁建厦　浙江工业大学
　　　　　　王金凤　郑州大学
　　　　　　易树平　重庆大学
　　　　　　马义中　南京理工大学
　　　　　　沈厚才　南京大学
　　　　　　罗　利　四川大学
　　　　　　周永务　华南理工大学
　　　　　　郭　伏　东北大学
　　　　　　耿　娜　上海交通大学

# 丛 书 序

工业工程起源于 20 世纪初的美国,是在泰勒的科学管理的基础上发展起来的一门工程与管理交叉学科。它综合运用自然科学与社会科学的专门知识,旨在对包括人、物料、设备、能源及信息等要素的集成系统,进行设计、优化、评价与控制,从而提高系统效率、质量、成本、安全性和效益。工业工程的核心目标是解决系统提质增效、高质量运行和发展的问题。一百多年来,工业工程在欧美及亚太等发达国家和地区经济与社会发展中,特别是在制造业发展中,发挥了不可或缺的关键作用。自从 20 世纪 80 年代末引入中国后,工业工程对我国国民经济建设,尤其是中国制造业的迅速崛起起到了重要的推动作用。与此同时,我国的工业工程学科专业建设和人才培养也取得了显著进步。目前,全国已经有 250 多所高校设置了工业工程相关专业。根据 2013 年教育部颁布的本科教学目录,工业工程已经成为独立的专业类别,包含工业工程、质量工程和标准化工程 3 个专业。此外,物流工程、物流管理等专业也与工业工程密切相关。

党的二十大报告明确提出:"建设现代化产业体系。坚持把发展经济的着力点放在实体经济上,推进新型工业化,加快建设制造强国、质量强国、航天强国、交通强国、网络强国、数字中国。"面对当前的形势,实施创新驱动,大力发展实体经济,支撑制造强国建设,全方位实施质量中国建设,加快构建国内国际双循环新的发展格局,促进我国经济与社会发展,尤其是先进制造业与现代服务业高质量发展,急需培养一大批掌握现代工业工程理论方法、具有从事工业工程相关工作能力、具有创新精神和创新能力的工业工程相关专业人才。在新的历史时期,尤其是在物联网、大数据、云计算及人工智能等新信息技术赋能下,工业工程领域也面临着重大发展机遇,亟待更新知识体系,推动理论方法的创新。

为了及时响应新时期工业工程人才培养的需求,教育部高等学校工业工程类专业教学指导委员会及优质课程与教材工作组先后于 2020 年和 2021 年连续发布了《工业工程类优质课程建设方案征集通知》。在经过充分讨论和征求意见后,提出一套系统化的建设课程大纲、优质教材与优质课程建设及优质课程共享一体化方案。其基本原则是以能力培养为核心,课程应突出对学生能力的培养,同时还应凸显工业工程专业不可替代的特色和新时期的新特征。该方案的根本宗旨是提升教学质量和水平,并依托各高校资源和支持,以教指委员为支点,调动和共享各校优质资源,协同工作。在此基础上,教育部高等学校工业工程类专业教学指导委员会还组建了"高等学校工业工程类教指委规划教材"编委会,共同完成了系列教材的组织与编写工作。本系列教材的建设原则是根据时代发展的新需求,建设全新的教材,而不是已有教材的局部调整和更新。

本系列教材的征集面向全国所有高校,经过编委会专家严谨评审,并依据择优原则选取教学经验丰富、研究成果丰硕的教师团队编写教材。在成稿后,又经过资深专家严格审稿把关,确保入选教材内容新颖、质量上乘、水平卓越。第一批入选的 9 种教材包括:《基础统计:原理与实践》《生产计划与控制》《人因工程:原理、方法和设计》《物流与供应链管理》

《管理学导论》《生产与服务大数据分析》《智能运营决策与分析》《服务管理导论》《机器学习：工业大数据分析》。

本系列教材基本涵盖了工业工程专业的主要知识领域，同时反映了现代工业工程专业的主要方法和新时期发展趋势，不仅适用于全国普通高等学校工业工程专业、管理科学与工程专业等专业的本科生，对研究生、高职生以及从事工业工程工作的人员也有较好的参考价值。

由于工业工程发展十分迅速，受时间限制，本系列教材不妥之处亦在所难免。欢迎广大读者批评指正，以便在下一轮建设中继续修改与完善。

编委会

2023 年 9 月

# 前　言

在当今全球经济格局变化的大势下,供应链管理成为企业甚至国家的核心话题。我国高度重视提升产业基础能力和供应链运作水平,党的二十大报告更是提出着力提升供应链韧性和安全水平的重大决策和战略部署,凸显供应链作为经济运行基础的重要地位。物流贯穿在整个供应链活动中,连接上游供应商、中游制造商,以及下游的客户,是整个供应链中包含业务活动最多的职能,在成本、质量和效率上都对供应链的整体运行有着重要影响。

本书将供应链管理中系统化、全局化的管理理念与物流运作、供应链设计规划有机结合在一起,引导读者深入了解物流和供应链管理的核心概念、策略和最佳实践。同时,本书也探讨了大数据分析、人工智能等创新技术在物流和供应链管理中的应用。本书可作为工业工程、物流工程、管理科学与工程等专业的本科生、研究生教材,也可以作为物流与供应链管理领域从业人员的参考用书。

本书有以下几个特点:

第一,内容系统。本书共分5篇。第1篇对物流及供应链管理进行简介,使读者了解物流、供应链及供应链管理的基本概念、供应链管理的发展历程,以及物流的经济效用。第2篇讨论供应链网络的设计方法,包括配送网络设计、设施选址与布局设计,以及仓储和运输这两类主要物流活动的运作管理方法。作为最重要的供应链绩效驱动因素之一,库存管理一直是供应链管理中的重中之重。第3篇关注供应链中的库存管理。本篇内容不仅包含单个设施内库存管理的基本方法,还包含在供应链环境下如何进行库存管理。第4篇阐述供应链协调与集成的方法,同时讨论了供应链协调和失调的控制方法,以及如何有效地进行供应链的集成。第5篇论述供应链管理中跨职能驱动因素,包括外包与采购决策、产品与客户服务。

第二,体系规范。书中不仅包含基本理论及方法论述,还包含解决实际运作管理问题所需的建模与算法知识,体现了相关知识的工程应用和学科交叉特色。此外,在每章的最后还有练习题、案例分析和参考文献,便于读者学习和研究。同时提供全套教辅材料,包括全书课件、习题答案等,便于教师使用本书开展教学工作。

第三,案例翔实。每章都有1~2个相关的案例分析,视野开阔、通俗易懂,使得读者在案例阅读中获得理论方法的操作性启发。同时,结合当今中国产业发展的现状、需求,以及热点,引入了体现时代性的国内企业案例,如华为、中兴、京东等,希望能够激发读者的思考,引导读者在实践中探索问题的解决方案。

为便于师生开课和学习,本书还配备了丰富实用的课件PPT、教学大纲和教学视频,读者通过扫描书内二维码即可观看教学视频。

本书由上海交通大学工业工程与管理系陈璐教授、郑美妹副教授、周耀明副教授共同编著。研究生孔郑娇、李晓妮、裘柯钧、关志成、王清威、董霜霜、时小倩、杜宁馨、杨毅、杨航等参与了本书编写过程中的文献整理、素材收集、图文校对等工作。同济大学陆志强教授为本书的架构设计及章节安排提供了宝贵的建议。感谢所有对本书的撰写和编辑做出贡献的人员；感谢清华大学出版社，没有他们的辛勤努力和专业知识，本书是无法完成的。同时也要感谢读者的阅读和支持，希望您在学习和实践中能够取得成功！

书中难免存在错误或欠妥之处，敬请读者批评指正。

作 者

2023 年 6 月

# 目　　录

## 第 1 篇　物流与供应链管理简介

### 第 1 章　供应链管理概述 ······· 3

- 1.1 供应链与供应链管理 ······· 3
  - 1.1.1 供应链的定义 ······· 3
  - 1.1.2 供应链管理的定义 ······· 4
  - 1.1.3 供应链管理的难点 ······· 5
- 1.2 供应链管理的演化 ······· 6
- 1.3 供应链管理的基本要素 ······· 7
- 1.4 供应链协作与集成 ······· 9
- 1.5 供应链管理的目标 ······· 10
- 1.6 供应链的全球化 ······· 11
  - 1.6.1 全球化贸易 ······· 11
  - 1.6.2 经济全球化 ······· 11
  - 1.6.3 全球化经济中的供应链 ······· 12
- 1.7 供应链的可持续发展 ······· 13
  - 1.7.1 可持续发展和供应链管理的基本要素 ······· 14
  - 1.7.2 闭环供应链 ······· 15
  - 1.7.3 绿色供应链 ······· 16
- 1.8 案例分析：华为的供应链 ······· 17
  - 1.8.1 华为的集成化供应链 ······· 18
  - 1.8.2 华为的全球化供应链 ······· 19
  - 1.8.3 华为的终端供应链 ······· 20
  - 1.8.4 华为供应链的未来 ······· 21
- 习题 ······· 22
- 参考文献 ······· 22

### 第 2 章　物流及物流的经济效用 ······· 23

- 2.1 物流与物流系统 ······· 23
  - 2.1.1 物流的定义 ······· 23
  - 2.1.2 物流系统 ······· 24
- 2.2 主要物流活动 ······· 26

2.3 物流的经济效用 ………………………………………………………………… 29
2.4 案例分析——京东物流 ………………………………………………………… 30
习题 …………………………………………………………………………………… 31
参考文献 ……………………………………………………………………………… 32

# 第 2 篇 供应链网络设计

## 第 3 章 配送网络设计 ……………………………………………………………… 35

3.1 配送网络设计简介 ……………………………………………………………… 36
    3.1.1 配送网络在供应链中的作用 …………………………………………… 36
    3.1.2 网络设计决策 …………………………………………………………… 36
3.2 配送网络设计对供应链目标的影响 …………………………………………… 38
3.3 典型配送模式 …………………………………………………………………… 40
3.4 配送网络设计决策流程 ………………………………………………………… 41
    3.4.1 阶段一：选择供应链战略，确定配送网络结构 ……………………… 41
    3.4.2 阶段二：设施选址及能力分配决策 …………………………………… 42
3.5 全渠道网络设计 ………………………………………………………………… 43
3.6 智慧配送 ………………………………………………………………………… 44
    3.6.1 智慧配送的特点 ………………………………………………………… 45
    3.6.2 智慧配送系统的构成 …………………………………………………… 45
3.7 案例分析 ………………………………………………………………………… 47
    3.7.1 医药新零售 ……………………………………………………………… 47
    3.7.2 南京商络的电子元器件分销 …………………………………………… 48
习题 …………………………………………………………………………………… 50
参考文献 ……………………………………………………………………………… 50

## 第 4 章 设施选址与布局设计 ……………………………………………………… 51

4.1 设施规划及其一般流程 ………………………………………………………… 51
    4.1.1 供应链的战略属性 ……………………………………………………… 51
    4.1.2 设施规划简介 …………………………………………………………… 52
    4.1.3 设施规划的目标和意义 ………………………………………………… 53
    4.1.4 设施规划的一般流程 …………………………………………………… 54
4.2 设施选址概述 …………………………………………………………………… 55
4.3 设施选址的定性方法 …………………………………………………………… 57
4.4 设施选址的定量方法 …………………………………………………………… 58
    4.4.1 单产品单级连续选址问题 ……………………………………………… 58
    4.4.2 单产品单级离散选址问题 ……………………………………………… 60
    4.4.3 单一供应源离散选址问题 ……………………………………………… 65
    4.4.4 单产品两级离散选址问题 ……………………………………………… 65

  4.4.5 选址覆盖问题 ················································································ 68
  4.4.6 $p$-中心问题 ···················································································· 71
4.5 布局设计 ······························································································· 74
  4.5.1 布局设计概述 ················································································ 74
  4.5.2 布局设计的基本形式 ········································································ 75
  4.5.3 几种基本布局设计形式的优缺点及适用条件 ············································ 76
4.6 设施布局设计方法 ··················································································· 78
  4.6.1 系统布局规划方法 ·········································································· 78
  4.6.2 常用布局设计算法 ·········································································· 79
4.7 案例分析 ······························································································· 84
  4.7.1 特斯拉超级工厂选址研究 ································································· 84
  4.7.2 基于 SLP 方法对糖果车间生产线布局的优化 ········································· 86
习题 ············································································································· 90
参考文献 ······································································································· 92

## 第 5 章 仓储运作与管理 ····················································································· 93

5.1 简介 ····································································································· 93
  5.1.1 仓库的功能 ··················································································· 94
  5.1.2 仓储管理绩效评价指标 ···································································· 95
5.2 仓库设计 ······························································································· 96
  5.2.1 仓储系统的选择 ············································································· 96
  5.2.2 仓库布局规划 ··············································································· 103
5.3 仓储管理中的运作分析 ············································································ 105
  5.3.1 收货和发货作业 ············································································ 105
  5.3.2 存储作业 ····················································································· 107
  5.3.3 拣货作业 ····················································································· 113
  5.3.4 装箱作业 ····················································································· 122
5.4 智能仓储 ······························································································ 128
  5.4.1 智能仓储及智能仓储系统 ································································ 128
  5.4.2 智能仓储的特点 ············································································ 128
  5.4.3 智能仓储构成 ··············································································· 129
5.5 案例分析 ······························································································ 132
  5.5.1 柏中线边库存改善案例 ··································································· 132
  5.5.2 中兴通讯的智能物流模式 ································································ 134
习题 ············································································································ 137
参考文献 ······································································································ 139

## 第 6 章 运输管理 ······························································································ 140

6.1 运输方式介绍 ······················································································· 140

         6.1.1　航空运输 140
         6.1.2　铁路运输 141
         6.1.3　公路运输 141
         6.1.4　水路运输 142
         6.1.5　管道运输 142
　　6.2　运输方式的选择决策 142
　　6.3　车辆分配问题 145
　　6.4　车辆路径规划问题 146
         6.4.1　旅行商问题 148
         6.4.2　具有容量和长度约束的车辆路径规划问题 150
         6.4.3　旅行时间估计 153
　　6.5　选址与车辆路径规划集成问题 154
　　6.6　库存与车辆路径规划集成问题 155
         6.6.1　静态确定型 IRP 155
         6.6.2　随机 IRP 问题 157
         6.6.3　IRP 求解方法 158
　　6.7　智能运输 159
         6.7.1　智能运输概述 159
         6.7.2　智能运输技术与设施设备 159
         6.7.3　智能运输决策 163
　　6.8　案例分析 164
         6.8.1　电网公司的物料补给 164
         6.8.2　某物流公司配送调度优化 166
习题 168
参考文献 168

# 第 3 篇　供应链中的库存管理

## 第 7 章　确定需求下的库存管理 173

　　7.1　库存基本概念 173
         7.1.1　库存的定义 174
         7.1.2　库存的分类 174
         7.1.3　库存的意义 175
         7.1.4　库存系统的特征 176
         7.1.5　库存相关成本 177
　　7.2　库存管理 178
         7.2.1　库存管理的基本决策 178
         7.2.2　库存管理的目标 178
         7.2.3　库存管理的评价指标 180

7.3 经济订货批量模型 ······ 180
    7.3.1 基础模型 ······ 180
    7.3.2 考虑订货提前期 ······ 183
    7.3.3 敏感性分析 ······ 184
    7.3.4 EOQ 和 JIT ······ 184
7.4 数量折扣模型 ······ 185
    7.4.1 全量折扣 ······ 186
    7.4.2 增量折扣 ······ 187
    7.4.3 其他折扣模型 ······ 189
7.5 案例分析——某生鲜超市的库存管理 ······ 189
    7.5.1 超市库存管理现状 ······ 189
    7.5.2 超市库存管理优化 ······ 190
习题 ······ 191
参考文献 ······ 192

## 第 8 章 不确定需求下的库存管理 ······ 193

8.1 离散型随机需求下的库存优化 ······ 193
    8.1.1 期望损失最小法 ······ 194
    8.1.2 期望利润最大法 ······ 194
    8.1.3 边际分析法 ······ 195
8.2 连续型随机需求下的库存优化 ······ 196
8.3 连续盘点库存优化 ······ 199
    8.3.1 连续盘点和周期盘点 ······ 199
    8.3.2 $(Q,R)$ 策略 ······ 200
    8.3.3 $(Q,R)$ 系统中的服务水平 ······ 204
8.4 周期盘点库存优化 ······ 206
    8.4.1 $(R,S)$ 策略 ······ 206
    8.4.2 $(s,S)$ 策略 ······ 206
    8.4.3 周期盘点系统中的服务水平 ······ 206
8.5 多产品库存管理 ······ 208
8.6 案例分析——某汽车 4S 店的库存管理 ······ 210
    8.6.1 案例背景 ······ 210
    8.6.2 问题分析 ······ 211
    8.6.3 改进措施 ······ 212
习题 ······ 213
参考文献 ······ 215

## 第 9 章 多设施库存管理 ······ 216

9.1 多设施库存管理概述 ······ 216

### 9.1.1 多设施库存管理的影响因素 ················································ 216
### 9.1.2 多设施库存系统类型 ························································· 217
## 9.2 分散型库存系统 ············································································· 219
### 9.2.1 分散型库存管理策略 ····························································· 219
### 9.2.2 分散型库存管理模式存在的问题 ·········································· 222
## 9.3 集中型库存系统 ············································································· 222
### 9.3.1 风险分担 ··············································································· 222
### 9.3.2 集中型库存系统与分散型库存系统的权衡 ··························· 224
## 9.4 多级库存控制策略 ········································································· 225
### 9.4.1 多级库存管理的难点 ····························································· 225
### 9.4.2 级库存 ··················································································· 226
### 9.4.3 多级库存优化管理策略 ························································· 227
## 9.5 案例分析 ························································································· 229
### 9.5.1 集中型库存系统的实施案例 ·················································· 229
### 9.5.2 中国石化的多设施库存管理 ·················································· 231
习题 ·········································································································· 233
参考文献 ·································································································· 234

# 第4篇 供应链协调与集成

# 第10章 供应链失调与牛鞭效应 ····················································· 237
## 10.1 供应链失调的产生原因 ······························································ 237
## 10.2 供应链失调的危害 ······································································ 238
## 10.3 供应链失调典型现象：牛鞭效应 ·············································· 239
### 10.3.1 牛鞭效应产生的原因 ·························································· 239
### 10.3.2 牛鞭效应定量计算 ······························································ 241
### 10.3.3 需求信息共享下的牛鞭效应 ·············································· 243
### 10.3.4 抑制牛鞭效应的策略 ·························································· 243
## 10.4 啤酒游戏实验 ·············································································· 245
## 10.5 案例分析——某机床配件公司的牛鞭效应控制 ······················ 246
习题 ·········································································································· 247
参考文献 ·································································································· 247

# 第11章 供应链协调与合同设计 ····················································· 248
## 11.1 供应链协调概述 ·········································································· 248
### 11.1.1 供应链协调的定义 ······························································ 248
### 11.1.2 供应链协调的分类 ······························································ 249
## 11.2 博弈论在供应链协调中的应用 ·················································· 249
### 11.2.1 斯塔克尔伯格博弈 ······························································ 249

11.2.2　纳什平衡 · 251
11.3　基于供应合同的协调机制设计 · 252
　　11.3.1　供应合同概述 · 253
　　11.3.2　定义一个两级供应链 · 254
　　11.3.3　常见的供应链合同类型 · 255
11.4　供应商主导型供应链的协调机制与合同设计 · 257
　　11.4.1　供应商主导型供应链 · 258
　　11.4.2　模型构建与协调机制设计 · 258
11.5　零售商主导型供应链的协调机制与合同设计 · 262
　　11.5.1　零售商主导型供应链 · 262
　　11.5.2　非合作模式下的利益分配 · 263
　　11.5.3　合作模式下的供应链效益 · 265
11.6　案例分析——波音公司的供应链协调 · 266
习题 · 267
参考文献 · 268

# 第12章　供应链集成 · 270

12.1　供应链集成概述 · 270
　　12.1.1　供应链集成的分类 · 270
　　12.1.2　供应链集成的实现 · 271
12.2　供应链合作伙伴选择 · 273
12.3　推式、拉式、推-拉结合式系统 · 274
　　12.3.1　推式供应链 · 274
　　12.3.2　拉式供应链 · 275
　　12.3.3　推-拉结合式供应链 · 275
　　12.3.4　选择合适的供应链策略 · 276
12.4　案例分析：某零售公司的合作伙伴关系的建立 · 277
习题 · 278
参考文献 · 278

# 第5篇　供应链的跨职能驱动因素

# 第13章　外包与采购 · 281

13.1　外包决策与分析 · 281
　　13.1.1　外包决策的动因 · 281
　　13.1.2　外包决策的风险 · 282
　　13.1.3　如何做出合理的外包决策 · 283
13.2　采购与采购流程 · 285
　　13.2.1　采购相关概念 · 285

13.2.2　采购流程 ·············· 286
　13.3　采购模式与战略 ················ 287
　　　13.3.1　采购模式 ·············· 287
　　　13.3.2　采购战略 ·············· 290
　13.4　电子采购 ······················ 291
　　　13.4.1　电子采购的优势 ········ 291
　　　13.4.2　电子采购模式 ·········· 292
　13.5　供应商选择、评估及考核 ········ 294
　　　13.5.1　供应商的选择和评估 ···· 294
　　　13.5.2　供应商绩效考核 ········ 295
　13.6　案例分析 ······················ 299
　习题 ································ 303
　参考文献 ···························· 303

## 第 14 章　产品与客户服务 ·············· 304

　14.1　产品定价 ······················ 304
　　　14.1.1　多种顾客细分市场的产品定价 ···· 304
　　　14.1.2　易逝资产的产品定价 ······ 307
　14.2　面向供应链的产品设计 ·········· 309
　　　14.2.1　面向供应链的产品设计简介 ······ 310
　　　14.2.2　标准化设计 ·············· 311
　　　14.2.3　模块化设计 ·············· 312
　14.3　大规模定制与个性化服务 ········ 314
　　　14.3.1　大规模定制 ·············· 314
　　　14.3.2　个性化需求与个性化服务 ········ 314
　　　14.3.3　供应链中的个性化服务 ···· 316
　14.4　案例分析 ······················ 318
　习题 ································ 320
　参考文献 ···························· 321

# 第1篇

# 物流与供应链管理简介

# 第 1 章

# 供应链管理概述

视频 1

国际物流与供应链领域的著名专家马丁·克里斯托弗（Martin Christopher）曾说，21世纪的竞争不是企业之间的竞争，而是供应链与供应链之间的竞争。有效的供应链管理对提升企业竞争力、提高企业市场地位具有重要意义。深入理解什么是供应链、供应链中的关键问题，以及供应链的发展现状，是研究供应链管理的前提。

本章的学习目标有以下四点：①掌握供应链和供应链管理的定义，理解供应链管理中的难点；②了解供应链管理的演化历程；③掌握供应链管理中的基本要素和供应链管理的目标，理解协作与集成在供应链管理中的重要意义；④了解供应链的全球化发展现状以及供应链的可持续发展相关内容。

## 1.1 供应链与供应链管理

### 1.1.1 供应链的定义

供应链的概念经历了一个发展过程，早期观点认为供应链是制造企业的内部流程，是将采购来的原材料和零部件，通过生产加工、装配、销售等环节，最终传递到用户的整个过程。这个过程局限于企业的内部操作，注重企业的自身利益目标。随着企业经营的进一步发展，供应链的范围扩大到企业的外部环境，定义为一个通过不同企业的制造、组装、分销、零售等活动将原材料转换成产品，并配送到最终用户的过程，这是一个范围更大、更为系统的概念。现代供应链的概念更注重企业的网络关系，如企业与供应商、供应商的供应商，乃至更前序阶段之间的关系，以及与用户、用户的用户，及一切后向环节之间的关系。

美国供应链协会对供应链的定义是：涉及从供应商的供应商到客户的客户，包含最终产品生产与交付的一切活动。我国《物流术语》（GB/T 18354—2021）对供应链的定义是：生产及流通过程中，围绕核心企业的核心产品或服务，由所涉及的原材料供应商、制造商、分销商、零售商直到最终用户等形成的网链结构。

综合上述分析，本书将供应链定义为：在产品生产和流通过程中，围绕核心企业，由直接或间接履行客户需求的各环节组成的网络结构，包括供应商、制造商、运输商、分销商、零售商、客户。供应链中各环节需协同运作来确保供应链中产品流、服务流、信息流和资金流的顺畅流动。

以一个消费者走进一家超市购买一瓶洗发水为例。供应链始于各类原材料的供应商，制造商从其供应商处购进原材料,而这些供应商可能由更上一层级的供应商供货。制造商完成洗发水的生产制造后,通过运输商向分销商供货,然后分销商向零售超市供货。这一供应链如图 1-1 所示,图中的箭头反映实体产品的流动方向。

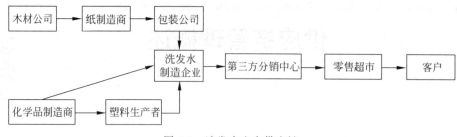

图 1-1　洗发水生产供应链

供应链是动态的,各环节之间的产品流、信息流和资金流是持续流动的。在上述例子中,零售超市不仅提供产品,也为消费者提供定价等信息。消费者向超市付款,超市将销售点信息和补货信息等传达至上游的仓库或分销商,仓库或分销商向超市进行补货,向超市提供定价信息以及商品发货信息等,同时将销量信息传递给洗发水的制造商,以方便其制订生产计划。这样的物流、信息流和资金流发生在整个供应链中。

### 1.1.2　供应链管理的定义

供应链提供给客户的价值包括产品本身的价值和功效,以及产品可获得的难易程度等。购买产品的客户是唯一能为整个供应链提供正现金流的一方,其他的现金流则只是供应链内部的资金交换。在整个供应链中(见图 1-2),所有的产品流、信息流和资金流都会产生成本,因此对这些"流"的适当管理是供应链成功的关键。随着全球市场的竞争逐渐激烈,新产品的生命周期逐渐缩短,越来越多的企业开始投资并关注它们的供应链,如何对供应链进行有效管理、提升供应链运作效率成为一个重要的问题。

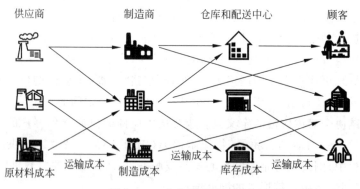

图 1-2　一个典型的供应链

供应链管理的目的为最大化供应链盈余(surplus)。供应链盈余为最终产品提供给客户的价值与为满足客户需求所付出的供应链成本的差。当然,不同客户对产品的价值有不同的评价,可以根据产品定价(客户愿意支付的价格)来估计产品价值。此时,可以用供应链盈利(profit)来表示来自客户的总收益与供应链总成本的差值。例如,消费者花费 100 元从超市购买了一瓶洗发水,这 100 元代表供应链获得的收入。在供应链的各环节发生了诸如信息传递、生产制造、库存、运输和资金转移等活动,消费者所支付的 100 元与这些活动成本之间的差即为供应链盈利。供应链所有环节共享供应链盈利,供应链的总盈利越高,供应链就越成功。

国际采购与供应链管理协会(IPSCMI)将供应链管理定义为:把供应商、生产商、分销商、零售商和最终客户有效地组织成供应链网络,进行集成一体化管理。从供应商的供应商到客户的客户,对整个供应链中的需求、产品/服务流、信息流和资金流进行计划、组织、协调、领导和控制,将产品在恰当的时间,能够以恰当的数量、质量和状态运送到正确的地点,优化供应链价值增值流程、提升供应链的整体效率,以最小化的供应链成本满足最终客户的需求。

上述定义中包含以下几个关键点:

(1)所有对供应链成本和绩效有影响,且在满足客户需求过程中起作用的环节,都在供应链管理的范围之列,包括供应商、生产商、分销商、零售商和最终客户。

(2)供应链管理的目标是提升整个供应链的运作效率。供应链中的成本包含很多方面,如运输和配送成本,原材料、在制品和成品的库存成本等,因此简单地最小化运输成本,或降低库存是不够的。正确的做法是在供应链管理中采用系统化的方法,降低供应链运营成本,提高供应链运营绩效。

(3)供应链管理需要对整个供应链中的各项活动进行计划、组织、协调、领导和控制,是围绕着各个供应链环节的有效集成,因此供应链管理涵盖从企业战略层到战术层,再到运作层的各类活动。

## 1.1.3 供应链管理的难点

供应链管理中存在很多难点,例如供应链网络复杂、设施地理位置分散、各地区政策差异较大、存在牛鞭效应等,导致这些难点产生的原因很多,但都与以下部分或全部原因相关。

**1. 全局优化**

在供应链的设计与运作中,使系统综合成本最小化的同时维持系统的服务水平,寻找系统最优策略的过程被称为全局优化。但由于以下因素的影响,寻找可以使系统全局最优的方案是非常困难的。

(1)供应链是一个复杂的网络,网络中的各类设施可能在地理上布局分散,甚至可能遍布于全球。

(2)供应链的不同环节通常具有不同甚至相互冲突的目标。例如,供应商希望其下游制造商可以进行稳定、大批量的物料采购,而制造商为满足其产品需求的变化会制定较为灵活的采购策略,这样,供应商与其下游制造商就会产生不同的优化目标。

(3)供应链是一个动态系统,客户需求、供应商能力和供应链关系都会随着时间不断发展。例如,随着客户对产品的个性化及质量要求越来越高,迫使制造商进行定制化生产。不断随时间变化的需求和成本参数也增加了供应链优化活动的难度。

**2. 不确定性和风险**

供应链中存在着很多的不确定性,其中最大的不确定性来源于需求的不确定性。除此之外，运输时间变化、设备或车辆故障等都是造成供应链不确定性和风险的因素。具体来说包括以下几方面。

（1）预测不准，即使拥有最先进的预测技术，也无法精准预测特定产品的需求。

（2）无法匹配供应和需求，导致库存风险。

（3）信息的不对称导致即使某个产品的真实需求变化不大，供应链中库存和缺货水平波动也会很大。

（4）供应商的交货提前期、制造产出、运输时间和部件的可获得性等具有不确定性。

（5）外包和离岸生产等使得供应链中的风险增加：当生产计划稳定和运输不确定性较低时，零件、原材料可以准时运送给制造商；但当运输不确定性较高时，例如发生气象灾害时，离岸生产的供应链可能会受到较大影响。

## 1.2 供应链管理的演化

图 1-3 简要表示出供应链管理的演化过程。

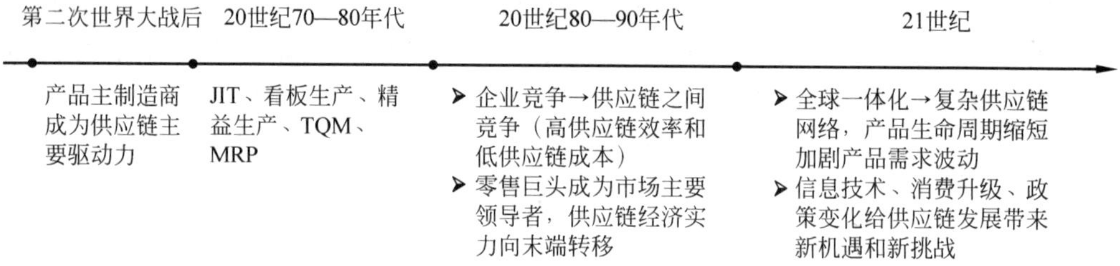

| 第二次世界大战后 | 20世纪70—80年代 | 20世纪80—90年代 | 21世纪 |
| --- | --- | --- | --- |
| 产品主制造商成为供应链主要驱动力 | JIT、看板生产、精益生产、TQM、MRP | ➤ 企业竞争→供应链之间竞争（高供应链效率和低供应链成本）<br>➤ 零售巨头成为市场主要领导者，供应链经济实力向末端转移 | ➤ 全球一体化→复杂供应链网络，产品生命周期缩短加剧产品需求波动<br>➤ 信息技术、消费升级、政策变化给供应链发展带来新机遇和新挑战 |

图 1-3 供应链管理的演化

第二次世界大战后，产品主制造商成为供应链的主要驱动力，其负责产品的设计、生产、配送等，是供应链中最重要的组织环节，并对供应链中的其他环节施加影响。20 世纪 70—80 年代，主制造商企业纷纷开始应用一些先进制造技术来降低成本，增强竞争力。从那时起，准时生产(just-in-time，JIT)、看板生产、精益生产、全面质量管理(total quality management，TQM)等技术得到广泛应用。随着计算机技术的发展，还出现了物料需求计划(material requirements planning，MRP)等辅助工具。

20 世纪 80—90 年代，企业之间的竞争更加激烈，市场上的竞争逐渐由主制造商企业之间的竞争演变成了供应链之间的竞争。更高的供应链效率和更低的供应链运作成本可以增强企业的竞争力，因此许多企业努力探索有效的供应链管理，以进一步增加利润和扩大市场份额。此时，随着零售商规模的增加，供应链中的相对经济力量发生了显著变化，供应链中的经济实力逐渐向末端转移。

进入 21 世纪，供应链仍在不断发展和改变，在新的政治和经济形势下，全球一体化、横向产业模式的发展、企业流程再造等因素对供应链管理提出了新的要求。

在全球经济一体化背景下，供应链中众多公司可以参与同一产品的制造，形成了复杂的供应链网络。此外，产品生命周期的缩短加剧了产品需求的波动，市场供求格局对供应链适应能力的要求提高。因此，新的时代背景下为使供应链运营更加合理化，供应链中的企业必须解决的问题有：从哪里获取原材料等资源？在何处建立工厂生产产品或提供服务？生产出来的产品主要的销售市场在哪里？应当在哪里建立仓储和分销设施？应该采取什么样的全球化运输战略？等等。

21世纪以来，世界产业模式发生巨大变革，例如，汽车零部件供应商脱离了整车生产商逐渐成为零部件制造业的巨头。这种革命性的模式变革正在整个世界范围内缓慢进行，人们逐渐意识到，当今世界已经几乎不可能由一家企业控制从供应链的源头到产品分销的所有环节，而是在每个环节，都有一些企业占据着核心优势，并通过横向发展扩大这种优势地位。而现代供应链则由这些分别拥有核心优势能力的企业环环相扣形成。同时企业联盟和协同理论正在形成，以支撑这种稳定的链状结构的形成和发展。

随着企业流程的改变，企业作为变革的推动者，对供应链产生了重大影响。而新技术的发展成为改变市场态势、改变供应链运营模式的巨大推动力。信息技术的发展使得供应链各环节中的企业可以快速地通过互联网获得同样的信息，并进行数据和信息的大量存储，以通过数据挖掘来改善预测和营销能力。此外，云计算也使得供应链中的管理信息系统不断革新。同时，信息技术还使得个人与企业以及世界的知识池相通，创造了更多的供应链合作机会。信息技术还可以被用在经营采购、客户服务、仓储运作、订单履行和承运商运输的各个方面，充分利用先进的信息技术可以提高整个供应链的效率和效益。

消费者对供应链和物流管理的影响更加直接，消费升级导致消费者在零售层面对多样化产品和服务的需求增加。消费者可以从互联网中获取更多有关产品的信息，能够更加便捷地对商品的价格、质量与服务进行比较，因此需要为消费者提供有竞争力的价格、更加优良的品质、更快速的响应，以及定制化的服务等。这些需求对各类消费品的供应链提出了新的挑战。

政府的税收等管理政策以及规章制度也会影响企业及其供应链。例如，交通运输基础建设使得物流服务公司可以更有效地提供物流运输服务，同时也使得一些物流公司可以承担运输之外的服务，如订单履行、库存管理和仓储等，在新的商业环境下使供应链中的外包和合伙战略更加有效。另外，金融业的相关利好政策有助于供应链中资产效益的实现和现金流改善，通信行业的有效政策有助于提高信息交互的效率，为供应链发展带来机遇，例如库存可见性、快速响应补货、改进运输调度和订单录入速度等。

外界因素的不断发展与改变导致供应链不断发展演化，也为供应链管理提供了新的降低成本、提高效率和改善客户服务水平的机会。要取得供应链管理的成功，必须正确认识供应链管理的要素，谨慎处理供应链中的关键问题。

## 1.3　供应链管理的基本要素

有效的供应链管理包含若干基本要素，例如设施、库存、采购、生产、运输和定价等。这些要素相互作用，决定了供应链的响应性和效率。

**1. 设施**

供应链中的各类设施（工厂、配送中心等），以及供应网络的配置是决定供应链响应性和效率的关键因素。由于客户的需求模式不断变化，供应商选择、工厂产能、产品在供应链网络中的流动方式等都会因此发生变化，这给供应链中的设施配置和规划带来了极大的挑战。此外，动态变化的全球经济环境也影响着设施的配置和规划。例如，由于政治、经济、环境等因素,企业可能不得不在短时间内将生产运营从一个国家转移到另一个国家,这对设施配置的灵活性提出了更高要求。企业需要合理选择仓库的位置和容量,合理选择工厂的位置和产能,并对设施之间的产品流进行合理规划,形成一个无论是在短期还是长期都能灵活响应市场动态变化的供应链网络,以使生产、库存和运输等活动的成本最小化,并满足一定的服务水平。

### 2. 库存

供应链中客户的需求是不确定的,供应过程也存在不确定性,于是就出现了供给与需求之间的不匹配,因此供应链中各环节需要通过库存来调节供需之间的矛盾。库存影响着供应链资产、供应链成本,以及供应链的响应性水平,有效的库存管理可以降低供应链成本,提高供应链运作效率。例如,供应链上、下游之间的协同运作,设施之间有效的库存调配等都是常见的库存管理手段。可以说,库存管理水平是决定供应链是否成功的重要因素。

### 3. 采购

采购是指购买产品或服务所必需的一整套业务流程。在采购决策中,企业首先要界定自身的核心竞争力,确定哪些部件可以自制,哪些部件需要从外部供应商处采购,并选择是从响应性水平较高的供应商处采购,还是从效率较高的供应商处采购。确定是否外包后,需要对供应商进行选择,因此必须确定评价供应商和选择供应商的标准。除此以外,采购决策中还要以不断增加供应链盈余为目标对供货流程进行优化,例如,选择什么样的供货机制和供应商协调机制等。

### 4. 生产

生产是指产品的加工制造,或提供服务的过程,是整个供应链中实体产品或服务的来源。生产成本在整个供应链的运营成本中占据很大比例,因此降低生产成本是提高供应链盈余的关键。生产成本和供应链其他成本相互影响。例如,大批量生产可以降低生产成本,然而这可能会导致库存成本增加。相反,降低库存成本通常需要工厂做到柔性生产,即具有多品种、小批量生产能力,从而会增加生产成本。因此在选择生产策略时必须以降低供应链整体成本为目标,做好均衡。

### 5. 运输

运输是产品在供应链不同环节之间的移动,在实现供应链目标的过程中扮演着重要角色,对供应链的绩效有着很大影响。设施、库存的位置和运输方式的选择之间存在响应性和效率上的权衡,因此,运输方式的选择对库存和设施等也会产生影响。例如,产品价值较高时,通常采用快速的运输方式来提高响应性水平;而当产品的价值较低时,通常会在距客户较近的位置设置仓库,存放库存,并运用低成本的运输方式进行运输。

### 6. 定价

定价是指向客户提供产品或服务时,对应该收取多少费用的决策过程。定价将会影响购买产品的客户群,以及客户期望。同时,定价也是调整供求的杠杆,当供应链柔性较差时,合理的销售策略可以用来缓解供需之间的矛盾。除此以外,定价策略还反映了企业的竞争战略。例如,一些企业会选择保持稳定、低廉的价格,这有利于保证需求的相对稳定,明确客户细分市场,进而可以设计出更具高效性的供应链。而一些企业的定价随着客户对响应时间的要求而发生变化,目标客户范围也更加宽泛。有些客户需要高响应性,而有些客户需要高效率性,这种情况下建立满足不同需求的定价机制非常重要。

**7. 产品设计**

如何进行产品设计,以降低物流成本,或缩短供应链提前期也是供应链管理中的关键要素。在面向供应链的产品设计中,需要考虑包装和运输的经济性、工艺标准化、零部件标准化等因素。首先,产品包装越紧凑,运输就越具有灵活性,并且零售商也更愿意接受包装占地小的产品,以降低库存成本和搬运成本。其次,产品设计时,将产品的生产工艺考虑在内,尽量将产品设计成可以通过并行或平行工艺进行加工,这样有利于缩短提前期,进而通过更加准确的预测来降低库存成本以及库存水平。最后,在进行产品设计时尽可能标准化。例如,使用标准化零部件可以通过风险分担降低安全库存,并通过规模效益降低部件成本;而实现部件标准化后可以实现流程和生产的标准化,减少生产线模具的更换频率,进而降低成本。

## 1.4 供应链协作与集成

供应链全局优化目标的实现和效率的提升离不开供应链各方的协同运作。在供应链协作中,供应合同、供应链集成、信息技术和供应链的可靠性为供应链各方之间建立良好的伙伴关系和实现战略协同发展奠定了基础。

**1. 供应合同**

一个典型的供应合同包括供、需双方对产品价格、数量折扣、交货提前期、产品质量,以及退货政策等内容的规定。合理设计供应合同,确定供应链供货及采购条款,优化供应链整体绩效,允许风险分担是增加双方利润、体现供应链协作的重要手段。例如,回购合同中,卖方以高于残值的协议价回购买方未售出的商品,可以降低买方的库存风险,增加供应链总利润;而收入共享合同中,买方将部分收入与卖方共享,卖方则会降低批发价格,提高供应链总利润。

**2. 供应链集成**

供应链集成的意义在于通过供应链节点企业之间的有效合作与支持,提高供应链物流、信息流、资金流的畅通和快速反应,提高价值流的增值性,使得供应链中的各类资源可以实现有效的集成,形成整体竞争优势,如缩短新产品上市时间,降低供应链成本,提高市场对企业的价值认知等。供应链集成主要包括信息集成和共享、同步计划和协同工作流。此外,建立良好的伙伴关系可以给企业带来更多进入新市场渠道的机会,强化企业之间的运作管理,使设备和资源得到更有效的利用,降低系统成本。而伙伴关系之间的技术共享可以提高合作方的技术基础,以及合作方的组织技能,伙伴企业可以在共享资源和技术的基础上共同克服新机遇的进入壁垒,促进共同战略成长。

**3. 信息技术**

信息技术是有效供应链管理得以实现的关键,适当的信息有助于提升供应链资产的利用率,以及供应链活动的协同性,同样能够提高供应链响应性,降低供应链成本。供应链管理中信息技术的应用包括:收集产品从生产到交付的信息,并向所有参与方提供可见信息;通过单点联系访问系统内的任何数据;基于整个供应链所提供的信息分析、计划和权衡企业的各项活动等。如何及时、准确、完整地获取供应链中的数据、信息,并进行有效的共享和协同利用是供应链管理中需要研究的问题。

**4. 供应链的可靠性**

供应链的可靠性是指当具有外界因素干扰时,供应链系统在规定时间内和规定条件下完成订单规定的产品和服务以及各项业务的能力。供应链的可靠性反映供应链履行承诺的能力,首先是所提供产品的可靠性,如正确的包装、正确的质量、正确的数量等要求;其次是服务的可靠性,如正确的地点和正确的交付时间等。供应链全球化增加了供应中断的风险,例如,中美战略竞争下美国切断华为芯片供应链,给电子行业的移动终端产品制造带来压力;大型公共医疗卫生事件导致生活物资供应以及制造企业原材料供应中断等。因此,企业在供应链规划中必须提前考虑可能存在的风险,并针对相关场景做好部署规划,以确保供应链的可靠性。

## 1.5 供应链管理的目标

供应链管理的目标包含响应性目标和效率目标两个维度。供应链的响应性体现为:应对需求变化的响应能力、及时交货能力、经营多品种产品的能力、生产具有高度创新性产品的能力、满足高服务水平的能力,以及处理供给不确定性的能力等。供应链的响应性水平越高,供应链的上述能力水平就越高。在响应型供应链中,主要追求对现有市场需求的及时响应,以及对未知市场需求做出快速反应。该类型供应链多适用于创新型产品(即满足特定需求的产品)生产企业,这是因为创新型产品的边际贡献率高,缺货的边际利润损失大。因此这类企业的目标是对市场需求变化做出快速响应。

供应链的效率是指,以最低的成本将原材料转化成零部件、半成品、产品,并以尽可能低的成本实现产品存储和供应,主要体现为供应链的物理功能。因此,供应链的效率可以表示为制造产品、运输产品和向顾客交付产品的总成本的倒数。供应链的效率越高,供应链的成本越低。效率型供应链多适用于功能型产品(即有大量需求的产品,例如日用品等)生产企业。这是因为功能型产品的边际贡献率低,缺货的边际利润损失不大,因此这类企业的目标是降低成本。

追求供应链的高响应性与高效率性往往是相互冲突的,这是因为,获得供应链的高响应性需要付出更多的成本,从而导致效率降低。例如,要想对大幅变动的需求量做出快速响应,必须提高生产能力,这会导致生产成本的提高,进而导致供应链效率降低。

要实现高效率型供应链和高响应型供应链,企业内各项职能的战略也需要与供应链目标保持一致。表1-1列出了高效率型供应链和高响应型供应链对各职能战略的要求。

表1-1 高效率型供应链和高响应型供应链的比较

| 各职能战略 | 高效率型供应链 | 高响应型供应链 |
| --- | --- | --- |
| 主要目标 | 以最低成本满足需求 | 对需求做出快速响应 |
| 产品设计战略 | 以最低成本产生最大绩效 | 利用模块化方法,通过延迟实现产品差异化 |
| 定价战略 | 价格是最主要的客户驱动力,边际收益较低 | 价格不是主要的客户驱动力,边际收益较高 |
| 制造战略 | 通过高利用率降低成本 | 维持生产能力的柔性来缓冲需求/供给的不确定性 |
| 库存战略 | 最小化库存以降低成本 | 维持缓冲库存来应对需求/供给的不确定性 |
| 提前期战略 | 不以增加成本为代价缩短提前期 | 大幅度缩短提前期,哪怕是付出巨大成本 |
| 供应商战略 | 根据成本和质量选择 | 根据速度、柔性、可靠性和质量选择 |

## 1.6 供应链的全球化

全球化已经取代第二次世界大战后的"冷战"成为世界经济发展的主要驱动力。全球化在实现全球经济互联互通的同时,使得世界经济的竞争更加激烈,也给供应链管理带来了新的机遇和挑战。本节介绍全球化贸易和商业的基本原理,并对经济全球化背景下的供应链及供应链流动进行分析。

### 1.6.1 全球化贸易

国际贸易并非近现代才出现,而是可以追溯到古代。来自不同国家的商人通过丝绸之路、海洋运输等进行货物交易,来换取本国无法生产的商品。亚当·斯密在《国富论》中提出了成本绝对优势理论。该理论认为,国际贸易的原因是国与国之间绝对成本的差异,如果一国在某一产品的生产上所耗费的成本低于他国,则该国就具备该产品的绝对优势,可以通过出口获取利益;反之,则可以通过进口获取利益。各国都应按照本国的绝对优势形成国际分工格局,各自提供交换产品。该理论为建立在竞争基础上的市场经济提供了逻辑依据,也为国家间贸易提供了理论基础。

亚当·斯密也利用绝对优势理论的潜在逻辑进一步提出了劳动专业化理论。该理论认为,劳动分工专业化可以增加总产出,降低单位成本,这为区域专业化和区域间贸易提供了机会,有利于提升整体经济利益。

另外,比较优势理论认为,如果一个国家在两种产品的生产中都具有比较优势(即能够以较低的成本进行生产),则在不考虑相关成本的情况下,该国应该重点生产具有最大优势的产品,并对另一种产品进行贸易。绝对优势和比较优势理论都表明,全球化贸易和全球化供应链不仅可以建立在国家物品稀缺的基础上,还可以建立在产品生产成本的差异上,这样贸易双方都可以从中获益。

### 1.6.2 经济全球化

2022 年全球出口贸易金额总额为 249 044.89 亿美元,表 1-2 所示为 2022 年世界前十大国家或地区出口贸易金额。从表中可以看到,中国对外贸易出口金额为 35 936.01 亿美元,占总出口金额的 14.43%,处于领先位置。紧随其后的是美国,美国对外贸易出口金额比中国少了约 42.54%。德国依托欧盟优势,在对外贸易出口金额上排名第三。排在第四位的是荷兰,出口金额为 9655.18 亿美元,占总出口金额的 3.88%。日本排在第五位,排在第六~十位的分别是韩国、意大利、比利时、法国和中国香港。

表 1-2 2022 年世界前十大国家或地区出口金额*

| 排名 | 国家(地区) | 2022 年出口金额/亿美元 | 2022 年出口金额占总出口金额的比例/% |
| --- | --- | --- | --- |
| 1 | 中国 | 35 936.01 | 14.43 |
| 2 | 美国 | 20 647.87 | 8.29 |
| 3 | 德国 | 16 554.80 | 6.65 |
| 4 | 荷兰 | 9655.18 | 3.88 |

续表

| 排名 | 国家(地区) | 2022年出口金额/亿美元 | 2022年出口金额占总出口金额的比例/% |
|---|---|---|---|
| 5 | 日本 | 6413.76 | 2.58 |
| 6 | 韩国 | 6835.85 | 2.74 |
| 7 | 意大利 | 6569.25 | 2.64 |
| 8 | 比利时 | 6328.52 | 2.54 |
| 9 | 法国 | 6178.17 | 2.48 |
| 10 | 中国香港 | 6099.25 | 2.45 |

*注：数据来源于世界贸易组织数据库。

2022年全球进口贸易总额为256 211.62亿美元，表1-3为2022年世界前十大国家的进口贸易金额。从表中可以看到，美国2022年进口贸易总额达33 762.00亿美元，占世界总进口金额的13.18%，排名第一；其次是中国，2022年进口贸易总额为27 159.99亿美元，占世界总进口金额的10.60%。美国和中国的进、出口贸易量数据表明了中国的净出口国地位和美国的净进口国地位。在进口贸易总额上德国仍排第三位，德国也是世界第四大经济体。排名第四位和第五位的分别是荷兰和日本，然后是英国、法国、韩国、印度和意大利。从价值角度看，贸易数据与全球供应链的发展相关性很大，完善的全球化供应链对贸易发展具有促进作用。

表1-3 2022年世界前十大国家进口金额*

| 排名 | 国家 | 2022年进口金额/亿美元 | 2022年进口金额占总进口金额的比例/% |
|---|---|---|---|
| 1 | 美国 | 33 762.00 | 13.18 |
| 2 | 中国 | 27 159.99 | 10.60 |
| 3 | 德国 | 15 714.55 | 6.13 |
| 4 | 荷兰 | 8985.36 | 3.51 |
| 5 | 日本 | 8972.42 | 3.50 |
| 6 | 英国 | 8238.66 | 3.22 |
| 7 | 法国 | 8179.94 | 3.19 |
| 8 | 韩国 | 7313.70 | 2.85 |
| 9 | 印度 | 7233.48 | 2.82 |
| 10 | 意大利 | 6894.52 | 2.69 |

*注：数据来源于世界贸易组织数据库。

当今世界经济的一个重要特征是区域经济一体化程度的提高。《关税及贸易总协定》(GATT)的签订和世界贸易组织(WTO)的成立促进了多边贸易，降低了国际商业交易的壁垒。另外，区域贸易协定(如欧盟)的出现，使得区域之间各国的贸易活动更加方便，各国经济联系更加紧密。在这种背景下，企业可以依据其发展战略，在全球范围内进行采购和销售，大大提升企业的效益。除此以外，各类信息技术的发展使得越来越多的信息技术/通信服务商、物流商等也在不断发展改进，使得企业在全球范围内开展业务变得更加容易。

### 1.6.3 全球化经济中的供应链

全球化经济中的供应链是跨越国家/区域边界的供应链，专注于向供应链末端的客户提供价格最优或是价值最高的产品或服务，并使得供应链总成本得到降低。全球化供应链正以更低的价格、更丰富的产品种类，以及更快捷的方式影响着世界经济。而要想在世界经济全球化的市场竞争中获得一席之地，必须拥有一个全球化的供应链，以及与之相匹配的高效的供应链管理。例如，制定全球范围内的战略性采购策略，进行全球范围内的工厂和配送中心选址，评估多种运输方案和配送渠道，建立与第三方物流的合作机会等。

在世界经济全球化背景下，供应链管理也面临着很多风险与挑战，例如：
（1）政治、经济、文化等因素导致供应链变得更加复杂；
（2）全球化的竞争往往会缩短产品的生命周期；
（3）供应链中企业的商业模式发生变化，传统组织边界模糊。

政治、经济、文化等因素给供应链带来了更多的复杂性和不确定性。贸易政策、法律法规、关税政策、汇率变化等加剧了全球化供应链的复杂程度。社会文化因素，例如文化差异、无效沟通等会给供应链的规划和执行带来障碍。此外，恐怖主义行为会对供应链运作产生威胁，企业必须采取一定的安全手段保护供应网络，从而增加了供应链的运营成本。自然灾害（如飓风、洪水、地震等）、气候变化、世界范围内的医疗卫生问题等也会对全球供应链造成重大影响。2020 年新型冠状病毒感染疫情（以下简称疫情）肆虐，导致中国与欧美的贸易在疫情严重时期基本处于中断状态，大量出口依赖型企业的订单纷纷被取消；疫情下供应链的上游工厂停产或减产，导致下游的供应与生产受到牵连；疫情下城市封锁，造成区域和国际物流中断或延误，导致多种物资的缺货或存货积压，这些都将最终影响企业发展规划和投资决策。

随着世界经济和技术发展的全球化，竞争对手可以快速地实现对产品的设计改进。产品和服务更新换代的速度越来越快，产品生命周期逐渐缩短，也给供应链管理带来了挑战。同时，老一代产品会面临需求锐减以及重新定价等问题。这些产品的销售量下降，盈利能力降低，迫使企业降低客户服务水平（如售后、系统更新等）。除此以外，随着新产品的更新迭代，绿色环保逐渐成为供应链管理的新主题。高速发展的科学技术也会给一些传统企业带来冲击，导致一些传统行业的企业倒闭，相关供应链受损。

在全球化背景下，企业需要调整经营模式，将供应链运作中的部分职能进行外包，在这种情况下，各方需要进行有效的协调协作，确保客户服务水平（准时交货、订单完整性和可靠性等）保持不变。因此，企业的组织边界正在变得模糊。

全球化是一把双刃剑，在世界经济全球化背景下，全球供应链发展既需要把握机遇，也要警惕可能出现的风险与挑战。企业需要在管理和应对能力方面保持灵活性和积极主动性，不断优化供应链，提升供应链整体效益。

## 1.7　供应链的可持续发展

每一个供应链只是其所处社会环境中的一小部分，因此每个供应链、供应链中的每个个体的健康和生存都取决于周围环境的健康。因此，在对供应链设立目标时不应该仅考虑供应链参与者的利益，还应该考虑受到供应链决策影响的各方面的利益。21 世纪，随着全球发展水平的提高，世界的资源和环境面临前所未有的压力，人们越来越关注可持续发展。供应链中各方也逐渐意识到，如果供应链不具备可持续性，世界资源和环境将不能持续支持现有的供应链发展水平。可持续发展要求企业关注其供应链对所在自然环境的影响,例如,一些企业对产品的过度包装既增加了供应链总成本(包括包装成本、运输成本、空间占用存储成本等),又造成了材料浪费,导致环境破坏。因此,为实现供应链的可持续发展,企业必须重视对环境和社会的责任,寻求人员、过程和技术之间的平衡,通过不断推动创新、改进技术来降低成本,提高服务水平。闭环供应链和绿色供应链管理是企业在探寻可持续发展中的有效成果。

### 1.7.1 可持续发展和供应链管理的基本要素

可持续发展的关键评价指标包括能源消耗、用水量、温室气体排放和废弃物的产生等。把这些关键评价指标与供应链管理的基本要素相结合,可以发现供应链中存在很多可以进行可持续发展改进的机会。

**1. 设施**

生产设施和服务设施往往需要消耗大量的能源和水,并排放出大量的废弃物和温室气体,因此可以在生产设施和服务设施上进行可持续发展改善。例如,沃尔玛在超市中使用能源利用效率更高的灯泡,并修建天窗以利用自然光线而大量减少了能源消耗;连锁便利店通过适当地调整各个店面的空调和冷冻室的开启时间,减少整个零售网络的能源高峰需求,从而减少用电最大负荷,降低成本。

**2. 库存**

许多供应链只关注原材料、在制品和产成品库存,而很少关注废弃物填埋场中的库存。然而这些废弃物库存是阻碍供应链可持续发展的重要因素之一,把产品扔进填埋场是供应链最大的浪费,所有用于生产此产品的材料和能源将永远失去并可能造成危害。可以通过跟踪填埋场库存,把有害物质和有价值的物品区分开来,减少有害物质库存,在产品废弃时回收仍有价值的部分。

**3. 运输**

许多降低运输成本的创新设计有助于减少运输过程中产生和排放的废弃物。例如,沃尔玛通过更有效的装货、联合运输等方法,将单位货物运输油耗减少65%,在降低运输成本的同时减少了对环境的影响。其他的创新设计还包括减少包装用量,使运输时装货密度更高,降低运输成本和废弃物排放等。

**4. 采购**

对供应链中的企业来说,大部分耗能、用水和废弃物排放除了发生在企业自身以外,还发生在供应链中的其他环节。例如,要求原材料供应商所提供的物料中不含有有害物质,或要求原材料供应商在物料生产环节中不产生有害物质等。也就是说,企业需要与供应商一同追求供应链的可持续发展。

**5. 信息**

在整个供应链中,各方要共享产品的绿色评价标准信息,这有利于供应链各成员向一致的可持续发展方向努力。

### 6. 定价

消费价格可见性、差异化定价等对消费者的能源使用量有着极大的影响。研究显示,增加产品对环境影响的可视性能够帮助顾客做出更合理的选择,降低产品使用能耗。而改进供应链可持续性的最大挑战是让顾客愿意为更具可持续性的供应链所生产和交付的产品支付更高的价格。短期来说,政府对一些可持续发展产品的支持激励非常有用,例如政府对新能源汽车进行补贴以刺激新能源汽车的生产和消费。但从长期来说,仅仅使用外部激励无法提高供应链发展的可持续性。

### 1.7.2 闭环供应链

随着科学技术的进步和人们生活水平的提高,产品更新换代速度加快,被消费者淘汰和废弃的物品也越来越多。而随着人们环保意识的不断增强,生产企业被要求对产品生命周期全过程负责,逆向物流(reverse logistics)的概念应运而生,并成为学术界和企业界关注的热点。逆向物流与传统的正向物流方向相反,是对从产品消费点至起始点之间的原料、库存、制成品和相关信息所进行的一系列计划、执行、控制等过程,目标是恢复产品的部分价值,或对产品进行适当处理以利于废物利用。这一过程被认为是传统供应链管理概念的延伸。

逆向物流的产生使得供应链结构从单一的正向供应链发展成为包括逆向供应链在内的闭环供应链(closed loop supply chain,CLSC)。闭环供应链不仅包括从原材料采购到最终成品销售的正向供应链环节,还包括产品回收与全生命周期支持等逆向物流环节,即以消费产品作为起点,经过退货、直接再利用、维修、再制造、再循环回收或者废弃处理等逆向运作构成的逆向供应链,形成物流、资金流和信息流的闭环系统。闭环供应链的运作目的是对物料的流动进行封闭处理,减少污染排放和剩余废物,同时以较低的成本为客户提供服务。

供应链管理常常关注资源的最优配置,而闭环供应链管理在强调资源效率理论的基础上,还强调可持续发展在管理中的体现,是将正向供应链和逆向供应链整合在一起的供应链系统。由于涵盖了正、逆向两种物流,因此闭环供应链具有以下几个显著特征。

**1. 闭合循环性**

闭环供应链是一个闭合系统,在此系统中,资源得以循环流动,体现出生态伦理学的要求。

**2. 高度不确定性**

除了前文所述的供应链的不确定性之外,闭环供应链的不确定性还体现在逆向供应链上。产品回收的时间、质量和数量都具有不确定性,同时产品寿命的不确定对逆向供应链的需求管理、库存控制等也具有显著的影响。此外,逆向供应链的需求点较为分散、无序,逆向处理方式(拆卸、维修等再加工过程)复杂多样,从而增加了生产计划和控制的复杂性。

**3. 系统运作的复杂性及目标的多样性**

闭环供应链管理除了包含生产/制造系统中的规划、运输与库存计划、供应链协作等正向供应链的典型问题,还涉及正向供应链与逆向供应链的协调、供应链运营与外部环境的协调等。因此,从深度和广度上讲,闭环供应链管理的内容要比传统供应链管理更为复杂,目标更为多样。

**4. 供需不平衡性**

经过一系列回收处理过程后的废品供应与再制造生产商的生产需求不相匹配,这也是导致闭环供应链系统运作复杂的一个原因。

**5. 增值性**

传统供应链管理的目的是最大化供应链盈余,而闭环供应链管理是通过提高整个供应链的环境友善性,实现经济的可持续发展。因此,闭环供应链管理的战略重点是保证供应链内各项活动与环境的相容性,在法律法规的限制下,最大化供应链盈余,并通过逆向物流的运作使得资源再生、物料增值、成本节约成为可能,从而实现整个供应链系统的增值功能。

由此可见,闭环供应链系统并非简单的"正向＋逆向"供应链,它涉及从战略层到运作层的一系列变化,相比传统供应链更为复杂。闭环供应链管理的目的是实现"经济与环境"的综合效益,该理念不仅有助于企业的可持续发展,也有助于全球供应链和社会的可持续发展,在构筑强环境绩效方面,闭环供应链表现出的优势远远超过传统供应链。

### 1.7.3　绿色供应链

绿色供应链的概念是由美国密歇根州立大学的制造研究协会在1996年提出的,是一种在整个供应链中综合考虑环境影响和资源效率的现代管理模式。绿色供应链管理以绿色制造理论和供应链管理技术为基础,目的是使产品从物料获取、加工、包装、仓储、运输、使用,直至报废处理的整个过程中,对环境的负面影响最小,资源利用率最高。绿色供应链是将"绿色"或"环境意识"理念融入整个供应链管理过程,是现代企业实现可持续发展的有效途径。

实施绿色供应链所带来的收益包括以下几方面。

(1) 增强企业竞争力,提高整个供应链效益。企业在激烈的市场竞争中寻找联盟来实施绿色供应链。在绿色供应链中可与上下游企业进行整合,优势互补,强强联合,为整个供应链带来更多效益。

(2) 增加客户价值。绿色产品不仅可以保护环境,也能为客户带来绿色收益,并可赢得顾客的长期信任。

(3) 提升企业绿色形象。实施绿色供应链的企业可以树立产品安全可靠、重视社会责任的形象,赢得顾客青睐。

(4) 可规避绿色技术贸易壁垒。世界上很多国家尤其是发达国家都重视生态问题,并为此设立了相应的技术条款和环保法规。企业要长久生存就必须让产品达到相应的绿色标准,而要达标就必须实施绿色供应链。

从不同的角度分析,绿色供应链的决策要素也会不同。

(1) 从产品生命周期角度分析。在产品设计时考虑环保性能会对供应链的生态效应产生很大影响。例如,在设计产品时考虑产品整个生命周期的环境因素,包括使用材料的可再生性、材料对环境的长期影响、产品生产和组装所使用的能源、再制造时的易拆解性、产品的耐用性以及最终的废品处理方式等。在产品成熟和衰退阶段,改善加工工艺和使用有效的逆向物流系统非常重要。

(2) 从供应链阶段角度分析。在原材料采购阶段,如果购买的材料是可回收的或者可重复利用的,则有利于绿色供应链构建。选择供应商时选择一些获得 ISO 14000 认证的供应商可以减少产生环境问题的风险。生产阶段影响绿色供应链的因素很多,主要包括:使用可再生资源的生产能力,使用再制造或者再利用部件的能力,配件拆卸能力,以及减少材料浪费的能力等。销售和运输网络对绿色供应链构建也有很大影响,销售点位置、销售策略、运输方式等决策内容会影响产品的正向和逆向物流。销售渠道的设计要考虑消费者的特征和需求以便建立有效的分配网络。逆向物流的运作主要关注可再生产品的回收,以及一些未使用的退货或者返还的产品。

(3) 从回收再利用方式角度分析。产品的回收利用方式主要包括:再使用、再制造、再生资源和废物处理。再使用一般保持产品原来的物理结构,对产品材料的替换很少;再制造需要拆卸、替换一些配件,以使得再制造产品的性能与新产品一致;再生资源会改变原来的物理或者化学结构。这些处理流程都需要相应的加工过程和技术。例如,再制造过程中需要增加拆卸工序,而再使用过程需要更多的清洗工序等。所以,企业在建立绿色供应链时,应该按照组织和产品的特点选取合适的回收利用方式,以求最大化地利用回收资源和企业优势。

对于企业而言,绿色供应链管理不应是一种强制性实施的环保策略,而是与企业的经济利益相一致,它不仅是一个社会效益显著的行为,也是取得显著经济效益的有效手段。当前,绿色供应链管理的措施已经被逐渐采用,许多欧洲工业化国家制定了环境保护法,让生产商为其产品的逆向物流负责,包括旧产品和工业废品的处理。然而,由于以下因素,绿色供应链的发展受到了制约。

(1) 实施绿色供应链会带来财务负效应。绿色供应链虽能提高资源的利用效率,在一定程度上降低成本,但产品回收再利用和废弃物的处理需要花费巨大的代价。

(2) 企业之间缺乏信任。企业在决策时总是从自身利益最大化出发,而非采用整个供应链或社会效益最大化原则。企业希望自己的上、下游企业实施更多的绿色工艺,这样就可为自己的产品达到绿色标准而花费最小的成本。

(3) 实施绿色供应链的技术和知识欠缺。虽然绿色供应链在理论上可以建立,但相应的绿色产品开发和废物处理的技术及手段有待建立和提高。

(4) 环境标准与税费制度仍不完备。各个国家对产品的环境标准规定不同,当前国内环境制度还不够健全,执法监督不力。

(5) 企业文化或核心价值观不同。企业文化是影响供应链企业间合作关系的首要因素,如果双方没有互相理解的文化理念,则很难进行合作。

## 1.8 案例分析:华为的供应链

华为公司成立于 1987 年,最早是一家从事交换机代理和销售的公司,经过几十年的奋斗和努力,今天的华为已经成为一家世界级的横跨通信设备、终端设备、云服务、人工智能、大数据等高科技领域的巨无霸科技公司,是全球最大的通信设备制造商,全球第二大手机制造商。尽管面对严峻的外部环境和非市场因素,华为整体经营仍然平稳,年报显示,2022 年华为的销售收入达到6423亿元人民币。

那么,到底是怎样的一套供应链管理体系在支撑华为的业务发展和快速成长呢?在中美贸易战升级的背景下,华为又是如何做好采购战略和战略管理以确保公司的供应安全,使自己立于不败之地的呢?

### 1.8.1 华为的集成化供应链

1988年,华为的业务快速扩张,销售收入达到89亿元,已经成为国内第一大电信设备提供商,开始向非洲、东南亚、中东、南美、俄罗斯等地区和国家拓展市场。

由于华为业务发展太快,客户需求无法预测、生产计划不精准、工程订单和采购订单频繁变更,客户订单常常不能及时交付,生产产能与采购不能及时匹配,发错货的现象时有发生,产品质量经常不合格,市场人员天天忙着"救火"。当时的供应链绩效情况如下:

(1) 准时交付率50%,远低于业界平均94%的水平;

(2) 库存周转率为3.6次/年,远低于业界平均9.4次/年的水平;

(3) 交付周期25天,远低于业界平均10天的水平。

管理水平的滞后,使得华为的研发周期是业界最佳水平的两倍;业务的扩张,使得华为的管理成本倍增,在销售额增加的情况下,销售利润却下降了。如何管理供应链、提高供应链的整体运作水平,应对业务爆发式的增长?这是摆在华为人面前的一个严峻问题。

在进行集成化供应链(integrated supply chain,ISC)变革之前,华为的供应链是烟囱式的独立模块,供应链的各个环节是封闭的,信息既不透明也不共享。ISC变革通过构建供应链内部流程体系,改善原来的销售流程、计划流程、采购流程、生产流程、交付流程等,形成以需求计划驱动,采购、生产、物流、销售相互协作的规范化的供应链管理体系。

**1. 销售订单管理流程变革**

针对原来销售流程缺乏生产状态可视性的问题,延伸了原来的MRP系统,使得销售人员也能访问和跟踪,看到生产过程中的订单状态,帮助销售人员对客户做出准确的承诺和快速的响应;同时增加对合同的检视功能,方便销售人员在进行项目和条款核对后做出承诺,避免合同错误。

**2. 计划调度流程变革**

针对原来的计划模块缺乏有效的预测方法和预测工具的问题,华为在计划流程中引入销售和运营计划(sales and operation planning,S&OP),即对市场营销和销售计划、制造、研发、采购和财务方面的有效资源进行综合平衡,以此更新各部门计划,使其协调一致,以实现公司总体的经营战略目标。

**3. 采购流程变革**

与财务部门密切配合,统一采购流程,对采购物料进行分类,并对不同物料建立采购专家团;对供应商进行分级管理,与核心供应商建立起战略合作伙伴关系,互惠互利、互相支持、共同发展;加强采购的绩效管理,实现采购成本的下降和来料质量的提升,获得综合的采购竞争优势。

**4. 仓储和物流流程变革**

华为通过采用条形码、射频识别等技术,减少手工作业,对供应商的来料、库存及盘点进行高效管理,降低库存水平,提高库存周转率,降低库存折旧和损耗的风险;同时建立自动物流中心和自动立体仓库,通过现代化的技术手段提高仓库和物流的运作效率,减少物料移动,缩短生产周期。

**5. IT 系统变革**

ISC 变革将各部门使用的相对独立的各流程环节的 IT(information technology)系统集成到一个 IT 系统平台中,变革后的 IT 系统集成了原 MRP Ⅱ 系统、高级计划与排程系统(advanced planning and scheduling,APS)、电子采购系统(i-procurement)、订单履行系统、物流管理系统、人力资源管理系统、CAD(计算机辅助设计)系统和其他 ERP 系统模块及 CRM 系统等,将华为的计划、调度、工程、采购、生产制造、物流交付和客户服务等工作有效衔接和协同起来。

**6. 组织变革**

将原来的制造部门、计划部门、采购部门、进出口部门、认证部门、运输部门和库存管理部门合并为一个大的供应链管理部门,也就是今天"首席供应官"的前身,由副总裁分管供应链管理部。

从 1999 年到 2003 年,华为的 ISC 变革项目基本实施完成,华为供应链系统的效率得到了极大提升。客户满意度提高了 15%~30%;库存周转率提高了 60%,从原来的 3.6 次/年上升到 5.7 次/年;订单履行周期缩短了 30%,从原来的平均 25 天缩短到 17 天;供应链运营总成本降低了 25%;订单准时交付率从变革前的 50% 上升到 65%。

## 1.8.2 华为的全球化供应链

2005 年,华为经历了两个大的升级:第一个是华为的全球业务获得极大成功,发展势头强劲,海外收入第一次超过国内收入;第二个是华为正式成为英国沃达丰(Vodafone)的电信设备供应商,首度为发达国家的客户提供服务。全球化的业务和海外客户对华为的供应链管理及服务水平提出了更高的要求。原来的集成化供应链管理体系存在供应链模式单一、IT 系统无法在海外使用、人员的技能无法满足全球供应链管理的要求等问题,导致海外供应链管理绩效不理想。当时的供应链管理体系,无论是软实力还是硬实力,都已经无法再支撑华为业务的发展。华为必须对其进行变革,建立全球化的集成供应链管理体系和全球化的客户服务体系,整合全球范围内的优势资源,提升及时交付能力和响应能力,提高供应链管理团队的全球化运营能力。因此,华为提出以"简单化、标准化和 IT 自动化"为原则,以提高海外业务的处理效率和运作效率、满足全球客户的订单要求为任务,以建设一个响应速度快、运作成本低、质量水平高、具有竞争优势的全球化供应链体系为战略目标的全球供应链变革方案。

**1. 解决标准化还是个性化的两难问题**

由于各个国家和地区存在差异,比如消费习惯不同、政策法规不同、经济发展水平不同,原先在国内市场相对成熟的流程和运作体系无法简单复制到全球各个特定的市场,针对各市场的策略必须具备灵活性才能适应各区域的特点,需要在总部集中管理和本地化管理之间取得平衡。集中管理有规模优势,可进行资源共享,成本较低;本地化管理贴近客户,响应快速,客户满意度高。由华为总部派出的先遣队和变革项目组根据本地业务的特点,选择合适的策略,以实现成本、效率、客户服务水平之间的平衡,包括组织结构的设计,全球供应网络的布局,产品模式、销售和服务模式的设计等。

**2. 建设全球化的供应能力**

在硬实力上,华为开始对全球资源进行整合,建设全球化的供应能力。第一步,着手解决标准化问题,对IT管理系统进行改造,将公司的集成供应链功能扩展到全球。第二步,对全球供应链网络进行规划和布局。2005年以前,华为只在深圳设有一个生产基地,由一个中央仓库集中管理库存,当华为的客户遍布东南亚、非洲、中东、北美、欧洲、拉丁美洲等地区时,有限的生产能力,不健全的物流配送体系,使得华为在为全球客户提供服务时显得力不从心。为了有效支持公司拓展全球市场,除中国以外,华为在墨西哥、印度、巴西和匈牙利四国建立了四个供应中心,在迪拜、荷兰等国建立了区域配送中心,既快速响应了市场需求,又降低了物流运作成本,基本完成了全球供应网络的布局。第三步,建立全球化的集成供应链。为了有效管理全球的需求和订单,华为开始深入全球市场的前端,推动高级计划和排程系统在全球范围内的执行,沿袭国内的销售和运营计划,并据此调整采购计划、生产计划和交付计划,保证各个部门及时获取和更新信息,并将可承诺的交货信息发布给全球的销售部门和销售人员。此外,华为投入了大量精力研究交付的逻辑和算法,研究贸易结算方法,根据每个供应中心的供货能力来平衡各地区的订单。当客户下单到供应链系统后,系统能够自动运行拆分逻辑,将订单拆分到最近、最便捷、成本最优化的地区供应中心进行备货,在确保遵从海关法规的前提下,既缩短了货期,又节省了运输成本。通过这一订单管理和交付方案,华为的全球供应网络有了明显改善,订单履行和产品交付变得更及时有效。另外,华为将物流服务外包给大量的第三方、第四方物流公司。一方面,华为与全球化的大型物流公司建立战略合作伙伴关系;另一方面,华为将本地物流外包给一些本地的物流公司,由它们负责从本地海关送货到客户基站或站点,物流成本相对较低,服务也能够得到保证。

**3. 培养国际化团队的工作能力**

华为加快海外供应链本地化建设的步伐,大量招聘和启用本地员工,加强对本地员工的培训,将本地员工培养为业务骨干,使其了解、熟悉本部的运作,进而加强供应链一体化的沟通与协作。引进大批具有国际化视野的职业经理人和专业人士,提升供应链员工队伍的素质和能力。

**4. 持续的供应链变革和精细化管理**

全球供应网络的建立为华为的全球供应链构建了基础。但是,没有任何一种供应链运营模式能够适用于所有业务和全球所有地区。全球化的供应链系统要求根据不同国家及地区特定的法律、法规和客户需求,从细节着眼,制定个性化的管理模式,持续推进精细化管理,对现有系统做出补充。

到2008年,华为已打通了全球供应网络,形成了良好的全球供应链。华为的全球供应链俨然成为其核心竞争力的一部分,有效支撑了公司的高速发展。

### 1.8.3 华为的终端供应链

在2003年华为就已经开启终端业务。20年来,华为终端迅速发展,从2015年开始,华为终端的销售收入就已超过原来最大的运营商业务,至2019年底仍稳居中国市场份额第

一、全球市场份额第二的位置,给苹果和三星造成了极大的威胁。2019—2022年,华为受到外部环境的影响,但仍处于全球前十的位置。针对终端业务快速、极致体验、供应链协同等要求,从2012年起,华为终端公司就提出构建敏捷、智能的数字化供应链,给消费者提供极致的体验,实现终端业务持续、有效的增长。

### 1. 改革终端供应链组织的顶层设计

为了支撑终端业务,终端供应链开始独立运作,成立了"集成交付管理部",负责终端产品供应体系的战略制定,终端产品的供应、采购、质量、成本,流程与IT,隐私保护与网络安全,变革管理,等等。独立的供应链组织、独立的决策和管理,使终端供应链更快速和灵活,更符合终端业务的特点。

### 2. 对原供应链流程进行变革

流程变革之一是供应链的可视化。终端部门启动IT变革项目,实现信息在供应链各相关部门间的共享,实现市场需求、供应能力、存货与运输的可视化,从"预防、被动响应"的模式转变为"先知先觉、实时供应"的主动模式。流程变革之二是简化业务流程。原终端组织参照的是泛网供应链组织,流程比较复杂,交付周期长,在终端业务的实际运作中弊端重重。变革中对原有的流程进行分析和整合,化繁为简,省去多余的环节,以提高供应链的运作效率,加快供应和交付的速度。

### 3. 严格管控库存

华为终端公司将库存检视作为日常工作内容之一,公司财务部每个月都会对库存作审计,提醒采购、生产、仓库、物流、地区供应中心等相关组织做好防范或调整措施。

### 4. 改善和加强供应商管理

2015年华为发布了《关于与供应商合理分享利益的决议》,在供应商管理方面做了较大改善,不再像过去那样只看重成本和价格,而是与关键供应商形成战略伙伴关系;对不同级别的供应商采取不同的管理方式,进一步扩大利益分享。

华为终端经历了七年艰难而痛苦的转型,在芯片研发、计划能力、采购供应能力、智能制造、智能物流等方面实现了从落后到领先的跨越,逐渐打磨出差异化的竞争优势。华为终端采购对供应商的管控从缺少话语权到掌握话语权,华为成为供应商争相服务的第一目标客户。

## 1.8.4 华为供应链的未来

受到严峻的外部环境和非市场因素影响,华为2022年收入净利润356亿元人民币,同比下滑68.7%。但面对制裁,华为的应对状态已经从"战时状态"转向"常态化运营",华为未来的业务体量也会逐渐增长,供应链的布局、供应安全和保障将是华为需要解决的核心问题。面向未来,华为对供应链体系提出了非常清晰的变革要求,即通过业务与技术的双轮驱动,构建及时、敏捷、可靠的主动型供应链,使华为现有的供应链"更简单、更及时、更准确"。今天,互联网的发展已经彻底改变了消费者的消费方式和消费行为,华为总结并提炼出R-O-A-D-S作为用户体验的标准,即实时(real time)、按需(on demand)、全在线(all online)、服务自助(DIY)和社交化(social)这五个客户体验标准。华为的智能化供应链变革为华的进一步发展奠定了良好的基础,使其初步实现了对人机协作、自动化、智能化的供应链的全面协同管理,离价值创造的主动型供应链管理目标越来越近。

## 习题

1-1 什么是供应链和供应链管理?
1-2 简述供应链管理的难点。
1-3 供应链管理的基本要素有哪些?
1-4 经济全球化对供应链管理的发展和演变有什么影响?
1-5 什么是闭环供应链?闭环供应链有哪些区别于一般供应链的特征?

## 参考文献

[1] 大卫·辛奇-利维,菲利普·卡明斯基,伊迪斯·辛奇-利维,等.供应链设计与管理:概念、战略与案例研究[M].季建华,邵晓峰,译.3版.北京:中国人民大学出版社,2010.
[2] 乔普拉,迈因德尔.供应链管理[M].陈荣秋,译.6版.北京:中国人民大学出版社,2017.
[3] 科伊尔,兰利,诺华克,等.供应链管理:物流视角[M].宋华,王岚,等译.10版.北京:清华大学出版社,2021.
[4] 辛童.华为供应链管理[M].北京:中国人民大学出版社,2020.

# 第 2 章

# 物流及物流的经济效用

视频 2

物流是为实现商品价值,使物质实体从生产者转移到消费者的物理性活动。作为供应链的重要组成部分,物流具体表现为以物流系统中的设施、设备以及资源作为载体,开展各项关键或支持性物流活动。物流系统将供应链上、下游本来独立的企业连接起来共同构成供应链网络。与此同时,物流活动运作过程会对整个供应链产生一定的经济效用。

供应链管理体系下的物流管理也体现出较强的供应链管理特征,表现出集成化趋势,进一步催生了物流系统的敏捷性,能够更加有效地提高供应链的运作效率。

本章的学习目标有以下两点:①理解物流与物流系统的定义及主要内容,掌握关键性物流活动和支持性物流活动的构成及决策内容;②了解物流的经济效用,其中重点掌握物流活动的三种经济效用,理解其含义及相互关系。

## 2.1 物流与物流系统

### 2.1.1 物流的定义

物流的英文单词 logistics 源自法文 loger,原意为"分配"。物流一词起源于军事领域。在行军打仗中,物流研究如何确保部队有合适的粮草、弹药和燃料等军事物资的供应和部署,以及如何确保军队在最有效的条件下行动和战斗。早在公元前 20 世纪,巴比伦人就组建了一支军队,专门从事士兵装备的供应、储存、运输和分配。

中国古代的邮驿(或驿传)系统也包含着现代物流的基本元素,如物流网络、运输、仓储等。丝绸之路、茶马古道与物流网络的形成紧密相关。我国古代历朝也都十分重视对粮食的仓储,以进行日常消费供给,以及应对战争、灾荒等突发事件。

现代物流则起源于美国在第二次世界大战期间的后勤管理。"二战"结束后,物流逐渐开始应用于民用领域。20 世纪 60 年代,企业运营中开始出现一些有关物流的记录,如产品供应、物料采购、运输、存储等活动。同时,一些与物流相关的活动也越来越多地出现在服务部门,如水和天然气的分配、邮政服务、城市固体废物收集、道路和电力网络的维护等。此外,让我们认识到物流重要性的另外一个因素是消费者越来越关注服务质量,而不仅仅是产品本身的质量。

美国供应链管理专业协会(Council of Supply Chain Management Professionals,

CSCMP)对物流的定义是:为满足消费者需求,对原材料、中间库存、最终产品以及相关信息从起始地到消费地的有效流动与存储而进行的计划、实施与控制。

中华人民共和国国家标准《物流术语》(GB/T 18354—2021)对物流的定义为:根据实际需要,将运输、储存、装卸、搬运、包装、流通加工、配送、信息处理等基本功能实施有机结合,使物品从供应地向接收地进行实体流动的过程。

虽然上述两种定义在表达上存在差异,但是物流的目标是相同的,即要在正确的时间、正确的地点,以正确的成本,向正确的消费者提供正确数量、正确状态的正确产品(物流中的"七个正确"),最终实现产品或服务在时间和空间上的效用或价值。

20世纪90年代以来,企业开始关注由供应商、供应商的供应商、下游客户、最终消费者等组成的供应链,以及供应链中上、下游间的供需关系。供应链管理要求能够建立一个动态的、协调的物流系统,包括商业物流、事件物流和服务物流等,其中商业物流是最普遍也是供应链管理效果体现最明显的物流形式。商业物流是供应链中为满足顾客需求,对产品、服务以及相关信息从产地到消费地高效、低成本的流动和存储所进行的计划、实施和控制活动,此外也涵盖了为支持供应链运作,对所涉及的设备、物资、人员等资源所进行的采购、调度和管理等活动。

### 2.1.2 物流系统

物流系统不仅包含与产品和信息流动相关的各项功能活动,还包含执行这些活动所必需的设施、设备、资源。一个设施中常常会执行一项或多项物流活动(如存储、配送)。图 2-1 所示为一个典型的物流系统,包含了原材料/组件的供应商、加工工厂、装配工厂、中央配送中心、区域配送中心,以及最终的顾客(可以是终端消费者,也可以是经销商或零售商)。

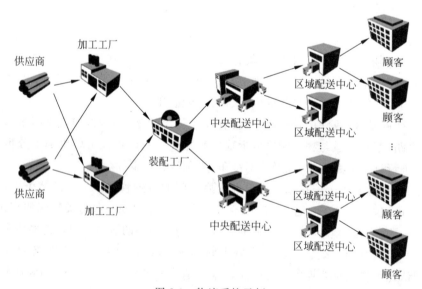

图 2-1 物流系统示例

在各设施中,物料流会暂时中断,并发生相关的物流活动,使得产品的物理或化学属性、所有权、外观等发生变化。这些变化都将影响产品的附加价值,随着产品距离最终顾客越来越近,其附加价值也在不断增加。当然,附加价值也可以是空间价值(运输活动产生)或时间价值(存储活动产生)。

国内某电商平台自 2004 年正式涉足电商领域以来,年市场交易额高达上千亿元,是中国领先的互联网电商企业之一。涉及的产品领域包括数码产品、家电、汽车配件、服装与鞋类、家庭用品、化妆品、食品、书籍、母婴用品与玩具、体育与健身器材以及虚拟商品等,共计 3000 余万种最小库存单位(stock keeping unit,SKU)。该公司的物流网络覆盖全国,极大地提升了运输效率,物流水平领先同行业竞争对手。该平台在江苏省、安徽省及上海市的物流网络覆盖面积超过 24.5 万 $km^2$,服务客户超过 1.5 亿人。

该平台的物流网络包含三类不同的设施。

(1) 区域配送中心(regional distribution center,RDC)。它的主要功能是存储来自供应商的产品,并配送至下游节点。

(2) 前置配送中心(forward distribution center,FDC)。目的是将产品在更靠近客户的区域进行存储,以达到缩短配送周期的目的,同时实现 FDC 的快速周转和高现货率。FDC 中的商品主要来自上游 RDC 的调拨,FDC 主要承担商品的存储、分拣以及配送。

(3) 配送站点(hub)。其主要功能是将来自 FDC 的商品配送至各个客户点。

一个物流系统可以用一个有向图 $G=(V,A)$ 来表示,其中 $V$ 是设施集合,$A$ 中的弧表示设施间的物料流动。一对设施之间可以存在几条弧,分别代表不同的运输路线,或不同的运输服务等,如图 2-2 所示。

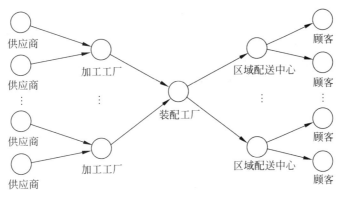

图 2-2 用有向图表示的物流系统

上述电商平台的物流网络可以用图 2-3 所示的有向图表示。

上述物流系统中存在物料流和信息流两种不同性质的流动过程。

(1) 物料流。根据物料在生产和分销过程中的位置,物料流可以分为供应物流、内部物流及配送物流三类。供应物流是指物料在进入工厂生产之前的流动过程,包括原材料和零部件的供应。内部物流是指物料进入工厂,开始生产之后的流动过程,包括物料的接收和存储、生产线上的物料供应、在制品的运输、成品的包装存储等。配送物流发生在产品出厂之后,包括产品的配送、存储与客户供应等。供应物流和配送物流统称为外部物流。

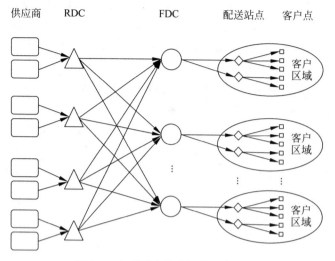

图 2-3　电商平台物流网络的有向图

（2）信息流。在物流系统中,除了产品包装回收或缺陷产品退回等情况外,物料流通常是从原材料供应商流向加工工厂和装配工厂,然后通过配送网络,最后到达销售点或者客户手中。信息流往往和物料流呈相反方向流动,例如,在按订单生产(make to order,MTO)的制造系统中,客户的订单决定了生产计划,而生产计划又决定了对原材料的需求。同样,在按库存生产(make to stock,MTS)的制造系统中,过往的销售记录和需求信息被用于需求预测,从而影响分销模式以及采购和生产计划。

一个包含了物料流和信息流的物流网络如图 2-4 所示。

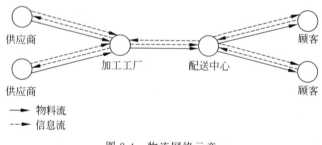

图 2-4　物流网络示意

## 2.2　主要物流活动

供应链中所包含的物流活动取决于供应链的结构、业务领域等。以图 2-5 所示的供应链为例,物流活动可以分为关键性物流活动和支持性物流活动,每一种活动都涉及若干决策内容。

关键性物流活动包括以下几种。

（1）客户服务。满足客户需求,需要库存、生产、仓储、运输等活动之间的协同运作,以保证客户能够在正确的时间获得正确数量的正确产品,即在实现产品的可得性和供货提前期的同时,保证物流系统的反应能力。该类活动包含以下决策：

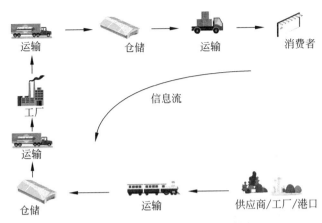

图 2-5 单个企业的供应链示例

- 确定物流服务需求
- 确定客户服务水平

（2）运输管理。运输是物流系统的重要组成部分，承担着连接不同组织/设施的职责。运输成本通常在物流成本中占比最高。因此，产品的运输以及运输网络的构成是物流系统关注的焦点之一。该类活动包含以下决策：

- 运输方式和运输服务的选择
- 车辆调度及运输路线的选择
- 运输理赔程序和运价审核

（3）库存管理。一般而言，通过快速组织生产来保证客户的需求要么无法实现，要么不可操作。库存作为供、需之间的缓冲器，一方面可以保证产品的服务水平，另一方面使得生产和物流活动更加灵活，能够以更高效的方法组织生产、分销等活动。库存管理包含以下决策：

- 原材料、成品的存储策略
- 销售预测
- 库存点的产品组合
- 库存点的个数、规模
- 拉动式管理或推动式管理策略选择

（4）订单履行。订单履行包含订单发送、订单处理、订单准备和订单运输四个过程。订单履行效率直接决定了产品的订货提前期，以及客户服务水平。该类活动包含以下决策：

- 订单与库存之间的关系
- 订单信息的传送方式
- 客户订货规则优化

支持性物流活动包括以下几种：

（1）仓储管理。仓储管理和关键性物流活动中的库存管理及运输管理紧密关联，例如，选用时间较长的运输方式，就必须保持较高的库存水平，也就需要更多的仓库空间；选用时间短同时也更昂贵的运输方式时，仓库数目及存货水平都会得到降低。仓储管理活动一般包含以下决策：
- 仓库容量决策
- 仓库布局设计
- 产品存储位置优化

（2）物料搬运。物料搬运是指产品经由运输工具进入仓库后的活动，包含存储在仓库的指定位置、拣货、搬运至道口准备出库等活动。物料的搬运设备包括输送机、堆垛机、起重机和自动存取系统等。物料搬运活动一般包含以下决策：
- 搬运设备选择
- 订单拣货方式选择
- 产品存取方式选择

（3）物料采购。供应链的全球化给物料采购带来了更多的选择，也带来了更多的风险。同时，物料采购还直接影响物流中的运输成本，最终影响到总物流成本。因此，在做出采购决策的同时需要系统地考虑总物流成本。物料采购活动一般包含以下决策：
- 供货商选择
- 采购时间确定
- 采购数量确定

（4）包装设计。产品包装可以在产品运输和储存时起到保护作用，产品包装类型常常受到运输方式的影响。例如，铁路或水路运输中产品发生破损的风险较大，因此需要设计额外的包装，会增加包装成本。航空运输中产品发生破损的风险较小，因此包装成本较低。在选择运输方式时，还需要考虑由于包装变化引起的物流总成本变化。近年来，由于环境保护以及可持续发展得到越来越多的关注，包装材料的选择、减少包装浪费等成为包装设计的焦点。包装设计活动一般包含以下决策：
- 便于搬运的包装设计
- 便于存储的包装设计
- 防止破损的包装设计

（5）生产计划。物流的另一个重要支持活动是有效库存控制下的生产计划和调度。一旦完成了某种产品的需求预测，便可以基于当前库存水平计算得到产量，以确保一定的服务水平。由于生产过程需要对多条产线进行合理组织，因此需要密切关注生产计划和调度，相关的活动包含：
- 产量优化
- 排产计划

（6）信息技术。信息对于物流来说相当重要，因为它是管理者制定决策的基础。信息技术包括信息获取、信息分析和一些依据信息执行决策的工具等。其中，决策工具包括贯穿于整个供应链的硬件、软件和人力。信息技术一般包含以下决策：
- 信息收集、储存和处理
- 数据分析
- 信息传递方式选择

将关键性物流活动和支持性物流活动进行分类并不意味着支持性物流活动的重要性要低一些，而是因为关键性物流活动基本存在于任何一个物流系统中，而物流系统中是否包含支持性物流活动则取决于物流作业属性等一些因素。例如，对煤炭、矿石等产品而言不存在仓储管理活动，但是存在物料搬运活动。

包装设计不仅是运输管理和库存管理的支持性活动，也是仓储管理和物料搬运的支持性活动，因为不同的包装会影响这些活动的运作效率。物料采购和生产计划通常被认为更多与生产有关，但是这两类活动也会影响物流的效率，尤其是运输和库存的效率。信息技术为所有的物流活动提供支持，为计划和控制提供所需的信息。

物流系统中还会有其他一些类型的活动，如产品退货处理、废弃物处理等逆向物流活动，这些活动通常在物流区域直接或通过第三方物流服务提供商进行管理。

（1）产品退货处理。退货物流是指对已经采购的原材料和零部件进行退货，以及与之相关的运输、验收和保管等物流活动。退货原因可能是质量验收不合格、产品损坏等，有时供应商也允许将未销售的产品回退给自己进行处置。

（2）废弃物处理。废弃物处理是指将失去原有使用价值的物品进行收集、分类、加工、包装、搬运、储存，并分送到专门处理场所时所形成的物流活动。

## 2.3 物流的经济效用

物流的经济效用是指物流全过程所产生的经济效用。为满足日益增长的社会需要，物流运作必须在单位产品或服务中，以最少的环节、最短的时间、最少的资源消耗，产出更多的效益。在考虑物流的经济效用时，还必须同时考虑物流对整个社会所产生的经济效用。

经济效用能够增加产品或服务的价值，包括形态效用、时间效用、空间效用、数量效用和占有效用五种类型，五者之间相互关联。生产活动通过加工过程增加产品的价值，当原材料或零部件以预先确定的某种方式组合成产成品时，形态效用（form utility）就产生了。物流活动则产生时间效用、空间效用和数量效用，而占有效用（possession utility）则由销售活动产生。本节主要介绍物流活动所产生的三种经济效用。

**1．空间效用**

物流中的运输活动将产品从生产点转移到需求点，从而产生了经济效用。这种经济效用突破了市场的有形界限，增加了产品或服务的经济价值。这种经济价值被称为空间效用（place utility）。空间效用使得市场边界得到延伸，加剧了市场竞争，还会导致价格竞争，但同时也因规模经济而增加了获利机会。

**2．时间效用**

产品或服务除了必须在有需求的地方供应，还必须在需求产生的特定时间范围内供应。例如，在承诺时间内销售某种产品，或是在紧急情况下提供急需的产品等。时间效用（time utility）是指通过在特定时间内提供产品或服务所产生的经济价值。在物流系统中，时间效用是由库存和运输共同产生的。如今，企业越来越关注服务水平的提高以及运营成本的降低，因此产品提前期越来越短、产品库存水平越来越低，这使得时间效用变得越来越重要。

**3．数量效用**

产品或服务的供应除了时间、地点的要求之外，还有数量上的要求，即产品的空间效用和时间效用要结合数量效用一起考虑。将正确数量的产品在正确的时间送达要求的地点就产生了数量效用(quantity utility)。以汽车产业为例,假设汽车总装厂运用准时生产(just-in-time,JIT)库存管理战略,在一天内要组装1000辆汽车,这需要4000个轮胎在当天送达总装生产线。而当轮胎供应商将3500个轮胎及时送达时,虽然产生了时间效用和空间效用,但是没有产生数量效用。这样,总装厂就不能按计划组装1000辆汽车。因此,时间效用、空间效用和数量效用需要同时发挥作用,以达到增加产品或服务经济价值的效果。

## 2.4  案例分析——京东物流

京东是一家自营式电商企业,于1998年在北京中关村创立,是中国最大的B2C在线零售商之一,是《财富》全球500强企业的成员。京东集团定位于"以供应链为基础的技术与服务企业",业务涉及零售、科技、物流、健康、保险、产发、海外和工业品等领域。京东旗下设有京东商城、京东物流、京东金融、京东智能、O2O及海外事业部等。京东商城是中国电子商务领域受消费者欢迎和具有影响力的电子商务网站之一,在线销售家电、数码通信、电脑、家居百货、服装服饰、母婴、图书、食品、在线旅游等12大类数万个品牌数百万种优质商品。

京东物流是支撑起京东的核心竞争力。京东集团于2007年开始自建物流,2014年京东第一个大型智能物流园区——"亚洲一号"落成。2017年4月正式成立京东物流集团,2020年,京东开始强调全渠道战略。2022年1—3月,京东自营管理了超过1000万个SKU(最小库存单位),平均库存周转天数是30.2天,接近零售行业的极限水平。京东物流在全国运营管理43个"亚洲一号"大型智能物流园区和一个包含多级仓库的仓储系统,拥有约2500万$m^2$的仓储容量,在全国94%的区县、84%的乡镇实现了当日达或次日达。京东物流系统建立了包含仓储网络、综合运输网络、"最后一公里"配送网络、大件网络、冷链物流网络和跨境物流网络在内的高度协同的六大网络,具备数字化、广泛和灵活的特点。

客户服务方面,京东物流的服务范围覆盖了中国几乎所有地区和人口,不仅建立了中国电商与消费者之间的信赖关系,还通过"211"限时达等时效产品和上门服务,重新定义了物流服务标准。2021年,京东物流助力约90%的京东线上零售订单实现当日和次日达,客户体验持续领先。

京东物流主要聚焦于快速消费品、服装、家电家具、3C产品(计算机类(computer)、通信类(communication)、消费类(consumer)电子产品统称为3C产品)、汽车、生鲜等六大行业,为客户提供一体化供应链解决方案和物流服务,帮助客户优化存货管理、减少运营成本、高效分配内部资源,实现新的增长。

对不同的品类,京东物流也探索了不同的物流和供应链服务方案。以今天京东三大主要品类——快速消费品、家电及3C产品、服装为例,这三种品类各自具有不同属性,其仓储流通形式也各有不同:

(1) 快速消费品具有周转率高、数量大、成本低、全渠道分销的特征,京东物流会直接将这类商品从工厂运输到距离消费者最近的仓库,以缩短订单履约时间和运输成本。

(2) 家电及3C产品受物流难度大、安装、维修及售后流程烦琐等影响,长期依赖于线下经销商网络,京东物流选择将仓库直接建在产地附近,由京东负责多级分仓之间的仓库调拨、送货上门、安装和售后服务。

（3）服装类受季节性因素的影响很强，数量大，但是每类服装的库存量又较少。对于一些退货率较高的服装类产品，京东物流为品牌提供全面存货管理系统，监控不同地域线下商店和线上销售数据，帮助品牌实现灵活的发布、分销和补货。

库存管理方面，京东将供应商的货品存储在自营的43个"亚洲一号"大型智能物流园区和约1400个仓库。当消费者在线下单后，这些货品被拣选出来，再经由210个分拣中心，由货车分发到全国各地约7200个终端配送站，最后由20多万名配送人员配送至消费者手中。截至2022年3月31日，京东物流仓储总面积超过2500万 $m^2$（含云仓生态平台的管理面积在内）。

京东物流的库存有三种模式：第一种是京东自营仓库中储存的商品，占绝大多数；第二种是合作品牌工厂仓库中的商品，这部分库存也属于京东，可以随时送到京东自营仓库和通过京东物流直发用户；第三种存放在第三方商家的仓库（多为前置仓和实体门店），配送也多由京东到家或商家自行承担，商品的物权在出货时归属京东。

在运输及配送网络方面，京东物流构建了一个包含多层级基础设施的物流网络。该物流网络包括区域分发中心（regional distribution center，RDC）、前端物流中心（front distribution center，FDC）和城市本地仓（town distribution center，TDC）。RDC分布在全国，形成京东的八大区域物流中心，存储和转运全品类商品；FDC主要分布在省会城市和物流枢纽城市，主要存放本区域的畅销品类；TDC分布在城市周边，直接供应本地及周边县市。京东物流可以实现将货物从工厂运送至离消费者最近的地方，以实现最快的速度送达。

仓储管理作为京东物流系统中的支持性物流活动，其高效的仓储设备和技术对物流效率的提升具有重要意义。京东物流拥有大量自动化、智能化的系统和设备。从人工分拣到向自动化、智能化转变，本质是做到流程标准化，用机器代替人的手和脑，这样在提高效率的同时，也降低了犯错的可能性。以"亚洲一号"园区中常见的几种智能化设备为例，完成一笔订单通常需要智能拣选机器人"天狼""地狼"，智能机械臂以及交叉带超高速分拣系统等设备联动。在上海"亚洲一号"园区的全流程无人仓，日订单处理能力达到130万单。无论是自动化立体仓库、"地狼仓"、"天狼仓"还是智能分拣系统，其运营效率均为传统仓库的至少3倍以上。一些应用成熟的机器人，比如自动打包机，其订单处理速度是传统仓库的5倍以上。

# 习题

2-1 什么是物流？物流和供应链之间有什么关系？

2-2 分析服务型企业（以餐饮行业为例）和生产型企业（以汽车制造业为例）物流系统的主要差异。

2-3 任选一类企业，简述其主要物流活动并分类，分析其关键性物流活动和支持性物流活动之间的关联。

2-4 物流如何实现在经济中的增值？分析精益生产背景下几种主要经济效用之间的相互作用。

## 参考文献

[1] GHIANI G,LAPORTE G,MUSMANNO R. Introduction to logistics systems management[M]. 2nd ed. Chichester:John Wiley & Sons Ltd,2013.
[2] 科伊尔,兰利,诺华克,等. 供应链管理:物流视角[M]. 宋华,王岚,等译. 10版. 北京:清华大学出版社,2021.

# 第2篇

# 供应链网络设计

# 第 3 章

# 配送网络设计

视频 3

配送是指产品从供应商处到客户处的移动及相关的存储过程。配送发生在供应链中的多个环节之间,例如,原材料和零部件的配送发生在供应商和制造商之间;产成品的配送发生在制造商和客户之间。配送是决定企业整体营利性的一个关键因素,因为它既影响供应链成本,也影响客户价值。配送网络(distribution network)是指由供应商、仓库、配送中心和零售网点组成的物流网络,以实现产品或服务向供应链下游的交付。合理的配送网络设计除了可以改善供应链管理的绩效外,还可以让企业获得一定的竞争优势。以下是一些成功的案例:

- 上海医药是中国第二大医药企业,主要业务是药品研发、制药以及药品分销。其中药品分销是上海医药的核心竞争力,企业总收入的近七成来自与分销相关的业务。上海医药为各类制药企业提供分销业务,其分销网络覆盖全国两万多家医疗机构。同时中国市场60%的进口药物通过上海医药进行分销,其中85%经由上海医药的分销网络供应给中国各大医院。
- 京东物流的成功之处在于自营物流配送系统的建立,配送站覆盖全国大部分城市,且均由自建物流提供商品配送、上门取换件等服务;同时考虑到在每个城市或偏远地区建立配送站需要投入大量的资金,且偏远地区订单量较少,因此采取自营物流配送和第三方物流配送相结合的方式。此外,京东还推出了211限时达、极速达、京准达、夜间配、定时达等时效配送服务。
- 安吉物流是全球业务规模较大的汽车行业物流服务供应商,为汽车行业提供包括汽车整车、零部件物流、口岸、航运物流等服务。其中,整车物流是安吉汽车物流公司的一项重要业务,主要采用总集成承包模式,通过与其他运输企业组成物流联盟整合运力。在进行运输前,首先按照地理位置对全国的整车物流运输业务按照就近原则分派给某个或某几个子运输公司,再基于此针对具体订单安排运力,形成合理的运输方案。此外,各运输公司还可以利用剩余运力,与当地的汽车供应商共同开拓新的市场业务。

当然也有反面的案例。例如,2013年成立的"美味七七"是一家以上海为中心,覆盖江浙地区的生鲜电商,其目标群体为都市人群,涵盖时鲜水果、蛋肉家禽、海鲜产品等九大类商品。在配送网络设计方面,截至2014年底在上海共设立30余个中间站以及大量的配送点,大多数生鲜产品靠自建物流进行配送。巨额的资金投入、高昂的冷链建设成本以及配送损耗成本导致企业运营收支不平衡,资金链出现断裂。该企业在短短三年内即迅速走向破产。

本章的学习目标有以下四点：①了解配送网络设计过程，理解配送网络在供应链中的作用，掌握几种典型的配送模式；②了解配送网络设计决策流程，分别探讨两个阶段的决策内容和主要目标；③掌握全渠道网络设计的定义及配送模式；④了解智慧配送的定义、特点以及智慧配送系统的构成。

## 3.1 配送网络设计简介

### 3.1.1 配送网络在供应链中的作用

供应链中包含多个阶段，这些阶段参与产品从生产到最终被消费这一全过程中的物料、服务、信息和资金的流动。供应链网络是这些流动所经过的物质结构和媒介的集合，包括分销商、批发商、零售商、运输供应商、信息化设施、金融服务设施等。物流网络是指为实现供应链网络构建，以及供应链中物料流动而建立的，以物流基础设施、信息网络为支撑，按网络组织模式运作的网络系统。而配送网络是指物料从上游的生产制造、分销，再到下游客户手中所经过的网络体系，该网络中的主体节点包括工厂、中央仓库和分销仓库，以及它们之间的运输路线等。在供应链网络中，各阶段之间的物料和信息的流动等均需要通过配送网络来实现，即配送网络是实现供应链网络整体构建的基础。本章关注供应链中配送网络的设计规划。

在供应链中采用不同的配送网络，可以实现从低成本到高响应性等不同的供应链目标。同一行业中的不同企业也通常会选择不同的配送网络。例如，在2007年以前，戴尔公司采用网上直销的方式，将个人电脑直接配送给最终客户，而惠普等公司则采取通过经销商、零售商方式销售个人电脑。苹果公司则在不同城市开设苹果电脑专营店。以上这些个人电脑的品牌商选择了不同的配送方式，我们应该如何评价？哪种配送方式能更好地为企业以及它们的顾客服务？

京东的物流配送网络中，80%左右的销售额是通过其自建物流网络送至终端客户手中的，而其余的销售收入则是通过店家直销的方式，直接从供应商处送至客户手中。配送网络中的中间设施创造了哪些价值？什么样的场景下配送网络应增加额外的中间设施（分销商或配送中心）呢？

以上案例表明，企业在设计它们的配送网络时可以有不同的选择。一个不合适的网络对供应链的盈利能力会造成很大的负面影响，而合适的配送网络设计则能够以尽可能低的成本满足客户的需求，从而增加供应链的盈余。

### 3.1.2 网络设计决策

网络设计决策决定了供应链的配置，并确定了供应链的各类约束。场地租约、投资、设施选址等与网络设计相关的决策在短期内一般不会发生变动。因此，供应链管理者需要在已有网络的基础上开展活动，达到降低供应链成本或提高供应链响应性的目标。因此，配送网络设计必须考虑到网络的柔性，即适应需求、供应商、竞争关系、供应链自身结构等多方面变化的能力。例如，丰田公司在全球范围内设立工厂。1997年以前，每个工厂只能服务当地市场，这使得丰田公司的销售额在20世纪90年代后期亚洲经济衰退时严重下滑，而亚洲工厂的空闲产能却不能用来服务其他有需求的市场。于是，丰田公司开始改善其工厂的柔性，使其能够服务当地市场之外的市场区域。这个举措使丰田公司可以更有效地应对日益动荡的全球市场环境。

配送网络设计决策包括确定生产、仓储或运输等相关设施的配置，以及设施的产能分配和市场分配。配送网络设计决策分为以下几种。

(1) 设施作用：各设施的作用是什么（生产、仓储等）？每个设施包含哪些作业？
(2) 设施布局：各设施应该设置在哪里？
(3) 产能分配：设施应该分配多大的产能？
(4) 市场和供应分配：每个设施应该服务哪些市场？设施的供应源来自哪里？

配送网络设计决策对供应链运作有着深远的影响，会对生产、物流、营销以及财务等领域的成本产生巨大的影响。而"变"是供应链唯一不变的特征。消费者的需求特征、技术手段、竞争环境、市场和供应商等都在不停地变化。结果就是，企业必须重新配置资源以适应和满足这一不断变化的环境。因此，企业需要对其物流配送网络进行适时的重新评价，并进行再设计，以发现削减成本或改善服务的新机会。

以下提到的几种变化，虽然不会在同一时间内对网络设计决策产生影响，但它们是商业环境中变化较为频繁的因素。

**1. 国际贸易的变化**

近年来，国际贸易局势发生了重大改变，这是由于各个国家和地区的经济发展不断变化，且相互影响。单货币汇率波动这个因素就会给全球采购策略带来影响，因为企业在采购时总是力求降低成本。这个因素也同样影响着消费行为，因为客户总是希望在任何时候都能达成最划算的交易。除了货币汇率的波动，其他变化因素还包括：

- 国家内或国家间的贸易量
- 各地区/国家的供应能力
- 国际运输基础设施
- 国际贸易航线变化（与国际物流和运输服务的供应和需求相关）

**2. 客户服务需求的变化**

客户对于物流服务的需求正以多种方式发生变化，一些客户关注物流服务的效率，一些客户关注物流服务的价值增值，也有客户希望与物流服务供应商建立战略合作伙伴关系，以共同应对风险。

与此同时，企业所服务的客户类型也在发生变化。以食品制造商为例，很多年来，他们一直都是将其产品配送到区域配送中心或零售终端，而近年来网络销售平台逐渐成为制造商的服务对象。客户类型的变化也带来了供应链结构的改变，从而对提前期、订单规模、补货频率、包装等相关活动都产生了影响。

**3. 供需地点的变化**

配送网络中，供应源和市场的分配会影响供应链满足客户需求时所发生的生产、库存，以及运输成本。随着世界经济全球化，许多企业制定了国际化战略。本质上，这种国际化战略强调在全球范围内进行设施选址和设施管理的重要性。同时，也对全球范围内不同设施之间的协同合作提出了需求。例如，汽车行业的准时制(JIT)生产模式使得零部件供应商的本,即库存成本、运输成本以及设施成本。

随着供应链中设施数目的增加,供应链中的库存数量和相应的库存成本也会增加,如图 3-1 所示。

为了降低库存成本,企业通常会合并或限制供应链中设施的数目。例如,大型购物超市由于设施非常少,其库存年周转率远高于社区便利店。如果不同地区的需求规模接近且相互独立,那么设施合并后的总安全库存数量将是原安全库存数量除以所合并的设施数目的平方根。换句话说,如果设施数目减少为原来的 $1/n$,则总的安全库存将下降为原来的 $1/\sqrt{n}$。该原则通常被称为平方根原则。

供应链中的运输成本包含内向运输(inbound transportation)成本和外向运输(outbound transportation)成本两类。内向运输成本是指将物料从上游运输至某设施所产生的成本;外向运输成本是指将物料从该设施运输至下游时所产生的成本。一般来说,单位外向运输成本会高于内向运输成本,因为内向运输的批量通常较大。例如大型购物超市仓库在收货时往往是整车运输,而发货则往往是针对少量商品组织运输。当增加仓库数量时,外向运输的平均距离缩短,外向运输成本降低。因此,只要内向运输的规模经济仍然能够保持,增加仓库数量(即设施数目)就可以降低总运输成本,如图 3-2 所示。然而,当仓库数量增加到一定数量后,内向运输的规模经济效应丧失,这时总的运输成本反而会增加。

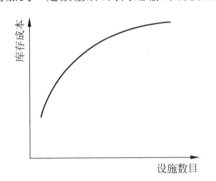

图 3-1 设施数目与库存成本之间的关系

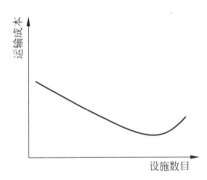

图 3-2 设施数目与运输成本之间的关系

另外,设施成本会随设施数目增加而升高,如图 3-3 所示,这一方面是由于设施管理成本增加,另一方面也是因为设施数量增加时,(生产或运输的)规模经济效应降低。

配送网络的总物流成本是上述三类成本的总和。随着网络中设施数目的增加,总物流成本呈现出先下降然后上升的趋势,如图 3-4 所示。企业希望能够找到使得总物流成本最小的设施数量。然而,当企业希望通过进一步增加设施数量以缩短响应时间时,总物流成本会增加。

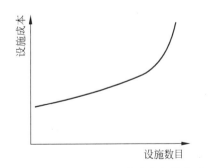

图 3-3 设施数目与设施成本之间的关系

上述讨论表明,在进行配送网络选择时,必须评估其对成本和客户服务两个指标的影响,在响应性和效率两个指标间进行权衡。

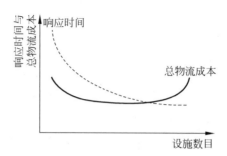

图 3-4　总物流成本、响应时间与设施数目的关系

## 3.3　典型配送模式

设计配送网络时需要考虑的两个关键问题是：
（1）除了制造商，产品交付过程中是否包含中间环节？
（2）产品交付到客户所在地，还是客户去指定地点提取？

根据对上面这两个问题的决策，可以采用下列三种典型配送模式来实现产品从制造商到客户的交付。

**1. 直送模式**

直送模式是指产品不经过零售商，直接从制造商发送给终端客户，零售商的工作是接收客户订单，以及向制造商发送交付请求。在这种模式中，产品在制造商处储存，零售商处没有库存。

从成本的角度分析，直送模式可以节省设施的固定成本，降低库存水平，但是由于客户订单的分散性，运输成本较高。在客户服务方面，直送模式的产品多样性水平较高，直接交付到客户所在地使得客户体验较好，但响应时间比较长。此外，在订单可视性和处理退货方面，直送模式也存在一定不足。

**2. 到户交付模式**

到户交付模式是指从制造商处发出的产品经过一系列中间场所（如分销商、零售商等），最终交付到客户手中。在这种模式中，库存会在分销商或零售商处，交付过程可以通过第三方物流服务商完成，也可以由分销商或零售商将产品送到客户地点。

从成本的角度分析，到户交付模式供应链各环节整合程度低，库存水平较高，整合度低也导致了较高的设施和搬运成本，因此适用于销量大的产品。比起直送模式，到户交付模式的运输成本较低，这是由于分销商或零售商距最终客户的距离较近，减少了这些设施的外向运输成本，而分销商或零售商的内向运输成本可以利用规模经济效应进行控制。

在客户服务方面，由于配送点更靠近顾客，响应时间快，但分销商或零售商存货模式某种程度上限制了产品的多样性，产品可获得性较差。这种模式下，客户订单的可视性和可退货性相较于直送模式更好。

**3. 客户自提模式**

客户自提模式是指产品存放在制造商、分销商或零售商等中间环节处，客户通过线上或电话下单,然后自行到指定地点取货。其中,客户至零售商处购货或取货是最典型的配送模式。

从成本的角度分析,客户自提模式下中间环节的库存水平较高;由于中间环节补货时的运输成本较低,因此总运输成本相较于前两种模式有所降低。

在客户服务方面,客户自提模式的响应时间短,但是产品多样性有局限。由于不能到户交付,客户需要到指定地点自提产品,这往往会影响客户体验,当然影响程度会因为客户的消费喜好而不同。此外,由于退货可以在提货点受理,因此客户自提模式的可退货性较好。

## 3.4 配送网络设计决策流程

设计配送网络的过程可以分为两个阶段(见图 3-5),第一阶段根据所选择的配送模式,确定网络结构;第二阶段则是做出网络中设施的选址决策,并确定设施产能和需求分配,形成最终的配送网络。

在进行配送网络设计时需要考虑很多因素,同时也需要与企业的竞争战略保持一致,在满足客户需求和响应能力需求的同时,使得供应链盈余最大化。

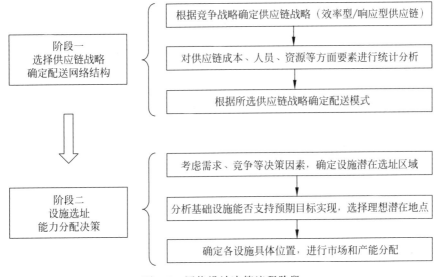

图 3-5 网络设计决策流程阶段

### 3.4.1 阶段一:选择供应链战略,确定配送网络结构

网络设计的第一阶段是确定配送网络结构,即在明确供应链战略的基础上,确定供应链中的主要环节,以及各供应链环节的工作是自己完成还是外包。

企业成功的基础是其所有的职能战略(包括供应链战略)都必须与其竞争战略相匹配。战略匹配意味着供应链战略和竞争战略具有共同的目标。由于配送网络设计对供应链目标具有重大影响,因此在进行配送网络设计之前,需要根据企业的竞争战略选择合适的供应链战略。

首先,通过了解目标客户群的需求,了解供应链的能力以及相关不确定性,如供应链的响应性水平高低以及供应链的成本大小等,选择效率型供应链或响应型供应链作为供应链战略。

其次,对供应链的各方面要素进行统计分析,包括成本要素、人员要素、资源要素等。同时明确网络设计时需要用到的一些重要信息,例如,相关资金、人员,以及系统资源的可获得性;现有配送网络的特征;目前和所期望的供应链目标间的差距等。

最后,根据所选择的供应链战略确定配送模式,可以是多种模式的组合形式。确定相关业务活动是企业内部完成,还是通过外包完成。采用外包策略可以得到更好的配送解决方案和获取相关资源。

### 3.4.2　阶段二:设施选址及能力分配决策

在这一阶段,首先需要确定网络中设施的潜在选址区域,主要影响要素包括:

(1) 战略因素。企业的竞争战略对供应链的网络设计决策有重要影响,关注成本优先的企业倾向于寻找设施成本低的区域,但可能导致设施远离市场;关注响应性的企业倾向于将设施设立在靠近市场的地方,以快速响应市场需求的变化,但是这会导致成本升高。例如,连锁便利店的竞争战略之一是为顾客购物提供便利,因此会在一个区域内开设多个小型便利店;而折扣店的竞争战略是提供品类多、价格低的商品,因此通常会开设数量较少的大型店面。

(2) 技术因素。如果生产技术显示出规模经济效应,则可以建立数量较少但拥有高生产能力的设施。如果建立设施的固定成本较低,则可以建立多个设施,以降低运输成本。

(3) 需求规模。预测不同市场区域的需求规模,并对跨区域客户需求的同质性和多样性进行判定。针对同质性的需求,可以建立大型、集中的设施;如果跨区域需求的差异较大,则可以建立小型、分散化的设施。

(4) 竞争因素。设计配送网络时,还必须考虑竞争对手的战略、规模和布局,合理确定所要建立的设施与竞争对手的设施之间的相对位置,以获得目标市场份额。同时,选址策略的正外部性可以促进竞争对手在选址时彼此靠近。例如,商场里的多家服装零售店彼此虽然是竞争关系,但通过集中在一个商场,可以增加前来商场购物的顾客数量,从而增加商场里所有零售商店的总需求。当不存在正外部性时,则需要考虑设施选址对市场份额的影响。

(5) 成本构成。对所选区域的生产成本、规模经济效应(economies of scale)、范围经济效应(economies of scope)、区域物流成本等进行分析。如果规模或范围经济效应显著,则可以为多个市场建立集中式的配送设施;如果规模或范围经济效应不显著,则最好为每个市场建立单独的配送设施。

(6) 风险识别。识别与区域市场有关的需求风险、汇率风险以及政治风险,同时必须了解区域内的关税政策、当地的生产要求、税收激励,以及进出口限制等。一般来说,将工厂建在税率较低的地方有利于获取更高的利润。

(7) 政治因素。在进行选址决策时,还需要考虑所在国家和地区的政治稳定性,政治稳定的国家和地区商业活动和所有权规则比较完善。一些指标例如全球政治风险指数(global political risk index,GPRI)可以在选址时作为参考。

选择好设施所在区域后,可以通过分析基础设施(包括硬件基础设施和软件基础设施)是否能够支持预期目标的实现,从每个区域中选择一组理想的潜在地点。良好基础设施的可获得性是在一个特定区域设立设施的重要先决条件。硬件基础设施包括供应商的可获得性、运输服务、通信、公共设施,以及仓储设施等。软件基础设施包括熟练劳动力的可获得性、劳动力的流动性、政府职能等。

该阶段的最后一个步骤是确定各设施的具体位置,并进行产能和市场分配,在这一过程中需要考虑市场的需求、设施成本、产能限制等一系列约束,使得网络设计的总成本最小化,或总利润最大化。此外,还需要分析网络设计关键参数(如运输费率、配送成本、客户距离等)的敏感性。第 4 章将对选址问题的具体方法进行详细介绍。

## 3.5 全渠道网络设计

进入 21 世纪,随着信息技术的不断发展,互联网零售逐渐成为潮流,如表 3-1 所示,我国 2018—2022 年在线零售额逐年增加。一些传统的实体零售商也开始通过互联网开展销售活动,为消费者提供购买产品的多种渠道选择,应运而生的是零售产品的全渠道零售概念。全渠道零售被定义为:直接面向消费者(direct to consumer,D2C)的商业模式,将线上商店销售、网络平台销售、实体店销售等所有销售渠道整合到一起,为消费者提供符合品牌定位的购物体验。

表 3-1 2018—2022 年我国在线零售额及增长率

| 年份 | 在线零售额/万亿元 | 增长率/% |
| --- | --- | --- |
| 2018 | 9.01 | 23.9 |
| 2019 | 10.63 | 16.5 |
| 2020 | 11.76 | 10.9 |
| 2021 | 13.10 | 14.1 |
| 2022 | 13.79 | 4.0 |

全渠道零售的定义体现了三个要点:首先,全渠道战略必须和"走向市场"战略相一致。"走向市场"战略要求在产品管理时同时考虑以下问题:向消费者销售什么样的产品?面向的是哪些消费者市场?如何将产品推向市场以及如何进行销售和促销?而全渠道零售中的配送网络设计也需要与"走向市场"战略一致。其次,无论订单从哪个渠道发出,满足订单需求的过程都必须是集成的,即无论消费者是在实体店购买产品还是在网上商店购买,补货和客户服务过程都应该是集成化的,以便实现快速且一致的交付和服务。另外,对于消费者来说,无论从哪个渠道购买产品,都应该是方便快捷的。

然而,很多零售商尚未做好应对全渠道零售的准备,例如渠道平台的拓展、相关设施的扩建或新建等。其中一个很重要的原因在于,许多零售商的在线业务和线下实体业务的配送网络之间是独立的,运作模式有较大区别。

本节简要介绍零售业中服务于零售商店和终端消费者的几种典型配送模式。

**1. 集成化配送**

集成化配送是指配送网络同时为实体零售店和线上销售这两个渠道提供配送服务。这种模式下,配送中心需要同时处理来自实体零售店和线上消费者的订单,包括订单接收、订单拣选、包装、运输等。发往零售商店的订单可以采用批量运输,而直接发至线上消费者的订单常常由第三方包裹承运商进行配送。

集成化配送的优点是启动成本低,如果供应链中已经拥有一个为实体店供货的配送网络,就不需要建立新的配送中心,现有网络可以直接为两种分销渠道提供服务。这种模式的缺点在于,来自实体店的订单和来自线上的订单属性存在较大差别:实体店的订单通常是批量订单;而线上订单通常要求以单件为单位,订购量较少。批量订单货物通常以箱为单位进行运输,因此可以采用自动化仓储作业(如自动化堆垛机)快速处理;而线上订单常常以单件为单位,所需要的仓储作业成本较高。除此以外,实体店订单和线上订单可能会发生冲突,例如,如果双方都需要相同的产品,但是库存不够,这时,优先满足哪一方的订单则是一个重要决策问题。

综合来看,集成化配送可以利用现有的网络资源来满足两个渠道的配送需求,有一定的经济性,但也存在一些必须解决的业务挑战。

**2. 专用配送**

在专用配送模式下,供应链拥有两个独立的配送网络,分别服务实体店和线上销售的需求订单。这种模式克服了集成化配送的大部分缺点,但存在重复的设施建设以及冗余库存问题。全渠道零售的趋势是从专用配送向集成化配送转变。

**3. 第三方配送**

第三方配送模式适用于一些规模较小的零售商,即采用第三方物流公司,或是联合分销商为实体店和线上销售配送货。运输商在物流中心装载商品,送至第三方物流仓库内暂存,然后再按照配送货时间为实体店或线上消费者配送货。

**4. 生产商直接配送**

在这种模式下,生产商直接将其产品交付给实体店或线上消费者,不需要额外建立配送网络。该模式的优点在于生产商可以直接通过产品销售信息进行补货决策,而零售商不再拥有产品库存,这样可以降低配送网络中的库存风险。这种模式的缺点在于零售商无法了解生产商产品的库存,无法对服务水平做出主动调整。

**5. 实体店配送**

一些既有实体店又进行线上销售的零售商,将线上销售的订单送至实体店处理,并由实体店向线上消费者送货。这种模式的优点在于:如果实体零售店网点较多,则客户的等待时间会比较短;另外,如果线上消费者需要退货,可以直接在实体店完成,降低了逆向物流成本。这种模式的缺点在于:不同实体店负责处理各自的订单,难以达到服务水平的一致性;另外,这种配送模式对实体店的库存管理要求比较高。一种改进的方式是,线上销售的订单由实体店的配送中心配送至实体店,等待线上消费者自提,或是直接送至线上消费者。当线上消费者自提时,零售商可以避免"最后一公里"运输的成本。零售商也不需要使用实体店的库存来满足线上销售的需求。

## 3.6 智慧配送

智慧配送是指一种以互联网、物联网、云计算、大数据等先进信息技术为支撑,能够在产品配送各个作业环节实现系统感知、自动运行、全面分析、及时处理和自我调整等功能的,具备自动化、智能化、可视化、网络化、柔性化等特征的现代化配送系统。电子商务模式日新月异，B2B(business-to-business)、B2C(business to customer)、B2M(business to marketing)、O2O(online to offline)等模式迅速发展，如何在多样化、个性化的配送需求中提高用户的满意度，成为对配送模式创新发展的迫切要求。智慧物流配送体系的构建已引起政府、行业、企业和消费个体的高度重视。

智慧配送在配送业务流程再造的基础上，进一步强调信息流在配送过程中的作用，充分利用感知识别、网络通信、GIS 等信息化技术及先进的管理方法，实现配货、提货、送货、退货、回收管理等的智能化管理，能够有效降低配送成本，提高配送效率，实现配送活动的信息化、自动化、协同化、敏捷化、集成化。因而，可以将智慧配送看作以现代技术为支撑，有效融合物流与供应链管理技术，使效率、效果和效益持续提升的配送活动。

### 3.6.1 智慧配送的特点

**1. 敏捷性**

智慧配送系统各节点要素在科学选址、流程优化下进行决策，能够对客户的个性化需求做出快速响应。作为智慧配送系统，其资源要素需要有效整合，系统内的节点在对外竞争时具有一致合作性，但内部节点间又存在竞争性，这种竞合状态强化了配送系统的反应能力。因此，敏捷性是智慧配送系统的主要特征。

**2. 协同性**

智慧配送是在信息共享的前提下开展业务活动，并以需求拉动各环节同步运作，这促成了各配送环节之间的协同合作，降低了成本。而智慧配送体系的高效运作依赖系统各要素的自发调整，并在整体绩效上协同一致。

**3. 开放性**

智慧配送系统是一个开放的系统，允许社会各方参与，在开放的公共物流配送信息平台上实现与消费信息共享，同时也为末端配送市场提供了一个开放、平等、便捷的平台。在政府宏观政策引导下，数据平台、服务流程、质量监控和诚信交易等环节更加透明。

**4. 经济性**

经济性是指在提供产品和服务过程中所占用的资源和所需费用最少。智慧配送系统的构建和运作均达到科学优化的水平，提升了系统自身的绩效，增加了系统内部的经济性。同时，对节点企业也能够起到降低运作成本、优化资源利用的经济性效果。

**5. 生态性**

智慧配送系统作为现代经济文明建设的重要组成部分，在生态性方面也具有优势。首先，优化的节点选址有利于配送路径的优化，降低能源消耗，为经济生态做出贡献。其次，智能化的调度系统强化协同配送，可以减少不必要的运输成本。最后，现代化的通信技术可以提升配送体系节点间的信息沟通效率，有利于产品和服务的资源整合。

### 3.6.2 智慧配送系统的构成

除了智慧配送网络、智慧配送设备等硬件构成，智慧配送信息平台以及基于这一平台的优化决策是构成智慧配送系统的大脑和中枢系统。基于信息平台的优化决策涉及车货匹配、车辆配载、路线优化、配送协同、配送流程优化等多个要素,可以提高配送管理的智能化、科学化决策水平。

智慧配送网络由各级智慧配送中心、智慧配送站点等各类节点以及配送路线组成。智慧配送中心是基于"互联网+"的理念,建立在先进的物流技术和信息技术基础之上的,从事配送业务的物流场所或组织,是智慧配送系统的重要节点。智慧配送站点是智慧配送系统中最接近最终用户的末端配送服务场所。一般来说,智慧配送中心的规划选址主要基于城市道路管网布局,有利于供应商、生产商和经销商等商家的集货运输,而末端智慧配送站点选址布局则侧重于用户集聚的密度。在服务功能上,智慧配送中心侧重于发挥集货、调配等功能,而智慧配送站点侧重于对最终用户提供存、取服务功能。

随着物联网、人工智能、VR(virtual reality,虚拟现实技术)/AR(augmented reality,增强现实技术)等技术的应用,智慧配送设备成为智慧配送系统的重要支撑。例如,作为智慧配送系统生态链终端的配送机器人,具备高度的智能化和自主学习能力,能够应对多种配送场景,进行及时、有效的决策,并执行配送活动。

近年来,无人机开始应用于物流配送领域,如谷歌、亚马逊、UPS、DHL,以及中国的京东、顺丰等公司均在进行"无人机快递"项目的研究实验和应用。无人机配送系统主要由无人机、自助快递柜、快递盒、集散分点、调度中心组成,如图3-6所示。利用无线电遥控设备和自备的程序控制装置操纵的无人驾驶低空飞行器运载包裹,自动送达目的地,可以解决偏远地区的配送问题,提高配送效率,同时减少人力成本,提高服务的品质和质量。以京东为例,在无人机配送体系的搭建方面,京东已规划了干线、支线、终端三级网络,在宿迁建成全球首个无人机调度中心,全球首个通航物流网络也正在落地。

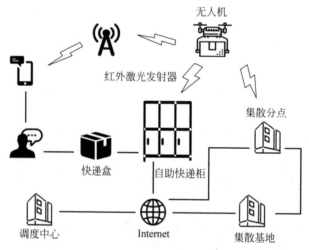

图3-6 无人机配送系统示意图

智慧配送要求人员、货源、车源和物流配送服务信息的有效匹配,以及配送各环节的协同运作,需要利用互联网技术、云计算技术、物联网技术、大数据技术等进行数据整合,根据实际的物流配送任务实现配送资源的科学配置。其中,互联网技术是物流信息服务平台的运作基础条件;物联网技术可以实现对车辆、货物等物流资源状态的全程定位和跟踪;在车货信息及交易消息爆炸性增长的情况下，云计算技术可以实现对货源信息的有效整合；大数据分析技术则可实现需求与能力的最佳匹配，并通过分析交易信息，促进信息共享、协同工作，实现物流资源的柔性重组和服务流程的优化与重构。

一般来说，智慧配送信息平台具有以下功能：

（1）智能仓储管理。运用条形码技术、无线传感器技术对产品出/入库、库存量和货位等信息进行智能管理；运用 GPS/GIS、RFID、智能车载终端和手机智能终端技术监控货物状态及装卸、配送，以及驾驶员的作业状态，实现智能调度。

（2）智能运输管理。在运输过程中，运用 GPS/GIS、传感器技术实现货物及车辆的实时监控；运用动态导航技术与云计算技术实现运输路径的智能规划与调度；运用互联网、4G/5G 通信技术实现监控与调度人员、运输人员和货主的各类信息交换功能等。

（3）智能电子交易平台。运用网络安全与监控技术、电子支付平台实现在线订货与支付功能。

（4）统计与智能数据分析平台。运用条形码、无线传感器、智能终端和数据库等信息技术及管理系统，实现数据采集与储存管理；运用云计算、知识数据库等技术实现各类数据信息的统计、分析、预测功能。

此外，为保证智慧配送信息平台的有效运作，平台还需具备业务流程标准、功能服务标准、数据储存标准、设备技术标准等标准体系，保证系统信息安全的安全体系，以及保证系统正常运行和维护的运维体系。

## 3.7 案例分析

### 3.7.1 医药新零售

药品作为一种高度标准化且条码指示性强的商品，是最适合电子商务的产品之一。从 2005 年第一家医药 B2C 企业药房网上线开始，消费者网上购药的习惯逐渐形成，网络平台和配套服务商大量涌现，网上药店进入了爆炸式增长阶段。2020 年，突如其来的疫情给全球的经济和各行各业带来了巨大的冲击，而医药电商却在疫情后出现了爆发性增长。在疫情的催化下，用户开始逐渐了解和接受在线诊疗和在线购药。医药电商平台的发展拉近了药企和消费者的距离，也给传统药企带来了新的发展机会。2023 年我国医药电商交易规模达 2852 亿元，同比增长 17.31%。

医药 B2C 模式的代表企业有阿里健康、京东医药、拼多多、平安好医生。2022 年，全国平台类的 B2C 交易规模达 961 亿元，其中 OTC 药品销售占比 24%，处方药销售占比 35.2%；40% 左右的销售是器械、计生与保健品。

自营 B2C 模式的代表企业有康爱多大药房、健客大药房、好药师大药房、德开大药房等。这些企业通过自建官网，分别为消费者提供特色服务。自营 B2C 模式主要以 OTC 药品为主，处方药为辅。有些企业通过多地开仓，逐步使用 O2O 模式进行异地设仓，开展本地化服务。O2O 模式作为全渠道配送模式发展的产物，不仅拓宽了配送渠道，同时还将线下运营与互联网相结合，让互联网成为线下交易的前台，打通了引流、转化、消费、反馈、留存的服务闭环，而新零售模式为了更好地实现全渠道配送，进一步将线上线下和物流结合在一起,实现了物流供应链的布局与升级。在该模式的支持下,医药行业及同城物流配送显现出了巨大的发展前景。

2015年,仁和药业通过叮当快药、和力物联网、叮当医药、叮当云健康四大互联网产品,构建起"叮当大健康生态圈"。仁和药业旨在通过品种优势,打通产业链上下游,实现产业链上游降低药品价格,下游民众便捷购药,打通生产—批发—零售一体化的供应链。

叮当快药的医药O2O模式是基于提升用户购药体验的模式,搭建"用户-药店"的沟通渠道,能实现对北京、上海、广东等区域提供$7\times24h$服务。在营销上,叮当快药整合线上、线下资源,联合药品企业打造"C2B2M"供应链模式,同时扩大线下药店的服务半径,实现覆盖范围从0.5km到3km的跨越。

叮当快药提供28min送达的客户服务,其优势主要体现在三个方面:以先进的电子围栏为基础的药店布局优化;药店线下操作流程的全面优化;大数据过程监控。此外还通过产业链的整合,以销售大数据为基础,为自有品牌研发、生产、销售获取低价优势。

叮当快药的劣势:叮当快药为用户提供快捷实惠的服务同时,也需投入不少的成本,如线下药店的选址及备货、药店人员的管理和配送员的招聘等。由于线上流量引流等推广方式和费用投入的限制,不得不借助美团外卖、京东到家和百度外卖等O2O平台的流量引入,但借助三方平台流量的导入会受平台的限制,不能有效形成自己的核心竞争力。

### 3.7.2 南京商络的电子元器件分销

近年来,随着电子信息行业的快速发展,产业分工精细化、复杂化程度日益提升,分销商在产业链条中扮演着愈发重要的角色。中国本土电子元器件分销产业从20世纪90年代发展至今,从开始的品类齐全但技术水平低,高端元器件对进口的依赖性强,到如今的产业链上、下游头部效应显现,各大原厂通过联合、并购的方式降低成本、扩大规模,渠道管理策略的变化促使分销商不断发掘自身潜力,分销产业逐渐出现集中趋势,部分分销商登陆资本市场,优质分销商具备的竞争能力凸显。

南京商络是国内领先的被动元器件分销商,主要面向网络通信、消费电子、汽车电子、工业控制等应用领域的电子产品制造商,为其提供电子元器件产品。公司代理的产品包括电容、电感、电阻及射频器件等被动电子元器件,及IC(integrated circuit,集成电路)、分立器件、功率器件、存储器件及连接器等其他电子元器件。公司位于电子元器件产业链的中间环节,作为分销商,是连接电子元器件生产商和电子产品制造商的重要纽带。截至2022年年底,公司的供应商共700多家,客户达2000余家,分布在国内多个省市(以沿海地区为主)以及欧洲和东南亚多个国家。销售产品种类超过2万多种,同时公司拥有60余家知名原厂的授权。

被动元器件属于电子元器件的重要类别。被动元器件的分销过程主要具有以下几个特点。

第一,强调供应链管理,信息化要求高。被动元器件品类繁多、价格低廉、用量巨大、应用领域广泛、客户众多,客户对价格的敏感度较低而对交货及时性和交付齐套率的要求较高。因此,被动元器件分销商需要建立强大的供应链管理体系,既包括IT等软、硬件系统平台,也包括采购、销售、仓储、物流等业务环节的持续完善,系统性地处理包括客户信息获取、客户需求预测、库存仓储调配、备货管理、物流周转、资金流转等业务流程。

第二，被动元器件分销产业具有较强的抗风险能力。被动元器件的应用范围涉及电子产品的各个细分领域，下游市场非常广阔，单一下游市场的风险变化对分销产业的业绩影响较小。同时，因全面切入电子信息产业，被动元器件分销商对市场信息的掌握更加全面，可以迅速了解到下游电子产品市场的长期发展趋势和短期扰动，实时调整经营策略，经营灵活，业务切换成本较低，抗风险能力相对较强。

截至2022年，南京商络公司已在南京、深圳、香港三地设立大型仓储物流中心，如图3-7所示。通过遍布主要电子制造商生产基地的服务网点及三大核心仓库，及时响应客户需求，实现本地化服务和快速物流服务。

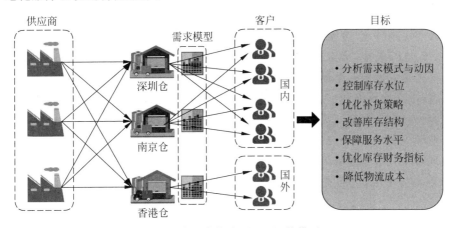

图3-7 南京商络公司配送网络模型

南京商络公司的配送网络具有以下特点。

第一，同时为上游元器件厂商和下游电子产品制造商提供整合性的供应链服务。由于上游原厂高度集中，下游电子产品制造商又高度分散，电子元器件品类众多、用途庞杂，整个产业链上、下游高度不对称，原厂受限于有限的销售能力和产品开发意愿，只能集中服务于少数全球性客户。众多型号的元器件产品在全球范围内的市场开拓和技术支持工作需要依赖分销商完成。同时，原厂也依赖于分销商庞大的销售网络，反馈下游需求的变化，及时改进生产计划、确定产品方向。

第二，利用规模优势，帮助下游电子产品制造商提升市场竞争力。国内大多数电子产品制造商的单体采购量往往较为有限，难以从原厂获得有竞争力的交易价格和其他商务条件，不利于降低自身产品经营成本。分销商通过集合众多电子产品制造商的采购需求，可以在细分市场获得较大的市场份额，形成一定的规模优势，从而可以从原厂获得更好的产品和价格支持，进而帮助电子产品制造商降低产品成本，提高资金周转效率，增强在市场上的竞争力。

随着全球产业调整，位于产业链中游的分销商必须根据原厂、电子产品制造商的布局变化进行适时的变化，这就要求大型分销商调整业务分布，从产业发展的高度审视分销业务变化。此外，产业并购整合加速，行业集中度提升。从全球电子元器件分销行业的发展历史来看，产业并购整合是大趋势。在中国本土，近年来上游原厂和下游电子产品制造商均快速发展并涌现出一大批实力强大的企业，如华为海思、兆易创新、顺络电子、中兴通讯、京东方、美的集团等，但在分销行业尚缺乏在体量上与这些企业相匹配的公司。无论从产业链的发展历史,还是从产业链的安全角度来看,出现综合实力强大的本土分销商都是大势所趋。而在这一发展趋势中,通过并购整合做大做强是必由之路,也是国际分销行业发展历程已经验证的道路。随着本土分销商陆续登陆资本市场,行业内兼并收购不断增加,分销行业的集中度将进一步提升。

随着分销行业内部竞争愈发激烈,公司也面临着风险与挑战。为谋求利润的可持续性,公司致力于尝试业务的转型和升级。

第一,深化供应链服务。元器件分销商位于电子元器件产业链的中间环节。5G、人工智能、云计算、物联网、新能源汽车等新兴产业正在重塑整个世界格局和人类生活方式,电子元器件是这些产业的基础,其供给和需求两端的品种、数量、复杂度不断提升,对电子元器件分销行业提出更高要求,客观上需要其提升供应链服务能力。而随着包括信息系统、物流系统、支付系统、人工智能、大数据分析等在内的各种新技术的不断应用,元器件分销行业的供应链服务能力也必然需要不断增强。

第二,线上交易压缩独立分销商业务。从分销格局来看,由于广大长尾客户具有采购量较小、采购频率较低、资金实力较小等特点,对其服务成本较高,授权分销商更倾向于集中能力服务行业领先客户,而主要由非授权分销商为广大长尾客户提供供货服务。互联网交易平台的出现将从技术角度降低服务长尾客户的成本,授权分销商服务能力将进一步提升,服务领域将进一步下沉,从而在一定程度上压缩独立分销商的生存空间,对其业务产生挤出效应。

# 习题

3-1 配送网络对供应链的构建会产生什么影响?

3-2 戴尔公司在全球范围内只有很少的生产设施,而福特公司则在全球拥有150多家工厂,结合影响配送网络设计的因素,分析不同配送网络设计策略的利弊。

3-3 配送网络设计的关键决策有哪些?

3-4 配送网络设计决策的主要内容及影响因素是什么?

3-5 零售业中的典型配送模式有哪些?

3-6 影响设施选址的主要因素有哪些?

3-7 结合智慧配送特点及配送系统构成,分析大数据对智慧配送模式的影响。

# 参考文献

[1] 乔普拉,迈因德尔.供应链管理[M].陈荣秋,译.6版.北京:中国人民大学出版社,2017.
[2] 科伊尔,兰利,诺华克,等.供应链管理:物流视角[M].宋华,王岚,译.10版.北京:清华大学出版社,2021.
[3] 魏学将,王猛,张庆英.智慧物流概论[M].北京:机械工业出版社,2020.
[4] 王先庆.智慧物流:打造智能高效的物流生态系统[M].北京:电子工业出版社,2019.
[5] 秦玉鸣,郭威,邓森,等.中国医药物流发展报告(2020)[M].北京:中国财富出版社,2020.
[6] 霍艳芳,齐二石.智慧物流与智慧供应链[M].北京:清华大学出版社,2020.

# 第4章

# 设施选址与布局设计

视频 4

设施规划(facilities planning)是供应链管理中的重要战略决策,正逐渐从定性分析和经验设计向定量分析和数学建模方法转变,其应用领域也由制造业扩大到服务业、医疗卫生等行业。设施规划决定了有形的固定资产如何能够最大限度地实现设施活动目标。例如,对于一家生产企业来说,设施规划关系到生产设施如何支持生产决策;对于一个机场而言,设施规划关系到机场设施如何支持客-机接口;医院的设施规划则决定了医疗设施如何有效向患者提供医疗服务,等等。需要指出的是,现代设施规划中将设施视为一个动态实体,一个成功的设施规划方案的关键在于其适应性,即适应新产品、新应用的能力。

设施选址(facilities location)是设施规划的重要内容之一,其决策过程涉及政治、经济、文化和科技等多方面因素。在何处建立设施,将关系到该设施在今后运行过程中的经济性、可靠性和运行效率。特别是大型工业设施的选址是否合理,将会影响到社会生产力分布、城镇建设、企业投资等诸多方面。另外,设施选址对投产后的生产经营费用、产品和服务质量以及生产成本都有极大并且长久的影响。一旦选择不当,所带来的不良后果无法通过建成后的局部改进、完善管理等措施来弥补。因此,在进行设施选址时,必须充分考虑多方面因素的影响,慎重决策。

设施设计(facilities design)是设施规划的另外一个重要内容,指根据企业的经营目标和生产纲领,在给定的空间场所内,对整个设施的系统结构进行设计,同时按照企业的运作需求,对系统物流、人流、信息流进行分析,将人员、设备、物料等所需的空间做最适当的分配和最有效的组合,以实现期望目标。设施设计直接影响设施内的物流、信息流、生产能力、生产率、生产成本以及生产安全。优劣不同的设施设计在施工费用上可能相差无几,但对设施运作效率会有很大影响。因此,设施设计被认为是提高生产率的决定因素之一。

本章的学习目标有以下三点:①了解设施规划的定义、目的和意义,掌握设施规划流程;②了解设施选址的定性与定量方法,掌握不同数学模型和对应的求解方法;③了解设施设计中布局设计的类型以及系统布局设计方法,掌握常用的布局设计算法。

## 4.1 设施规划及其一般流程

### 4.1.1 供应链的战略属性

设施规划的目的是实现供应链的战略属性,包括连通性、集成性、敏捷性。

（1）连通性。供应链具有采购、制造、运输、储存、销售等多个功能，涉及市场营销、财务、信息、研发、生产、仓库、人力资源等多个部门。供应链的连通性就是要求企业打破各部门之间的壁垒，消除或减少部门和设施之间的界限，使得整个公司能够实现协同化运作。

（2）集成性。供应链管理需要不断提高集成化水平，在合作伙伴和各成员之间形成一体化的供应链，专注于服务最终客户，同时可以提高资产收益率、提高顾客满意度、降低供应链总成本。供应链的集成化不是一蹴而就的，找到供应链各个环节之间的联系并消除其中的界线，需要供应链各成员的共同努力。

（3）敏捷性。敏捷性是指一体化的供应链能够快速地对市场需求做出反应。当今的市场环境对企业的响应速度要求很高，企业需要具备柔性化、稳健化、动态化适应市场变化的能力。这就需要建立一个多层次、全球化的供应链网络。

## 4.1.2 设施规划简介

设施是构建一个多层次、全球化供应链网络的关键要素，合理的设施规划可以确保产品按照供应链上、下游顺序（采购—制造—运输—存储—销售）流向最终客户，并保证客户满意度。因此，供应链中的设施应具有以下特点。

（1）柔性化：能够在不改变设施自身特征的情况下，满足多样化的需求。

（2）模块化：能够实现不同业务功能模块的组合。

（3）可升级性：设施内的各类系统可以随着技术的更新换代得到升级。

（4）适应性：能够在不同运作环境下高效协同运作。

（5）环境和能源友好性：体现能源和环境在设施中的决定性地位，包括能源的高效利用、材料选择，以及室内环境质量友好性等。

此外，无论是对一个全新的设施进行规划还是对现有设施进行更新，持续改进都是不可或缺的因素。设施规划分为设施选址和设施设计，如图4-1所示。

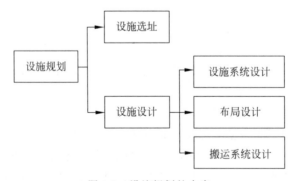

图4-1 设施规划的内容

设施选址用于确定设施相对于客户、供应商，以及与之相关联的供应链其他设施的位置。在全球化供应链中进行设施选址需要考虑全球化运输成本，以及产品交付给最终消费者的总成本。

设施设计由设施系统设计、布局设计和搬运系统设计组成。设施系统包括设施结构、大气环境、照明/电气/通信系统、安全系统、卫生系统等；设施布局由建筑结构内的所有设备、器具和家具等共同组成；搬运系统由满足系统内各设施间相互作用所需的机构组成。以生产设施为例，其设施系统包括生产建筑、电力、光、燃气、热、通风、空调、水系统等；布局由生产区域、与生产相关的支持区域、人员区域组成；搬运系统由生产所需的物料、人员、信息和搬运设备组成。

## 4.1.3 设施规划的目标和意义

供应链是由客户满意度驱动的，而将企业（或政府机构、教育组织、服务机构等）的最终客户纳入设施规划流程，并建立相关基础设施，是提升客户满意度的关键。因此，设施规划的目标包括：

(1) 易于在设施内开展业务，并响应客户需求，从而提高客户满意度；
(2) 易于在设施内实现库存周转率最大化，员工参与度最大化，从而提高资产回报率（return on asset，ROA）；
(3) 最大化客户响应速度；
(4) 降低成本，并提高供应链的盈利能力；
(5) 有利于供应链整合；
(6) 有利于高效的物流组织；
(7) 有效利用人员、设备、空间和能源；
(8) 最大化投资回报率（return on investment，ROI）；
(9) 适应性强并易于维护；
(10) 满足员工安全、工作满意度、能源效率和环境责任等要求。

由于上述目标之间常常存在矛盾和冲突，因此，不存在一种设施规划方案在各个方面都优于其他方案的情况。

根据我国2022年国民经济和社会发展统计数据报告，2022年建筑业增加值占国内生产总值的比例达6.9%。全年全社会建筑业实现增加值83 383.1亿元人民币，比上年增长5.5%，增速高于国内生产总值的2.5%，可见其国民经济支柱产业的地位稳固。与此同时，新设施投资规模的日益增长使得设施规划变得日益重要。

理解设施规划的意义可以结合以下几个问题进行：
(1) 设施规划对设施内的搬运成本以及设施维护成本有什么影响？
(2) 设施规划对员工士气有何影响？员工士气又如何影响运营成本？
(3) 设施规划对设施的管理有何影响？
(4) 设施规划对设施适应变化和满足未来需求的能力有什么影响？
(5) 设施规划对设施的环境、能源效率和可持续性有何影响？

尽管这些问题并不容易回答，但它们都体现了设施规划的重要性。例如，物料搬运成本占生产总运营成本的20%~50%，有效的设施规划可以将物料搬运成本降低10%~30%。提高生产率和降低成本的最有效方法之一是减少或消除所有不必要或浪费的活动。设施设计应在物料搬运、提高人员和设备利用率、减少库存和提高质量方面实现这一目标。

设施规划在任何组织中都是一项可持续的活动，其规划应与该领域的发展时刻保持同步。随着制造和分销系统、新技术、新工艺、新设备的快速发展，需要对设施进行重新设计，以适应这些新应用和新技术在设施内的实现。

员工健康与安全已逐渐成为许多设施规划设计的主要动机来源。我国的劳动保护基本法、各类劳动保护专项法，以及国务院发布的各项劳动保护行政法规都在一定程度上保障了员工的合法权益。因此，在新设施的初始设计阶段，或对现有设施的重新设计和改造期间，必须遵守职业安全和健康标准，消除或尽量减少工作环境中可能的危险条件，为员工提供一个具有安全保障的就业场所。

此外，资源及能源的利用效率、消防安保措施、噪声、空气污染以及液体和固体废物排放等，都是对原有设施进行调整或重新设计的驱动因素。

### 4.1.4 设施规划的一般流程

设施规划需要以一种有组织的、系统的方式进行。实际上，工程设计的一般流程也可以应用于设施规划设计，主要步骤如下。

**1. 问题定义**

（1）定义（或重新定义）设施规划的目标。无论是规划新设施，还是对现有设施进行改进，都必须对所要生产的产品或所提供的服务进行量化定义。同时，还必须明确设施在供应链中的作用。

（2）确定达到目标所要执行的主要活动和支持活动。根据所涉及的作业、设备、人员以及物料流，确定需要执行的主要活动和支持活动。支持活动用来辅助主要活动以最高的效率来完成，例如，维护是生产的支持活动。

**2. 问题分析**

确定所有活动之间的相互关系。确定活动在设施范围内是否以及如何相互影响或相互支持，并对这些活动之间的相互关系进行定量和定性的分析。

**3. 确定所有活动的空间要求**

（1）考虑设备、物料和人员的要求，计算每个活动的空间要求，生成可供选择的设施规划方案。

（2）设施规划方案生成。设施规划方案包括设施选址和布局设计，其中布局设计又包括设施布局设计和物料搬运系统设计。

**4. 备选方案评估**

根据一定的规则对所生成的设施规划方案进行评估和排序。

**5. 规划方案选择**

选择一种设施规划方案，其在满足规划目标方面满意度最高。

**6. 规划方案实施**

（1）设施规划方案实施；

（2）维护和调整设施规划；

（3）根据规划方案实施情况，重新定义设施的目标。

应用上述流程进行设施规划时，通常需要多次迭代，最终得到令人满意的设施规划方案，如图 4-2 所示。

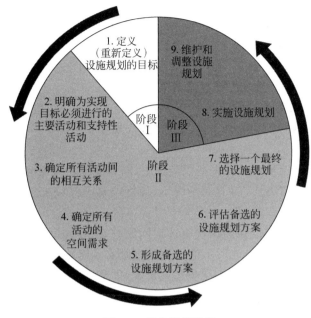

图 4-2 设施规划流程

## 4.2 设施选址概述

设施选址问题是对设施的数量、位置、规模进行决策。制造企业通过设施选址实现产品从供应商向需求点的流动；服务业则通过合理的设施选址为用户提供服务。设施选址决策显然是在建立供应链网络的时候需要做出的决策，但是在供应链运营过程中，由于需求模式、原材料成本、能源或劳动力成本的变化，往往也需要进行选址决策。此外，当有新产品或服务推出，或者有产品退出市场时，也需要进行选址决策。设施选址的主要特点包括：

（1）选址决策是长期的、战略性的决策。由于设施选址涉及设施的建造、购置或租赁，资金投入量大，短期或中期内一般不会对选址决策做出变更。

（2）选址和分配决策常常是同时进行的。以一个两级分销物流系统为例，建立一个新的区域配送中心，将伴随着对销售区域的重新定义，以及中央配送中心向区域配送中心的产品配送决策。因此，选址决策问题有时也被称为"选址-分配"(location-allocation)问题。

（3）选址决策会对需求产生影响。设施的选址会影响到选址地的客户需求量。例如，建立一个新的区域配送中心会吸引那些以前因位置太远而无法获得满意服务的客户，从而增加需求量。

在商业物流中，设施（如厂房、配送中心等）选址的主要目标是经济性（成本和/或利润）。而在服务物流中，设施（如消防设施、警察局、银行网点等）选址的主要目标是用户可达性，以实现用户服务的公平性。

从对设施选址问题进行建模的角度分析，影响设施选址决策的因素包括：

（1）设施数量。选址问题可能涉及一个设施或多个设施，单个设施的选址不需要考虑分配决策。

(2) 决策空间。如果候选位置是连续空间内的点，则选址问题属于连续选址问题；否则属于离散选址问题。离散选址问题更为常见。此外，一些选址问题是基于网络图（有向图、无向图或混合图）来定义的，设施可以位于顶点，也可以位于网络图的弧或边上。

(3) 物料流的同质性。在单产品选址问题中，仅存在单一类型物料流；而在多产品选址问题中，每种产品都具有特定的物料流动模式。

(4) 设施类型。在单类型设施选址中，所有设施属于一个类型（如区域配送中心）；多类型设施选址问题则包括几种不同类型设施（如中央配送中心和区域配送中心）的选址。

(5) 设施之间的相互影响。在一些供应链中，同类设施之间也可能存在物料流动（如区域配送中心之间的产品调配）。在这种情况下，设施位置不仅取决于需求分布，还取决于设施之间的相互位置。

(6) 设施的流入和流出。在两级设施选址问题中，需要同时考虑产品或服务在某个设施的流入和流出。例如，如图 4-3 所示的工厂的选址必须考虑流入工厂和流出工厂的流量平衡约束。此外，从供应商到工厂的单位运输成本，以及从工厂到配送中心的单位运输成本也会不同。

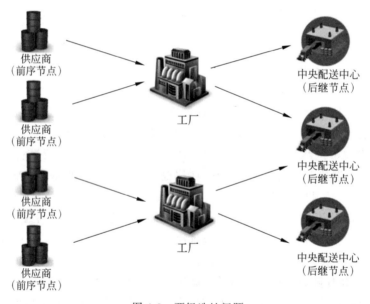

图 4-3 两级选址问题

(7) 单一供应源。在一些供应链中，出于某些因素考虑，要求只有单一供应源。例如，图 4-3 中的配送中心仅由其中一个工厂供应产品。因此，在选址时需要增加单一供应源约束。

(8) 运输对选址决策的影响。大多数设施选址模型均假设设施之间的运输车辆为满载行驶。当存在一辆车服务于多个设施点（例如一个地区的零售商）的现象时，运输成本还将取决于运输路线的制定。这样，设施选址问题就变成一个"选址-路径规划"联合决策问题。

设施选址问题的求解方法分为定性方法和定量方法。定性方法简单直观，适用于离散选址问题。定量方法一般基于数学规划模型进行求解。

## 4.3 设施选址的定性方法

对于离散设施选址问题,当备选设施数量较少,并且影响选址决策的因素(如交通便利性、与竞争对手位置关系、当地税收政策等)难以量化时,可以使用定性方法进行求解。加权评分法是一种最为常用的定性选址方法,设 $V$ 为备选位置集合,$m$ 为影响选址决策因素的数量。加权评分法的步骤如下。

**步骤 1**:为影响因素 $k$ 分配权重 $w_k \in (0,1), k=1,2,\cdots,m$,该权重值定义 $k$ 的重要程度(一般来说,$\sum_{k=1}^{m} w_k = 1$)。

**步骤 2**:为备选点 $i(i \in V)$ 的第 $k$ 个影响因素打分,分值记为 $s_{ik}, i \in V, k=1,2,\cdots,m$。

**步骤 3**:对于备选点 $i(i \in V)$,计算加权得分和 $r_i = \sum_{k=1}^{m} w_k s_{ik}$,其中得分最高的位置 $i^*$ 为设施的选址地点,即 $i^* = \underset{i \in V}{\mathrm{argmax}}\{r_i\}$。

【例 4-1】 某大型零售商想在上海某区新建一家超市,决策团队选择了 7 个影响选址的因素,并为每个因素赋予了权重(见表 4-1)。

表 4-1 超市选址问题影响因素权重设定

| 序号 | 选址因素 | 权重 |
| --- | --- | --- |
| 1 | 租赁费 | 0.40 |
| 2 | 熟练劳动力的可获得性 | 0.14 |
| 3 | 交通基础设施的便利性 | 0.06 |
| 4 | 附近有停车场 | 0.20 |
| 5 | 政策支持 | 0.05 |
| 6 | 零售竞争对手的邻近程度 | 0.10 |
| 7 | 互补商店的邻近程度 | 0.05 |
| 总和 | | 1.00 |

应用加权评分法,首先为三个备选位置(位置 A、位置 B、位置 C)的各项因素进行打分,分数从 0~10 不等,如表 4-2 所示。

表 4-2 超市选址问题中三个备选位置的选址因素评估

| 选址因素 | 得分 | | |
| --- | --- | --- | --- |
| | 位置 A | 位置 B | 位置 C |
| 1 | 5 | 4 | 4 |
| 2 | 3 | 5 | 5 |
| 3 | 6 | 4 | 5 |
| 4 | 4 | 3 | 5 |
| 5 | 7 | 8 | 7 |
| 6 | 4 | 5 | 5 |
| 7 | 3 | 2 | 4 |
| 加权得分 | 4.48 | 4.14 | 4.65 |

三个备选位置的加权分数分别为 4.48、4.14 和 4.65。由于位置 C 得分最高,因此选择位置 C 作为超市的选址地点。

## 4.4 设施选址的定量方法

本节针对设施选址决策的不同应用场景,介绍几种常用的选址模型。这些选址模型中既有适合制造业选址问题的模型,也有适合服务业选址问题的模型。

### 4.4.1 单产品单级连续选址问题

本小节介绍的选址问题是在一个二维笛卡儿平面中确定单个设施的最优位置。假设待选址设施需要向一组后继节点(如零售商)供应一种产品,该设施和每个后继节点之间的运输成本与这两个设施之间的欧几里得距离成比例。用 $V$ 表示后继节点集合。后继节点 $i(i \in V)$ 的坐标位置 $(x_i, y_i)$ 以及需求 $d_i$ 均为已知。设 $(x, y)$ 为待选址设施的笛卡儿坐标,则该设施的最优位置 $(x^*, y^*)$ 使得总运输成本最小化:

$$\min f(x, y) = \sum_{i \in V} c d_i \sqrt{(x_i - x)^2 + (y_i - y)^2} \tag{4.1}$$

式中 $c$ 表示单位距离、单位产品的运输成本。

由于式(4.1)是一个凸函数,其极值点 $(x^*, y^*)$ 位于函数的驻点,即

$$\left.\frac{\partial f(x, y)}{\partial x}\right|_{x=x^*} = 0$$

$$\left.\frac{\partial f(x, y)}{\partial y}\right|_{y=y^*} = 0$$

由此得到

$$x^* = \frac{\sum\limits_{i \in V} \dfrac{d_i x_i}{\sqrt{(x_i - x^*)^2 + (y_i - y^*)^2}}}{\sum\limits_{i \in V} \dfrac{d_i}{\sqrt{(x_i - x^*)^2 + (y_i - y^*)^2}}}$$

$$y^* = \frac{\sum\limits_{i \in V} \dfrac{d_i y_i}{\sqrt{(x_i - x^*)^2 + (y_i - y^*)^2}}}{\sum\limits_{i \in V} \dfrac{d_i}{\sqrt{(x_i - x^*)^2 + (y_i - y^*)^2}}} \tag{4.2}$$

式(4.2)为非线性的,且等式右边也出现了决策量 $x^*$、$y^*$,因此无法直接求出解析解。应用 Weiszfeld 启发式方法进行求解,该方法的主要步骤如下。

**步骤 1**:定义 $\varepsilon$ 为误差系数。设 $h = 0$,$x^{(h)}$ 和 $y^{(h)}$ 为待选址设施的初始坐标,则

$$x^{(h)} = \frac{\sum\limits_{i \in V} d_i x_i}{\sum\limits_{i \in V} d_i}, \quad y^{(h)} = \frac{\sum\limits_{i \in V} d_i y_i}{\sum\limits_{i \in V} d_i}$$

令

$$f(x^{(h)}, y^{(h)}) = \sum_{i \in V} cd_i \sqrt{(x_i - x^{(h)})^2 + (y_i - y^{(h)})^2}$$

**步骤 2**：$h = h + 1$，

$$x^{(h)} = \frac{\sum_{i \in V} \frac{d_i x_i}{\sqrt{(x_i - x^{(h-1)})^2 + (y_i - y^{(h-1)})^2}}}{\sum_{i \in V} \frac{d_i}{\sqrt{(x_i - x^{(h-1)})^2 + (y_i - y^{(h-1)})^2}}}$$

$$y^{(h)} = \frac{\sum_{i \in V} \frac{d_i y_i}{\sqrt{(x_i - x^{(h-1)})^2 + (y_i - y^{(h-1)})^2}}}{\sum_{i \in V} \frac{d_i}{\sqrt{(x_i - x^{(h-1)})^2 + (y_i - y^{(h-1)})^2}}}$$

计算目标函数值：

$$f(x^{(h)}, y^{(h)}) = \sum_{i \in V} cd_i \sqrt{(x_i - x^{(h)})^2 + (y_i - y^{(h)})^2}$$

**步骤 3**：若 $f(x^{(h-1)}, y^{(h-1)}) - f(x^{(h)}, y^{(h)}) \leq \varepsilon$，则算法终止，$x^{(h)}$ 和 $y^{(h)}$ 为待选址设施的最终位置；否则，返回步骤 2。

若 $\varepsilon = 0$，则上述算法是一个精确算法。事实上，可以证明序列 $f(x^{(h)}, y^{(h)})\big|_{h=0}^{\infty}$ 单调递减，并且收敛于最优解 $(x^*, y^*)$。

上述算法同样适用于解决多个供应商向待选址设施供货的情景。此时，集合 $V$ 表示待选址设施的所有前序节点集合，并用节点 $i (i \in V)$ 的供应量 $o_i$ 替换需求量 $d_i$。

**【例 4-2】** 某村庄计划建立一个中央水站为附近的 9 个灌溉点供水，假设从水站到灌溉点之间的距离为两点间的笛卡儿距离。中央水站的最佳位置可通过解决一个连续选址问题来确定。各灌溉点的笛卡儿坐标和日均用水量如表 4-3 所示。据统计，每千克(kg)水的运输费用为 0.0002 元。

表 4-3　各灌溉点坐标及日均用水量

| 灌溉点 | 横坐标/km | 纵坐标/km | 日用量/kg |
| --- | --- | --- | --- |
| 1 | 0.000 | 0.000 | 2870 |
| 2 | 13.543 | 11.273 | 2750 |
| 3 | 8.578 | 24.432 | 2860 |
| 4 | 42.438 | 14.583 | 4250 |
| 5 | 20.652 | 5.232 | 3870 |
| 6 | 3.782 | 21.567 | 2550 |
| 7 | 14.720 | 9.565 | 1830 |
| 8 | 18.768 | 3.678 | 2050 |
| 9 | 35.650 | 25.678 | 2100 |

该问题的最优解如下：

$$(x^*, y^*) = (15.644, 10.336)$$

$$f(x^*, y^*) = 72.016 \text{ 元}$$

若设定阈值 $\varepsilon = 0.1$,则利用 Weiszfeld 启发式算法获得中央水站位置的求解过程如表 4-4 所示。

表 4-4 Weiszfeld 启发式算法生成的中央水站坐标序列

| 迭代次数 | 横坐标/km | 纵坐标/km | 目标函数值/元 | 差值/元 |
| --- | --- | --- | --- | --- |
| 0 | 18.782 | 12.617 | 74.358 | — |
| 1 | 17.189 | 10.875 | 72.424 | 1.934 |
| 2 | 16.522 | 10.387 | 72.125 | 0.299 |
| 3 | 16.185 | 10.297 | 72.058 | 0.066 |

算法在坐标点 $(16.185, 10.297)$ 处终止,此时的目标函数值($72.058$ 元)与最优解非常接近。

### 4.4.2 单产品单级离散选址问题

在本节介绍的单产品单级(single-commodity single-echelon,SCSE)离散选址问题中,假设待选址设施是同质的(如都是区域仓库)。该问题可以通过定义一个完全有向二分图 $G = (V_1 \cup V_2, A)$ 来进行建模(见图 4-4),其中 $V_1$ 表示待选址设施的备选点集合,$V_2$ 表示待选址设施的后继节点集合,$A = V_1 \times V_2$ 表示从潜在设施点到后继节点的流向弧。

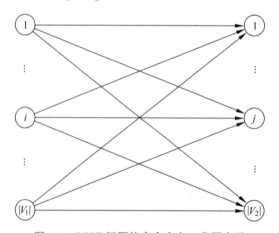

图 4-4 SCSE 问题的完全有向二分图表示

设 $d_{jt}(j \in V_2, t = 1, 2, \cdots, T)$ 为节点 $j$ 在时间周期 $t$ 内的需求量,$q_{it}(i \in V_1, t = 1, 2, \cdots, T)$ 为潜在设施点 $i$ 在时间周期 $t$ 内的最大容量。这里假设 $d_{jt}$ 和 $q_{it}$ 不随时间周期发生变化,即

$$d_{jt} = d_j, \quad j \in V_2, t = 1, 2, \cdots, T$$
$$q_{it} = q_i, \quad i \in V_1, t = 1, 2, \cdots, T$$

其他参数定义还包括:

$c_{ij}$ 表示设施 $i$ 到客户 $j$ 的单位运输成本 $b_{ij}$ 与客户 $j$ 的需求 $d_j$ 的乘积,$i \in V_1, j \in V_2$。

$f_i$ 表示设施 $i$ 的固定建设成本,$i \in V_1$。

定义决策变量为

$x_{ij}$：节点 $j$ 的需求中由设施 $i$ 满足的比例，$i \in V_1, j \in V_2$。
$y_i$：如果潜在设施 $i$ 开放则取值 1，否则为 0，$i \in V_1$。

因此，SCSE 问题可以表示成如下的数学规划模型：

$$\min \sum_{i \in V_1} \sum_{j \in V_2} c_{ij} x_{ij} + \sum_{i \in V_1} f_i y_i \tag{4.3}$$

s. t.

$$\sum_{i \in V_1} x_{ij} = 1, \quad j \in V_2 \tag{4.4}$$

$$\sum_{j \in V_2} d_j x_{ij} \leqslant q_i y_i, \quad i \in V_1 \tag{4.5}$$

$$x_{ij} \geqslant 0, i \in V_1, j \in V_2 \tag{4.6}$$

$$y_i \in \{0,1\}, i \in V_1 \tag{4.7}$$

目标函数(4.3)表示优化目标为最小化总成本，包括运输成本和设施固定成本。约束(4.4)表示每个客户的需求全部被满足。约束(4.5)表示设施 $i$ 到客户 $j$ 的产品分配不超过设施 $i$ 自身的容量。约束(4.6)表示决策变量 $x_{ij}$ 的取值范围为非负实数。约束(4.7)表示决策变量 $y_i$ 为一个 0-1 变量。

上述 SCSE 问题模型即是经典的具有容量限制的工厂选址（capacitated plant location，CPL）问题。

【例 4-3】 Y 公司打算设立一个仓库为附近的零售店供应奶制品。考虑附近 7 个零售店的平均日需求 $d_j$ 分别为 36、42、34、50、27、30 和 43（单位：kg）。Y 公司已确定了 6 个不同备选位置，它们的最大日供应量分别为 80、90、110、120、100 和 120（单位：kg）。这些备选点的固定建设成本分别为 321 420、350 640、379 860、401 775、350 640 和 336 030（单位：元）。假设每千克奶制品行驶每千米的运输成本等于 0.06 元。各备选点与零售店之间的距离如表 4-5 所示。运输成本的计算需要考虑一趟行程的去程和回程。

表 4-5  每个备选位置到每个零售店的距离　　　　　单位：km

| 备选位置 | 零售店 | | | | | | |
| --- | --- | --- | --- | --- | --- | --- | --- |
|  | 1 | 2 | 3 | 4 | 5 | 6 | 7 |
| 1 | 18 | 23 | 19 | 21 | 24 | 17 | 9 |
| 2 | 21 | 18 | 17 | 23 | 11 | 18 | 20 |
| 3 | 27 | 18 | 17 | 20 | 23 | 9 | 18 |
| 4 | 16 | 23 | 9 | 31 | 21 | 23 | 10 |
| 5 | 31 | 20 | 18 | 19 | 10 | 17 | 18 |
| 6 | 18 | 17 | 29 | 21 | 22 | 18 | 8 |

Y 公司计划让仓库运行四年（相当于 $(365 \times 3 + 366)$ 天 = 1461 天）。则备选点 1 的日均固定成本为

$$f_1 = \frac{321\,420}{1461} \text{元/天} = 220 \text{元/天}$$

同理可计算出其他备选点的日均固定成本 $f_i (i=2,3,\cdots,6)$。

同时,用 $c_{ij}$ 表示备选位置 $i$ 到零售店 $j$ 的每千克运输成本 $b_{ij}$ 与零售店 $j$ 的 $d_j$ 的乘积,得出

$$b_{11} = 0.06 \text{元}/(\text{kg} \cdot \text{km}) \times 2 \times 18\text{km} = 2.16 \text{元}/\text{kg}$$

$$c_{11} = 2.16 \text{元}/\text{kg} \times 36\text{kg} = 77.76 \text{元}$$

同理可计算出所有 $c_{ij}(i=1,2,\cdots,6;j=1,2,\cdots,7)$。

定义决策变量 $y_i(i=1,2,\cdots,6)$ 为二元决策变量(如果仓库选址在 $i$ 处取 1,否则为 0);决策变量 $x_{ij}(i=1,2,\cdots,6;j=1,2,\cdots,7)$ 表示零售店 $j$ 的平均日需求量由仓库 $i$ 满足的比例。则有

$$\begin{aligned}
\min \quad & 77.76x_{11} + 115.92x_{12} + 77.52x_{13} + 126x_{14} + 77.76x_{15} \\
& + 61.2x_{16} + 46.44x_{17} + 90.72x_{21} + 90.72x_{22} + 69.36x_{23} \\
& + 138x_{24} + 35.64x_{25} + 64.8x_{26} + 103.2x_{27} + 116.64x_{31} \\
& + 90.72x_{32} + 69.36x_{33} + 120.00x_{34} + 74.52x_{35} + 32.40x_{36} \\
& + 92.88x_{37} + 69.12x_{41} + 115.92x_{42} + 36.72x_{43} + 186.00x_{44} \\
& + 68.04x_{45} + 82.80x_{46} + 51.60x_{47} + 133.92x_{51} + 100.80x_{52} \\
& + 73.44x_{53} + 114.00x_{54} + 32.40x_{55} + 61.20x_{56} + 92.88x_{57} \\
& + 77.76x_{61} + 85.68x_{62} + 118.32x_{63} + 126x_{64} + 71.28x_{65} \\
& + 64.80x_{66} + 41.28x_{67} + 220y_1 + 240y_2 + 260y_3 + 275y_4 \\
& + 240y_5 + 230y_6
\end{aligned}$$

s.t.

$$x_{11} + x_{21} + x_{31} + x_{41} + x_{51} + x_{61} = 1$$
$$x_{12} + x_{22} + x_{32} + x_{42} + x_{52} + x_{62} = 1$$
$$x_{13} + x_{23} + x_{33} + x_{43} + x_{53} + x_{63} = 1$$
$$x_{14} + x_{24} + x_{34} + x_{44} + x_{54} + x_{64} = 1$$
$$x_{15} + x_{25} + x_{35} + x_{45} + x_{55} + x_{65} = 1$$
$$x_{16} + x_{26} + x_{36} + x_{46} + x_{56} + x_{66} = 1$$
$$x_{17} + x_{27} + x_{37} + x_{47} + x_{57} + x_{67} = 1$$
$$36x_{11} + 42x_{12} + 34x_{13} + 50x_{14} + 27x_{15} + 30x_{16} + 43x_{17} \leqslant 80y_1$$
$$36x_{21} + 42x_{22} + 34x_{23} + 50x_{24} + 27x_{25} + 30x_{26} + 43x_{27} \leqslant 90y_2$$
$$36x_{31} + 42x_{32} + 34x_{33} + 50x_{34} + 27x_{35} + 30x_{36} + 43x_{37} \leqslant 110y_3$$
$$36x_{41} + 42x_{42} + 34x_{43} + 50x_{44} + 27x_{45} + 30x_{46} + 43x_{47} \leqslant 120y_4$$
$$36x_{51} + 42x_{52} + 34x_{53} + 50x_{54} + 27x_{55} + 30x_{56} + 43x_{57} \leqslant 100y_5$$
$$36x_{61} + 42x_{62} + 34x_{63} + 50x_{64} + 27x_{65} + 30x_{66} + 43x_{67} \leqslant 120y_6$$
$$x_{ij} \geqslant 0, i=1,2,\cdots,6;j=1,2,\cdots,7$$
$$y_i \in \{0,1\}, i=1,2,\cdots,6$$

该问题的最佳解决方案是设立仓库 1、5 和 6,每日总成本等于 1177.08 元。表 4-6 所示为 7 个零售店日常需求的满足情况。

表 4-6 设立的仓库满足各零售店的需求比例

| 仓库 | 零售店 | | | | | | |
|---|---|---|---|---|---|---|---|
| | 1 | 2 | 3 | 4 | 5 | 6 | 7 |
| 1 | 1 | 0 | 11/34 | 0 | 0 | 0 | 0 |
| 5 | 0 | 0 | 23/34 | 1 | 1 | 0 | 0 |
| 6 | 0 | 1 | 0 | 0 | 0 | 0 | 1 |

在实际应用中,可以在基本 CPL 模型的基础上添加其他约束。例如,如果潜在设施的容量处于 $q_i^-$ 和 $q_i^+$ 之间,则可以用以下一对关系式替换模型中的约束(4.5):

$$\sum_{j \in V_2} d_j x_{ij} \leqslant q_i^+ y_i$$

$$\sum_{j \in V_2} d_j x_{ij} \geqslant q_i^- y_i$$

【例 4-4】 在 Y 公司选址问题中,假设第 6 个仓库需满足最小日供应量 90kg 的约束,最大日供应量保持 120kg 不变。因此,需要在原 CPL 模型中增加以下约束:

$$36x_{61} + 42x_{62} + 34x_{63} + 50x_{64} + 27x_{65} + 30x_{66} + 43x_{67} \geqslant 90y_6$$

最优解会因此发生变化,设立的仓库仍然是 1、5 和 6,但每日成本等于 1218.18 元,7 个零售店的平均日需求以不同的方式得到满足,如表 4-7 所示。

表 4-7 增加约束后设立的仓库满足各零售店的需求比例

| 备选位置 | 零售店 | | | | | | |
|---|---|---|---|---|---|---|---|
| | 1 | 2 | 3 | 4 | 5 | 6 | 7 |
| 1 | 31/36 | 0 | 11/34 | 0 | 0 | 1 | 0 |
| 5 | 0 | 0 | 23/34 | 1 | 1 | 0 | 0 |
| 6 | 5/36 | 1 | 0 | 0 | 0 | 0 | 1 |

如果要开放的设施没有容量约束,则用下式替换约束(4.5):

$$\sum_{j \in V_2} x_{ij} \leqslant |V_2| y_i, i \in V_1$$

所得到的模型即为简化的工厂选址(simple plant location,SPL)模型。

【例 4-5】 在 Y 公司选址问题中,假设仓库没有吞吐量限制(即每个仓库的平均日供应量都足以满足所有零售店每天的奶制品需求),则原吞吐量约束被替换为

$$x_{11} + x_{12} + x_{13} + x_{14} + x_{15} + x_{16} + x_{17} \leqslant 7y_1$$
$$x_{21} + x_{22} + x_{23} + x_{24} + x_{25} + x_{26} + x_{27} \leqslant 7y_2$$
$$x_{31} + x_{32} + x_{33} + x_{34} + x_{35} + x_{36} + x_{37} \leqslant 7y_3$$
$$x_{41} + x_{42} + x_{43} + x_{44} + x_{45} + x_{46} + x_{47} \leqslant 7y_4$$
$$x_{51} + x_{52} + x_{53} + x_{54} + x_{55} + x_{56} + x_{57} \leqslant 7y_5$$
$$x_{61} + x_{62} + x_{63} + x_{64} + x_{65} + x_{66} + x_{67} \leqslant 7y_6$$

最优解决方案为只需要开放一个仓库(第 1 个),它将负责供应所有零售店,每日总成本等于 841.90 元。

如果要开放 $p$ 个设施,则需要在上述 CPL 模型中添加以下约束:

$$\sum_{i \in V_1} y_i = p$$

进一步假设每个设施的固定成本相同,且

(1) $d_j = 1, j \in V_2$;

(2) $q_i = |V_2|, i \in V_1$。

所得到的模型即为 $p$-中值模型($p$-median model)。

**【例 4-6】** J 物流公司需要确定上海某城区两个物流配送站的位置。该城区被划分为 8 个不同的区域($V_2$),配送站有 6 个备选位置($V_1$),在这些备选位置建立配送站的固定成本相同。备选位置与 8 个区域之间的运输费用与相应的距离(单位:km)成正比,如表 4-8 所示。

表 4-8 备选位置与 8 个区域之间的距离  单位:km

| 备选位置 | 区域 | | | | | | | |
|---|---|---|---|---|---|---|---|---|
| | 1 | 2 | 3 | 4 | 5 | 6 | 7 | 8 |
| 1 | 2.1 | 1.7 | 2.8 | 0.3 | 0.8 | 2.2 | 1.8 | 0.7 |
| 2 | 1.5 | 2.2 | 3.1 | 2.2 | 0.2 | 1.9 | 2.3 | 1.3 |
| 3 | 0.9 | 1.6 | 2.3 | 0.3 | 1.7 | 1.6 | 0.9 | 2.7 |
| 4 | 1.8 | 3.1 | 2.7 | 2.6 | 3.1 | 0.6 | 0.2 | 0.7 |
| 5 | 0.1 | 2.5 | 1.8 | 3.1 | 0.4 | 1.2 | 0.7 | 1.1 |
| 6 | 0.5 | 1.4 | 3.1 | 0.5 | 0.2 | 1.5 | 2.2 | 0.8 |

定义二元决策变量 $y_i (i \in V_1)$,如果配送站设在位置 $i$,则取值为 1,否则为 0。决策变量 $x_{ij} (i \in V_1, j \in V_2)$ 表示,如果位于 $i$ 的配送站服务区域 $j$,则取值为 1,否则为 0。该选址问题的 $p$-中值模型($p=2$)如下:

$$\min \sum_{i \in V_1} \sum_{j \in V_2} c_{ij} x_{ij}$$

s.t.

$$\begin{cases} \sum_{i \in V_1} x_{ij} = 1, j \in V_2 \\ \sum_{j \in V_2} x_{ij} \leqslant |V_2| y_i, i \in V_1 \\ \sum_{i \in V_1} y_i = 2 \end{cases} \quad (4.8)$$

$$x_{ij} \in \{0,1\}, i \in V_1, j \in V_2$$
$$y_j \in \{0,1\}, j \in V_2$$

其中 $c_{ij} (i \in V_1, j \in V_2)$ 表示位置 $i$ 和区域 $j$ 之间的距离(单位:km),如表 4-8 所示。

由于约束条件的结构特殊,可以对式(4.8)进行松弛,并表示为

$$x_{ij} \geqslant 0, i \in V_1, j \in V_2$$

松弛问题等价于原问题,即松弛问题的最优解满足约束(4.8)。

求解得配送站的最优选址位置是位置 5 和 6。区域 1、3、6 和 7 由位于位置 5 的配送站服务,而区域 2、4、5 和 8 由位于位置 6 的配送站服务。

### 4.4.3 单一供应源离散选址问题

为了降低供应链网络协调的复杂性,常常会要求下游的需求只由一个供应商满足,称之为单一供应源约束。当订单数量少,产品无替代性,或供需双方具有战略合作伙伴关系时,供应链往往具有单一供应源约束。建立单一供应源选址模型时,需要修改上一节中的选址模型(4.3)～模型(4.7),重新定义决策变量如下。

$y_i$:如果上游设施选址在地点 $i$ 则等于 1,否则为 0。

$x_{ij}$:如果下游市场 $j$ 由设施 $i$ 来供应则等于 1,否则为 0。

$D_j$:市场 $j$ 的总需求。

那么,该决策问题可以表述为以下的整数规划问题:

$$\min \sum_{i \in V_1} f_i y_i + \sum_{i \in V_1} \sum_{j \in V_2} D_j c_{ij} x_{ij}$$

s.t.

$$\sum_{i=1}^{n} x_{ij} = 1, j = 1, 2, \cdots, m \tag{4.9}$$

$$\sum_{j=1}^{m} D_j x_{ij} \leqslant K_i y_i, i = 1, 2, \cdots, n \tag{4.10}$$

$$x_{ij}, y_i \in \{0, 1\} \tag{4.11}$$

约束(4.9)可以保证每个市场仅由一个供应商来满足需求。

**【例 4-7】** 在例 4-3 Y 公司选址问题的最优解中(见表 4-6),零售店 3 的需求由仓库 1 和仓库 5 共同满足。现要求每个零售店只能由一个仓库提供服务,则在原模型中加入单一供应源约束,求解得出单一供应源时的最优解决方案,如表 4-9 所示。由表 4-9 可知,最佳解决方案仍是设立仓库 1、5 和 6,但每日成本由原来的 1218.08 元增加为 1225.04 元。

表 4-9  Y 公司选址问题满足单一供应源约束时的最优网络配置

| 仓库 | 零售店 | | | | | | |
|---|---|---|---|---|---|---|---|
| | 1 | 2 | 3 | 4 | 5 | 6 | 7 |
| 1 | 1 | 0 | 1 | 0 | 0 | 0 | 0 |
| 5 | 0 | 0 | 0 | 1 | 1 | 0 | 0 |
| 6 | 0 | 1 | 0 | 0 | 0 | 1 | 1 |

事实上,加入单一供应源约束后供应链网络的总运营成本往往会增加。因此可以得出结论:尽管单一供应源模式会降低供应链协调的复杂性,并且对供应商的柔性要求也降低,但往往会带来更高的供应链成本。

### 4.4.4 单产品两级离散选址问题

若总成本既与前置节点至待选址设施的运输成本有关,又与待选址设施至后继节点的运输成本有关,则选址问题就变成一个两级选址问题。

本小节介绍一个单产品两级(single-commodity two-echelon, SCTE)离散选址模型。

设 $G(V_1 \cup V_2 \cup V_3, A_1 \cup A_2)$ 是一个完全有向三分图,其中,$V_1$ 为前置节点集合,$V_2$ 为待选址设施的潜在位置集合,$V_3$ 为后继节点集合;$A_1 = V_1 \times V_2$ 表示从前置节点至潜在设施位置的流向弧,$A_2 = V_2 \times V_3$ 表示从潜在设施位置至后继节点的流向弧。

设 $o_{it}(i \in V_1, t=1,2,\cdots,T)$ 为前置节点 $i$ 在时间周期 $t$ 内的产品供应量,$q_{jt}(j \in V_2, t=1,2,\cdots,T)$ 表示潜在设施 $j$ 在时间周期 $t$ 内的容量,$d_{rt}(r \in V_3, t=1,2,\cdots,T)$ 表示后继节点 $r$ 在时间周期 $t$ 内的需求量。同样,此处假设 $o_{it}$、$q_{jt}$、$d_{rt}$ 均不随时间周期发生变化,即

$$o_{it} = o_i, i \in V_1, t = 1, 2, \cdots, T$$
$$q_{jt} = q_j, j \in V_2, t = 1, 2, \cdots, T$$
$$d_{rt} = d_r, r \in V_3, t = 1, 2, \cdots, T$$

其他参数包括

$c_{ijr}(i \in V_1, j \in V_2, r \in V_3)$:单位商品从前置节点 $i$ 至设施 $j$,再到后继节点 $r$ 的单位运输成本。

$f_j(j \in V_2)$:设施 $j$ 的固定成本。

定义决策变量为

$y_j(j \in V_2)$:如果潜在设施 $j$ 开放,则等于1,否则等于0。

$s_{ijr} \geq 0 (i \in V_1, j \in V_2, r \in V_3)$:在时间周期 $t = 1, 2, \cdots, T$ 内通过设施 $j$ 从前置节点 $i$ 到后继节点 $r$ 运输的商品数量。

对单产品两级离散选址问题建模如下:

$$\min \sum_{i \in V_1} \sum_{j \in V_2} \sum_{r \in V_3} c_{ijr} s_{ijr} + \sum_{j \in V_2} f_j y_j \tag{4.12}$$

s.t.

$$\sum_{j \in V_2} \sum_{r \in V_3} s_{ijr} \leq o_i, i \in V_1 \tag{4.13}$$

$$\sum_{i \in V_1} \sum_{j \in V_2} s_{ijr} = d_r, r \in V_3 \tag{4.14}$$

$$\sum_{i \in V_1} \sum_{r \in V_3} s_{ijr} \leq q_j y_j, j \in V_2 \tag{4.15}$$

$$y_j \in \{0, 1\}, j \in V_2 \tag{4.16}$$

$$s_{ijr} \geq 0, i \in V_1, j \in V_2, r \in V_3 \tag{4.17}$$

其中,目标函数(4.12)为最小化运输成本和设施固定成本。约束(4.13)表示从每个前置节点流出的产品数量小于等于其供应量;约束(4.14)表示每个后继节点的需求均得到满足;约束(4.15)为待开放设施的容量约束;式(4.16)和式(4.17)定义了决策变量的取值范围。

【例4-8】 在例4-3 Y公司的仓库选址问题中,同时考虑工厂至仓库的供应,即仓库由两个制造工厂供应。工厂的最大日供应量分别为120和150(单位:kg)。从工厂到6个仓库备选点的距离(单位:km)如表4-10所示。

表4-10 工厂与备选仓库点之间的距离  单位:km

| 工厂 | 仓库 | | | | | |
| --- | --- | --- | --- | --- | --- | --- |
| | 1 | 2 | 3 | 4 | 5 | 6 |
| 1 | 20 | 25 | 18 | 22 | 15 | 25 |
| 2 | 19 | 22 | 25 | 28 | 24 | 21 |

式(4.12)～式(4.17)中,

$$V_1 = \{1,2\} \text{ 为生产工厂的集合}$$
$$V_2 = \{1,2,3,4,5,6\} \text{ 为备选仓库的集合}$$
$$V_3 = \{1,2,3,4,5,6,7\} \text{ 为零售店集合}$$

与仓库相关的固定成本和平均每日存储成本如4.4.2节所示。单位运输成本为

$$c_{111} = 0.12 \times (18+20) \text{ 元/kg} = 4.56 \text{ 元/kg}$$

其他费用 $c_{ijr}(i \in V_1, j \in V_2, r \in V_3)$ 也可以采用上述方式计算。

定义决策变量 $y_j(j=1,2,\cdots,6)$,如果仓库 $j$ 设立,则值为1,否则为0;决策变量 $s_{ijr}(i=1,2;j=1,2,\cdots,6;r=1,2,\cdots,7)$ 表示由仓库 $j$ 满足且来自工厂 $i$ 的零售店 $r$ 的平均每日需求量。该问题的SCTE模型为

min $4.56s_{111} + 5.16s_{112} + \cdots + 3.48s_{117} + 5.52s_{121} + 5.16s_{122} + \cdots + 5.40s_{127} + \cdots + 4.68s_{261}$
$+ 4.56s_{262} + \cdots + 3.48s_{267} + 220y_1 + 240y_2 + 260y_3 + 275y_4 + 240y_5 + 230y_6$

s.t.
$$s_{111} + s_{112} + \cdots + s_{117} + s_{121} + s_{122} + \cdots + s_{127} + \cdots$$
$$+ s_{161} + s_{162} + \cdots + s_{167} \leq 120$$
$$s_{211} + s_{212} + \cdots + s_{217} + s_{221} + s_{222} + \cdots + s_{227} + \cdots$$
$$+ s_{261} + s_{262} + \cdots + s_{267} \leq 150$$
$$s_{111} + s_{121} + \cdots + s_{161} + s_{211} + s_{221} + \cdots + s_{261} = 36$$
$$s_{112} + s_{122} + \cdots + s_{162} + s_{212} + s_{222} + \cdots + s_{262} = 42$$
$$\vdots$$
$$s_{117} + s_{127} + \cdots + s_{167} + s_{217} + s_{227} + \cdots + s_{267} = 43$$
$$s_{111} + s_{112} + \cdots + s_{117} + s_{211} + s_{212} + \cdots + s_{217} \leq 80y_1$$
$$s_{121} + s_{122} + \cdots + s_{127} + s_{221} + s_{222} + \cdots + s_{227} \leq 90y_2$$
$$\vdots$$
$$s_{161} + s_{162} + \cdots + s_{167} + s_{261} + s_{262} + \cdots + s_{267} \leq 120y_6$$
$$y_j \in \{0,1\}, j=1,2,\cdots,7$$
$$s_{ijr} \geq 0, i=1,2; j=1,2,\cdots,6; r=1,2,\cdots,7$$

最优解决方案是设立仓库1、5和6,相应的每日总成本为1747.92元。解决方案如表4-11所示。

表4-11 工厂、仓库、零售店之间的奶制品需求满足情况　　　　　　　　单位:kg

| 工厂 | 设立仓库 | 零售店 | | | | | | |
|---|---|---|---|---|---|---|---|---|
| | | 1 | 2 | 3 | 4 | 5 | 6 | 7 |
| 1 | 1 | 12 | 0 | 0 | 0 | 0 | 0 | 0 |
| | 5 | 0 | 0 | 23 | 50 | 27 | 0 | 0 |
| | 6 | 0 | 0 | 0 | 0 | 0 | 0 | 0 |
| 2 | 1 | 24 | 0 | 11 | 0 | 0 | 30 | 3 |
| | 5 | 0 | 0 | 0 | 0 | 0 | 0 | 0 |
| | 6 | 0 | 42 | 0 | 0 | 0 | 0 | 40 |

### 4.4.5 选址覆盖问题

选址覆盖(location covering)问题的目标是建立若干服务设施,使得每个客户都可以在有限的行驶时间内到达距离其最近的设施,并使得总成本最小。定义图 $G=(V_1 \bigcup V_2, E)$,其中 $V_1$ 表示待选址设施的潜在位置集合,$V_2$ 表示需要服务的客户集合,边 $(i,j) \in E$ 表示 $i$ 与 $j$ ($i \in V_1, j \in V_2$)之间的最短路径。设 $f_i$ ($i \in V_1$)为潜在设施 $i$ 的固定建设成本,$t_{ij}$ ($i \in V_1, j \in V_2$)为设施 $i$ 与客户 $j$ 之间的行驶时间。定义参数 $a_{ij}$ ($i \in V_1, j \in V_2$),如果设施 $i$ 能够为客户 $j$ 服务(即 $t_{ij}$ 小于等于时间阈值 $T_{ij}$),则 $a_{ij}$ 等于 1,否则为 0。

定义决策变量如下:

$y_i$ ($i \in V_1$):如果设施选择建设在位置 $i$,则 $y_i$ 等于 1,否则等于 0。

对选址覆盖问题的建模如下:

$$\min \sum_{i \in V_1} f_i y_i \tag{4.18}$$

s.t.

$$\sum_{i \in V_1} a_{ij} y_i \geqslant 1, j \in V_2 \tag{4.19}$$

$$y_i \in \{0,1\}, i \in V_1 \tag{4.20}$$

模型(4.18)~模型(4.20)是一个经典的集合覆盖(set covering,SC)问题,属于 NP 难问题,这里介绍一种简单的启发式方法进行求解,步骤如下。

**步骤 1**:如果存在位置点 $i \in V_1, f_i = 0$,则令 $y_i = 1$,并在模型中删去有 $y_i$ 出现的所有约束。

**步骤 2**:如果存在位置点 $i \in V_1, f_i > 0$,且 $y_i$ 在所有约束中均未出现,则令 $y_i = 0$。

**步骤 3**:对于所有剩余的决策变量,分别计算 $f_i/n_i$,其中 $n_i$ 是模型中有 $y_i$ 出现的约束数量;选择使得 $f_k/n_k$ 最小的变量 $k$,令 $y_k = 1$,并在模型中删去有 $y_k$ 出现的所有约束。

**步骤 4**:如果模型中约束已经全部被删除,则算法终止,并将剩余的决策变量都设置为零,否则返回到步骤 1。

【例 4-9】 某市拟新建若干消防站以覆盖该市的所有 7 个区域,要求从消防站到各区的行驶时间少于 16min。表 4-12 所示为各区域之间的最短行驶距离。在不同区域内建设消防站所需要的固定建设成本分别为:200、160、240、220、180、180、220(单位:万元)。假设消防车的平均行驶速度为 65km/h。

表 4-12 各区域之间的最短行驶距离　　　　　　　　单位:km

| 区域 | 区域 | | | | | | |
|---|---|---|---|---|---|---|---|
| | 1 | 2 | 3 | 4 | 5 | 6 | 7 |
| 1 | 0 | 8 | 24 | 18 | 30 | 20 | 16 |
| 2 | | 0 | 30 | 120 | 14 | 4 | 6 |
| 3 | | | 0 | 16 | 12 | 10 | 18 |
| 4 | | | | 0 | 18 | 20 | 6 |
| 5 | | | | | 0 | 4 | 100 |
| 6 | | | | | | 0 | 54 |
| 7 | | | | | | | 0 |

建立该选址问题的 SC 模型如下：

$$\min 200y_1 + 160y_2 + 240y_3 + 220y_4 + 180y_5 + 180y_6 + 220y_7$$

s.t.

$$y_1 + y_2 + y_7 \geqslant 1$$
$$y_1 + y_2 + y_5 + y_6 + y_7 \geqslant 1$$
$$y_3 + y_4 + y_5 + y_6 \geqslant 1$$
$$y_3 + y_4 + y_7 \geqslant 1$$
$$y_2 + y_3 + y_5 + y_6 \geqslant 1$$
$$y_2 + y_3 + y_5 + y_6 \geqslant 1$$
$$y_1 + y_2 + y_4 + y_7 \geqslant 1$$
$$y_1, y_2, y_3, y_4, y_5, y_6, y_7 \in \{0,1\}$$

应用上述启发式方法，由于对于任意 $i(i=1,2,\cdots,7), f_i > 0$，且决策变量 $y_1 \sim y_7$ 在约束中都有出现，因此执行步骤 3。

$$f_1/n_1 = 200 \text{ 万元}/3 = 66.66 \text{ 万元}$$
$$f_2/n_2 = 160 \text{ 万元}/5 = 32 \text{ 万元}$$
$$f_3/n_3 = 240 \text{ 万元}/4 = 60 \text{ 万元}$$
$$f_4/n_4 = 220 \text{ 万元}/3 = 73.33 \text{ 万元}$$
$$f_5/n_5 = 180 \text{ 万元}/4 = 45 \text{ 万元}$$
$$f_6/n_6 = 180 \text{ 万元}/4 = 45 \text{ 万元}$$
$$f_7/n_7 = 220 \text{ 万元}/4 = 55 \text{ 万元}$$

其中 $f_2/n_2$ 的比值最小，因此令 $y_2$ 为 1，并删除有 $y_2$ 出现的约束，原模型变成以下形式：

$$\min 200y_1 + 240y_3 + 220y_4 + 180y_5 + 180y_6 + 220y_7$$

s.t.

$$y_3 + y_4 + y_5 + y_6 \geqslant 1$$
$$y_3 + y_4 + y_7 \geqslant 1$$
$$y_1, y_3, y_4, y_5, y_6, y_7 \in \{0,1\}$$

由于 $f_1 > 0$ 且决策变量 $y_1$ 没有出现在任何约束中，因此令 $y_1 = 0$。

接下来，计算：

$$f_3/n_3 = 240 \text{ 万元}/2 = 120 \text{ 万元}$$
$$f_4/n_4 = 220 \text{ 万元}/2 = 110 \text{ 万元}$$
$$f_5/n_5 = 180 \text{ 万元}/1 = 180 \text{ 万元}$$
$$f_6/n_6 = 180 \text{ 万元}/1 = 180 \text{ 万元}$$
$$f_7/n_7 = 220 \text{ 万元}/1 = 220 \text{ 万元}$$

其中 $f_4/n_4$ 的比值最小，因此令 $y_4$ 为 1，并删除有 $y_4$ 出现的约束，模型进一步简化为

$$\min 240y_3 + 180y_5 + 180y_6 + 220y_7$$

s.t.

$$y_3, y_5, y_6, y_7 \in \{0,1\}$$

此时，$y_3 = y_5 = y_6 = y_7 = 0$。

因此最终的解决方案是在区域 2 和区域 4 建设消防站。相应的年总成本为 380 万元。

如果所有潜在设施 $i \in V_1$ 的固定成本 $f_i$ 都相同，则可以建立具有不同的目标函数的选址模型，如所建立设施的数量最少，客户总行驶时间最小，设施间需求分配最均衡等。以第一种情况为例，定义二元决策变量 $x_{ij}(i \in V_1, j \in V_2)$，如果设施 $i$ 为客户 $j$ 提供服务，则 $x_{ij}$ 为 1，否则为 0。则该选址问题的数学规划模型为

$$\min \sum_{i \in V_1} M y_i + \sum_{i \in V_1} \sum_{j \in V_2} t_{ij} x_{ij} \tag{4.21}$$

s.t.

$$\sum_{i \in V_1} a_{ij} x_{ij} \geq 1, j \in V_2 \tag{4.22}$$

$$\sum_{j \in V_2} x_{ij} \leq |V_2| y_i, i \in V_1 \tag{4.23}$$

$$y_i \in \{0,1\}, i \in V_1 \tag{4.24}$$

$$x_{ij} \in \{0,1\}, i \in V_1, j \in V_2 \tag{4.25}$$

在目标函数(4.21)中，$M$ 是任意大的正数，从而使得所建立的设施数量尽可能小。约束(4.22)可以保证所有用户 $j \in V_2$ 都得到服务；约束(4.23)确保如果设施 $i \in V_1$ 没有开放（$y_i = 0$），则它不能提供服务。

**【例 4-10】** 某城区决定设立一些终端自提柜以覆盖该区的 10 个社区，目标是保证任一社区居民能够在 10min 之内步行至自提柜。假设一个自提柜的年固定成本为 123 000 元。该选址问题可以使用位置覆盖模型进行建模，其中 $V_1 = V_2 = \{1, 2, \cdots, 10\}$。各社区之间的最短步行时间 $t_{ij}(i \in V_1, j \in V_2)$ 如表 4-13 所示。

表 4-13　各社区之间的步行时间　　　　　　　　　　　　　　　单位：min

| j | 1 | 2 | 3 | 4 | 5 | 6 | 7 | 8 | 9 | 10 |
|---|---|---|---|---|---|---|---|---|---|---|
| 1 | 0.00 | 3.07 | 1.80 | 6.33 | 9.53 | 12.20 | 14.07 | 17.07 | 16.27 | 16.80 |
| 2 |  | 0.00 | 4.67 | 9.20 | 12.33 | 15.00 | 16.33 | 16.93 | 16.13 | 16.67 |
| 3 |  |  | 0.00 | 5.07 | 8.20 | 10.87 | 12.07 | 15.80 | 15.00 | 15.53 |
| 4 |  |  |  | 0.00 | 3.73 | 6.40 | 7.67 | 12.33 | 15.20 | 15.73 |
| 5 |  |  |  |  | 0.00 | 4.00 | 5.27 | 9.87 | 13.80 | 14.40 |
| 6 |  |  |  |  |  | 0.00 | 2.00 | 6.60 | 14.73 | 15.27 |
| 7 |  |  |  |  |  |  | 0.00 | 5.13 | 10.13 | 10.73 |
| 8 |  |  |  |  |  |  |  | 0.00 | 5.07 | 5.60 |
| 9 |  |  |  |  |  |  |  |  | 0.00 | 2.27 |
| 10 |  |  |  |  |  |  |  |  |  | 0.00 |

系数 $a_{ij}(i \in V_1, j \in V_2)$ 是从表 4-13 中获得的，如果 $t_{ij} \leq 10\text{min}$，则 $a_{ij} = 1$，否则 $a_{ij} = 0$，$i \in V_1, j \in V_2$。

求解模型可得设立自提柜的最少数量为 2 个，分别位于社区 3 和社区 8。位于社区 3 的自提柜为 1、2、3、4、5 社区提供服务，其余社区由位于社区 8 的自提柜提供服务。

目标函数(4.21)中的两个优化目标具有不同的量级系数，会给模型求解带来严重的数

值计算困难。解决方法是首先令 $f=f_i(i\in V_1)$，并求解模型(4.18)~模型(4.20)，确定要建立的设施数目 $p^*$。然后，求解模型(4.21)~模型(4.25)，并将目标函数(4.21)替换为

$$\min\sum_{i\in V_1}\sum_{j\in V_2}t_{ij}x_{ij}$$

并增加约束条件：

$$\sum_{i\in V_1}y_i=p^*$$

### 4.4.6 $p$-中心问题

$p$-中心($p$-center)问题是选择 $p$ 个设施位置，以最小化从客户到距离其最近设施的最大行驶时间。$p$-中心模型常常应用于保证服务公平性的设施选址问题。定义图 $G=(V,A,E)$，其中 $V$ 表示客户位置和道路交叉点的集合，$A$ 和 $E$（分别为弧和边的集合）表示顶点之间的道路（分别为有向道路和无向道路）。设施可以位于顶点上，也可以位于弧或边上。

当 $p\geqslant 2$ 时，$p$-中心问题是一个 NP 难问题。如果 $G$ 是一个有向图，则可以证明存在一个最优解，其每个设施的选址都位于图的顶点上。以下算法可以获得 $p=1$ 时的最优解。

**步骤 1**：对于每个顶点 $i\in V$，确定从 $i$ 到其他各顶点 $j\in V$ 的最大行驶时间，即 $T_i=\max_{j\in V}\{t_{ij}\}$，其中 $t_{ij}(i,j\in V)$ 是从 $i\sim j$ 的最短行驶时间。

**步骤 2**：选择顶点 $i^*$，使得 $T_{i^*}=\min_{i\in V}\{T_i\}$，$i^*$ 即为最优选址位置。

**【例 4-11】** 某社区计划设立一个快递代收站点，该社区有 6 个小区，各小区之间的最短距离如表 4-14 所示。

表 4-14 社区中 6 个小区间的最短距离　　　　　　　　　　单位：m

|   | 1 | 2 | 3 | 4 | 5 | 6 |
|---|---|---|---|---|---|---|
| 1 | 0 | 682 | 388 | 428 | 548 | 621 |
| 2 | 655 | 0 | 841 | 754 | 804 | 438 |
| 3 | 439 | 748 | 0 | 301 | 579 | 572 |
| 4 | 356 | 658 | 270 | 0 | 547 | 565 |
| 5 | 600 | 839 | 575 | 523 | 0 | 701 |
| 6 | 441 | 779 | 604 | 482 | 393 | 0 |

假设快递代收网点可以位于任何一个小区内。首先确定距离各小区最远的小区，即表 4-14 中距离矩阵每一行的最大值：

$$\boldsymbol{T}=[682,841,748,658,839,779]^{\mathrm{T}}$$

因此，应选择在第小区 4 建立代收点，即向量 $\boldsymbol{T}$ 中的最小值(658m)。

如果 $G$ 是无向图或混合图，则设施的最佳位置可能是边上的点，也可能是图的内点。以无向图为例，设 $a_{ij}$ 是边 $(i,j)\in E$ 的行驶时间，$t_i^j$ 表示顶点 $i$ 至顶点 $j(i,j\in V)$ 的最短行驶时间，$a_{ij}$ 与 $t_i^j$ 的关系满足

$$t_i^j\leqslant a_{ij},(i,j)\in E$$

定义 $\tau_h(p_{hk})$ 为顶点 $h\in V$ 与边 $(h,k)\in E$ 上任意一点 $p_{hk}$ 之间的行驶时间（见图 4-5），则

$$\tau_k(p_{hk})=a_{hk}-\tau_h(p_{hk})$$

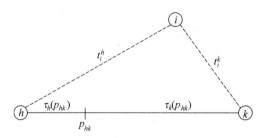

图 4-5　从用户 $i$ 到设施 $p_{hk}$ 的行驶时间 $T_i(p_{hk})$

当 $p=1$ 时，可以用 Hakimi 算法来求解，步骤如下。

**步骤 1**：计算行驶时间。对于每条边 $(h,k)\in E$ 和每个顶点 $i\in V$，计算从 $i$ 到边 $(h,k)$ 的任意一点 $p_{hk}$ 的行驶时间 $T_i(p_{hk})$（见图 4-6）：

$$T_i(p_{hk}) = \min\{t_i^h + \tau_h(p_{hk}),\quad t_i^k + \tau_k(p_{hk})\} \tag{4.26}$$

**步骤 2**：确定局部中心。对于每条边 $(h,k)\in E$，确定局部中心 $p_{hk}^*$：

$$p_{hk}^* = \operatorname*{argmin}\max_{i\in V}\{T_i(p_{hk})\}$$

**步骤 3**：确定设施选址位置。设施选址位置 $p^*$ 是所有局部中心 $p_{hk}^*$ 中的最优点，即

$$p^* = \operatorname*{argmin}_{(h,k)\in E}\{\min\max_{i\in V}\{T_i(p_{hk})\}\}$$

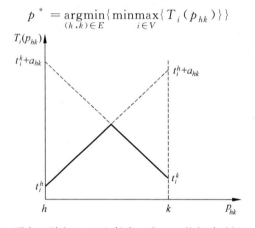

图 4-6　顶点 $i$ 到边 $(h,k)$ 上任意一点 $p_{hk}$ 的行驶时间 $T_i(p_{hk})$

**【例 4-12】** 某城区的救护车站选址问题可以表示为网络图 $G$（见图 4-7）上的 1-中心问题，图中顶点表示城区中的各个居民区，弧表示双向道路。各条道路的行驶时间如表 4-15 所示。

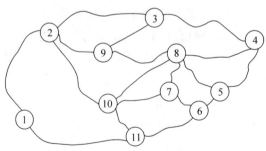

图 4-7　救护车选址问题

表 4-15 道路行驶时间

| $(i,j)$ | $a_{ij}/\min$ | $(i,j)$ | $a_{ij}/\min$ | $(i,j)$ | $a_{ij}/\min$ |
|---|---|---|---|---|---|
| (1,2) | 12 | (3,9) | 4 | (6,11) | 5 |
| (1,11) | 8 | (4,5) | 9 | (7,8) | 4 |
| (2,3) | 9 | (4,8) | 10 | (7,10) | 5 |
| (2,9) | 8 | (5,6) | 2 | (8,9) | 1 |
| (2,10) | 9 | (5,8) | 6 | (8,10) | 7 |
| (3,4) | 11 | (6,7) | 3 | (10,11) | 4 |

行驶时间 $t_{ij}(i,j \in V)$ 如表 4-16 所示。对于每条边 $(h,k) \in E$ 和每个顶点 $i \in V$，从顶点 $i$ 到边 $(h,k)$ 上的点 $p_{hk}$ 的行驶时间 $T_i(p_{hk})$ 可以根据式 (4.26) 计算。

表 4-16 行驶时间 $t_{ij}$         单位：min

| $j$ | \multicolumn{11}{c}{$i$} |
|---|---|---|---|---|---|---|---|---|---|---|---|
|  | 1 | 2 | 3 | 4 | 5 | 6 | 7 | 8 | 9 | 10 | 11 |
| 1 | 0 | 12 | 18 | 23 | 15 | 13 | 11 | 13 | 14 | 6 | 8 |
| 2 |  | 0 | 9 | 19 | 15 | 16 | 13 | 9 | 8 | 9 | 13 |
| 3 |  |  | 0 | 11 | 11 | 12 | 9 | 5 | 4 | 12 | 16 |
| 4 |  |  |  | 0 | 9 | 11 | 14 | 10 | 11 | 17 | 16 |
| 5 |  |  |  |  | 0 | 2 | 5 | 6 | 7 | 10 | 7 |
| 6 |  |  |  |  |  | 0 | 3 | 7 | 8 | 8 | 5 |
| 7 |  |  |  |  |  |  | 0 | 4 | 5 | 5 | 8 |
| 8 |  |  |  |  |  |  |  | 0 | 1 | 7 | 11 |
| 9 |  |  |  |  |  |  |  |  | 0 | 8 | 12 |
| 10 |  |  |  |  |  |  |  |  |  | 0 | 4 |
| 11 |  |  |  |  |  |  |  |  |  |  | 0 |

因此可以对每条边 $(h,k) \in E$ 构造函数 $\max_{i \in V}\{T_i(p_{hk})\}$，其最小值对应于局部中心 $p_{hk}^*$。例如，图 4-8 示出了 $p_{23}$ 上的位置 $\gamma_2(p_{23})$ 与最大行驶时间 $\max_{i \in V}\{T_i(p_{23})\}$ 的关系，表 4-17 给出了对于每条边 $(h,k) \in E$，$p_{hk}^*$ 的位置和 $\max_{i \in V}\{T_i(p_{hk}^*)\}$ 的值。

表 4-17 局部中心 $p_{hk}^*$ 的位置及 $\max_{i \in V}\{T_i(p_{hk}^*)\}$

| $(h,k)$ | $\gamma_h(p_{hk}^*)$ | $\max_{i \in V}\{T_i(p_{hk}^*)\}/\min$ | $(h,k)$ | $\gamma_h(p_{hk}^*)$ | $\max_{i \in V}\{T_i(p_{hk}^*)\}/\min$ |
|---|---|---|---|---|---|
| (1,2) | 18.00 | 19.0 | (1,11) | 12.00 | 16.0 |
| (2,3) | 6.00 | 17.0 | (2,9) | 12.00 | 14.0 |
| (3,4) | 0.00 | 18.0 | (2,10) | 13.50 | 17.0 |
| (4,5) | 13.50 | 15.0 | (3,9) | 6.00 | 14.0 |
| (5,6) | 0.00 | 15.0 | (4,8) | 15.00 | 13.0 |
| (6,7) | 3.75 | 13.5 | (5,8) | 9.00 | 13.0 |
| (7,8) | 2.25 | 12.5 | (6,11) | 4.50 | 15.0 |
| (8,9) | 0.00 | 13.0 | (7,10) | 0.00 | 14.0 |
| (8,10) | 2.25 | 11.5 | (1,10) | 9.00 | 17.0 |
| (10,11) | 6.00 | 16.0 |  |  |  |

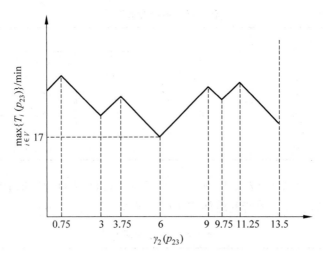

图 4-8　$p_{23}$ 上的位置 $\gamma_2(p_{23})$ 与最大行驶时间 $\max_{i \in V}\{T_i(p_{23})\}$ 的关系

因此，1-中心对应于边 (8,10) 上的点 $p^*$，救护车的最佳停放地点应在居民区 8 和 10 之间的道路上，距离 8 的中心 2.25km。该选址决策下最不利的是区域 1 和 4，因为救护车平均需要 11.5min 才能到达这两个区域。

## 4.5　布局设计

在设施设计中，合理的布局设计是一个关键步骤，因为布局设计将确定设施内各项活动之间的物流模式和关联方式。布局设计分为区块布局和详细布局，区块布局设计需确定每个部门的位置、形状和大小，而详细布局设计需确定各部门内所有设备、工作台、存储区等的具体位置。区块布局关注设施内的"宏观"流动，详细布局关注设施内的"微观"流动。本节关注的是区块布局设计方法。

### 4.5.1　布局设计概述

在进行布局设计时经常会出现这样的问题：物料搬运系统设计和设施布局设计孰先孰后？大多数人可能都会认为应该先进行布局设计，然后再确定物料搬运系统。然而，物料搬运系统的决策可能会对布局的有效性产生重大影响。例如：

（1）对在制品（WIP）、工装和辅料集中存储还是分散存储？
（2）采取固定路径还是可变路径进行物料搬运？
（3）最小搬运单元是什么形式？
（4）搬运过程中的自动化程度如何？

上述每个决策都会影响设施内空间、设备和人员的需求，以及不同部门之间的相邻关系。因此，布局设计和物料搬运系统设计应该同步进行。然而，由于设计过程非常复杂，因此常常采用顺序决策的方法。这时，需要对每个布局设计备选方案中的物料搬运系统进行评估，并将两者作为整体进行选择。

## 4.5.2 布局设计的基本形式

基本的四种设施布局设计类型如下(见图4-9)。

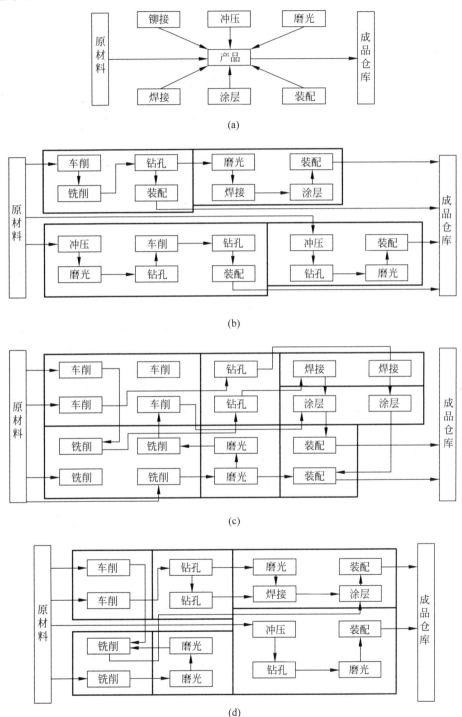

图4-9 典型布局设计类型

(a)固定位置布局;(b)产品布局;(c)工艺布局;(d)混合布局

（1）固定位置布局：是工程项目和大型产品生产常采用的一种布置形式，指产品由于体积或质量巨大，需要停留在一个地方。生产加工时将设备移动到要加工的产品处，而不是将产品移动到设备处，这样的布局方式称为固定位置布局。采用这种布局的工程项目和产品如建筑工程、飞机、轮船、重型装备等。这类布局方式的缺点是场地空间有限，组织管理难度较大，物流需求动态变化等。

（2）产品布局：也称为流水线布局或对象原则布局。当产品（或服务对象，例如病人）种类少而生产数量又很大时，常采用这一布局方式。产品布局按产品的加工工艺或装配工艺顺序配置各道工序所需设备、人员及物料，因此能最大限度地满足固定品种产品生产过程对空间和时间的客观要求，生产效率高，在制品库存水平低，单件产品生产成本低，但生产适应性即柔性较差。

（3）工艺布局：也称为机群式布局，特点是把同种类型的设备和人员集中布置在一个地方，如车床工段、铣床工段、刨床工段与磨床工段就是分别把车床、铣床、刨床和磨床各自集中布置在一个地方。这种布局方式便于调整设备和人员，容易适应产品（或服务，例如医疗服务）的变化，系统的柔性大幅增加，但当产品需要经过多个工序才能完成加工时，产品搬运次数与搬运距离增加，常常会带来物料交叉搬运、物料逆向流动等现象。

（4）混合布局：也称为成组布局，指将产品布局和工艺布局两种布局方式结合起来的一种布局方式。将产品按其外形与加工工艺的相似性进行编码分组，同时将设备成组布局，即把使用频率高的设备群按工艺过程顺序布置组合成成组单元，整个系统由多个成组单元构成。例如，工厂在加工阶段采用工艺布局方式，在部装和总装阶段则采用产品布局方式。混合布局方式的主要目的是，在产品产量不足以大到使用产品布局（例如生产线）的情况下，也尽量根据产品的批量、工艺相似性来使产品生产过程呈现单元性，这样有利于物流规划，并达到减少中间在制品库存、缩短生产周期的目的。这种布局方式既能达到流水线的生产效率，又有机群式布局的柔性，可以提高设备开工率、减少物流量。

## 4.5.3　几种基本布局设计形式的优缺点及适用条件

以上几种布局方式的优缺点及适用条件如表 4-18 所示。

表 4-18　几种布局方式的优缺点及适用条件

| 布局类型 | 优　　点 | 缺　　点 | 适用条件 |
| --- | --- | --- | --- |
| 固定位置布局 | (1) 物料移动少；<br>(2) 采用班组方式时，可提高作业连续性；<br>(3) 柔性高，可适应产品的变化 | (1) 人员和设备的移动增加；<br>(2) 设备需要重复配备；<br>(3) 工人需要较高的技能；<br>(4) 生产计划需要加强控制和协调 | 适用于大型或特大型产品（如船舶、大功率内燃机车、飞机） |
| 产品布局 | (1) 布局符合工艺过程，物料搬运量少；<br>(2) 生产周期短；<br>(3) 作业专业化，对工人的技能要求不高，易于培训； | (1) 设备发生故障时易引起整个生产线中断；<br>(2) 产品设计变化将带来布局重大调整；<br>(3) 生产率取决于瓶颈设备，也可能存在设备负荷不均； | 适用于少品种、大批量生产方式 |

续表

| 布局类型 | 优 点 | 缺 点 | 适用条件 |
|---|---|---|---|
| 产品布局 | (4) 生产计划简单,易于控制;<br>(5) 可使用专用设备和自动化搬运 | (4) 设备投资相对较大;<br>(5) 工位上重复作业,易使工人产生厌倦感;<br>(6) 维修和保养费用高 | 适用于少品种、大批量生产方式 |
| 工艺布局 | (1) 设备利用率高;<br>(2) 设备和人员的柔性高,便于更改产品品种和数量编号;<br>(3) 设备投资相对较小 | (1) 物流成本高,物料搬运路线不固定;<br>(2) 生产计划与控制较复杂;<br>(3) 生产周期长;<br>(4) 在制品库存量较大;<br>(5) 对操作人员技能要求高 | 适用于多品种、小批量生产方式 |
| 混合布局 | (1) 设备利用率较高;<br>(2) 物料运输距离较短,搬运量少;<br>(3) 有利于班组合作;<br>(4) 生产准备时间较短;<br>(5) 兼有产品布局和工艺布局的优点 | (1) 需要平衡各单元之间的生产;<br>(2) 如果单元之间流程不平衡,需要设置中间储存环节,增加了单元之间的物料搬运;<br>(3) 采用专用设备的机会减少 | 适用于多品种、中小批量生产方式 |

一般来说,一个生产型设施的布局设计受到其产品种类 $P$ 和产量 $Q$ 的共同影响,它们之间的关系如图 4-10 所示。

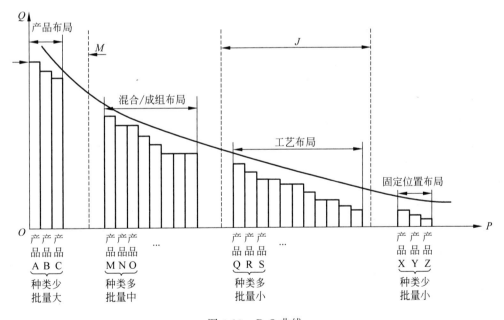

图 4-10  $P\text{-}Q$ 曲线

图 4-10 中,$M$ 区的产品适用于大批量生产组织生产类型,可以按产品布局;$J$ 区属于单件小批生产类型,可以按工艺布局;而介于 $M$ 区和 $J$ 区之间的产品生产类型为成批生产,适宜采用两者结合的混合布局。

## 4.6 设施布局设计方法

### 4.6.1 系统布局规划方法

系统布局规划(system layout planning,SLP)是由 Richard Muther 于 20 世纪 60 年代提出的一种解决设施布局设计问题的系统性方法。SLP 的流程如图 4-11 所示。

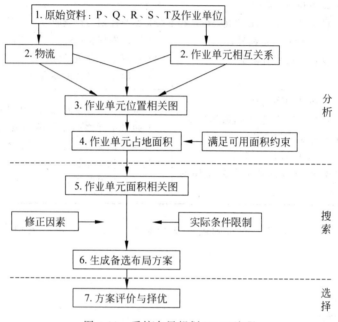

图 4-11　系统布局规划(SLP)流程

SLP 方法的步骤如下。

(1) 准备原始资料。在开始布局设计之前,首先必须明确系统中的 P、Q、R、S 及 T 等基本要素。其中,P(production)为产品或服务;Q(quantity)为数量或产量;R(routing)为工艺路线或工艺流程;S(supporting service)为辅助职能;T(time)为时间,指各作业的操作时间。同时,分析作业单元的划分,通过分解与合并得到最佳的作业单元划分。

(2) 物流分析与作业单元相互关系分析。对于生产型设施,物流分析是布局设计的重要环节;而对于服务型设施或物流量较小的生产型设施,则需要分析各作业单元之间的相互关系(非物流联系)。物流分析结果可以用物流强度等级以及物流相关表来表示,作业单元之间的非物流关系可以用量化的密切程度等级以及作业单元相互关系表来表示。当需要同时考虑作业单元间的物流与非物流关系时,可以采用加权的方法,将物流相关性与作业单元相关性合并成一个综合相互关系表。

(3) 绘制作业单元位置相关图。根据物流相关表与作业单元相互关系表,以每对作业单元间相互关系等级的高低来决定两作业单元相对位置的远近,最终得出各作业单元之间的相对位置关系(也称拓扑关系)。注意,此时并未考虑各作业单元具体的占地面积,因而得到的仅是作业单元的相对位置,称为位置相关图。

(4) 作业单元占地面积计算。各作业单元所需占地面积与设备、人员、通道及辅助装置等有关。计算出的面积应满足可用面积约束。

(5) 绘制作业单元面积相关图。把各作业单元占地面积附加到作业单元位置相关图上,就形成了作业单元面积相关图。

(6) 布局方案修正。作业单元面积相关图只是一个原始布局图,对其还需要根据其他因素进行调整与修正。此时需要考虑的修正因素包括物料搬运方式、操作方式、储存周期等,同时还需要考虑实际限制条件,如成本、安全等。考虑了各种修正因素与实际限制条件以后,对面积图进行调整,得出若干备选布局方案。

(7) 方案评价与择优。针对所得到的备选方案,进行经济、技术及其他因素评价,通过对各备选方案的评价、选择以及修正,得到最终的布局方案图。

### 4.6.2 常用布局设计算法

一些布局设计算法常常根据部门之间的"邻近程度"或"物流强度"来确定各部门的相对位置。尽管布局设计算法不能完全取代人的判断和经验,但是可以在短时间内生成大量布局设计方案,并进行快速评估,从而显著提高布局设计工作的效率以及最终设计方案的质量。

布局设计算法的目标函数一般有两类:一类是最小化(物料或人员的)流量乘以距离之和;另一类是最大化各部门之间的邻近程度。用 $m$ 表示部门的数量;$f_{ij}$ 表示从部门 $i$ 到部门 $j$ 的流量(单位时间移动的单位负荷数量);$d_{ij}$ 表示部门 $i$ 到部门 $j$ 的距离($i$ 与 $j$ 的质心之间的距离);$c_{ij}$ 表示将单位负荷从部门 $i$ 移动到部门 $j$ 的成本,它与单位负荷的大小、质量、体积相关。第一类目标函数可以写成

$$\min z = \sum_{i=1}^{m}\sum_{j=1}^{m} f_{ij} c_{ij} d_{ij} \tag{4.27}$$

如果部门 $i$ 和部门 $j$ 在布局设计中相邻(即共享一个边界),则 $x_{ij}=1$,否则 $x_{ij}$ 为 0,则下式可以用于最大化各部门之间的邻近程度:

$$\max z = \sum_{i=1}^{m}\sum_{j=1}^{m} f_{ij} x_{ij} \tag{4.28}$$

对邻近度进行归一化处理,得

$$z = \frac{\sum_{i=1}^{m}\sum_{j=1}^{m} f_{ij} x_{ij}}{\sum_{i=1}^{m}\sum_{j=1}^{m} f_{ij}} \tag{4.29}$$

式(4.29)中 $z$ 的取值越接近于 1,表示设施内流量为正的部门间的邻近程度越高。该计算方式虽简单直观、易于实现,但是忽略了不相邻部门之间的物料(或人员)流动。

以下介绍几种布局设计算法。

**1. 成对交换法**

由于厂房结构改变、新设备引进、加工工艺发生变化、存储区域变化等,需要对现有的设施布局进行改进,成对交换法(pairwise exchange method)就是一种改进型布局设计算法。这里通过一个例子来说明成对交换法的主要步骤。

考虑一个具有四个相等面积的部门布局设计问题。各部门之间物流量统计及距离矩阵见图 4-12，单元格中间的数字表示两个部门之间的距离，左上角数字为部门间的物流量。

| 起始部门 \ 到达部门 | 1 | 2 | 3 | 4 |
|---|---|---|---|---|
| 1 | — | 10<br>1 | 15<br>2 | 20<br>3 |
| 2 | | — | 10<br>1 | 5<br>2 |
| 3 | | | — | 5<br>1 |
| 4 | | | | — |

图 4-12　物流及距离矩阵

当前布局如图 4-13(a)所示，当前布局的物流量与距离乘积和为

$$TC_{1234}=10\times1+15\times2+20\times3+10\times1+5\times2+5\times1=125$$

成对交换法就是在一次迭代中，对部门的位置进行两两交换，并计算交换位置后的目标函数值，选择目标函数值减少最多的交换方式交换部门位置，然后开始下一轮迭代。

在该算例中，第一次迭代计算过程如下：

$$TC_{2134}(1-2)=10\times1+15\times1+20\times2+10\times2+5\times3+5\times1=105$$

$$TC_{3214}(1-3)=10\times1+15\times2+20\times1+10\times1+5\times2+5\times3=\mathbf{95}$$

$$TC_{4231}(1-4)=10\times2+15\times1+20\times3+10\times1+5\times1+5\times2=120$$

$$TC_{1324}(2-3)=10\times2+15\times1+20\times3+10\times1+5\times1+5\times2=120$$

$$TC_{1432}(2-4)=10\times3+15\times2+20\times1+10\times1+5\times2+5\times1=105$$

$$TC_{1243}(3-4)=10\times1+15\times3+20\times2+10\times2+5\times1+5\times1=125$$

使用最速下降法，选择交换当前布局设计中部门 1 和部门 3 的位置。新布局如图 4-13(b)所示。

| | | | |
|---|---|---|---|
| 1 | 2 | 3 | 4 |

(a)

| | | | |
|---|---|---|---|
| 3 | 2 | 1 | 4 |

(b)

| | | | |
|---|---|---|---|
| 2 | 3 | 1 | 4 |

(c)

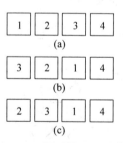

图 4-13　每轮迭代所对应的布局设计

(a) 当前布局；(b) 第一次迭代；(c) 第二次迭代

第二次迭代计算过程如下：

$$TC_{3124}(1-2)=10\times1+15\times1+20\times2+10\times2+5\times1+5\times3=105$$

$$TC_{1234}(1-3)=10\times1+15\times2+20\times3+10\times1+5\times2+5\times1=125$$

$$TC_{3241}(1-4)=10\times2+15\times3+20\times1+10\times1+5\times1+5\times2=110$$

$$TC_{2314}(2-3)=10\times2+15\times1+20\times1+10\times1+5\times3+5\times2=\mathbf{90}$$

$\mathrm{TC}_{3412}(2-4) = 10 \times 1 + 15 \times 2 + 20 \times 1 + 10 \times 3 + 5 \times 2 + 5 \times 1 = 105$

$\mathrm{TC}_{4213}(3-4) = 10 \times 1 + 15 \times 1 + 20 \times 2 + 10 \times 2 + 5 \times 1 + 5 \times 3 = 105$

选择在当前布局设计中交换部门2和部门3之间的位置,图4-13(c)显示了两次迭代后的布局设计方案。

第三次迭代计算过程如下:

$\mathrm{TC}_{1324}(1-2) = 10 \times 2 + 15 \times 1 + 20 \times 3 + 10 \times 1 + 5 \times 1 + 5 \times 2 = 120$

$\mathrm{TC}_{2134}(1-3) = 10 \times 1 + 15 \times 1 + 20 \times 2 + 10 \times 2 + 5 \times 3 + 5 \times 1 = 105$

$\mathrm{TC}_{2341}(1-4) = 10 \times 3 + 15 \times 2 + 20 \times 1 + 10 \times 1 + 5 \times 2 + 5 \times 1 = 105$

$\mathrm{TC}_{3214}(2-3) = 10 \times 1 + 15 \times 2 + 20 \times 1 + 10 \times 1 + 5 \times 2 + 5 \times 3 = \mathbf{95}$

$\mathrm{TC}_{4312}(2-4) = 10 \times 1 + 15 \times 1 + 20 \times 2 + 10 \times 2 + 5 \times 3 + 5 \times 1 = 105$

$\mathrm{TC}_{2413}(3-4) = 10 \times 2 + 15 \times 1 + 20 \times 1 + 10 \times 3 + 5 \times 1 + 5 \times 2 = 100$

由于第三次迭代计算中所得到的目标函数最小值为95,比当前布局设计方案的目标函数值90(在第二次迭代中获得)差,因此迭代终止。最终的布局设计方案为2-3-1-4,如图4-13(c)所示。

成对交换法并不能保证生成最优的布局设计方案,因为迭代的结果取决于初始布局设计。也就是说,不同的初始布局设计会产生不同的最终结果。

**2. 基于图形的方法**

顾名思义,基于图形的方法(graph-based method)是一种源于图形的布局设计算法。首先建立部门邻接图,图中节点代表部门,节点之间的连接弧表示两个部门共享一个公共边界,连接弧的权重表示两个部门相邻的重要程度。图4-14所示为一个具有5个部门的邻接图。

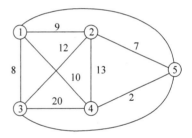

图4-14 一个具有5个部门的邻接图示例

基于图形的方法的目的就是找到所有连接弧权重加权和最大的邻接图,步骤如下。

步骤1:选择权重最大的部门对,将部门3和部门4填入表格中,如图4-15(a)所示。

步骤2:选择要输入的第三个部门,使得它与部门3、4的权重和最大。如图4-15(b)所示,选择部门2,权重和为25。

步骤3:在未分配部门中选择与当前已有部门的权重和最大的部门,此时,选择部门1,权重和为27,如图4-15(c)所示。

步骤4:最后确定部门5的相对位置。如图4-15(d)所示,部门5与部门1-2-4相邻以及与部门2-3-4相邻时所产生的权重都是9。任意选择其一,作为与部门5的相邻部门。图4-15(d)给出了最终的邻接图。该方案为最优方案,连接弧权重总和等于81。

步骤5:确定邻接图后,构建相应的区块布局。图4-16显示了基于最终邻接图的区块布局。需要注意的是,在构建区块布局时,为了满足邻接图的要求,可能需要对原有的部门形状进行修改。当然,各部门形状、面积是基于部门内部设备属性和布局确定的。

**3. 计算机辅助设施相对定位技术**

计算机辅助设施相对定位技术(computerized relative allocation of facilities technique,

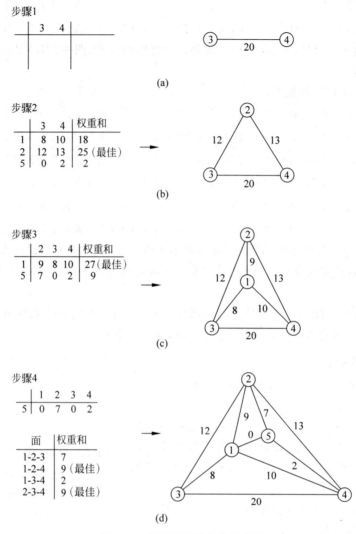

图 4-15 基于图形的方法的步骤

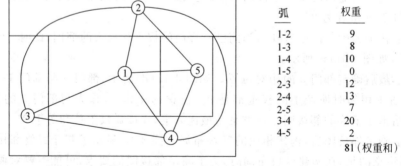

图 4-16 基于最终邻接图的区块布局

CRAFT)是 Armor、Buffa 和 Bollman 于 1963 年提出的。作为一种常见的改进型布局算法,CRAFT 在初始布局的基础上,成对交换作业单元的位置,经过多次交换、比较、择优,得到最终的布局设计方案。其中,每次迭代择优的依据是物料搬运费用的大小。通过给定不同的初始方案,采用 CRAFT 常能得到不同的优化结果(局部最优),从而给规划设计人员提供很大的选择范围。通过参考实际场景中的条件限制,规划设计人员可以从众多的优化方案中选择一个较为可行的优化方案。

图 4-17 所示为 CRAFT 的流程图。目前,CRAFT 已经在服务部门(例如保险公司、医院、电影院、学校等)的布局优化中得到了广泛运用。

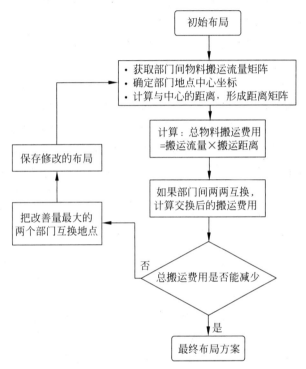

图 4-17　CRAFT 的流程图

CRAFT 具有以下特点。

(1) CRAFT 是一种启发式算法,每次迭代中只选择当前最好的交换方式,不会"回头看"或"向前看"。因此,这样的解决方案只是局部最优。此外,最终布局方案的质量在很大程度上依赖于初始布局方案的质量,是一种高度"依赖路径"的启发式方法。实际应用时可以尝试不同的初始解决方案,或尝试不同的交换方式(双向交换或三向交换)。

(2) 在进行部门位置交换时,并不是检查所有可能的交换,而是仅考虑相邻(即有共享边界)或面积相等的部门。因为两个面积相等的部门无论相邻与否,都可以在不移动其他部门的前提下进行位置互换。而如果两个部门的面积不相等,则能够在不移动其他部门的前提下进行位置互换的必要条件是这两个部门必须是相邻的。这个条件不是一个充分条件。也就是说,在某些情况下,即使两个(面积不等的)部门相邻,如果不移动其他部门,也无法交换位置。

(3) 当出现形状不规则的部门时,部门质心间的距离会产生较大误差,导致目标函数值的偏差增大。

(4) CRAFT 假设可以使用叉车等路径可变的物料搬运设备。因此,当使用固定路径的物料搬运设备时,CRAFT 的应用性会大大降低。

## 4.7 案例分析

### 4.7.1 特斯拉超级工厂选址研究

全球汽车产业已经步入一个新的大变革时期,一是随着全球已就"碳达峰与碳中和"达成共识,新能源汽车正在取代传统燃油车,成为一个不可逆的趋势;二是汽车正在朝着越来越智能化的方向不断迭代,特别是自动驾驶技术广泛普及后,对汽车的智能化、个性化提出更高的要求。特斯拉作为全球头号智能纯电动车大厂,面临着产量无法跟上市场需求,急需扩产的难题,于2018年宣布在中国建立超级工厂。

上海抓住机遇引入特斯拉,使中国的新能源汽车行业爆发出惊人的创造力,改变了我国新能源汽车的产业格局。在经济上,通过本土银行贷款来资助超级工厂建设;在区位优势方面,上海临港具备整车出口的港口;在市场政策方面,上海的经济体量在4万亿元的能级,对长三角地区具备较强的辐射能力,同时特斯拉能够充分享受免购置税以及各项补贴政策。不过最重要也最难得的是,汽车产业尤其讲究供应链的配套,因此特斯拉对供应链管理一直保持着精准、高效和严苛的要求。经过几十年的发展,长三角形成了世界级的汽车产业链,可以迅速对接特斯拉对新能源汽车的供应链需求。截至2022年年底,特斯拉国产化率已经超过90%,除了核心芯片、集成电路外,车身整体几乎全部由中国制造,这些供应商大部分来自江浙沪地区。

近年来,由于特斯拉电动汽车在全球市场的需求强劲,同时出于全球平均成本优化考虑,特斯拉全球出口中心已由美国弗里蒙特工厂转至上海工厂,上海工厂每季度生产的汽车中,上半季的产量主要用于出口,下半季的产量投放中国市场。2022年,特斯拉上海工厂总产能为71万辆,其中出口约27.1万辆,约占总销量的38%,其余销量则交付给了中国市场。由此可见,特斯拉扩产建设在亚洲的第二家超级工厂已势在必行。下面根据汽车行业的特点以及在上海的第一家超级工厂布局,对第二家超级工厂选址决策进行分析。

汽车产业作为关系到国民经济发展的重要产业,涉及行业和人员多,影响范围广。在我国,整个汽车产业约占全国GDP的2%,各省市也都将汽车产业作为本省市的重要经济增长点。汽车产业的重要作用及其本身的特点,决定了选址过程中需要考虑各方面因素。

**1. 资源因素**

资源(尤指土地及劳动力资源)作为现代企业建厂最重要的考虑因素,对于汽车企业来说具有重要意义。第一,由于汽车制造的特殊性,汽车整车制造厂需要平坦宽阔的土地来建设厂房和布置配套的基础设施,同时因为整车企业需要吸引下游的零部件供应商选择在整车厂附近设址建厂,因此又需要有大片的闲置土地或低成本土地供零配件供应商使用,以便直接降低和供应商的信息沟通成本,提高工作效率。因此土地资源成为整车厂进行厂址选择的最重要资源因素之一。第二,劳动力的数量和质量,尤其是高级技术工人的可获得性成为汽车行业选址和提高运营效率不可忽视的重要资源因素。随着科技的进步,企业从最初仅仅关注生产成本,发展到现在更加关注高级生产要素——人员对生产及企业的重要作用。对于汽车产业这个高度的技术密集型产业来说,能否获得大量的技术人员储备正成为企业选址过程中越来越重要的考虑因素。

**2. 交通运输因素**

交通运输因素主要指汽车制造企业所处的城市或工业园区内外的交通设施状况,包括城市或园区内道路通畅状况、道路等级、道路通行能力、交通设施建设情况以及该区域同外部区域的交通便捷性。各种要素在不同方向上实现无障碍联系和流通,有利于汽车制造业与外界保持流畅的沟通,原材料能够准时交付,产品能够在生产出来后及时运输至下游经销商处,这些都依赖于发达而安全的交通网络来完成。

因此,交通运输便捷、通行能力强的地方往往成为汽车企业进行区位选择的关注重点,发达的交通物流和通信网络技术的支持,能够有效地保证原材料与零部件以及产品的信息更新。

**3. 当地经济及市场因素**

一个地区的经济实力往往是这个地区未来发展的保证。汽车产业作为资金密集型产业,需要良好的配套或基础设施,如果选择的地区经济状况落后,势必会造成企业发展的可持续性问题。

汽车产业作为一个物流成本较高的产业,把市场规模的大小视为十分重要的因素,潜力巨大的市场能够节省大量的运输成本。减少运输成本的最直接有效的方法就是把汽车制造工厂建在市场规模较大的地区附近,从而更加接近消费者,同时能够及时地了解市场信息和需求变化,获得经济上的集聚效应。一般来说,当地的人均GDP、社会消费品零售总额等指标是衡量这个地区市场规模的有效工具。

**4. 集聚因素**

汽车的大规模生产最初始于专业化的分工,汽车产业集群从一开始就是通过专业化分工的汽车总装企业与各零配件商的集聚而形成的。随着汽车产业集群的不断发展壮大,集群内的企业生产规模不断扩大,能够吸引的企业越来越多,这就为企业专业化程度的提高提供了客观需求和现实条件,为形成产业的集聚竞争优势提供了最基本的支持。这种集聚的效应越明显,单位产品的成本优势也就越显著,企业的盈利能力才会越大。

**5. 政策及税收因素**

从宏观角度而言,国家对汽车产业制定的相关政策会影响汽车产业的格局,为产业发展提供支持平台。从地区角度来说,各个地区又会根据国家相关产业政策的指导,通过制定符合本地区发展的规划来提供汽车产业的支持政策以及相应的税收等优惠政策。能否找到从经济角度上来说对于本企业最有利的地区,享受尽可能多的优惠政策和税收支持,是汽车企业重要的考虑因素。从企业自身而言,必须在完全解读国家产业政策的基础上进行合理的区位评估、选择,以规避不必要的投资风险。

总而言之,特斯拉第二工厂选址可以从以下几方面进行考虑。

一是选址城市所处区域的汽车产业要发达,已形成汽车产业集群,供应链配套优势明显,有力量推进100%国产化零部件配置;

二是靠近港口,便于国产车型出口海外,特别是欧洲和北美市场;

三是地方政府政策支持和服务力度较大,在土地、信贷资金、政府审批等相关领域要类似于上海临港工厂设厂的条件。

### 4.7.2 基于SLP方法对糖果车间生产线布局的优化

某糖果企业属于全球知名的快速消费品公司,年销售额超过50亿美元,全球雇员约2.4万人,在全球各地拥有超过15个制造基地。该公司上海工厂为企业在中国的三大工厂之一,产量超过其国内总产值的50%。

快速消费品行业需求变化迅速,产品类型不断变化,与之配套的生产设备设施需要不断更新换代,生产布局也需要做出相应的改变。上海工厂建设启动于2002年,由于市场对该企业产品需求量的迅猛增长,工厂已经进行了六次扩建,生产规模扩大了约5倍,并且每年还在扩建中。以压片车间为例,该车间具有规模大、产品多、机台多等特点,在过去5年,该车间平均每年产能扩张约30%,导致作业空间受限,急需对生产布局进行优化。此外,由于前期将扩建重点放在生产线自动化以及扩大规模方面,工厂仍沿用原来的工艺布局。在产能和设备都超出初始设计的情况下,物流系统也出现了问题,如:

(1) 物料、人员和信息的流动出现了往返的现象,大大增加了运输成本和时间;

(2) 糖果压制设备群的布局不合理,通道狭小甚至不能通行,导致物料无法顺畅运输,同时部分工位的等料时间较长;

(3) 中间品暂存区域过小,且堆放混乱,无法满足物料快速存取的要求。

采用系统布局规划(SLP)方法对压片车间进行布局设计,具体步骤如下。

**1. 准备原始资料**

在开始布局设计之前,首先要明确产品(服务)、数量、工艺流程、辅助职能以及各单位操作时间等基本要素,同时对作业单元进行划分。将车间分为原材料仓库、生产车间、生产办公室、成品仓库和辅助区域等几个区域。为保证后续规划分析的合理性,根据车间生产的具体产品、产品规格、生产设备、各产品的产量比例等信息,对以上作业单元进行梳理和整合。

**2. 车间物流分析与作业单元相互关系分析**

对压片车间的物流路线进行分析,车间内的生产物流包含原料入库、生产配料、半成品粉料移动、半成品糖储存、包装成品、成品出库,同时也包含包材运输、垃圾回收等路线。根据车间的实际情况,分别梳理出原材料运输路线、粉料运输路线、糖粒运输路线、设备清洗运输路线等。

车间内运输工具均为卡板和小叉车,或者是单独的运输容器(体积接近$1m^3$)。每次运输只能以固定体积大小的形式进行。由于物料的运输均以整卡板物料进行,所以物流成本、人力成本也可以利用所运输的卡板数和运输距离进行计算。绘制车间的物流从至表、评估物流强度等级,并对所有的作业单元之间的作业相关性进行分析和测量。

在对物流进行分析后,明确作业单元的相互关系。结合车间的实际情况,依据SLP方法中工作的连续性,人的流动,方便监督与管理,噪声、障碍、电磁辐射,用具与物品供应,同种设备以及物品搬运安全7个邻近性评价因素,对所有的作业单元间的邻近性进行评价。最终得到作业单元邻近性表,如图4-18所示。

**3. 绘制作业单元位置相关图**

依据各作业单元间综合相关性数据对各作业单元的位置进行排布。遵循相关性越高,作业单元之间越接近的原则。在多个作业单元综合相关性等级接近时,需进行再一次的考

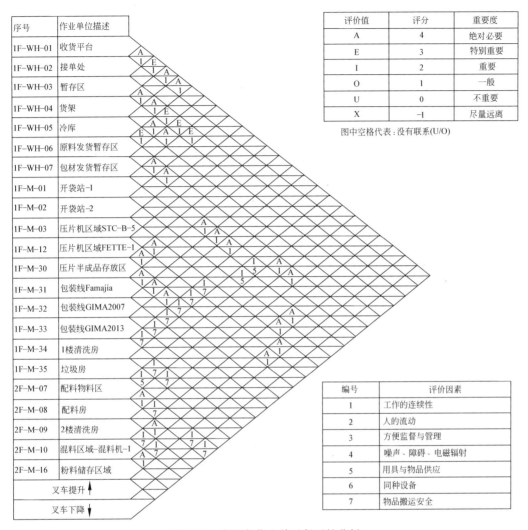

图 4-18 车间各作业单元邻近性分析

察。根据被考察作业单元和所有其他相关单位的综合情况,计算相关性结果的平均值,取数据最高者优先,位置靠中间。依据各作业单元的综合相关性等级高低排序绘制位置相关布局示意图(图 4-19)。

**4. 确定作业单元占地面积**

在进行占地面积计算前,首先需要明确工厂可用面积。工厂的可用面积定义为工厂可以用于生产制造和其辅助设施的厂区面积。根据该定义,可将整个工厂划分为三大区域:生产制造区域、辅助设施区域以及不可用区域。

**5. 绘制作业单元面积相关图**

完成作业单元占地面积计算后,将各作业单元按照其面积和形状要求放置在位置相关图中,完成面积相关图。由于车间总体面积是固定的,在排布面积需求图时可以调整矩形区域的形状,保持等面积即可。对作为车间出入口的原料仓库及成品仓库,需先固定好其位置。根据之前的相关图及面积需求得到各楼层的理论布局图,如图 4-20 所示。

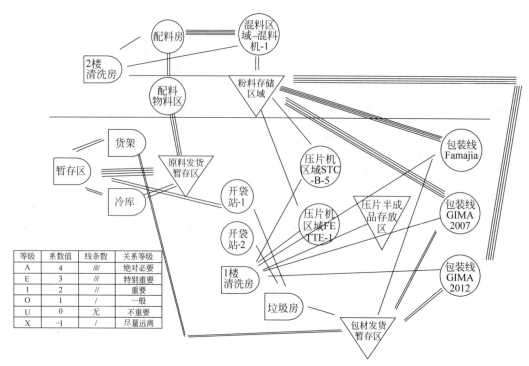

图 4-19 作业单元位置相关图

### 6. 修改并确定可行性方案

图 4-20 是初步的理论规划图,由于现场存在诸多约束因素,因此还需要进一步对布置方案图进行调整与修正。这里主要考虑以下两个方面的约束。

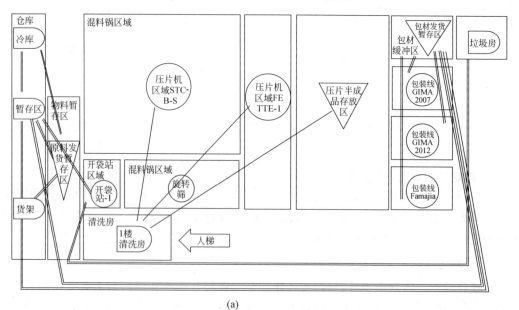

图 4-20 作业单元面积相关图
(a) 一楼面积相关图;(b) 二楼面积相关图

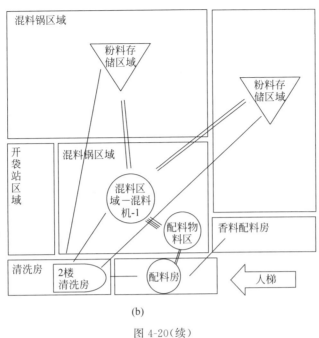

(b)

图 4-20(续)

(1) 整体厂房处于由左至右的走向,左边为原材料仓库,中间为生产车间,右边为成品码头和垃圾房。整体的布局不可改变。

(2) 考虑到产量需要进一步扩充,故在布局设计的时候,要尽量节约空间。一些不重要的区域尽量缩小或者移除。如果能使用高层空间则尽量采用。

考虑到这两个限制因素,将车间原有布局扩充,在满足需求的产能条件下得到的扩充方案如图 4-21 所示。

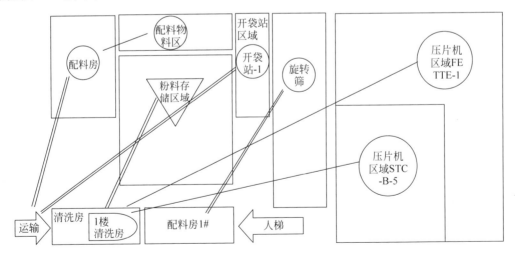

(a)

图 4-21 修改后的布局方案

(a) 一楼修改布局;(b) 二楼修改布局

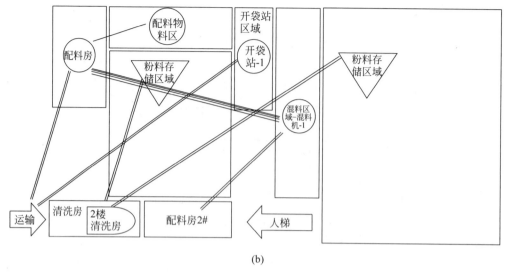

(b)

图 4-21（续）

## 习题

4-1 设施规划包含哪些主要内容？

4-2 某海洋公司有 13 个钻井平台，通过管道网络与枢纽站连接，枢纽站的选址问题可通过建立单产品单级连续选址模型来解决。各钻井平台的笛卡儿坐标和平均日流量如表 4-19 所示。使用 Weiszfeld 启发式算法求解得到枢纽站的位置坐标（要求至少迭代三次）。

**表 4-19  各钻井平台坐标和平均流速**

| 钻井平台 | 横坐标/km | 纵坐标/km | 流速/(100kg/d) |
| --- | --- | --- | --- |
| 1 | 0.00 | 8.54 | 198 |
| 2 | 11.56 | 0.00 | 191 |
| 3 | 5.58 | 12.45 | 212 |
| 4 | 22.60 | 11.35 | 279 |
| 5 | 8.88 | 17.38 | 205 |
| 6 | 37.28 | 21.56 | 230 |
| 7 | 12.72 | 18.65 | 278 |
| 8 | 35.65 | 5.42 | 198 |
| 9 | 9.27 | 24.32 | 226 |
| 10 | 25.56 | 34.54 | 188 |
| 11 | 15.87 | 28.55 | 244 |
| 12 | 31.53 | 10.12 | 215 |
| 13 | 29.72 | 31.40 | 248 |

4-3 某金枪鱼罐头经销商计划在广东省开设一个新仓库，经初步分析后将 C 和 D 作为仓库的两个备选位置。若在 C 处建立仓库，则每年的设施成本为 127 500 元；如果在 D 处建立，则每年的设施成本为 123 000 元。该仓库需每周 4 天向以下 10 个城市的经销商供货：A、B、C、D、E、F、G、H、I 和 J。由于车辆容量有限，只能从仓库出发向上述各城市进行

单程运输。表 4-20 给出了各城市与两个仓库之间的距离(单位: km)。假设一年中有 200 个工作日,每千米的运输成本为 0.95 元,建立数学模型以解决上述选址问题。

表 4-20　10 个城市到 C 和 D 的距离　　　　　　　　　　　　　　单位: km

| 城市 | C | D | 城市 | C | D |
| --- | --- | --- | --- | --- | --- |
| A | 25 | 55 | F | 67 | 35 |
| B | 56 | 54 | G | 45 | 36 |
| C | 0 | 57 | H | 9 | 45 |
| D | 57 | 0 | I | 26 | 69 |
| E | 52 | 12 | J | 38 | 59 |

4-4　某个人电脑制造商目前在 A 和 B 两地拥有工厂。A 工厂的产能为每年 100 万台,B 工厂的产能为每年 150 万台。该企业将全国市场划分为 5 个区域: 东北部、东南部、中西部、南部和西部。该制造商预计今年(每个区域)需求量会有 50% 的增长,因而想新建一个每年 150 万台产能的工厂以应对这一增长。所考虑的潜在地点是 C 和 D。设施的年固定成本、每单位的生产和运输成本,以及目前区域的需求量(50% 增长前)如表 4-21 所示。为使总成本最小化,该制造商应该在哪里建新工厂?配送网络应该如何构建?

表 4-21　设施年固定成本、每单位生产和运输成本及区域需求量

| | 可变生产和运输成本/(元/单位) | | | | | 年固定成本/ |
| --- | --- | --- | --- | --- | --- | --- |
| | 东北部 | 东南部 | 中西部 | 南部 | 西部 | 百万元 |
| A | 185 | 180 | 175 | 175 | 200 | 150 |
| B | 170 | 190 | 180 | 200 | 220 | 200 |
| C | 180 | 180 | 185 | 185 | 215 | 150 |
| D | 220 | 220 | 195 | 195 | 175 | 150 |
| 需求量/(1000 台/月) | 700 | 400 | 400 | 300 | 600 | |

4-5　在消防站选址问题中(见 4.4.5 节),假设平均行驶速度为 55km/h,区域 7 的年成本为 170 万元,而不是 220 万元,利用启发式方法解决该选址覆盖问题,并将该解与使用整数规划(IP)求解器获得的最优解进行比较与评价。若消防站必须位于区域 7,则解决方案会发生怎样的变化?

4-6　设施布局设计有哪些基本类型?每种类型的特点及适用场景是什么?

4-7　系统布局规划(SLP)方法的主要步骤是什么?

4-8　某空调企业生产 5 种不同类型的空调,某车间的生产过程涉及 5 个部门,表 4-22 给出了 5 种产品的加工顺序和周产量,表 4-23 给出了各部门区域面积。利用基于图形的方法,设计该车间的区域布局。

表 4-22　空调产品的加工顺序和周产量

| 产品 | 加工顺序 | 周产量/台 | 产品 | 加工顺序 | 周产量/台 |
| --- | --- | --- | --- | --- | --- |
| 1 | ABC | 150 | 4 | ACBE | 200 |
| 2 | ABED | 200 | 5 | ADE | 250 |
| 3 | ACE | 50 | | | |

表 4-23　各部门区域面积

| 部门 | 面积/m² | 部门 | 面积/m² |
| --- | --- | --- | --- |
| A | 750 | D | 1000 |
| B | 750 | E | 1000 |
| C | 500 | | |

4-9　如图 4-22 所示,自动导引车(AGV)在线性双向轨道上为 4 台大小相同的设备提供物流运输服务。每台设备占地面积为 3m×3m。表 4-24 给出了该生产线上产品的加工顺序和周产量。基于成对交换方法确定这 4 台设备的布局设计方案。假设 AGV 在各设备中点位置进行上下料。

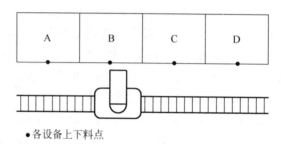

● 各设备上下料点

图 4-22　AGV 服务示意图

表 4-24　产品加工顺序和周产量

| 产品 | 加工顺序 | 周产量/台 | 产品 | 加工顺序 | 周产量/台 |
| --- | --- | --- | --- | --- | --- |
| 1 | BDCAC | 300 | 3 | DBDCAC | 900 |
| 2 | BDAC | 700 | 4 | ABCA | 200 |

# 参考文献

[1] 乔普拉,迈因德尔.供应链管理[M].陈荣秋,译.6 版.北京:中国人民大学出版社,2017.
[2] GHIANI G,LAPORTE G,MUSMANNO R. Introduction to logistics systems management[M]. 2nd ed. Chichester: John Wiley & Sons,Ltd. ,2013.
[3] TOMPKINS J A,WHITE J A,BOZER Y A,et al. Facilities Planning[M]. 4th ed. Hoboken: John Wiley & Sons,Inc. ,2010.

# 第 5 章

# 仓储运作与管理

视频 5

仓储管理在物流与供应链管理中至关重要,主要原因有:①库存作为供应链管理的七大基本要素之一,对整个供应链的效率水平具有较大影响,库存水平过高会产生较大库存成本,进而减少整个供应链盈余,而仓储运作中的主要功能作业便是管理库存,因此进行有效的仓储管理对于降低库存成本至关重要;②在仓储运作中,除了存储作业,还涉及很多其他作业,如收/发货作业、拣货作业和装箱作业等,对仓储中各项作业进行协同有效的管理,可以有效提高整个供应链的运作效率。

本章的学习目标有以下四点:①了解仓储管理中的作业种类和仓储管理的绩效评价指标;②了解仓库中不同种类存储系统、物料搬运系统和物料识别系统的选择方法,掌握仓库设计方法;③掌握仓储管理中典型作业的运作分析方法,包括收/发货作业中收/发货区的布局规划、存储作业中存储区的空间规划和储位分配方法、拣货作业,以及装箱作业等;④对智能仓储的概念和特点有所了解。

## 5.1 简介

随着市场和技术的快速发展和变化,出现了许多新型的制造和服务模式,如精益生产、精益物流、全球化采购、快速响应等。与此同时,供应链复杂程度和集成化程度不断增加,处于供应链终端的客户需求也呈现出多样化模式。仓储运作与供应链管理中的其他管理活动息息相关,例如:

(1) 随着对客户满意度的日益重视和全球范围内消费需求模式的不断变化,出现了大量个性化定制商品,导致企业的单品(stock-keeping units,SKUs)数量激增,这会给仓储管理带来巨大压力,出现如库存增加、仓储空间不足等现象。面对这些问题,应该由生产部门通过调整生产批量(lotsize),还是由仓储部门通过扩充存储空间来解决?

(2) 某类产品的响应时间增加,导致客户满意度降低。要改善客户满意度,应该由物流部门通过重新配置配送网络来解决,还是应该由信息技术部门通过完善仓库管理系统(warehouse management system,WMS)来解决?

对供应链中客户满意度的重视导致增加了仓库中增值服务的数量和种类,如增加额外的配套件、使用特殊的包装,或是应用电子化标签等信息手段。例如,口罩生产商对口罩进行单个独立包装,以方便消费者携带和取用,这样可以提升客户满意度,但是会增加对口罩的包装作业和成本;零售商店要求供应商供货时提供指定形式的包装,以提升商店的收货和发货效率,这样做会增加供应商的包装和运输成本。根据精益思想,这样的服务是否能增加供应链价值是一个需要考虑的问题,因为供应链中能够产生价值的客户可能并不愿意为这些额外成本买单。因此,理解和区分仓库在零售、分销以及生产环境中的角色是进行仓储运作和管理的前提。

此外,可持续发展、环境保护、安全生产等受到越来越多的关注,也对仓库和配送中心的设计、运营和管理提出了更高的要求。

### 5.1.1 仓库的功能

仓库在供应链中担任着关键角色,仓库的功能是在不破坏或不改变产品基本形式的前提下,有效地实现其在供应链上、下游环节之间的流动。仓库不仅具有储存、保管等基本功能,还具有物料进、出仓库过程中的拣选、配货、检验、分类、信息传递等功能。图5-1所示为仓库在实际运营过程中涉及的业务活动,这些活动包括:

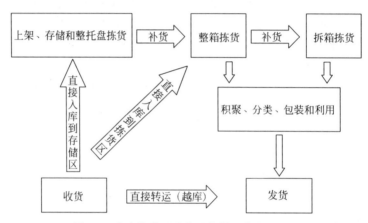

图5-1 仓库的典型功能及物料和信息的流动

(1) 收货(receiving)。收货主要包括以下三个方面的活动:①接收进入仓库的货物;②核对货物的数量和质量是否与订单一致;③将货物交存或按要求交付给其他需求方。

(2) 检验和质量控制(inspection and quality control)。检验和质量控制是收货过程的延伸,简单的检验采用目检形式,复杂的检验则需要通过专业的检测设备完成。

(3) 重新包装(repackaging)。为了降低货物对存储空间的需求,或是为了简化拣货流程,有时需要对货物进行重新包装,形成套件或产品组合,有时还需要重新贴标签。

(4) 上架(putaway)。上架是指将货物存储到货架上,包括物料的搬运和放置两项基本活动。

(5) 存储(storage)。存储指货物在仓库中的存放,存储的形式取决于货物的大小、数量,以及货物及其存储容器的搬运特性。

(6) 订单拣选(order picking)。订单拣选是指将所需求的货物从存储区取出。订单拣选的作业成本通常占仓库作业总成本的40%~50%。

(7) 整理(sortation)。将批量拣货的货物按订单进行整理,将单个订单中的多种货物汇集到一起,以便于后续的配送作业。

(8) 装箱和出货(packing and shipping)。装箱和出货所包含的活动有:①核查订单中货物的完整性以防少发或错发；②用合适的容器对货物进行包装；③准备出货文档，包括装箱单、提货单等；④为出货车辆进行订单汇集；⑤装车发货。

（9）补货（replenishing）。补货是指从存储区将货物取出，并补充到前一批货物装箱、出货后腾出的空区域中。

随着仓库运营活动变得越来越复杂，仓库中订单的快速、有效、准确处理对改善整个供应链的活动非常重要。以下几个方面是改善仓库运作管理的有效途径：

（1）改进订单拣选作业（improving order picking operations）。高效的订单拣选作业对仓库的运作管理至关重要，也是应对日趋多样化客户需求的关键。

（2）采用越库转运方法（utilizing cross-docking）。在越库转运系统中，货物从上游供应商到达仓库后，根据下游需求经过分拣与重定向后直接转运到送货车辆上，货物在仓库的停留时间很短。仓库充当着库存的协调点而不是储存点，这种方式通过缩短货物存储时间，可以有效控制库存成本，以及缩短提前期。

（3）提高空间利用率（utilizing space）。经验表明，当仓库存储空间的利用率达到80%时，就应该设法增加仓储容量。这是因为当仓库储量达到这个容量限制时，储位分配、货物拣选的耗时都会相应增加，并出现仓库生产率下降、产品损坏、拣选错误率增加等一系列问题。

（4）增加增值服务（increasing value-added services）。仓库不再只是货物拣选和存储的地点，还可以提供有助于提高仓库运作效率、有助于提高客户满意度的服务。例如，对货物进行预分拣和预贴标签，以便最终进行直接转运；或是对出库产品进行客户化包装等。

## 5.1.2 仓储管理绩效评价指标

仓库存储空间利用率的评价指标包括：

（1）面积利用率（surface utilization rate）。用于存储货物的装载单位面积与仓库总面积的比率。

（2）体积利用率（volume utilization rate）。用于存储货物的装载单位体积与仓库总体积的比率。

仓库存储能力的评价指标包括：

（1）接收能力（receptivity）。最大可存储的装载单位数，是对仓库容量的静态测度。

（2）吞吐量（throughput）。单位时间内仓库的最大装载单位数，是对仓库容量的动态测度。

仓库效率的评价指标包括：

（1）接收能力饱和系数（potential receptivity saturation coefficient）。给定时间周期内，仓库中存储的平均装载单位数与接收能力的比值。

（2）选择性指数（selectivity index）。在货物拣选阶段，可直接进入仓库的装载单位数与接收能力的比值。较低的选择性指数表示需要大量的物料搬运操作进行装载单元的拣选。因此，选择性指数值较低的仓库中产品流量较低。

（3）存取指数（access index）。给定时间周期内，物料搬运操作的次数与仓库接收能力的比值。存取指数表示物料搬运操作的频率。因此，具有高存取指数的仓库动态程度高，物料搬运操作频率高，货物平均仓储时间短；相比之下，具有较低存取指数的仓库静态程度高,物料搬运操作频率较低,货物平均存储时间较长。

(4) 库存周转率(inventory turnover index)。给定时间周期内,从仓库发出的货物价值(或数量)与同一时间范围内仓库平均库存水平价值(或数量)的比值。库存周转率是一个无量纲的数值,它表示库存固定资本的流动程度。例如,某公司生产建筑工程材料,过去一年中仓库总出货量价值为 2898 万元,平均库存量的价值为 432 万元,则这一年中的库存周转率为 6.71。

在以年为单位的情况下,库存周转率通常在 5～10。库存周转率直接反映仓库的运作管理水平。当然,库存周转率也取决于仓库中所存储货物的特性。有时,库存周转率也会以产品类别分别计算。在这种情况下,库存周转率不再用于衡量整个仓库的运作效率,但是可以用来评估该类产品的库存策略。

仓库经济效率的评价指标包括:

(1) 接收成本(receptivity cost)。年仓储成本与接收能力的比值。

(2) 处理成本(handing cost)。处理每个装载单位的成本。它的计算方法是物料搬运活动的年总成本(包含直接成本和间接成本)除以仓库年吞吐量。其中,直接成本包括与物料搬运作业相关的人员成本和能源成本,而间接成本包括用于物料搬运活动的设备维护成本等。

## 5.2 仓库设计

新仓库的设计或是对现有仓库的改造均属于战略决策,目标是针对给定的物料流,在空间、资金、人员可用性约束条件下,最大限度地减少投资、风险,以及运营成本。

一个完整的仓库设计包括以下决策:

- 仓库选址
- 仓储系统选择
- 仓库布局规划

仓库设计时还应考虑建筑物的设计(如地基、承重结构、屋顶、墙壁和地板等),这部分内容超出了本书的范围,此处不作介绍。选址决策问题已在第 4 章中讨论,因此本章将重点介绍仓储系统的选择和仓库布局规划。

### 5.2.1 仓储系统的选择

仓储系统包含存储系统、物料搬运系统以及物料识别系统。选择仓储系统时需要考虑多种因素,其中最重要的因素是仓库中所存储产品的包装特征和装载单位。一般来说,产品包装分为以下三个级别:

(1) 一级包装(交付单元)。该包装与产品直接接触,是交付给客户的销售单元。一级包装的选择与销售策略相关(如消费者通常购买的产品数量、产品使用及保存方式、行业法规等)。

(2) 二级包装(包裹)。该包装包含一个或多个经过一级包装的产品。在进行二级包装时,需要考虑二级包装里一级包装的数量和布局,以方便后续二级包装的运送和处理。

(3) 三级包装(托盘)。在仓库中,货物一般使用托盘装载(见图 5-2),便于搬运和存储,称为三级包装。

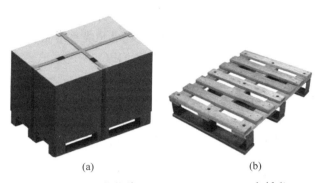

图 5-2 托盘装载单元(palletized load unit)和托盘

托盘是一种由木材、瓦楞纸板或塑料制成的便携式平台。托盘有以下几个优点：

(1) 使用自动化装卸设备时，有助于货物运输。

(2) 以托盘为运输单位，货运件数变少，体积变大，每个托盘所装载的产品数量相等，便于点数、理货交接，减少货损货差。

(3) 可以形成不同高度的堆栈，提高仓库空间的利用率。

此外，托盘在货物与地面之间形成有效隔离，可减少由于与地面接触而引起的货物损坏。托盘尺寸标准化是实现物流机械化和设施标准化的基础。国际标准化组织(ISO)制定的托盘尺寸规格有以下几种：欧洲规格一般为 1200mm×800mm，美国规格一般为 1219mm×1016mm，亚洲规格一般为 1100mm×1100mm。我国的国家标准《联运通用平托盘　主要尺寸及公差》(GB/T 2934—2007)将托盘的标准平面尺寸定为 1200mm×1000mm 和 1100mm×1100mm 两种。

**1. 存储系统**

存储系统包括以下两种类型：

(1) 静态存储系统：包括堆栈、货架(包括常规货架、驶入式货架等)、多层置物架、储物柜和抽屉柜等。

(2) 动态存储系统：包括移动式货架、存储转盘、活动托盘架和后推式货架等。

以下介绍几种常见的存储系统。

(1) 堆栈(stacks)。当存储单元数量不大时，堆栈(见图 5-3(a))的存储效率较高，并且基础设施投资较低，成本较低，也最灵活。

图 5-3 堆栈和常规货架

(2) 常规货架(conventional racks)。常规货架(见图 5-3(b))允许对存储单元的直接访问，因此比较适合存储大量、单一的物品。货架高度、巷道宽度等根据物品尺寸、装载单元尺寸、装卸作业设备等因素确定。物品拣选可以根据 FIFO(先进先出)或 LIFO(后进先出)的原则进行。

(3) 驶入式货架(drive-through racks)。这种存储系统类似于常规货架，不同之处在于装卸设备可以进入货架进行存储或托盘回收。通常在货架的一边装载货物，另一边卸载货物(见图 5-4)，因此，驶入式货架根据 FIFO 原则进行物品拣选。

图 5-4　驶入式货架

(4) 多层置物架(multilevel shelvings)。多层置物架(见图 5-5)由标准尺寸的货架组件组成，以获得不同高度、不同长度、不同深度的多层货架。这是一种相对经济的存储系统，多用于尺寸较小的货物，或一级、二级包装物品。

(5) 储物柜和抽屉柜(lockers and drawer cabinets)。储物柜和抽屉柜通常作为独立单元使用，用于存储一级包装物品，也可以用于多层置物架中。

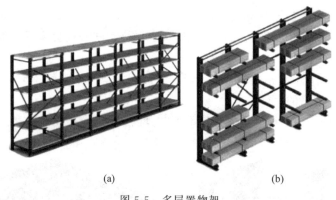

(a)　　　　　　　　　　(b)

图 5-5　多层置物架

(6) 移动式货架(mobile racks)。这种货架系统成本较高，单排货架能够横向移动，可以在物品拣选时打开不同的存储通道(见图 5-6(a))。移动式货架常用于存储存取频率较低的物品，因为拣货作业所需的时间还包括货架移动时间。

(7) 转盘式存储系统(storage carousels)。这是一种自动化存储系统，各存储单元可以同时(垂直或水平)移动至拣货员的位置(见图 5-6(b))。因其存储和拣选速度较快，常用来存储小批量、多品种产品。然而，这种存储系统有两个缺点：一是成本高，二是不适合存储数量多或质量较大的产品。

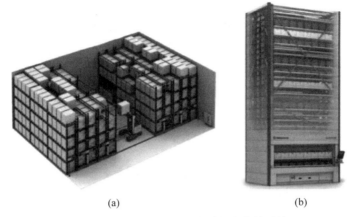

图 5-6　移动式货架和垂直转盘式存储系统

（8）活动托盘式货架（live pallet racks）。这些货架拥有放置在倾斜通道上的滚轮轨道，托盘可以在货架上滑动。托盘放置在滚轮轨道的最高处，在重力作用下以受控的速度向另一端移动（见图 5-7）。装载单元由一侧装载，并根据 FIFO 原则从另一侧分拣。活动托盘式货架常用于大宗货物的存储。

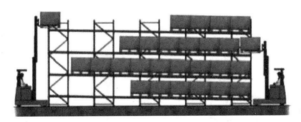

图 5-7　活动托盘式货架

**2．物料搬运系统**

物料搬运系统包括以下 3 种类型：

（1）无移动限制的物料搬运系统。如铲车、平衡叉车、前移式叉车和堆垛机等。

（2）具有移动限制的物料搬运系统。即按照预先设定的路线进行物料搬运的系统，如固定输送机、地面连续输送机和高架输送机等。

（3）自动引导车辆系统（automated guided vehicle systems，AGVS）。该系统不需操作员驾驶即可按照预定的程序实现前进、转弯、减速、后退、停车，以及进行货物的运送、装卸等工作。

介绍以下物料搬运系统。

（1）铲车（pallet trucks）。铲车指带铲的小型叉车，能够实现托盘的水平搬运。铲车可分为手动铲车和电动铲车（见图 5-8）。手动铲车在短距离内作业效率更高，而电动铲车，尤其是独立式电动铲车，更适合较长距离的物料运输。

（2）平衡叉车（counterbalanced forklift trucks）。如图 5-9（a）所示，这类叉车的特点是在车辆后部配有平衡重以平衡叉车前端货物重量产生的倾覆力矩。平衡叉车具有自重大、

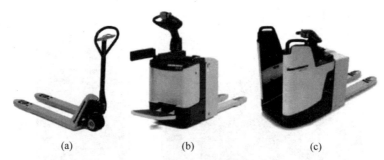

图 5-8　手动铲车、可载人电动铲车及立式电动铲车

轮距大、行走平稳、转弯半径大等特点,可以在不同的路面上移动,可以对所有类型的货架进行操作,也可以在较大的斜坡上完成装卸操作。

(3) 前移式叉车(reach trucks)。这些叉车的升降杆可以纵向滑动(见图 5-9(b))。由于减少了操作空间,前移式叉车更加适合于大型存储系统。

(4) 堆垛机(stacker cranes)。堆垛机常用于自动化立体仓库(automated storage and retrieval system,AS/RS)中,可以在狭窄的存储巷道中以较快的移动速度高精度完成装载单元的存储和拣选操作,如图 5-10(a)所示。在一些大型 AS/RS 中,一个存储巷道可以有多台堆垛机同时作业。

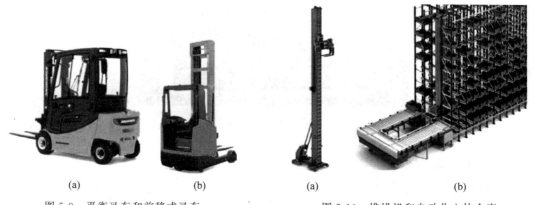

图 5-9　平衡叉车和前移式叉车　　　　图 5-10　堆垛机和自动化立体仓库

由于堆垛机可以同时沿水平轴 $x$ 和垂直轴 $y$ 移动(见图 5-11),假设两个方向上的速度 $v_x$ 和 $v_y$ 恒定,则堆垛机的移动时间 $t$ 满足 Chebyshev 量度公式:

$$t = \max\left\{\frac{\Delta x}{v_x}, \frac{\Delta y}{v_y}\right\} \tag{5.1}$$

其中 $\Delta x$ 和 $\Delta y$ 分别为堆垛机在 $x$ 和 $y$ 两个方向上的移动距离。

【例 5-1】　某仓库货架长 20m,高 12m,使用堆垛机进行存/取作业,堆垛机水平移动速度为 40cm/s,垂直移动速度为 25cm/s,则完成一次取货操作需要等待的最长时间为

$$t = \max\left\{\frac{20}{0.4}, \frac{12}{0.25}\right\}\text{s} = 50\text{s}$$

(5) 固定式传送带(fixed conveyors)。固定式传送带在装载单元移动时保持固定,利用摩

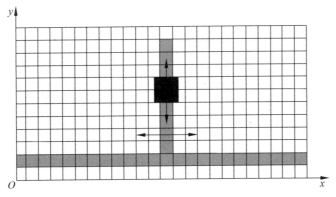

图 5-11　堆垛机在笛卡儿坐标平面内运动的表示

擦力驱动装载单元移动。常见的有滚筒传送带(见图 5-12(a))和轮式输送机(见图 5-12(b))。

(a)　　　　　　　　　　　　(b)

图 5-12　固定式滚筒输送带和固定式轮式输送机

(6) 落地式连续传送带(floor-bound continuous conveyors)。落地式连续传送带与装载单元接触的元件(通常是皮带或板条,见图 5-13)与装载单元一起移动。

(7) 自动导引车(automated guided vehicle,AGV)。AGV 具有电磁或光学导引装置,无须驾驶员操作控制,即可按照预设

图 5-13　落地式连续传送带

的导引路线行走,具有运行和停车装置、安全保护装置以及各种移载功能。可以按路径规划和作业要求精确地行走并停靠在指定地点,完成物料搬运作业。

**3. 物料识别系统**

常用的物料识别系统包括条形码、物流标签,以及基于射频识别(radio frequency identification,RFID)的智能标签。

(1) 条形码(barcodes)。条形码是一种用于识别物料的光学条码(又称条码),由一组规则排列的竖条、空格及相应的字符组成(见图 5-14(a))。其中,"竖条"是对光线反射率较低的部分,"空格"是对光线反射率较高的部分。条码实质上是一种可以印刷的由机器码表示的字符串,一般的条码采用二进制构成,用"竖条"表示二进制符号"1",用空格表示二进制符号"0",从而组合出各种数据编码。

对应不同的物料,或是不同客户的不同编码要求(信息量、条形码长度等),有多种不同的条码系统。欧洲商品条码(European article number,EAN)是使用最广泛的条码之一。标准 EAN 码是由 13 个数字构成的条形码,这 13 个数字表达的含义如表 5-1 所示。

表 5-1　EAN-13 的条形码结构

| 种类 | 前缀码 | 厂商识别代码 | 商品项目代码 | 校验码 |
| --- | --- | --- | --- | --- |
| 1 | ××× | ×××× | ××××× | × |
| 2 | ××× | ××××× | ×××× | × |
| 3 | ××× | ×××××× | ××× | × |

从技术角度来看,条形码扫描设备可以分为两种:光学扫描仪和激光扫描仪。光学扫描仪使用光源照亮条码,并采用合适的传感器记录反射光线的变化,光学扫描仪对一段条码只扫描一次。相比之下,激光扫描仪可以重复扫描条码,扫描精度更高,对条形码表面特性不敏感,可以对移动的物料以及高度紧凑的条形码进行扫描。

(2) 物流标签(logistics labels)。物流标签以字符、数字、条形码等形式记录信息,包含供应商、托运人和客户等参与物料运输过程的信息(见图 5-14(b))。其中,连续运输集装箱编码(serial shipping container code,SSCC)可以追踪单个物料的物流路径,以及与之相关的信息流。通过扫描 SSCC,可以获取电子运输单据,检查物料的运输和交付过程,也可以对物料进行分类,跟踪各个运输阶段并更新库存。

物流标签中还包含有关物料尺寸的信息、要退回的 EAN 条形码、物料单价等信息。

图 5-14　条形码及物流标签

(3) 智能标签(smart tags)。基于 RFID 技术的智能标签包括射频识别标签和射频识别应答器(见图 5-15)。

图 5-15　射频识别标签、便携式射频识别设备及固定式射频识别设备

根据供电方式的不同,射频识别标签可以分为有源的和无源的。无源标签更经济、实用。无源标签由铝或铜天线、存储微芯片以及保护芯片的支架组成,没有电池,也不需要维护,但其内部有感应电路。无源标签在接收到适当的电磁刺激时会发送一个唯一的序列号。有源标签内部配备电池,利用电池的供电来提供射频耦合的能量。这些设备通常用于监控频繁出货的物料,并在必要时跟踪与物料生产历史相关的库存数据,或与物料存储相关的物理信息(如温度、湿度等)。

智能标签可以由射频识别扫描仪产生的电磁场来激活,扫描仪可以与标签交换信息。射频识别扫描仪分为便携式射频识别扫描仪(见图 5-15(b))和固定式射频识别扫描仪(见图 5-15(c))。便携式射频识别扫描仪由操作员使用或安装在车辆上,与天线集成在一起;固定式射频识别扫描仪与多组天线集成在一起,常用在仓库大门或隧道中。

**4. 仓储系统选择方法**

选择仓储系统时,首先需要了解企业的物流需求和投资预算。例如,表 5-2 示出了几种不同的仓储系统和物料搬运系统,以及相应的选择性指数和存取指数的比较。如果对选择性指数和存取指数都有较高的需求,可以选择由自动化堆垛机实现存/取的货架系统。货架可以实现单元存储,具有较高的选择性指数。而当仓库需要处理大量的储位访问请求时,自动化堆垛机的存取指数较高。如果仅仅对选择性指数需求较高,可以使用更为经济的由手动叉车服务的货架系统。与自动化堆垛机相比,手动叉车的存取指数较低,但更为经济。如果对存取指数值有较高的需求,则可以采用活动托盘式货架存储系统。当对选择性指数和存取指数要求都较低时,可以考虑采用移动式货架存储系统,当仓库的存储空间有限时,该系统非常实用。

表 5-2 几种不同仓储系统和物料搬运系统的比较

| | | 选择性指数 | |
|---|---|---|---|
| | | 高 | 低 |
| 存取指数 | 高 | 由自动化堆垛机服务的货架系统 | 活动托盘式货架存储系统 |
| | 低 | 由手动叉车服务的货架系统 | 移动式货架存储系统 |

### 5.2.2 仓库布局规划

决定仓库布局规划的主要影响因素是仓库中各项业务活动之间的关联性。两个业务活动之间的物料(或信息)流动越频繁,或数量越大,则这两种活动之间的关联性越大,也就意味着需要将这两个业务活动布置在距离较近的区域内。如果以物料的流动方式来进行分类,仓库布局一般分为三种类型。

第一种类型为流通式仓库布局(flow-through layout)(见图 5-16),即收货区和发货区分别设置在仓库的两端。进入仓库的货物需要相同的出/入库流程,即从收货区到达存储区,再经由发货区离开仓库。流通式布局适用于物料搬运作业量大,且仓库空间较为狭长的情况。

第二种类型为 U 形仓库布局(U-flow layout)(见图 5-17),即收货区和发货区位于仓库的同一侧,呈 U 形。这种布局方式下进/出货大门位于仓库同侧,可以同时用于收货和发货,也可以根据需要适当地调整。U 形仓库布局适用于物料流动量较少,且不方便在不同侧墙开设进/出货大门的仓库。

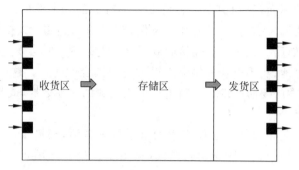

图 5-16　流通式仓库布局

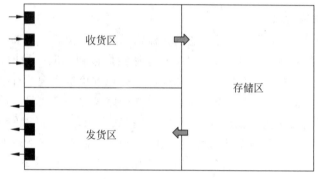

图 5-17　U 形仓库布局

在流通式仓库布局和 U 形仓库布局中,存储区通道的方向通常设置成平行于货物流动的方向,这样可以减少货物从存储区到出货区,或从收货区到存储区的转移时间。

第三种类型为混合型仓库布局(hybrid types layout)(见图 5-18),即在仓库的相邻两侧布置收货区和发货区,这种布局类型适用于物料流动量较少,以及具有方形平面布局的仓库。混合型仓库布局对存储区通道方向没有限制,可以是纵向的,即货架垂直于出货区,也可以是横向的,即货架平行于发货区。这两种不同的通道布局方式基本上是等效的,可以依据仓库的实际作业环境来进行选择。

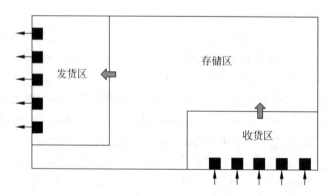

图 5-18　混合型仓库布局

## 5.3 仓储管理中的运作分析

仓库中的主要作业活动包括收货和发货作业、存储作业、拣货作业和装箱作业。对这些活动的运作过程进行分析，有利于科学合理地对仓库的设施布局等进行设计，进一步对仓储管理的各项作业进行合理的计划、组织、协调和控制，提升仓库运作和管理效率。

### 5.3.1 收货和发货作业

**1．主要活动**

收货作业主要包括以下活动：
(1) 送货方预约送货时间，并提供货物信息；
(2) 仓库收货员根据收货单核对货物信息；
(3) 送货方运输货物至仓库指定道口进行卸货；
(4) 卸货，并对卸载货物的数量和质量进行检查；
(5) 将货物运送到仓库中指定位置存储。

完成收货作业需要以下设施：
(1) 用来放置仓库内的装/卸工具的空间；
(2) 用来卸货的道口（dock）；
(3) 卸货区域；
(4) 在为货物分配存储位置之前，用于临时放置卸载货物的空间；
(5) 相应的仓储管理信息系统。

发货作业主要包括以下活动：
(1) 按照客户订单准备好出库的货物；
(2) 核对出货单和客户订单；
(3) 在道口临时放置装载货物的载具；
(4) 将货物放到载具上并装载到运输车辆上；
(5) 承运人运输货物离开仓库。

完成发货作业需要以下设施：
(1) 放置和固定装载工具的空间；
(2) 用于装载大型货物的起吊机等机械装备；
(3) 相应的仓储管理信息系统，用来处理客户订单，并记录出货、配送过程中的信息。

仓库进行收货和发货作业的目标包括：
(1) 货物在缓冲区、存储区、收/发货区之间具有固定的流动路径；
(2) 具有连续的物料或信息流，且流动过程中不会发生拥挤或等待；
(3) 最大限度减少物料搬运作业量，且物料处理和搬运效率高；
(4) 尽量降低货物损害率；
(5) 作业过程和环境安全。

仓库的收货作业效率往往和供应商管理密切相关。例如，通过协调不同供应商的送货时间，以减少仓库的负荷峰值；事先了解供应商运输车辆的货物装载方式，以及货物装载单元,以避免收货时额外的装载活动。此外,供应商和收货方之间必要的信息接口也能够简化收货作业。例如,仓库可以提前向供应商提供货物标签,以方便货物的接收。总之,收货作业执行得越快、越准确,供应商和收货方的收益就越大。

同样,发货作业效率也和从客户处回收容器、处理客户退货等活动相关,需要与客户之间进行协调。

一些简化收货和发货作业流程的原则包括:

(1) 采用直接转运方式(即越库配送方式)。
(2) 选择合适的货物装载单元,既具有成本和空间效益,又有利于减少货物损坏。
(3) 收货时直接将货物放至存储位置;发货时不对货物进行暂存,而是直接装载出库。
(4) 收货时完成货物的分拆、称重、重新打包、贴标签等操作,以简化出货作业流程。
(5) 在可能的情况下,将"存-取"过程结合起来,以提高装卸设备的利用率。

**2. 收货和发货区的布局规划**

对仓库的收货和发货区进行布局规划时,首先需要考虑的因素是运输设施的布局情况。如图 5-19 所示,收货区(R)和发货区(S)可以集中布局,也可以分散布局。

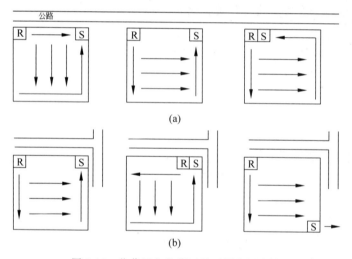

图 5-19　收货区和发货区的不同布局方式
(a) 仓库的单侧有交通设施;(b) 仓库的两个邻侧有交通设施

在确定收货区和发货区总的空间需求时,需要考虑以下功能区域:

(1) 收货暂存区:用于暂存没有通过数量或质量检验的货物,以及等待退回给供应商的货物等。收货暂存区所需的空间取决于货物类型、检查流程,以及对拒收货物的处理及时性等因素。

(2) 垃圾处理和回收箱堆放区:用于处理和回收装卸过程中产生的废料,包括一次性纸箱、包装绳、可回收托盘等。

(3) 托盘放置区:用于放置货物到达时卸货所需要的托盘。

(4) 货物缓冲区:用于存放从运输工具上卸载的货物,或是从存储架上取下,但尚未装车的货物。如果收到货物后可以立即进行存储,则不需要设置缓冲区。如果货物从存储区货架取出后可以直接装载至运输工具,也不需要设置缓冲区。

选址策略发生了变化，许多零部件供应商会选择距离主机厂较近的地点建立生产或配送设施，以提高零部件供应的效率。而随着全球化采购的发展，汽车行业中的众多企业纷纷开始简化供应链，以降低采购成本，提高供应链效率。

**4. 企业所有权的变化**

企业常常通过兼并、收购等手段扩大市场份额，提高企业竞争力，获得规模效益。企业经过合并后，原来两个独立的物流配送网络存在冗余和差异，很可能会使新的企业出现重复性工作，或是产生不必要的物流费用。因此，需要通过设施合并、改变设施布局等手段重新设计配送网络，以达到降低成本、提高响应能力的目标。

**5. 成本的变化**

企业运作管理的一个焦点是降低关键业务流程的成本，当然也包括与物流相关的业务。在这种情况下，对物流配送网络进行重新评估有助于发现新的成本节约方式，如削减仓储、降低存货、改变运输路线等。例如，由于原油价格上涨导致运输成本增加，宝洁于2008年宣布重新设计其分销网络。此外，从全球范围来看，劳动力成本对于生产及物流设施的选址和运作具有重要影响。中国曾经是一个劳动力成本较低的国家，但是由于生活水平提高、适龄劳动人口减少、工资水平提高等因素影响，中国的劳动力成本不断上升。这也导致一些制造企业将设施转移至其他劳动力成本低的国家。例如，英特尔公司2010年投资10亿美元在越南建立芯片制造厂，富士康将大量生产线由中国迁出并斥巨资在印度投资建厂。

## 3.2 配送网络设计对供应链目标的影响

3.1.1节中提到，同一个行业中的不同企业往往会选择不同的配送网络实现其客户服务，那么配送网络设计将会如何影响供应链的目标呢？客户服务包含不同维度，这里我们主要关注那些受配送网络结构影响的指标，具体如下。

- 响应时间：指客户收到订货产品所需的时间。
- 产品多样性：指配送网络能够提供的不同类型产品的数量。
- 产品可获得性：指可以通过现货满足客户订货的概率。
- 客户体验：包含客户下达、接收订单的容易程度，以及产品体验等。
- 订单可视性：指客户从下单到产品最终交付的过程中对订单的跟踪能力。
- 可退货性：指客户退回产品的难易程度，以及处理退货的能力。

客户一般不会在上述所有指标上都追求最高的绩效水平。例如，对一些紧急需要的商品顾客会去社区便利店购买；而在大型购物超市能够购买到更多品种的商品，同时享受更优惠的价格。

在1.1.2节中，我们说明了供应链管理的目标是以最小化的供应链成本满足客户的需求。这个目标实际上体现了成本和客户服务之间的权衡。本节以下部分将以响应时间为例，具体阐述配送网络设计对供应链成本和服务水平的影响。通常来说，随着供应链中设施数量的增加，客户需求的响应时间会得到一定程度的改善，但是很显然，这样做会增加供应链的成本。

下面分析配送网络设计对供应链成本产生的影响，我们将具体分析供应链中的三类成

(5) 物料搬运设备操作区：大小取决于物料搬运设备的类型，如表 5-3 所示。

表 5-3  不同物料搬运设备所需的过道宽度

| 物料搬运设备或方式 | 所需的最小过道宽度/m | 物料搬运设备或方式 | 所需的最小过道宽度/m |
| --- | --- | --- | --- |
| 牵引车 | 4.5 | 手摇起重机 | 2.5 |
| 平台式运输车 | 4 | 四轮手推车 | 2.5 |
| 叉车 | 4 | 两轮手推车 | 2 |
| 窄巷道卡车 | 3 | 人工搬运 | 1.5 |

**3. 收货/发货区域尺寸计算**

收货区域的大小由道口数量 $p$ 决定，$p$ 的计算方法如下：

$$p = \left\lceil \frac{dt}{qT} \right\rceil \tag{5.2}$$

其中，$d$ 表示给定周期(如一周)内进入仓库的装载单元(如托盘)的平均数量；$t$ 为卸载一辆车上货物所需的平均时间；$q$ 为车辆的平均容量；$T$ 为给定周期内车辆卸货的总作业时长。

可以选择仓库中物料流动最大的时间段计算 $p$ 的取值，但是这样会导致收货区域面积过大，增加仓库成本。

【例 5-2】 某公司平均每周进入仓库的托盘数量为 21 465 个，卸载一辆车上货物所需的平均时间为 18.3min，车辆的平均容量为 21 个托盘。假设一周内可用于车辆装载工作的总时间为 2340min，则收货区道口数量为

$$p = \left\lceil \frac{21\,465 \times 18.3}{21 \times 2340} \right\rceil = \lceil 7.99 \rceil = 8$$

根据经验，如果每个道口处的空间为 $50m^2$，则足够装载 50 个托盘的车辆卸货。道口的平均宽度为 2.6m，两个相邻道口之间的距离约为 1.5m，则收货区的长度 $L_x$ 和宽度 $L_y$ 可以用下式计算：

$$L_y = 2.6p + 1.5(p+1) \tag{5.3}$$

$$L_x = \frac{50p}{L_y} \tag{5.4}$$

出货区的 $L_x$ 和 $L_y$ 需要根据仓库布局方式来确定。例如，在流通式仓库布局中，出货区与收货区的 $L_y$ 一致；而在 U 形仓库布局中，出货区和收货区的 $L_x$ 一致。

## 5.3.2 存储作业

**1. 存储区域空间规划**

仓库中存储区域的大小不仅与物料搬运系统和设备有关，还取决于货物在仓库中的存储策略。常用的存储策略包括专用存储策略(dedicated storage policy)、随机存储策略(random storage policy)以及基于类别的存储策略(class-based storage policy)。

专用存储策略是指每种产品都被分配到预先设定的位置进行存储。即使这些存储位置为空，也不能用来存储其他类型的产品。该策略易于实施，但常常会导致存储空间的利用率不足。在该策略中，分配给产品的存储位置数量必须满足该产品最大库存水平，因此所需要

的存储空间等于每类产品的最大库存水平之和。设 $n$ 为产品种类,$I_j(t)(j=1,2,\cdots,n)$ 为产品 $j$ 在时刻 $t$ 的库存水平(所占据的存储位置数量),则所需的总存储位置数量 $m_d$ 为

$$m_d = \sum_{j=1}^{n} \max_t I_j(t) \tag{5.5}$$

随机存储策略是指产品的存储位置分配由当前仓库中储位的占用情况以及该产品的到货数量预测动态决定。因此,分配给某种产品的存储位置不是固定不变的,一种产品可能这个月存储在 A 区域,下个月存储在 B 区域。在随机存储策略中,由于不同种类的产品一般不会在同一时间处于最大库存水平,因此所需的总存储位置数量 $m_r$ 为

$$m_r = \max_t \sum_{j=1}^{n} I_j(t) \leqslant m_d \tag{5.6}$$

相比专用存储策略,随机存储策略所需的存储空间较少。这是由于,在专用存储策略中,某些存储位置即使是空闲的,也不会用于其他产品的存储;而在随机存储策略中,这些空闲储位可以被用于其他产品的存储。

**【例 5-3】** 表 5-4 所示为某仓库中 6 种产品在不同时间段内的最大库存水平,通过将 6 种产品的最大库存水平相加,可以得出总库存水平。如果采用专用存储策略,则需要 140 个储位。而如果采用随机存储策略,所需的存储位置数量等于 6 种商品中最大的库存水平,即 105 个储位。在本例中,专用存储策略所需要的存储位置数量相比随机存储策略所需要的存储位置数量多出 $\frac{1}{3}$。

表 5-4 仓库中六种产品的最大库存水平

| 时间段 | 产品 | | | | | | 合计 |
|---|---|---|---|---|---|---|---|
| | 1 | 2 | 3 | 4 | 5 | 6 | |
| 1 | 24 | 12 | 2 | 12 | 11 | 12 | 73 |
| 2 | 22 | 9 | 8 | 8 | 10 | 9 | 66 |
| 3 | 20 | 6 | 6 | 4 | 9 | 6 | 51 |
| 4 | 18 | 3 | 4 | 24 | 8 | 3 | 60 |
| 5 | 16 | 36 | 2 | 20 | 7 | 24 | 105 |
| 6 | 14 | 33 | 8 | 16 | 6 | 21 | 98 |
| 7 | 12 | 30 | 6 | 12 | 5 | 18 | 83 |
| 8 | 10 | 27 | 4 | 8 | 4 | 15 | 68 |
| 9 | 8 | 24 | 2 | 4 | 3 | 12 | 53 |
| 10 | 6 | 21 | 8 | 24 | 2 | 9 | 70 |
| 11 | 4 | 18 | 6 | 20 | 1 | 6 | 55 |
| 12 | 2 | 15 | 4 | 16 | 24 | 3 | 64 |
| 13 | 24 | 12 | 2 | 12 | 23 | 24 | 97 |
| 14 | 22 | 9 | 8 | 8 | 22 | 21 | 90 |
| 15 | 20 | 6 | 6 | 4 | 21 | 13 | 70 |
| 16 | 13 | 3 | 4 | 24 | 20 | 15 | 79 |
| 17 | 16 | 36 | 2 | 20 | 19 | 12 | 105 |
| 18 | 14 | 33 | 8 | 16 | 13 | 9 | 93 |
| 19 | 12 | 30 | 6 | 12 | 17 | 6 | 83 |
| 20 | 10 | 27 | 4 | 8 | 16 | 3 | 68 |

续表

| 时间段 | 产品 | | | | | | 合计 |
| --- | --- | --- | --- | --- | --- | --- | --- |
| | 1 | 2 | 3 | 4 | 5 | 6 | |
| 21 | 8 | 24 | 2 | 4 | 15 | 24 | 77 |
| 22 | 6 | 21 | 8 | 24 | 14 | 21 | 94 |
| 23 | 4 | 18 | 6 | 20 | 13 | 18 | 79 |
| 24 | 2 | 15 | 4 | 16 | 12 | 15 | 64 |

相比专用存储策略，随机存储策略可以对存储位置进行更加及时有效的利用。因此，仓库空间利用率较高，但是仓库需要具备物料自动识别系统，便于在货物存取时及时获取其当前位置。

通常来说，仓库在进行产品储位分配时会将两种策略结合起来使用，即采用基于类别的存储策略。基于类别的存储策略是指，将仓库中所需存储的所有产品按类别进行分类，并将不同类别的产品分配至指定存储区域。在一个指定的存储区域内，产品根据随机存储策略进行存储。显然，如果类别数就是产品数，则基于类别的存储策略即为专用存储策略；而如果只有一个类别，则为随机存储策略。常用的分类方法是按产品库存周转率（turn-over based）进行分类。

【例 5-4】 假设仓库的存储区域设计如图 5-20 所示，存储区只有一个出/入口，其左右两侧各有 10 行 10 列货架，共计 200 个储位。仓库中有 A、B、C 三类产品，按专用储位策略分配储位。A 类产品的存/取量占总存/取量的 80%，需要 40 个储位（总储位的 20%）；B 类产品的存/取量占总存/取量的 15%，需要 60 个储位（总储位的 30%）；C 类产品的存/取量仅占总存/取量的 5%，需要 50% 的储位。

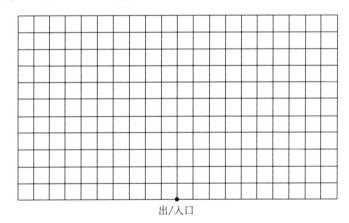

图 5-20 仓库存储区域示例

搬运设备在出/入口与各个储位之间的移动距离如图 5-21 所示，例如，距出/入口最远的储位与出入口之间的距离为 190 移动单位，根据三种产品存/取量与专用存储策略储位需求的比率，为 A、B 和 C 三类产品分配储位。

图 5-22 所示的专用存储策略下的存储方案为最优方案。此时，物料搬运设备移动距离的平均期望值为 53.15 单位。

如果采用随机存储策略，则期望平均移动距离为 100 单位。但是对于随机存储策略来

| 190 | 180 | 170 | 160 | 150 | 140 | 130 | 120 | 110 | 100 | 100 | 110 | 120 | 130 | 140 | 150 | 160 | 170 | 180 | 190 |
| --- | --- | --- | --- | --- | --- | --- | --- | --- | --- | --- | --- | --- | --- | --- | --- | --- | --- | --- | --- |
| 180 | 170 | 160 | 150 | 140 | 130 | 120 | 110 | 100 | 90  | 90  | 100 | 110 | 120 | 130 | 140 | 150 | 160 | 170 | 180 |
| 170 | 160 | 150 | 140 | 130 | 120 | 110 | 100 | 90  | 80  | 80  | 90  | 100 | 110 | 120 | 130 | 140 | 150 | 160 | 170 |
| 160 | 150 | 140 | 130 | 120 | 110 | 100 | 90  | 80  | 70  | 70  | 80  | 90  | 100 | 110 | 120 | 130 | 140 | 150 | 160 |
| 150 | 140 | 130 | 120 | 110 | 100 | 90  | 80  | 70  | 60  | 60  | 70  | 80  | 90  | 100 | 110 | 120 | 130 | 140 | 150 |
| 140 | 130 | 120 | 110 | 100 | 90  | 80  | 70  | 60  | 50  | 50  | 60  | 70  | 80  | 90  | 100 | 110 | 120 | 130 | 140 |
| 130 | 120 | 110 | 100 | 90  | 80  | 70  | 60  | 50  | 40  | 40  | 50  | 60  | 70  | 80  | 90  | 100 | 110 | 120 | 130 |
| 120 | 110 | 100 | 90  | 80  | 70  | 60  | 50  | 40  | 30  | 30  | 40  | 50  | 60  | 70  | 80  | 90  | 100 | 110 | 120 |
| 110 | 100 | 90  | 80  | 70  | 60  | 50  | 40  | 30  | 20  | 20  | 30  | 40  | 50  | 60  | 70  | 80  | 90  | 100 | 110 |
| 100 | 90  | 80  | 70  | 60  | 50  | 40  | 30  | 20  | 10  | 10  | 20  | 30  | 40  | 50  | 60  | 70  | 80  | 90  | 100 |

出/入口

图 5-21 搬运设备在出/入口与各个储位之间的移动距离

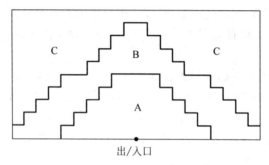

图 5-22 采用专用存储策略下的存储方案

说,总储位需求理论上小于 200 个,精确的储位需求数量取决于三类产品的需求量和补货模式。为比较随机存储策略与专用存储策略下的平均移动距离(虽然随机存储策略下总储位需求量未知),可以先假设随机存储策略下的平均移动距离不超过专用存储策略下的平均移动距离,以此计算随机存储策略下存储区面积的上界。具体方法是将储位到出/入口的距离从小到大排列,去掉距离大于专用存储策略下平均移动距离的储位,剩下的储位形成随机存储策略下存储区面积的上界,然后即可计算该存储区下移动距离的期望值。对于本例来说,需要去掉 130 个储位,才能使随机存储策略下平均移动距离小于 53.15 单位,此时对应的平均移动距离为 52.90 单位。随机存储策略布局如图 5-23 所示。

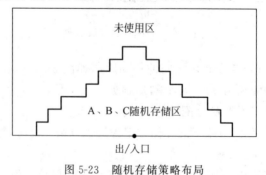

图 5-23 随机存储策略布局

从本例的计算中可以看到,只有在随机存储策略下所需储位相比专用存储策略少很多时,随机存储策略下的平均移动距离才会小于专用存储策略下的平均移动距离。即相比专用存储策略,随机存储策略难以同时在储位数量和平均移动距离(搬运成本)两个方面都有好的表现。但如果仓储空间成本明显大于物料搬运成本,则仍首先选用随机存储策略。

完成对总存储位置需求的估算后,需要进一步确定仓库存储区的大小。以流通型布局仓库为例(即仓库有一个入口和一个出口),假设物料搬运系统没有移动限制,存储区使用常规货架,如图 5-24 所示。

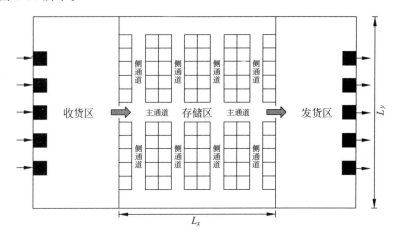

图 5-24 流通式仓库布局

图 5-24 所示的存储区大小由存储区长度 $L_x$ 和宽度 $L_y$(仓库的高度由存储系统的高度决定)确定。设 $m$ 为所需的存储位置数,$\alpha_x$ 和 $\alpha_y$ 分别为一个储位在 $x$ 和 $y$ 方向上的大小,$w_x$ 和 $w_y$ 分别为侧通道和主通道的宽度,$n_z$ 为存储系统所允许的沿 $z$ 方向(即仓库高度方向)存储位置的数量,$v$ 为拣选机的平均速度。决策变量为沿 $x$ 方向的储位数 $n_x$,以及沿 $y$ 方向的储位数 $n_y$。

计算可得

$$\begin{cases} n'_x = \sqrt{m\alpha_y / \left[2n_z\left(\alpha_x + \dfrac{w_x}{2}\right)\right]} \\ n'_y = \sqrt{2m\left(\alpha_x + \dfrac{w_x}{2}\right) / \alpha_y n_z} \end{cases} \tag{5.7}$$

决策变量 $n_x$ 和 $n_y$ 的最优值可以通过对 $n'_x$ 和 $n'_y$ 取整得到。

【例 5-5】 一个新仓库的设计需求是至少能够容纳 780 个托盘,货架沿 $z$ 方向的存储数量为 4 个,每个托盘储位占用的空间为 $1.25\mathrm{m} \times 1.25\mathrm{m}$,侧通道的宽度 $w_x$ 为 3.5m,主通道的宽度 $w_y$ 为 4m,则根据式(5.7)可得

$$n'_x = \sqrt{\dfrac{780 \times 1.25}{2 \times 4 \times \left(1.25 + \dfrac{3.5}{2}\right)}} = 6.37$$

$$n'_y = \sqrt{\dfrac{2 \times 780 \times \left(1.25 + \dfrac{3.5}{2}\right)}{1.25 \times 4}} = 30.59$$

取整后,得 $n_x^* = 7, n_y^* = 31$,总的储位数为 $n_x n_y n_z = 868$ 个,$L_x = (1.25 + 3.5/2) \times 7 \text{m} = 21\text{m}$,$L_y = (1.25 \times 31 + 3 \times 4)\text{m} = 50.75\text{m}$。

**2. 储位分配**

仓库中对货物的储位分配涉及人员、设备和空间的协调运作,目标包括:

(1) 有效利用存储空间;
(2) 实现高效的物料搬运;
(3) 降低设备使用成本;
(4) 减少物品损坏率;
(5) 减少人工搬运操作,提高操作安全性;
(6) 具有灵活性,以满足不断变化的存储和物料搬运需求。

为实现上述目标,在仓库中进行储位分配时需要考虑的因素包括产品流动性、产品关联度、产品属性、空间布局。

1) 产品流动性

通常来说,仓库中85%的拣货作业对象是仓库中15%的产品。因此为了最大限度地提高仓库吞吐量,应将流动性较高的产品放置在仓库中易达到的存储区域,以最大限度地减少拣货员的移动距离,缩短总的拣货作业时间。

【例 5-6】 表 5-5 中给出产品 A~H 的收货和发货信息。由于产品在收货和发货时的包装不同,因此定义"收/发货比率"为收货时需要在存储区往返的行程次数除以发货时的往返行程次数。比率小于 1.0 的产品(产品 E、B、C、D)应存储于靠近发货点的位置。产品 G 的比率大于 1.0,表明其需要存储于靠近收货点的位置。在图 5-25(a)所示的仓库布局中,图 5-25(b)给出了一个可以最小化物料搬运设备移动距离的储位分配方案。

表 5-5 产品 A~H 的收货和发货信息

| 产品 | 收货行程次数 | 发货行程次数 | 收/发货比率 | 产品 | 收货行程次数 | 发货行程次数 | 收/发货比率 |
|---|---|---|---|---|---|---|---|
| A | 40 | 40 | 1.0 | E | 10 | 100 | 0.1 |
| B | 100 | 250 | 0.4 | F | 67 | 67 | 1.0 |
| C | 200 | 400 | 0.5 | G | 250 | 125 | 2.0 |
| D | 30 | 43 | 0.7 | H | 250 | 250 | 1.0 |

2) 产品关联度

在仓库中常常将同时收货或同时发货的物品存放在一起。例如,某些产品来自同一个供应商,通常需要采用类似的存储和搬运方式将这些产品存放在同一区域,从而可以更加有效地利用存储空间和搬运设备。零售商也会通过数据分析挖掘出具有关联性的商品,并将这些商品存放在邻近区域,以便后续的拣货及发货。

需要注意的是,有些产品外形非常相似,当它们存储在相同区域时,可能会导致订单拣选错误。例如不同型号的开关,它们看起来外形相同,但是功能却大不相同。

3) 产品属性

尺寸大、质量大的产品,其搬运成本通常较高,因此将这些产品存放在便于存/取的位

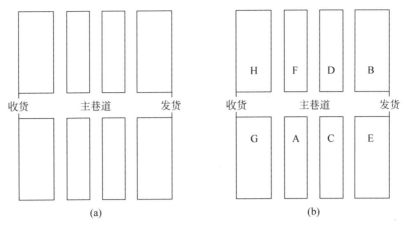

图 5-25 例 5-6 中的产品储位分配方案
(a) 仓库；(b) 8 种产品在左图仓库中的储位分配方案

置,可以降低物料搬运成本。而质量较轻的产品则更适合于存放在货架中较高层的位置。此外,还需考虑一些特殊类型的产品,如：

(1) 易腐烂产品。存放易腐烂产品时需要考虑存储环境的限制。

(2) 形状奇特的产品或易碎品。形状奇特的产品在处理和存储时会比较困难,要为此类物品提供较大空间进行存放。而对于易碎品,则必须注意单位负载大小和存储方法。

(3) 有害物质。易燃化学品等物料需要单独存放,易燃、易爆物品存放应严格遵守安全规范,对酸、碱液及危险化学品应当进行隔离存储,以尽量减少与员工的接触。

(4) 对安全性要求较高的产品。单位价值高或尺寸小的物品更容易成为盗窃的目标,因此这些产品应存放在有额外保护的存储区域。

(5) 产品的兼容性。一些化学品单独储存时并不危险,但如果与其他化学品接触就会发生危险。有些材料不需要特殊储存,但如果与某些其他材料接触就很容易受到污染。因此,为货物分配存储区域时,还需要考虑存储在同一区域中的其他物品。

4) 空间布局

仓库空间布局设计时要考虑以下因素。

(1) 空间限制。空间利用率受到桁架和天花板高度以及地面承载能力的限制。此外,货物的安全堆放高度取决于物品的易碎性、稳定性,以及物品的存/取要求。

(2) 可及性(accessibility)。过分强调空间利用率可能导致产品的可及性变差,因此在仓库空间布局设计时应考虑货物可及性目标。例如,主行驶通道应保持笔直,并直接通向仓库出/入口,以提高机动性并减少物料搬运设备的行驶时间。同时,巷道应足够宽,在不浪费空间的前提下,保证物料搬运设备高效运行。图 5-26 所示为不同的仓库布局设计,图中箭头表示所存储产品的朝向。

(3) 有序性。对仓库内的巷道、货架等进行标记,同时避免存储区域内出现空隙,以提高货物存储的有序性。

## 5.3.3 拣货作业

拣货作业,即从存储区选取货物以满足客户订单要求,由订单下达、储位识别、货物拣

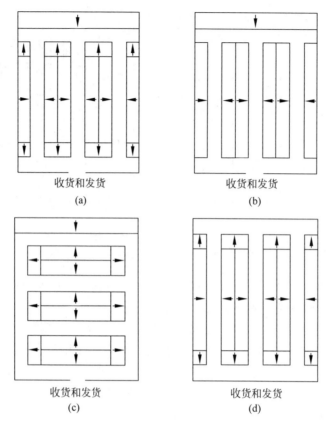

图 5-26　不同的存储空间布局设计

(a) 合理的布局；(b) 不合理的存储布局：过道无法直接接触存储区的产品；(c) 不合理的布局：货架的长轴没有沿着仓库的长轴放置；(d) 不合理的布局：过道位于没有门的墙前

选、核对货品、发货等一系列活动组成。与仓库中的其他物流活动相比，拣货作业的工作量大，在时间和成本上的消耗也最高。一般而言，拣货作业所需人力占整个仓储作业人力资源的 50% 以上；拣货作业所需时间占仓储作业时间的 40% 左右；而拣货作业成本可以占到仓库所有运营成本的 55%（见图 5-27）。

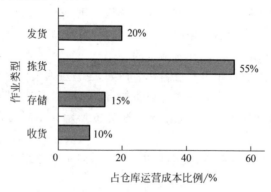

图 5-27　仓库运营成本分布

在实际物流运作中，大体积、大批量需求的货物多采用直送的配送方式，拣货作业主要面向货物品种多、需求批量小、需求频率高、配送时间短等需求。拣货作业的效率将直接决定整个仓储系统是否能够高效运转。

从存储区选取货物有两种不同模式,即"货到人"和"人到货"。"货到人"是指拣选时人不动,托盘(或分拣货架)带着货物来到拣货员面前,再由不同的拣货员拣选,拣出的货物集中在集货点的托盘上,然后由搬运车辆送走。采用"货到人"模式时,分拣人员不用行走,分拣效率高、工作面积紧凑、补货容易、空箱和空托盘的清理也容易进行,分拣人员的工作条件与作业环境得到改善,适用于存储量较大的仓库。"货到人"模式的主要缺点在于设备投资大,分拣周期长。"人到货"是一种传统的拣货方法,这种模式分拣货架不动,即货物不动,拣货员带着集货容器到货物存储区进行货物的选取。在这种模式下,需要为拣货员预先确定提货清单,使得其选取货物所经过的路线成本最低。这种模式下拣货系统软、硬件构成简单,柔性化程度高;缺点是拣货作业工作面积大,拣货人员的劳动强度较大。

**1. 拣货作业的常用规则**

随着一些新的运作策略的出现(例如 JIT、快速响应、新的营销策略等),以及供应链管理中不断强调质量改善和客户服务水平提升,仓库中订单拣选作业越来越难以管理。因为仓库需要以更加频繁、更加精准的方式将小批量订单交付给客户。除了在仓库中应用自动化信息系统,以及合理分配储位之外,下面介绍几个提高订单拣选效率的常用规则。

1) 尽可能合并或消除拣货作业中的活动要素

整个订单拣选过程中所包含的活动有:检索拣货点,在拣货点之间来回穿行取货,从储位中拣取物品,以及准备活动(如订单排序、产品打包)等。图 5-28 所示为这些活动耗时的分布,表 5-6 列出了一些消除活动要素的方法。

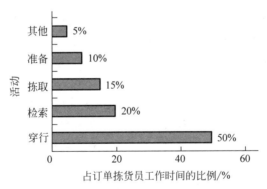

图 5-28 拣货作业各项活动耗时分布

表 5-6 拣货作业活动要素的消除方法

| 活 动 要 素 | 消 除 方 法 |
| --- | --- |
| 穿行(traveling) | 采取"货到人"模式 |
| 记录(documenting) | 应用自动化信息系统 |
| 到达(reaching) | 将物品放置在易取的高度 |
| 整理(sorting) | 每个订单由一名拣货员完成,且一次拣货只拣取一个订单的产品;<br>采取"货到人"模式 |
| 检索(searching) | 自动到达拣选位置;<br>照亮取货点以便于取货 |

续表

| 活动要素 | 消除方法 |
|---|---|
| 提取(extracting) | 自动分配物品数量 |
| 计数(counting) | 通过称重等方式计数 |

当一些活动要素无法消除时,可以通过活动的合并提高订单拣选效率。

(1) 拣货员穿行活动和提取物品活动合并(traveling and extracting items)。在一些"货到人"的自动化存/取系统中,存/取设备在移动时,拣货员可以同时拣取物品。这一过程涉及人、机平衡,以避免拣选员长时间等待存/取设备的现象发生。

(2) 拣取活动和整理活动合并(picking and sorting)。如果拣货员需要在一次拣货作业中完成对多个订单的拣选作业,则可以为拣货员配备物品分隔装置,使得拣货员可以直接将拣选出的物品按订单分拣到不同的容器中。

(3) 拣取活动、整理活动和包装活动合并(picking, sorting and packing)。当订单所含物品体积较小时,拣货员可以直接在分拣时将物品拣选到最终的包装箱中。

2) 选择合适的订单拣选方式

如果拣货员在一次拣货作业过程中完成多个订单的拣选,则可以降低单个订单的平均拣货时间。此时,需要选择合适的订单批处理策略。因为当同一订单被拆分,并分配给多个拣货员时,对单个订单内物品进行合并的工作量会显著增加,产生额外成本。因此,在确定订单拣选方式时,必须在所节省的拣货时间和所增加的拣货成本之间取得平衡。常见的订单拣选方式有以下几种。

(1) 离散订单拣选(discrete order picking):一个拣货员一次拣货作业仅对单个订单的物品进行拣货。这是一种最简单、最常见的策略,是纯粹意义上的订单拣选。其优点是作业简单,响应性水平高,拣货时遗漏物品的风险较低;缺点是拣货效率比较低,与其他方式相比,拣货所需的行程时间较长。

(2) 批量拣选(batch picking):一个拣货员的一次拣货作业同时完成一批订单的拣货。拣货员可以在拣选时就直接按订单将物品分拣到不同的容器中。由于这种方式大大缩短了拣货行程时间,因此拣选效率得到了提高。但是,需要有一定的措施来降低发生拣选错误的风险。

(3) 分区拣选(zone picking):存储区被划分为不同的区域,每个区域由一个(或一组)拣货员负责拣货。如果某个订单中包含的产品来自三个区域,那么该订单就会由三个拣货员拣货,并在指定位置进行物品整合。

(4) 波浪式拣选(wave picking):这种方法类似于离散拣货方式,一个拣货员一次拣货作业对单个订单的物品进行拣货。不同之处在于,选定的一组订单需要在给定时间范围内完成分拣。这样做通常是为了协调拣货和发货作业量的均衡性。

除了上述四种基本的订单拣选方式外,还有分区批量拣选(zone-batch picking)、分区波浪式拣选(zone-wave picking)、分区批量波浪式拣选(zone-batch-wave picking)等,它们是上述基本方式的组合。

3) 将可能出现在同一个订单中的物品分配至邻近的储位

客户订单中常常会同时包含若干种物品,例如来自同一供应商的物品、同一组件中的物品等。随着大数据技术的发展,也可以从过往订单信息中挖掘物品之间的相关性,进而根据拣货频率将相关性较高的物品存储在邻近的储位,以提高拣货效率。这是因为订单拣选点之间的距离缩短了,因而节省了拣货员的行程时间。

4) 避免在拣选过程中进行物品计数

大量的物品计数过程是非常无聊的,而且容易出现错误,因此需要尽量简化计数过程。可以设计能够容纳固定数量物品的包装。例如,客户订单包含 100 件某种物品,若每个打包箱中可以装 5 件,则拣货时只需要拣选 20 个包装箱,大大降低了计数量。除此以外,对于体积、质量比较小的商品可以采用称重的方式进行计量。例如,乐高产品通过称重的方式对包装盒中的积木数量进行计数检查。

5) 拣货单清晰、易读,且预先规划拣货路径

拣货单需要为拣货员提供清晰的作业指示,使得拣货作业容易实施。拣货单上所包含的信息包括拣货位置、库存编号、物料单位和所需数量等。对具有特殊标签或包装信息的物品需要特殊标注。此外,为避免拣货员以随机方式在仓库中穿梭拣货,需要对拣货路径做出预先规划,以最小化拣货时间。

**2. 拣货路线规划方法**

拣货员在存储区内拣货时的穿行时间约占整个拣货作业耗时的 50%,因此,拣货作业中的一个重要决策是确定拣货员在存储区内的拣货路线,即拣货路径规划。拣货路径规划问题属于组合优化问题,是一类 NP-hard 问题,但是在仓库拣货路径规划中,由于道路网络的特殊性质,通常在多项式时间内是可解的。

例如,在图 5-29 所示的存储区中,拣货路径规划问题可以用图 $G=(A\cup B\cup V,E)$ 表示,其中 $A=\{a_1,a_2,\cdots,a_r\}$ 和 $B=\{b_1,b_2,\cdots,b_r\}$ 为顶点集,分别代表存储区第 $r$ 侧巷道的两个末端储位;$V=\{v_0,v_1,\cdots,v_n\}$ 为 $n$ 个待拣选储位(图中深色储位)以及存储区出/入口 $v_0$ 的集合;$E$ 为连接存储位置、$r$ 为侧巷道末端和出/入口的边。

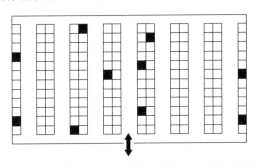

图 5-29 存储区域布局(深色储位为订单中物品的存储位置)

图 5-30 所示为图 5-29 所示存储区对应的网络图 $G$。

如果每个巷道都有一个入口,那么最短拣货路径是首先遍历位于上侧巷道的目标储位,然后遍历位于下侧巷道的目标储位(见图 5-31)。

下面介绍四种求解拣货路径规划问题的启发式方法,分别为:
- S 形启发式方法
- 基于间隔的启发式方法

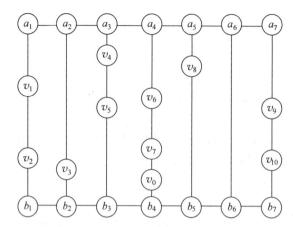

图 5-30　图 5-29 所示存储区对应的网络图

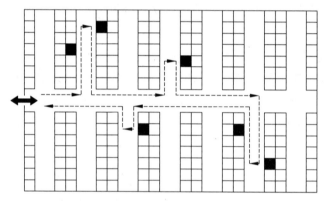

图 5-31　最短拣货路径示意图（深色储位表示目标存储位置）

- 组合启发式方法
- 逐巷道遍历启发式方法

为了描述这些启发式方法，假设存储区域具有如图 5-32 所示的一般布局，由一个出/入口、主巷道以及若干支巷道组成。假设拣货员可以在巷道内双向通行。

1) S 形启发式方法

S 形启发式方法按"S"形曲线对所有目标储位进行逐个访问。对包含目标储位的存储区块完全遍历，并且不改变遍历方向；没有包含目标储位的存储区块则不会被遍历。图 5-33 显示了由 S 形启发式方法确定的拣货路径，该方法适用于拣货员较多的仓库。

2) 基于间隔的启发式方法

对于每个子巷道，两个相邻的目标储位之间的间隔或者目标储位与侧巷道之间的间隔计算方法如图 5-34 所示。图中第二列的目标储位与两侧巷道之间的间隔分别为 5 和 8，最大间隔即为 8。基于间隔的启发式方法的核心是根据拣货巷道内的最大间隔距离来决定拣货员是否要在巷道内折回，在规划拣货路径时避免经过最大间隔。该方法中拣货员折回回转到横向巷道（包括图 5-32 中的横向巷道、前向巷道和后向巷道）以后，还可以从下一个交叉口进入，再次访问同一个子巷道（见图 5-32）。

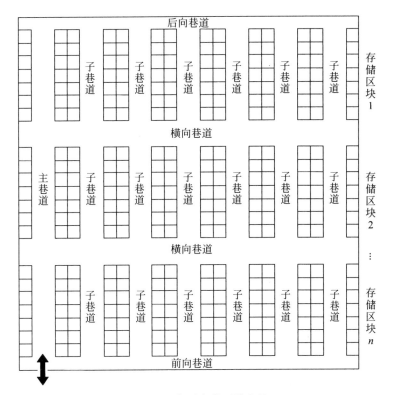

图 5-32 典型存储区域布局

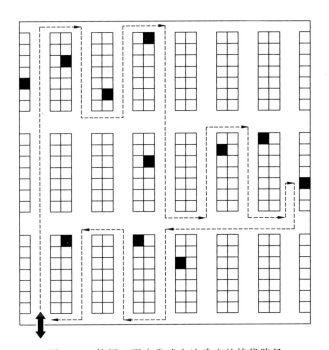

图 5-33 使用 S 形启发式方法确定的拣货路径

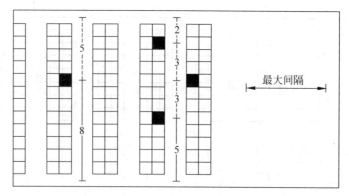

图 5-34　最大间隔计算

图 5-35 所示为使用基于间隔的启发式方法所得到的拣货路径。以储位 a 为例，储位 a 距离上侧巷道的距离为 3 个储位，距离下侧巷道的距离为 5 个储位，则最大间隔为 5，为避免经过最大间隔，拣货员访问完储位 a 后直接回转。同理，访问过储位 b 后选择回转至上侧巷道，避免经过最大间隔。在该方法中，由于拣货员会在巷道中双向通行，因此该启发式方法适用于巷道较宽的情形，使用该方法可以减少拣货员的通行距离。

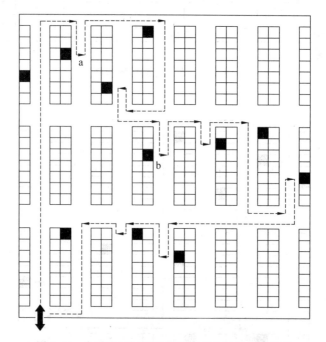

图 5-35　应用基于间隔的启发式方法确定拣货路径

3）组合启发式方法

该方法将 S 形启发式方法和基于间隔的启发式方法相结合，在选择下一个要访问的巷道时，以当前访问的巷道最后一个目标储位与下一个巷道第一个目标储位之间的间隔最小为原则，逐个访问包含待访问储位的巷道。图 5-36 所示为采用组合启发式方法得到的拣货路径。组合启发式方法中由于拣货员反向通行所引起的巷道拥挤风险小于基于间隔的启发式方法。

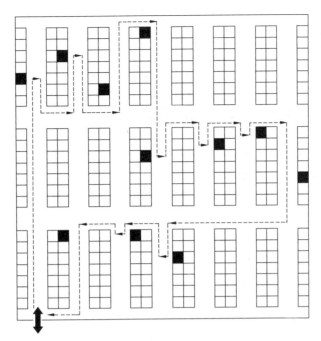

图 5-36　应用组合启发式方法得到的拣货路径

4）逐巷道遍历启发式方法

逐巷道遍历启发式方法是指每个巷道只经过一次。拣货员从出/入口出发，到达距离出/入口最远的主巷道，当该巷道中的所有目标储位都被访问过之后，拣货员选择下一个距离当前位置最近的且包含目标储位的巷道进行访问。图 5-37 所示为应用逐巷道遍历启发式方法得到的拣货路径。

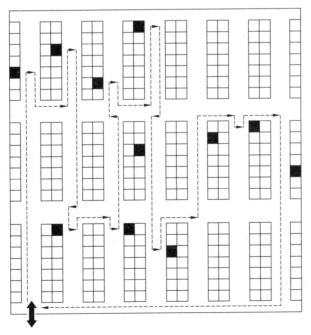

图 5-37　应用逐巷道遍历启发式方法得到的拣货路径

### 5.3.4 装箱作业

装箱作业是指将从存储区取出的物品装箱（或装车），并配送、交付给客户。装箱问题是一类 NP-hard 问题，大多数情况下采用启发式方法进行求解。但是，由于装箱过程中的一些约束条件（如车辆负载稳定性）很难进行形式化表达，因此，启发式方法所求得的解往往并不能直接作为实际作业中的解决方案。

在一些装箱作业中，不一定要考虑物品的所有物理特性。例如，对高密度货物进行装箱时，可以仅考虑货物的质量，而不考虑它们的长度、宽度和高度。因此，装箱问题可以分为：

(1) 一维装箱问题。对高密度货物进行装箱一般是一维装箱问题，仅需要考虑质量约束。

(2) 二维装箱问题。对具有相同高度的货物进行装箱属于二维装箱问题。

(3) 三维装箱问题。对低密度货物进行装箱属于三维装箱问题，需要考虑体积约束。

为简化描述，假设二维装箱问题中的物品均为矩形，并且边平行或垂直于装载箱侧面。同样，在三维装箱问题中，假设物品均为平行六面体，其表面平行或垂直于装载箱表面。实际物流运作中，这些假设在大多数情况下都是满足的。

**1. 一维装箱问题**

一维装箱（bin packing,1-BP）问题是指，将一组质量各不相同的物品装入具有相同容量的装载箱中，并最小化装载箱的使用数量。设 $m$ 为要装箱的物品数量，$n$ 为可用装载箱数量；$p_i(i=1,2,\cdots,m)$ 为第 $i$ 件物品的质量，$q(q \geqslant p_i, i=1,2,\cdots,m)$ 为容器 $j(j=1,2,\cdots,n)$ 的容量。定义二元决策变量 $x_{ij}(i=1,2,\cdots,m, j=1,2,\cdots,n)$，如果物品 $i$ 被装入装载箱 $j$，则 $x_{ij}$ 取值为 1，否则取值为 0。$y_j(j=1,2,\cdots,n)$ 表示装载箱 $j$ 是否被使用，是则 $y_j$ 取值为 1，否则 $y_j$ 取值为 0。

对装箱问题建模如下：

$$\min \sum_{j=1}^{n} y_j \tag{5.8}$$

s.t.

$$\sum_{j=1}^{n} x_{ij} = 1, i=1,2,\cdots,m \tag{5.9}$$

$$\sum_{i=1}^{m} p_i x_{ij} \leqslant q y_j, j=1,2,\cdots,n \tag{5.10}$$

$$x_{ij} \in \{0,1\}, i=1,2,\cdots,m; j=1,2,\cdots,n \tag{5.11}$$

$$y_j \in \{0,1\}, j=1,2,\cdots,n \tag{5.12}$$

目标函数(5.8)最小化所使用的装载箱数量，约束条件(5.9)规定每件物品只能被装入一个装载箱中，约束条件(5.10)保证装载箱的容量约束得到满足。式(5.11)和式(5.12)定义了决策变量的取值范围。

1-BP 问题的目标函数下界 $\underline{z}(I)$ 为

$$\underline{z}(I) = \lceil (p_1 + p_2 + \cdots + p_m)/q \rceil \tag{5.13}$$

下面将介绍两种启发式方法——首次适应算法（first fit,FF）和最佳适应算法（best fit,

BF),对一维装箱问题进行求解。

1) 首次适应算法(FF)

**步骤1**：设 $S$ 为物品列表，$V$ 为可用装载箱列表，$T$ 为已经使用的装载箱列表。初始 $T$ 为空。

**步骤2**：从 $S$ 中取出第一个物品 $i$，并将其放入 $T$ 中剩余容量大于或等于 $p_i$ 的第一个装载箱 $j(j \in T)$ 中。如果 $T$ 中不存在满足条件的装载箱，则从 $V$ 中取出一个新的装载箱 $k$，并将其放在 $T$ 的底部，将第 $i$ 件物品放入 $k$。

**步骤3**：如果 $S = \varnothing$，则算法终止，$T$ 是所使用的装载箱的集合；如果 $S \neq \varnothing$，则返回步骤2。

2) 最佳适应算法(BF)

**步骤1**：设 $S$ 为物品列表，$V$ 为可用装载箱列表，$T$ 为已经使用的装载箱列表。初始 $T$ 为空。

**步骤2**：从 $S$ 中取出第一个物品 $i$，并将其放入 $T$ 中剩余容量大于或等于 $p_i$，且最接近 $p_i$ 的装载箱 $j(j \in T)$ 中。若 $T$ 中不存在满足条件的装载箱，则从 $V$ 中取出一个新的装载箱 $k$，并将其放在 $T$ 的底部，将第 $i$ 件物品放入 $k$。

**步骤3**：如果 $S = \varnothing$，则算法终止，$T$ 是所使用的装载箱的集合；如果 $S \neq \varnothing$，则返回步骤2。

以上两种启发式方法的计算复杂度均为 $O(m \log m)$。定义 $R^H$ 为启发式方法 $H$ 的性能比：

$$R^H = \sup_I \left\{ \frac{z^H(I)}{z^*(I)} \right\}$$

式中，$I$ 是一个问题实例；$z^H(I)$ 是用启发式算法 $H$ 求解实例 $I$ 得到的目标函数值；$z^*(I)$ 表示同一实例的最优解。性能比越小，说明启发式算法 $H$ 的效果越好。

如果在上述算法开始之前按照质量非升序对物品进行排序，则得到首次适应降序启发式算法(first fit decreasing heuristic，FFD)和最佳适应降序启发式算法(best fit decreasing heuristic，BFD)，这两个算法的性能比分别为 $R^{\text{FFD}} = R^{\text{BFD}} = 3/2$。事实上，可以证明这也是 1-BP 问题的多项式启发式算法所能达到的最小性能比。

【**例5-7**】某公司要将17件包裹装箱发运，这17件包裹的质量如表5-7所示，货车容量为600kg。采用 BFD 方法，首先将17件包裹按其质量非升序排序，结果如表5-8所示。由式(5.13)可知，货车发运次数的下界为 $\underline{z}(I) = \left\lceil \sum_{i=1}^{m} p_i / q \right\rceil = \lceil 3132/600 \rceil = 6$ 次，因此最佳适应降序启发式方法求出来的解是最优解。

表5-7 17件包裹的质量

| 包裹数量 | 质量/kg | 包裹数量 | 质量/kg |
| --- | --- | --- | --- |
| 4 | 252 | 3 | 140 |
| 3 | 228 | 4 | 120 |
| 3 | 180 | | |

表 5-8　17 件包裹按质量非升序排序

| 包裹 | 质量/kg | 包裹 | 质量/kg |
|---|---|---|---|
| 1 | 252 | 10 | 180 |
| 2 | 252 | 11 | 140 |
| 3 | 252 | 12 | 140 |
| 4 | 252 | 13 | 140 |
| 5 | 228 | 14 | 120 |
| 6 | 228 | 15 | 120 |
| 7 | 228 | 16 | 120 |
| 8 | 180 | 17 | 120 |
| 9 | 180 |  |  |

表 5-9　最终求得的货车装车方案

| 包裹 | 质量/kg | 装运序次 | 包裹 | 质量/kg | 装运序次 |
|---|---|---|---|---|---|
| 1 | 252 | 1 | 10 | 180 | 5 |
| 2 | 252 | 1 | 11 | 140 | 3 |
| 3 | 252 | 2 | 12 | 140 | 5 |
| 4 | 252 | 2 | 13 | 140 | 5 |
| 5 | 228 | 3 | 14 | 120 | 5 |
| 6 | 228 | 3 | 15 | 120 | 6 |
| 7 | 228 | 4 | 16 | 120 | 6 |
| 8 | 180 | 4 | 17 | 120 | 6 |
| 9 | 180 | 4 |  |  |  |

在最终的装车方案(见表 5-9)中,第 1 次和第 2 次分别装运 2 件 252kg 的包裹,第 3 次装运 2 件 228kg 和 1 件 140kg 的包裹,第 4 次装运 1 件 228kg 的包裹和 2 件 180kg 的包裹,第 5 次装运 1 件 180kg 的包裹、2 件 140kg 和 1 件 120kg 的包裹,第 6 次装运 3 件 120kg 的包裹。

**2. 二维装箱问题**

二维装箱(2-BP)是指将一组矩形物品装入容量相同的装载箱中,并最小化装载箱的使用数量。设 $L$ 和 $W$ 分别为装载箱的长和宽,$l_i$ 和 $w_i(i=1,2,\cdots,m)$ 分别为物品 $i$ 的长和宽,2-BP 问题可以表示为一个集合划分(set-partitioning)问题。集合 $j$ 表示可以装入单个装载箱中的所有物品子集,集合 $V$ 表示所有 $j$ 组成的集合。设 $a_{ij}(i=1,2,\cdots,m,j\in V)$ 为二进制常数,如果物品 $i$ 属于子集 $j$,则取值为 1;否则为 0。定义决策变量 $x_j(j\in V)$,如果子集 $j$ 在最终装载方案中(即子集 $j$ 中的物品装入一个装载箱),则取值为 1;否则为 0。

2-BP 问题可以建模如下:

$$\min \sum_{j\in V} x_j \tag{5.14}$$

s. t.

$$\sum_{j\in V} a_{ij} x_j = 1, i=1,2,\cdots,m \tag{5.15}$$

$$x_j \in \{0,1\}, j=1,2,\cdots,n \tag{5.16}$$

目标函数(5.14)最小化装载箱的使用数量,约束(5.15)确保每件物品 $i(i=1,2,\cdots,m)$ 只能被装入一个装载箱,约束(5.16)定义了决策变量的取值范围。事实上,该模型同样可以表示一维装箱问题,只是约束(5.15)对子集 $j$ 的可行性约束变成 $\sum_{i=1}^{m} p_i a_{ij} \leqslant q$。

上述 2-BP 模型是一类 NP-hard 问题,集合 $V$ 的数量随着物品数量的增加呈指数增长。求解 2-BP 问题的启发式算法大都是基于在装载箱里划分物品层的思想,如图 5-38 所示。图中每一层的宽度均为 $W$,长度为该层中最长物品的长度。一层中的物品都放置在该层的底部,也就是上一层中最长物品的顶部水平。

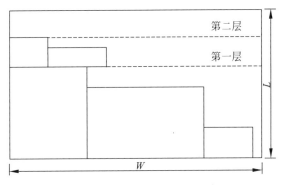

图 5-38 装载箱内的物品层示意图

这里介绍两种启发式方法,分别为有限首次适应算法(finite first fit,FFF)和有限最佳适应算法(finite best fit,FBF)。

1) 有限首次适应算法(FFF)

**步骤 1**:将所有物品按其长度进行非升序排序,设 $S$ 为排序后的物品列表,$V$ 为可用装载箱列表,$T$ 为已经使用的装载箱列表。初始 $T$ 为空。

**步骤 2**:从 $S$ 的顶部取出物品 $i$,放入 $T$ 的一个装载箱 $j \in T$ 的第一层(可以容纳这件物品)最左边的位置。如果不存在这样的层,则在该装载箱中新建一层,在该层最左边的位置放置物品 $i$。如果 $T$ 中不存在这样的装载箱,则从 $V$ 的顶部取一个新的装载箱 $k$,并将其放在列表 $T$ 的底部,将物品 $i$ 装入装载箱 $k$ 底部最左边的位置。

**步骤 3**:如果 $S=\varnothing$,则算法终止,$T$ 是已经使用的装载箱列表,$V$ 是未使用的装载箱列表。如果 $S\neq\varnothing$,则返回步骤 2。

2) 有限最佳适应算法(FBF)

**步骤 1**:将所有物品按其长度进行非升序排序,设 $S$ 为排序后的物品列表,$V$ 为可用装载箱列表,$T$ 为已经使用的装载箱列表。初始 $T$ 为空。

**步骤 2**:从列表 $S$ 的顶部取出物品 $i$,并将其放入剩余宽度大于或等于其宽度 $w_j$,且更接近 $w_j$ 的装载箱 $j(j \in T)$ 的一个装载层的最左侧位置。如果不存在这样的层,则在剩余长度大于或等于物品 $i$ 的长度 $l_i$,并且更接近 $l_i$ 的装载箱 $j$ 里创建新层,并在该层的最左侧位置放入物品 $i$。如果 $T$ 中不存在这样的装载箱,则从 $V$ 的顶部取一个新的装载箱 $k$,并将其放在列表 $T$ 的底部,将物品 $i$ 装入装载箱 $k$ 底部最左边的位置。

**步骤 3**:如果 $S=\varnothing$,则算法终止,$T$ 是已经使用的装载箱列表,$V$ 是未使用的装载箱列表。如果 $S\neq\varnothing$,返回步骤 2。

**【例 5-8】** 某仓库要将 35 件物品装入若干装载箱中,装载箱的长宽高尺寸如表 5-10 所示,35 件物品的尺寸如表 5-11 所示。

表 5-10　装载箱尺寸　　　　　　　　　　　　　　　　单位：cm

| 长度 | 宽度 | 高度 |
| --- | --- | --- |
| 120 | 24 | 24 |

表 5-11　待装载物品数量及尺寸　　　　　　　　　　　单位：cm

| 数量 | 长度 | 宽度 | 高度 |
| --- | --- | --- | --- |
| 6 | 15 | 15 | 20 |
| 5 | 12 | 17 | 20 |
| 13 | 10 | 10 | 10 |
| 11 | 8 | 5 | 10 |

采用二维装箱方法中的有限最佳适应算法进行求解,结果如图 5-39 所示。在第一个装载箱中,装载了 6 件 15cm×15cm(指长度×宽度,下同)的物品,2 件 12cm×17cm 的物品,以及 4 件 8cm×5cm 的物品;在第二个装载箱中,装载了 3 件 12cm×17cm 的物品,7 件 8cm×5cm 的物品,以及 13 件 10cm×10cm 的物品。

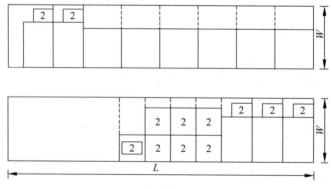

图 5-39　两个装载箱的装载示意图(数字 2 代表有两个重合的包裹)

### 3. 三维装箱问题

三维装箱问题(3-BP)是指将若干具有长方体外形的物品装入同样具有长方体外形的装载箱中,且这些装载箱的容量相等,优化目标是最小化装载箱的使用数量。设 $L$、$W$ 和 $H$ 分别为装载箱的长度、宽度和高度,设 $l_i$、$w_i$ 和 $h_i (i=1,2,\cdots,m)$ 分别为物品 $i$ 的长度、宽度和高度。

3-BP 问题的建模方法与上文中介绍的 2-BP 问题的建模方法一致。求解 3-BP 问题的一个简单的启发式方法是将物品按顺序放入平行于装载箱表面(如宽×高的那个表面)的层中。下面介绍基于这一思想的 3-BP-L 启发式方法。

**步骤 1**:将待装载物品按其体积大小进行非升序排序,设 $S$ 为排序后的物品列表。

**步骤 2**:解决一个具有 $m$ 个物品(宽度和高度分别为 $w_i$ 和 $h_i, i=1,2,\cdots,m$),装载箱

宽度和高度分别为 $W$ 和 $H$ 的二维装箱问题。设 $k$ 为所使用的二维装载箱数量,每个二维装载箱对应的长度为装入其中的最大物品的长度。

**步骤 3:** 解决一个具有 $k$ 个装载箱的 1-BP 问题,其中每个装载箱的质量和长度相等,装载箱的容量为 $L$。

【例 5-9】 待装载货物的尺寸如表 5-12 所示,装载车辆特征如表 5-13 所示。首先将货物按其体积非升序顺序进行排序,然后采用 3-BP-L 启发式方法,根据步骤 2 生成 6 个宽度为 2.4m、高度为 1.8m 的二维装载箱,结果如图 5-40 所示。

表 5-12 待装载货物的尺寸

| 类型 | 数量 | 长度/m | 宽度/m | 高度/m | 体积/m$^3$ | 质量/kg |
|---|---|---|---|---|---|---|
| 1 | 2 | 2.50 | 0.75 | 1.30 | 2.4375 | 155 |
| 2 | 4 | 2.10 | 1.00 | 0.95 | 1.9950 | 140 |
| 3 | 7 | 2.00 | 0.65 | 1.40 | 1.8200 | 130 |
| 4 | 4 | 2.70 | 0.70 | 0.80 | 1.5120 | 115 |
| 5 | 3 | 1.20 | 1.50 | 0.80 | 1.4400 | 110 |

表 5-13 装载车辆特征

| 长度/m | 宽度/m | 高度/m | 容量/m$^3$ | 质量/kg |
|---|---|---|---|---|
| 6.50 | 2.40 | 1.80 | 28.08 | 1230 |

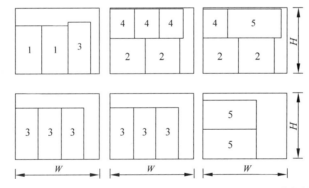

图 5-40 3-BP-L 启发式方法的步骤 2 生成的 6 个二维装载箱

采用最佳适应降序启发式方法解决一个一维装箱问题,最终采用 3 辆车进行装运,6 个二维装载箱的长度和最终装入货物的 6 个装载箱的质量如表 5-14 所示,分配给每辆车的二维装载箱如表 5-15 所示。

表 5-14 算法生成的二维装载箱的长度和装入货物后的质量

| 装载箱 | 长度/m | 质量/kg | 装载箱 | 长度/m | 质量/kg |
|---|---|---|---|---|---|
| 1 | 2.50 | 440 | 4 | 2.00 | 390 |
| 2 | 2.70 | 625 | 5 | 2.00 | 390 |
| 3 | 2.70 | 505 | 6 | 1.20 | 220 |

表 5-15  3-BP-L 启发式方法的步骤 3 分配给每辆车的二维装载箱

| 车辆 | 装载物品 | 车辆 | 装载物品 |
| --- | --- | --- | --- |
| 1 | 2,3 | 3 | 6 |
| 2 | 1,4,5 | | |

## 5.4　智能仓储

随着互联网信息技术的普及和经济的高速发展,仓库内商品的数量和种类不断增加,源源不断的客户订单和大量信息数据对仓储管理的数据信息处理能力和设备操作能力提出了更高的要求,结合各类智能技术和设备的智能仓储应运而生。

### 5.4.1　智能仓储及智能仓储系统

智能仓储是指将仓储数据接入互联网系统,通过对数据的提取、运算、分析、优化、统计,再利用物联网、自动化设备、仓储管理系统(warehouse management system,WMS)、仓储控制系统(warehouse control system,WCS)等,实现对仓储系统的智能化管理、计划与控制。

智能仓储系统是智能仓储的实现形式,是由仓储设备系统、信息识别系统、智能控制系统、监控系统、信息管理系统等中的两个及以上子系统组成的智能自动执行系统,具有对信息进行智能感知、处理和决策,对仓储设备进行智能控制和调度,自动完成仓储作业的执行与流程优化等功能。

智能仓储能够有效利用仓储信息,提高仓储任务分配和执行的效率,优化仓储作业的流程,节约人力和物力,为管理者提供辅助决策依据。在智能仓储系统中,物联网技术使系统具有了信息感知、数据传输和信息运用的功能;智能机器人的应用,能够提高仓储系统的自动化水平,多机器人的协调是实现自动化仓储的基础;智能算法能够有效处理仓储信息,提高作业的准确率和效率;智能控制技术使仓储设备具有了决策和执行的能力,能够更好地适应各类复杂的工作环境和更高的工作强度。智能仓储系统的采用使得仓储信息的流通性得到加强,供应链上、下游的衔接更加畅通。

### 5.4.2　智能仓储的特点

**1. 仓储管理信息化**

智能仓储是在仓储管理业务流程再造的基础上,利用 RFID、网络通信、信息管理系统以及大数据、人工智能等技术,实现货物入库、出库、盘点、移库等作业的信息自动抓取、自动识别、自动预警等。

**2. 仓储运行自动化**

仓储运行自动化主要是指仓储运行硬件系统的自动化,如自动化立体仓库系统、自动分拣设备、分拣机器人等。自动化立体仓库包括立体存储系统、穿梭车等的应用,分拣机器人包括关节机器人、机械手、蜘蛛手等的应用。

**3. 仓储决策智能化**

仓储决策智能化主要依靠信息技术，如大数据、云计算、人工智能、深度学习、物联网、机器视觉等，利用这些数据和技术进行订单需求预测、库存的智能化调拨，以及通过对消费习惯的挖掘，实现库存精准定位等。

### 5.4.3 智能仓储构成

智能仓储包含智能仓储信息系统、智能仓储设备和智能仓储决策三个方面。

**1. 智能仓储信息系统**

智能仓储信息系统主要包括仓储管理系统（WMS）和仓储控制系统（WCS）。

1) WMS

WMS 是对库存盘点、质检管理、收货管理、库内作业、批次管理、越库操作等仓储业务进行综合管理的实时计算机软件系统，它能够按照运作业务规则和运算法则，对信息、资源、行为、存货和分销运作等进行有效管理，可有效控制并跟踪仓储业务的物流和成本管理全过程，完善企业的仓储信息管理。

WMS 的基本功能模块包括以下内容。

（1）基本信息管理。对产品品名、规格、生产厂家、产品批号、生产日期、有效期和装箱包装等商品基本信息进行管理；通过货位管理功能对所有货位进行编码并存储在系统的数据库中，使系统能有效地追踪商品所处位置，便于操作人员根据货位号迅速定位到目标货位在仓库中的位置。

（2）上架管理。自动计算最佳上架货位，提供已存放同品种货物的货位、剩余空间信息，并根据避免存储空间浪费的原则给出建议的上架货位并按优先度排序。

（3）拣选管理。可根据货位布局和确定拣选指导顺序，系统自动在终端界面等相关设备中根据任务所涉及的货位给出指导性路径，避免无效拣货作业中的无效穿行，提高拣货效率。

（4）库存管理。支持自动补货，通过自动补货算法，确保拣选面存货量，并提高仓储空间利用率；能够对货位进行逻辑细分和动态设置，在不影响自动补货算法的同时实现货位动态管理，有效提高货位利用率和控制精度。

2) WCS

WCS 是介于 WMS 和可编程逻辑控制器（programmable logic controller，PLC）系统之间的管理控制系统，可以协调各种物流设备的运行，如输送机、堆垛机、穿梭车，以及机器人、AGV 等。主要通过任务引擎和消息引擎，优化分解任务、分析执行路径，为上层系统的调度指令提供执行保障和优化，实现对各种设备系统接口的集成、统一调度和监控。

**2. 智能仓储设备**

智能仓储系统的有效运作，离不开多种智能仓储技术和设备的支持。下面介绍几种智能仓储系统中常见的智能技术或设备：自动化立体仓库、仓储机器人、多层穿梭车系统、自动输送系统、人工智能算法与自动感知识别技术。

1) 自动化立体仓库

自动化立体仓库（automated storage and retrieval system，AS/RS）系统利用自动化存

储设备同计算机管理系统的协作来实现立体仓库的存取自动化和操作简便化。自动化立体仓库的计算机管理系统可以与工厂信息管理系统以及生产线进行实时通信和数据交换,有效辅助计算机集成制造系统和柔性制造系统。结合条形码识别跟踪系统、搬运机器人、货物分拣系统、堆垛机控制系统等,可实现立体仓库内的单机自动、联机控制、联网控制等多种立体仓库运行模式,实现仓库货物的立体存放、自动存取、标准化管理,可大大降低仓储运作费用,减轻劳动强度,提高仓库空间利用率。

2)仓储机器人

在智能仓储作业中,存在各种类型和功能的机器人,如自动搬运机器人、码垛机器人、拣选机器人和包装机器人等,自动化机器人可以高效率、不停歇在仓库中进行作业,完成货物搬运、拣选、包装等作业。例如亚马逊的 KIVA 机器人系统(见图 5-41),由多个可以举升搬运货架单元的机器小车组成,货物开箱后放置在货架单元上,通过货架单元底部的条码将货物与货架单元信息绑定,在编码器、加速计和陀螺仪等传感器的配合下完成货物搬运导航。该系统的核心在于多辆机器车的智能化调度。

图 5-41 亚马逊的 KIVA 机器人系统

3)多层穿梭车系统

多层穿梭车系统采用立体料箱式货架,实现货物在仓库内立体空间的存储。入库前,货物经开箱后存入料箱,通过货架巷道前端的提升机将料箱送至某一层,然后由该层内的穿梭小车将货物存放至指定的货格内。货物出库通过穿梭车与提升机的配合完成。该系统的核心在于通过货位分配优化算法和小车调度算法的设计,均衡各巷道之间以及单个巷道内各层之间的任务量,提高设备间并行工作时间,提高设备工作效率。

4)自动输送系统

自动输送系统如同整个智能仓储系统的血管,连通着机器人、自动化立体库等物流系统,可实现货物的高效自动搬运。相比较自动化立体库和仓储机器人系统而言,自动输送系统技术更趋成熟。但在智能仓储系统中,自动输送系统需要与拣选机器人、码垛机器人等进行有效的配合。同时,为了保证作业准确性,自动输送系统需要配备自动检测、自动识别、自动感知技术。例如,在京东无人仓中的自动输送线末端以及拣货机器人的前端增加了视觉检测工作站,通过信息的快速扫描和读取,为拣货机器人提供拣货指令。除此之外,还有输送线两侧的开箱、打包机器人等,这些智能设备也需要与输送系统进行有效衔接和配合。

5)人工智能算法与自动感知识别技术

人工智能算法与自动感知识别技术是智能仓储系统的大脑与神经系统。机器人之间、机器人与整个物流系统之间、机器人与工人之间的紧密配合、协同作业,必须依靠功能强大的软件系统操纵与指挥。在智能仓储模式下,数据是所有动作产生的依据,数据感知技术通过将所有的物品、设备等信息进行采集和识别,并迅速将这些信息转化为准确有效的数据上传至系统,系统再通过人工智能算法、机器学习等生成决策和指令,指导各种设备自动完成物流作业。基于数据的人工智能算法需要在货物的入库、上架、拣选、补货、出库等各个环节发挥作用,同时还要随着业务量及业务模式的变化不断调整、优化作业。因此可以说,算法是智能仓储技术的核心与灵魂所在。

**3. 智能仓储决策**

智能仓储决策依赖智能系统与技术,实现由传统仓储管理作业向智能仓储作业转型。智能仓储决策包括智能分仓、智能储位分配、仓库动态分区、AGV 智能拣货和智能装箱等。

1)智能分仓

智能分仓是通过大数据分析,掌握用户消费需求特点及需求分布,提前将需求物品配置到离用户较近的仓库中,实现智能预测、智能选仓、智能分仓,减少库存及配送压力,为下游进行智能补货,实现仓库间货物的有序调拨。

2)智能储位分配

在仓储物流管理中,货物的储位分配直接影响仓库的产能和效率。智能化的储位分配包括:

(1)根据产品热销度进行储位分配。应用大数据分析技术,预测产品热销程度,将热销产品(出库频次高的商品)存储于距离仓库出/入口较近的位置,降低出库搬运总成本,同时提升出库效率。

(2)根据产品相关度进行储位分配。针对海量历史订单进行数据分析,挖掘产品的相关度,将相关度高的产品存储于相近的货架,以优化拣货路径,减少搬运次数,提高仓储作业效率。

(3)分散存储策略。为避免存储区域拥堵,影响订单出库,对仓库实施分散存储策略,实时均衡各存储区域的作业密度。同时,当出现产品库存水平变化,或相关因素变化(比如热销度变化、相关度变化)时,完成对库存分布的动态调整,并对出库、入库、在库作业生成相应的最优作业指令。

3)仓库动态分区

在拣货作业中,如果没有合理的订单分区调度,会出现不同存储区域作业不均衡的现象,即有些存储区域产能跟不上,有些存储过于拥挤,从而导致出库效率混乱,且作业效率低。为解决这个问题,需要实时动态分析订单分布,对仓库进行拣货区域的动态划分,从而达到各存储区产能均衡的目的,进而提升仓库整体出库效率。

4)AGV 智能拣货

智能拣货秉承"货到人"拣货模式,根据订单信息给出最优的拣货方案,然后指派 AGV 按照规划的拣货路径至拣货点,直接拣选被指派的货物,或将被指派货物所在货架顶起送至指定工作台,完成拣选后 AGV 再将货架送回原来的位置。采用 AGV 进行智能拣货,弥补了传统拣货劳动强度大、拣货效率低、容易出错等缺陷,可大幅提高拣货效率和准确率。

5) 智能装箱

智能装箱主要依赖于先进的装箱算法,要求在满足各方要求的情况下尽可能减少所用装载箱数量,本章 5.3.4 节介绍了针对一维、二维和三维装箱的基本启发式方法,实际仓储管理中需要针对实际情况设计更先进合理的装箱算法。例如,菜鸟智能装箱算法通过大数据分析,根据一个订单中所有商品的特性,例如,尺寸、可否堆压等信息,快速推荐最优的箱型和智能装箱方案。自推广使用至 2019 年,累计优化超过 5 亿个包裹,相当于节省 1.15 亿个纸箱。当然,智能装箱也需要结合智能化的设备实现,例如,某智能设备制造企业为乳制品企业提供基于机器视觉与系统集成的乳品智能装箱码垛生产系统,基于在线扫描及数据采集技术、视觉检测处理技术,采用摆臂摆动和翻转架转动相结合的纸片翻转移送装置以及升降和转动机构运动的机械臂装置实现盒装乳品的三维装箱。该系统还可以实现与 MES、ERP 的协同与集成,提高企业决策的智能化程度。

## 5.5 案例分析

### 5.5.1 柏中线边库存改善案例

柏中(Bossard)公司成立于 1831 年,总部设在瑞士,1987 年在瑞士证交所上市,是紧固技术解决方案和智能库存管理服务行业的先锋。柏中紧固件(上海)有限公司由瑞士 Bossard 集团在中国投资设立,为客户提供紧固产品解决方案和智能工厂物流方案。自 1999 年进入中国市场,柏中公司已在上海、天津、深圳、成都、北京、苏州等 14 个大中城市设立服务机构。

柏中公司生产的智能化物流设备主要包括 SmartBin 和 SmartLabel 两类(见图 5-42)。SmartBin 是物料盒与重量传感器一体化系统,可以持续传输生产线或仓库的即时库存水平,根据传输的数据,生产线会自动发出补货物料,直接送达使用终端,实现全自动化流程。SmartLabel 是智能标签,它可以显示相关产品的信息、实时订单状态和交货期等,将 SmartLabel 贴在物料盒上,可以实现产品管理的升级。使用 SmartLabel 时用户只需触动一个按钮,就可以直接从使用终端发出订单,由于该过程仍需人工操作,因此属于半自动化流程。

图 5-42 Bossard 的两类智能化物流设备
(a) SmartBin;(b) SmartLabel

柏中公司为客户提供的物流解决方案分为外部物流与内部物流两种。外部物流方案是指将产线的线边库存数据上传到大数据平台,系统根据库存数据自动生成订单,仓库按照订单进行备货,供应商按照一定的配送模式送至工厂。内部物流方案是指将线边库存数据上传到大数据平台,系统根据库存数据自动生成订单后,领料员根据订单去物料存储区域进行配料,并按照系统规划的路线将物料配送至工位。

2018年,柏中公司为某企业中国区的8家高压工厂提供线边库存改善方案,从采购模式、库位改善以及补货点和补货量优化三个方面开展工作。

**1. 采购模式**

改善前,该企业的生产物料由不同的供应商提供,所有物料放在线边库管理,由工作人员负责物料的控制和补货,完全是人工操作。由于物料数量多,线边库管理的工作量非常大。柏中公司使用SmartBin管理线边物料(见图5-43),从人工控制改为系统自动生成订单,减少了人工抄料、叫料、录入物料订单等环节。

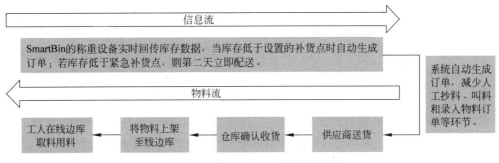

图 5-43 采用 SmartBin 管理线边物料

**2. 库位改善**

改善前该企业线边库只安装了一列货架,且有黄色栏杆。改善后拆除栏杆,充分利用空间,安装两列背靠背式的货架,单列货架宽度为40cm。这样,货架数量增加,也增加了线边库的容量。对物料的放置顺序进行调整与改善,原则为:

(1)紧固件首先按照不锈钢、热镀锌、电镀锌进行分类,每个大类中再依次按尺寸顺序进行放置;

(2)对于其他特殊标准件,如销子、卡簧等单独按照尺寸大小进行分类放置。

此外,预留四组不安装SmartBin的货架放置年使用量极少的物料(年用量几乎为0),并采用条形码模式进行管理。条形码模式是指,在物料盒上贴上带有条形码的标签,每周送货时查看是否有空料盒,如果有空料盒,则扫描物料的条形码标签,系统按照设置的补货数量生成订单,与SmartBin物料一起配送。

**3. 补货点与补货量优化**

根据该企业提供的物料历史平均年用量,计算物料的补货点和补货量。优化前对线边物料的管理为每周配送一次,补货点为物料的三周用量,每次补货量设置为四周的用量。以图5-44为例,系统每周二收集前一周低于补货点触发订单需求的物料,生成订单,仓库根据订单备货,周五配送至工位。如果某物料错过生成订单时间点,但又在周二时库存低于补货点,那么该物料需要等到七天后才能生成需求订单,并再等待三天才能收到补货。

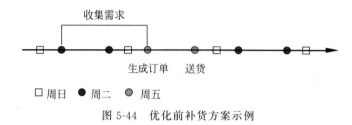

图 5-44 优化前补货方案示例

优化后,工厂采取每周二、周五配送两次的方式,因此补货点最低可设为两周的物料用量,每次补货量为三周的用量。即上周五生成的需求订单本周二配送,本周三生成的需求订单本周五配送。确定补货点与补货量后,还要综合考虑以下参数:

(1) 物流成本。由于紧固件价格低,因此发货一次不能只配送价值几十元的物料,造成物流成本高于物料价值。应根据仓库取料的平均成本、配送成本等计算最小订货量,实际设置的补货量应尽量高于最小订货量。

(2) 物料单位质量。根据补货点、补货量、物料单位质量等选择合适的 SmartBin 用于线边库存放物料。不同载重量的 SmartBin 可放置的层数也有相应要求,依据这些要求计算出所需 SmartBin 的总量。

(3) 物料体积。个别物料因包装关系,比如纸盒包装,或塑料件体积较大,不能单纯按照质量来选择 SmartBin 的类型,而要根据 SmartBin 适配的料盒体积来选择。

### 5.5.2 中兴通讯的智能物流模式

中兴通讯成立于 1985 年,是一家信息与通信技术(information and communication technology,ICT)业务制造企业,也是全球领先的综合通信与信息技术解决方案提供商。

在 ICT 制造企业的厂内物流环节中,应用传统物流模式存在效率低、成本高、柔性差、实物流与信息流难以可视可控等问题。在实现智能化物流升级过程中,传统有线/Wi-Fi 通信方式也会导致设备部署复杂、数据传输时延高、稳定性差等现象,使得智能设备的性能发挥受到影响。中兴通讯提出"用 5G 制造 5G"的生产理念,在南京建立 5G 全球智能制造基地,将八大类"5G+X"技术与智能物流技术深度融合(见表 5-16),并应用至厂内物流全业务场景,探索 5G 时代厂内智能物流新模式。该基地于 2020 年投产,提升了生产运营指标,有效支撑了疫情期间公司 5G 设备生产发货全流程的高效运行,也加速了企业数字化转型与智能制造升级。

表 5-16 典型 5G 应用场景

| 8 大类 5G 应用 | 15 小类典型应用场景 |
| --- | --- |
| 5G 云化 AGV 类 | (1) 中兴通讯 5G 自然导航 AGV<br>(2) 5G 自动叉车 |

续表

| 8大类5G应用 | 15小类典型应用场景 |
| --- | --- |
| 5G云化设备控制类 | （3）"5G＋AGV＋X"多设备柔性联动<br>（4）5G＋EMS全自动输送<br>（5）5G云化PLC现场控制 |
| 5G云化机器视觉类 | （6）5G机器视觉＋机器人自动换箱/拆码垛<br>（7）5G机器视觉＋货到机器人(GTR)全自动拣选线边仓<br>（8）5G机器视觉电子围栏 |
| 5G融合定位类 | （9）5G＋UWB周转器具实时定位<br>（10）5G＋UWB物流设备资产定位 |
| 5G智能安防类 | （11）库区/车间5G视频监控 |
| 5G数据采集类 | （12）物流数据采集<br>（13）设备状态采集 |
| 5G数字孪生类 | （14）5G＋数字孪生设备智能管控与调度 |
| 5G智能运营类 | （15）5G＋XR/AI/大数据/云计算运营指挥中心 |

其中最具代表性的为中兴通讯自研的5G云化AGV，通过在自然导航AGV中内置5G模组，采用5G通信，有效解决了传统Wi-Fi不稳定、不安全的问题。同时基于多接入边缘计算(multi-access edge computing，MEC)云端智能调度，进一步提升AGV的智能化水平。此外，通过采用"5G网络连接＋中间件控制"的通用化技术方案，将AGV与生产环境中多种周边设施进行柔性联动，有效解决了传统对接方案部署复杂、维护不便、投入成本高等问题，可满足更多复杂场景下AGV的柔性化需求。

中兴通讯已在公司内部五大制造基地批量应用150多台5G云化AGV，使得生产物流成本降低30%，显著提升了物流自动化、柔性化与可视化水平。

**1. 5G云化AGV的系统架构**

传统AGV采用Wi-Fi通信，通信稳定性与安全性较差，覆盖范围较小，难以满足跨栋、跨楼层等复杂场景下的AGV通信需求。此外，传统AGV由本地化系统调度的方式实现AGV的集群控制，当大规模部署时，对AGV本体系统的算力与性能要求均较高，导致AGV硬件配置复杂，成本高昂。

随着5G和边缘计算的发展应用，机器人端到基站的延迟可以达到毫秒级，基于5G网络的AGV实时应用系统架构(见图5-45)具有以下优势：

（1）5G云化部署。借助5G广覆盖、高带宽、低时延的优势，可支撑大规模组网调度，并能基于MEC实现云化地图构建，以及与线边仓、JIT系统、智能仓储立库的协同运作。

（2）MEC＋AI智能调度。边缘云MEC统一部署视觉导航，可以降低AGV单机成本的10%，降低场地部署成本的80%。MEC提供大数据、AI平台和大算力的支持，还为AGV提供了类人类决策能力。此外，AGV计算资源云化，便于企业数字化系统打通，助力企业数字化转型。

（3）激光与视觉无轨导航和视觉追踪。采用激光与视觉融合定位导航，行驶过程中动态获取车辆周围环境图像信息，并通过5G网络传送到MEC边缘云端进行统一处理、决策。

支持局部和全局路径自主规划、运动目标视觉检测、识别和追踪,支持基于深度学习的物体识别与分类,提高物流运行效率与柔性。

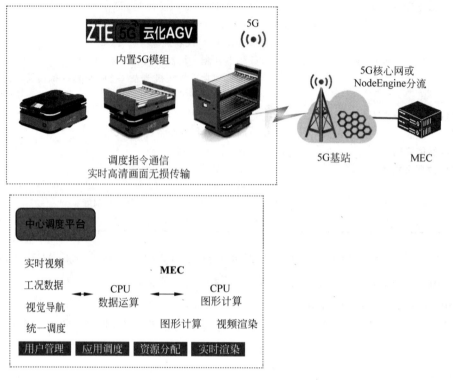

图 5-45　5G 云化 AGV 系统架构

**2. "5G＋AGV＋X"柔性连接技术**

随着生产自动化与柔性化需求的不断提升,物流场景也变得愈加复杂化与多样化,AGV 需与自动化设备、智能化存储设备等多种周边设施进行对接,完成更为灵活复杂的多设备联动应用。传统方案 AGV 与设备间采用 Wi-Fi 通信,部署实施复杂,且需对设备本体进行改造,实施成本高。中兴通讯基于 5G 网络连接,开发"5G＋AGV＋X"柔性连接技术,构建了一种通用化的中间件联动方案,将 AGV 与多种周边设施进行柔性连接与协同调度,进一步提升 AGV 的应用灵活性与部署便捷性。该"5G＋AGV＋X"(见图 5-46)柔性连接技术具有以下优势:

(1) 部署维护简单快捷。相比传统有线连接方案,5G 柔性联动方案仅需将设备控制器与 5G CPE 终端进行连接或采用 5G 云化 PLC 等设备,即可与服务器进行实时通信,省去了烦琐的线路部署工作,部署简单快捷,用户也无须担心线路老化等问题,后期维护省心省力。

(2) 设备本体无须改造。通过采用智能控制模块,可在不改变原有设备控制系统的前提下实现 AGV 与设备的智能联动,投入成本低,方案简单易于部署,设备安全性不受影响。

(3) 云化算力增强,减轻设备层系统压力。通过将设备控制系统云化部署在 MEC 侧,实现各设备系统算力的共享与均衡分配,有效减轻设备工控层系统压力,降低工控设备配置要求,减少设备成本投入。

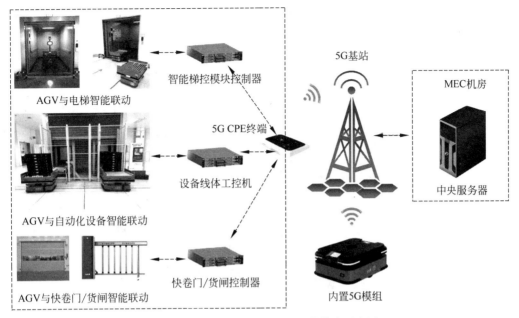

图 5-46 "5G+AGV+X"柔性连接技术示意图

# 习题

5-1 仓储管理的绩效评价指标有哪些?

5-2 应如何根据存取指数和选择性指数选择存储系统和物料搬运系统?

5-3 一个仓库堆垛机的垂直方向和水平方向移动速度分别为 25cm/s 和 40cm/s,相应的巷道长度和高度分别为 20m 和 12m。假设堆垛机的原始位置为离地面 1m 的最左边的位置,如图 5-47 所示。计算堆垛机完成存/取操作的最长等待时间。

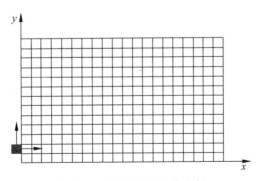

图 5-47 习题 5-3 中仓库实例

5-4 图 5-48 所示为一个仓库中的存储区域,深色标记为一个订单中物品的存储位置。若分别采用 S 形启发式方法和基于间隔的启发式方法进行该订单的拣货路径规划,试画出拣货员的拣货路线。

5-5 某公司要将 15 件包裹装箱发运,这 15 件包裹的质量如表 5-17 所示。假设货车容量为 500kg,采用最佳适应降序启发式算法(BFD)确定装车方案。

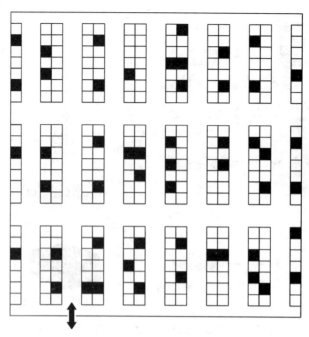

图 5-48 习题 5-4 中的仓库存储区

表 5-17 15 件包裹的质量

| 包裹数量 | 质量/kg | 包裹数量 | 质量/kg |
| --- | --- | --- | --- |
| 3 | 270 | 3 | 120 |
| 3 | 200 | 3 | 80 |
| 3 | 150 | | |

5-6 考虑一个 $W=11, L=16, n=7$ 的二维装箱问题,7 个物品的长宽特征 $(w_i, l_i)$ 分别为 $\{(6,8),(6,8),(7,8),(4,9),(5,7),(4,4),(5,6)\}$。分别采用有限首次适应算法和有限最佳适应算法确定需要使用的装载箱数量和装箱方案。

5-7 某公司计划建立一个新的配送中心,该配送中心的存储区需要容纳 6 万个装载箱。装载箱将存放在传统货架上,并通过传统的手推车运输。每个货架有五层搁板,每层搁板最多可容纳 5 个装载箱。货架的排列如图 5-49 所示,其中垂直巷道宽 1.5m,水平巷道宽 2.5m。每个箱子面积为 50cm×50cm。假设拣货员从第一个出/入口进入存储区的概率为 $p(0 \leqslant p \leqslant 1)$,从第二个出/入口进入存储区的概率为 $1-p$,确定存储区的大小。

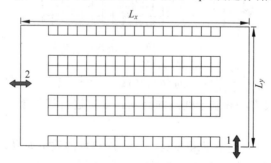

图 5-49 习题 5-7 中存储区货架布局

5-8  现需要对表 5-18 中所示的 21 件物品进行装箱,所使用的装载箱尺寸为:$L = 200\text{cm}, W = 150\text{cm}$。试采用有限首次适应算法确定装载方案。

表 5-18  习题 5-8 中的物品尺寸

| 物品编号 | 长/cm | 宽/cm | 物品编号 | 长/cm | 宽/cm |
| --- | --- | --- | --- | --- | --- |
| 1 | 60 | 70 | 12 | 60 | 50 |
| 2 | 40 | 90 | 13 | 130 | 90 |
| 3 | 50 | 60 | 14 | 100 | 50 |
| 4 | 30 | 20 | 15 | 50 | 130 |
| 5 | 100 | 60 | 16 | 20 | 60 |
| 6 | 100 | 70 | 17 | 90 | 70 |
| 7 | 40 | 80 | 18 | 130 | 50 |
| 8 | 100 | 100 | 19 | 50 | 30 |
| 9 | 140 | 50 | 20 | 60 | 30 |
| 10 | 90 | 70 | 21 | 80 | 40 |
| 11 | 80 | 30 | | | |

# 参考文献

[1]  GHIANI G, LAPORTE G, MUSMANNO R. Introduction to Logistics Systems Management[M]. 2nd ed. Chichester: John Wiley & Sons, Ltd., 2013.

[2]  TOMPKINS J A, WHITE J A, BOZER Y A, et al. Facilities Planning[M]. 4th ed. Hoboken: John Wiley & Sons, Inc., 2010.

[3]  魏学将,王猛,张庆英. 智慧物流概论[M]. 北京:机械工业出版社,2020.

[4]  罗邦毅. 基于机器视觉与系统集成的乳品智能装箱码垛生产系统[Z]. 浙江省科技成果,2019-07-26.

[5]  吴秀丽. 智慧仓内的智能算法应用现状综述[J]. 物流技术与应用,2019,24(8):118-123.

[6]  陈杰. 基于物联网的智能仓储管理系统研究[D]. 合肥:合肥工业大学,2015.

# 第 6 章

# 运 输 管 理

视频 6

运输管理在物流与供应链管理中至关重要,原因有两个:第一,运输成本在物流成本中占比最大(通常为 1/3～2/3);第二,运输服务会显著影响客户服务水平。高效且廉价的运输服务会增加物流系统中设施之间的经济运输距离,允许工厂在制造流程自动化水平高、熟练劳动力成本低、能源价格低的地方利用规模经济的方式运营。同时,便捷的运输使得我们可以向地理上相距较远的市场提供各类产品,打破距离的限制,这对消费者来说具有明显的好处。

货物运输涉及不同的参与者:①托运人,其为运输需求的来源,通常为生产制造企业,在某些情况下,企业可能使用自营车队进行运输;②承运人,其为客户提供运输服务;③政府部门,其建造和运营运输基础设施并在区域、国家或国际层面制定运输政策。

本章的学习目标有以下三点:①掌握不同运输方式的优、缺点,能够在不同情境下选择合适的运输方式;②了解运输管理过程中的不同数学模型的应用场景和求解方法;③理解智能运输的定义、特点与未来发展方向。

## 6.1 运输方式介绍

货物运输通常包含以下几种基本方式:航空运输、铁路运输、公路运输、水路运输和管道运输。某些运输方式(如航空运输)不能实现任何始发地和目的地之间的门到门运输,因此应与其他方式联合使用(联合运输,在 6.2 节中介绍)。

### 6.1.1 航空运输

航空运输是使用飞机或其他航空飞行器进行运输的一种运输方式。航空运输速度快,受地形限制小,火车和汽车无法到达的偏远地区可以使用航空运输。但是,航空运输通常价格很高。因此,一般质量小、价值高,能承担高运费,对时间要求高,且需要长距离运输的货物才采用航空运输。另外,紧急需要的物资,如救灾抢险物资等也使用航空运输。

航空公司是航空运输的承运方,其所面临的主要运作问题包括:确定枢纽节点的数量和位置;管理航线与航班;制订飞机的维修保养计划;调配机组人员;管理机票价格和确定不同价位机票的数量等。航空运输成本分为建设、租赁、购买基础设施和设备的固定成本,以及与每次航班相关的可变成本。后者中的燃油成本与劳动力成本等对于某次航班是基本固定的,另一部分成本则会受到货物或乘客数量影响。一次航班的大部分成本在起飞时就已经确定发生,因此航空公司需要最大化每次航班的收入,这意味着对机票的价格和供应数量的管理,即收入管理对于经营客运的航空公司来说十分关键。

## 6.1.2 铁路运输

铁路运输是使用铁路列车运送货、客的运输形式,主要承担大体积、高密度、高吨位重型货物的远距离运输。铁路运输速度快、受自然条件限制小、成本低,但是灵活性差,只能在固定线路上运行。因此,铁路运输适用于质量大、价值低、对价格不敏感的产品,一个典型的例子便是煤炭。2022 年,中国铁路承运商运送货物的质量约占货运总质量的 9.7%,运送货物的亿吨公里数则占货运总亿吨公里数的 15.9%,同时铁路运输货运量排名前两位的产品分别为煤与金属矿石。货物体积较小、对时间要求高,或是运输距离短的场景下,则不适用铁路运输。

铁路运输通常由铁路公司进行承运。铁路公司需要在机车、车厢、轨道建设和场站建设上投入大量的固定成本。每一辆列车发动后,其劳动力成本与燃料成本受车厢数量影响小,而受运行时间与距离影响大。这意味着列车开动后,车厢闲置会浪费大量成本,因此铁路公司的一个主要目标是保证机车和车组人员的有效利用。铁路运输常采用"组合成车"的方式,也就是只有当积累了足够数量的装载货物时才发车,这种方式增加了铁路运输时间的不确定性。为了适应市场经济发展,我国铁路部门推出了快运货物运输和定点、定线、定车次、定时、定价的"五定"班列货物运输,可以有效解决延误问题。

## 6.1.3 公路运输

公路运输是主要使用汽车在公路上进行货、客运输的一种方式。卡车运输是公路运输的主要形式。在大多数地方,卡车都在货物运输中占据重要的份额。卡车常常承担小批量的短途货运,或者是铁路运输与水运无法发挥优势的短途运输。卡车运输最大的优点是灵活性强,可以实现门到门运输,不需要转运或反复装卸、搬运。

卡车运输通常按照货物运输组织方法划分为整车运输(truckload,TL)和零担运输(less than truckload,LTL)。根据我国《公路货物运价规则》和《公路货物运输规程》规定,一般一次托运货物在 3t 以上为整车运输,货物质量不足 3t 但不能拼装、需要单独供车装运的也按整车运输办理。零担运输则指托运人一次托运货物质量少于 3t 的情况。

公路运输所需固定设施简单,车辆购置费用也相对较低,承运人常常拥有几辆卡车就可以从事整车运输业务。在中国,30% 以上的货车司机就是车主,90% 以上的运输公司只拥有少于 10 辆卡车,整车运输市场呈现出运力极度分散的格局。整车运输商需要尽可能保证车辆和设备的标准化、系列化和通用化,同时在较大范围内组织车辆循环运输,减少车辆的空驶,提高车辆行程利用率。零担运输商则还需要仓库来暂存、集拼货物。零担承运商通常经营地方性或全国性的轴辐式运输网络,我国的零担运输市场的基本格局为每个枢纽城市聚集大量的零担专线,全国有少数大型零担网络企业。零担运输的货源具有不确定性,组织工作相对复杂,单位运输成本较整车运输更高,运输时间较整车运输更长。

### 6.1.4 水路运输

水路运输是使用船舶运送货、客的一种运输方式,主要有四种形式:沿海运输、近海运输、远洋运输和内河运输。水运受水位、季节、气候等自然条件限制大,只能在特定的时间与区域进行。在中国,水路运输一般是利用内河运输系统,或是沿海水域。中国主要内河航运干线包括长江、珠江、淮河、黄河等。截至2022年年底,中国内河通航里程达到12.8万km,且我国主要通航河流都是由西向东流入大海,有利于实行河海联运。水运主要承担大批量、长距离的运输。但在内河和沿海,船舶也可作为小型运输工具。

由于水运成本低,运输能力大,通用性好,因此水路运输是全球贸易中最主要的运输方式。大型全球海运商包括马士基(Maersk)、地中海航运(Mediterranean Shipping Company S.A)、法国达飞海运集团(CMA CGM)、长荣集团(Evergreen Group)、赫伯罗特航运(Hapag-LIoyd)、美国总统轮船(American President Lines)和韩进海运株式会社(Hanjin Shipping Co.)等。水路运输可以运送各类产品,如汽车、谷物、石油等,还能方便地运送集装箱。全球范围内的水路运输存在的主要问题包括如何保障海洋运输的安全、提高港口与海关的效率等。

### 6.1.5 管道运输

管道运输是利用管道输送气体、液体和粉状固体(常见的为原油、精炼石油产品和天然气)的一种运输方式,它主要依靠压力使物体在管道内按照既定方向移动。2022年中国管道运输的亿吨公里数大约占货运总亿吨公里数的2.5%。管道运输大部分的固定成本在建设管道及其相关设施时产生。由于管道设备大多密封性良好,可以避免所运输物品的散失,也不存在其他运输设备本身在运输时消耗动力形成的无效运输问题。当运输物体达到管道容积率的80%~90%时,管道运输的运行效果通常最优。管道运输成本的性质,以及其静止不动的特点决定了其最适合流量较大、需要连续不断运送的产品,比如可以建设管道将原油运往港口或炼油厂。但是,为了将汽油运往加油站而建设一条管道就不是一个经济的选择,这时通常采用卡车运输。

## 6.2 运输方式的选择决策

上述不同的运输方式在两个指标上表现不同,即运输成本和运输时间(涉及可靠性)。无论是自己承运,还是外包运输服务,在选择运输服务时需要考虑到以下方面。

(1)运输成本。货物运输成本取决于托运人是自行运输还是将其委托给承运人。在前一种情况下,运输成本包括运输工具(自有或租用)的折旧、维护和保险、员工工资、燃料消耗、装卸和转运操作、相关场地管理和使用相关的成本总和。此外,对于某些特定的运输方式,会有额外的成本,例如海运或河运有港口使用费、运河运输费等。有一些成本仅取决于运输时间(如冷链运输中保持低温带来的成本、单次运输中司机的工资),一些成本仅取决于行驶距离(如燃料消耗),还有一些成本同时取决于时间和距离(如车辆折旧成本),而其他成本(如管理费用)通常作为固定的年度费用进行分配。

托运人购买承运商的运输服务时,可按承运商公布的费率计算运费。对于定制化的运输,满载成本取决于运输的起点和终点,以及所需运输工具的尺寸和设备配置。对于基于拼箱的运输,对每批货都会根据其物理特性(质量、密度等)划分成不同等级,然后进行运费计算。

通常情况下,航空运输是最昂贵的运输方式,往下依次是公路运输、铁路运输、管道运输和水路运输。根据调查可知,公路运输成本分别为铁路运输的 11.1～17.5 倍、水路运输的 27.7～43.6 倍、管道运输的 13.7～21.5 倍,但是只有航空运输的 6.1%～9.6%。

(2) 运输时间。运输时间是指货物从始发地运到目的地所需的时间,包括所有装载、卸货和转运操作所花费的时间。运输时间是一个受天气、交通条件、货物装卸程序等影响的随机变量,其变异系数(平均运输时间的标准偏差)是衡量运输服务可靠性的常用指标。根据对不同运输服务进行的多项统计调查可知,最可靠的运输方式通常是管道运输,往下依次是航空运输、铁路运输、公路运输和水路运输。

除了运输时间和运输成本之外,企业选择运输方式时还需要考虑以下因素:①货物的品种、性质与形状等,需要选择适合货物特性的运输方式。②货物运输期限。货物的交货时间与运输方式的运输时间密不可分。③运输距离。一般来说,300km 以内用汽车运输,300～500km 用铁路运输,500km 以上用船舶或者航空运输。④运输批量。15t 以下适用公路运输,15～20t 适用铁路运输,数百吨以上应选择水路运输。⑤运输方式的其他服务特性。如周转频率、安全性等。

下面具体分析和比较不同运输方式的优缺点。

(1) 航空运输。航空运输的优点为:①运输速度快;②机动性强,基本不受地理条件限制;③安全性高;④基本建设周期短,投资少;⑤货物包装要求低。缺点为:①载运量小;②运输成本高,燃料消耗大;③易受天气条件影响;④可达性差。

航空运输通常与公路运输一起使用,以提供门到门服务。虽然飞机的飞行速度非常快,但实际上在机场的货运处理过程会增加航空运输所需时间,因此航空运输在中短途运输上没有竞争力。相比之下,它在长距离运输高价值产品方面非常受欢迎(按价值计算,国际贸易量的大约 20% 使用航空运输)。与火车和轮船相比,飞机的容量(在质量和体积方面)相对有限,不能进行较大体积货物的运输。

(2) 铁路运输。铁路运输的优点为:①运输能力大;②运输适应性强,能抵抗气候影响;③运输安全性高;④运输时间准确;⑤运输能耗小,环境污染少;⑥单位运输成本低。缺点为:①初期基本建设投资高,周期长;②灵活性差;③货损较高。

铁路运输是一种适合运输原材料(煤炭、化学品等)和低价值成品(钢、纸、糖、罐头食品等)的运输方式。为了降低在铁路终点站内的转运成本,一次运输应尽可能运送多个车厢容量的货物。

(3) 公路运输。公路运输的优点为:①灵活性高,体现在空间、时间、批量、组织方式、服务与运行条件等方面;②需要的投资少,资金周转快;③货物损耗小,包装成本低。主要缺点为:①卡车容量有限;②运输成本高,能耗大;③劳动生产率低;④受气候、路面、交通状况等限制多。

半成品和成品的公路运输一般采用卡车来实现。整车运输服务在一次行程中将满载货物直接从起点移动到终点(见图6-1)。如果货物的总和远低于车辆容量(零担负载),则使用与中转站结合的几种卡车运输服务比使用直接运输服务更方便(见图6-2)。

图6-1 整车运输示意图(车辆直接将满载货物从B地移动到A地)

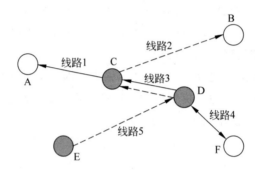

图6-2 零担运输示意图(实线与虚线分别代表两家零担运输承担商的线路,货物可以在城市C、D与E处进行中转)

(4) 水路运输。水路运输的优点为:①运输能力大;②建设投资少;③能耗小,成本低;④通用性好,能运输各种货物;⑤劳动生产率高;⑥占地资源少。缺点为:①船速较低;②受自然条件影响大;③可达性差,必须在水路航线上进行;④安全性容易受到威胁。

船运主要用于国际贸易,主要包括集装箱运输和散装物料(谷物、石油、煤炭等)运输。质量占比99%、价值占比50%的国际贸易使用水路运输方式。在进行跨大陆运输时,水路运输比航空运输成本低得多。

(5) 管道运输。管道运输的优点为:①运输量大,可以不间断进行运输;②建设周期短,费用少,占地少;③运输安全可靠,对于易燃、易爆、易渗透的物品,可以避免泄漏;④能耗低。缺点为:①专用性强,灵活性差;②初期建设成本高,当运输量较小、不稳定时,运输成本显著增加。

管道运输适合单向的、定点的、流量大的气体和液体(主要是石油、天然气、化学品等)的运输。此外,利用管道运输固态货物也有较好的发展前景。

(6) 联合运输。联合运输(intermodal transportation)是综合利用不同运输方式运送货物的一种运输形式,至少要求使用两种不同的运输方式进行两程衔接运输。理论上五种基本运输方式有多种组合,但实际上只有其中几种是较为常用的,最常见的联合运输服务是:航空-公路运输、铁路-公路运输、水路-公路运输,以及公路-水路-铁路运输。在全球贸易中,由于水路运输无法实现门到门运输,往往必须使用国际联运。集装箱因为可以促进货物标准化、提高装卸效率,成了多式联运中最常见的装载单位。如今越来越多的货物采取集装箱形式进行运输,2022 年中国港口完成集装箱铁水联运量为 834 万 TEU,同比增长了 14.3%。将不同的运输方式联合起来可以在价格和速度等方面形成任何单一的运输方式所无法比拟的竞争优势。比如,公路-铁路联运就可以实现门到门运输,并且交货时间短于铁路运输,同时成本比单纯的公路运输更低。

托运人在使用联合运输时,可以按照统一的运输规章与制度,只使用一个运输凭证。联合运输企业需要重点关注信息的交换,从而促进货物在各种模式之间的顺利转移,货物在不同方式间转移时会发生延误,从而增加了联合运输的不可靠性。

## 6.3 车辆分配问题

公路运输是几种运输方式中最为常见、应用最广泛的一种,涉及的问题也相对较多。因此,6.3 节到 6.6 节主要介绍几种公路运输中涉及的数学模型及其求解方法。

车辆分配问题(vehicle allocation problem,VAP)是指承运人在满载货物的长途运输中如何使利润最大化的一类问题,典型的例子为整车运输和集装箱运输。车辆交付负载货物后,变为空车,并移动到另一个运输任务的取货点。

为了简单起见,本节对研究的 VAP 问题做出以下假设:①车辆只有一种类型;②运输需求事先已知。该问题被建模为时间扩展有向图上的最小成本流问题(minimum-cost flow problem on a time-expanded directed graph)。有多种车辆类型、需求随机的情况更为复杂,本书中不作介绍。

定义一个计划周期由有限个时间段 $\{1,2,\cdots,T\}$ 组成。令 $N$ 为一组节点(如城市)的集合,其中每一个节点都是货物运输的取货或是交付点;$d_{ijt}$ 为在时间段 $t$ 内从节点 $i$ 到节点 $j$ 所需的车辆数;$\tau_{ij}$ 为从节点 $i$ 到节点 $j$ 的行驶时间;$p_{ij}$ 为将货物从节点 $i$ 运输到节点 $j$ 所获得的利润(减去了运营成本);$c_{ij}$ 为空车节点 $i$ 到节点 $j$ 的行驶成本;在时间段 $t$ 内节点 $i$ 的车辆数为 $m_{it}$。

定义以下决策变量:

$x_{ijt}(i \in N, j \in N, t \in \{1,2,\cdots,T\})$ 表示在时间段 $t$ 内将货物从 $i$ 点运输到 $j$ 点的车辆数量;

$y_{ijt}(i \in N, j \in N, t \in \{1,2,\cdots,T\})$ 表示在时间段 $t$ 内车辆以空车形式从 $i$ 点行驶到 $j$ 点的车辆数量。

则单一车辆类型确定性 VAP 可以建模如下:

$$\max \sum_{t=1}^{T}\sum_{i\in N}\sum_{j\in N, j\neq i}(p_{ij}x_{ijt} - c_{ij}y_{ijt}) \tag{6.1}$$

s.t.

$$\sum_{j\in N}(x_{ij1} + y_{ij1}) = m_{i1}, i \in N \tag{6.2}$$

$$\sum_{j\in N}(x_{ijt} + y_{ijt}) - \sum_{k\in N, k\neq i, t>\tau_{ki}}(x_{ki(t-\tau_{ki})} + y_{ki(t-\tau_{ki})}) - y_{ijt-1} = m_{it}, i \in N, t \in \{2,3,\cdots,T\}$$

$$\tag{6.3}$$

$$x_{ijt} \leq d_{ijt}, i \in N, j \in N, t \in \{1,2,\cdots,T\} \tag{6.4}$$

$$x_{ijt} \geq 0, i \in N, j \in N, t \in \{1,2,\cdots,T\} \tag{6.5}$$

$$y_{ijt} \geq 0, i \in N, j \in N, t \in \{1,2,\cdots,T\} \tag{6.6}$$

目标函数(6.1)最大化整个计划周期内的总利润。约束(6.2)和约束(6.3)在每个时间段的开始时刻保证车辆流量的守恒。由于这些约束的限制,决策变量 $x_{ijt}$ 和 $y_{ijt}$ 会隐式取到整数值。$d_{ijt} - x_{ijt}$ 表示被拒绝的运输量。而决策变量 $y_{ijt}$ 表示车辆以空车状态进行移动(当 $i=j$ 时车辆停留在原地)。约束(6.4)表明,在每个时间段,在起点 $i$ 与目的地 $j$ 之间进行满载运输的车辆数不超过所需求的车辆数。约束(6.5)和约束(6.6)定义了决策变量的取值范围。

【例 6-1】 运途是一家汽车运输公司。去年 5 月,该公司接收到了 4 个整车运输请求: 5 月 10 日从杭州到长沙,5 月 10 日从济南到郑州,5 月 12 日从上海到杭州(两辆车)。5 月 10 日,在杭州和长沙分别有一辆可以使用的卡车。另一辆卡车将于 5 月 11 日在上海变为可用状态。

各地点之间的运输时间如表 6-1 所示。卡车以空车状态行驶的成本为每行程日 500 元,进行满载运输的收入为每行程日 900 元。运途公司需要解决的问题是一个 VAP,其中 $T=\{5$ 月 10 日,5 月 11 日,5 月 12 日$\}=\{1,2,3\}$,$N=\{$上海,杭州,郑州,长沙,济南$\}=\{1,2,3,4,5\}$。从城市 $i(i \in N)$ 到城市 $j(j \in N)$ 的旅程的成本 $c_{ij}$ 可以简单地通过将每天的行驶成本乘以从城市 $i$ 到城市 $j$ 的行驶天数 $\tau_{ij}$ 获得,相应的利润 $p_{ij}$ 则等于 $400 \times \tau_{ij}$。此外,可用车辆的数量 $m_{it}(i \in N, t \in \{1,2,\cdots,T\})$ 除了 $m_{12}=1, m_{21}=1, m_{41}=1$,其余取值为 0。在时间段 $t$ 内从节点 $i$ 到节点 $j$ 所需的车辆数 $d_{ijt}(i \in N, j \in N, t \in \{1,2,\cdots,T\})$ 除了 $d_{241}=1$, $d_{531}=1, d_{123}=2$,其余取值为 0。

表 6-1 城市间旅程天数

| 城市 | 上海 | 杭州 | 郑州 | 长沙 | 济南 |
| --- | --- | --- | --- | --- | --- |
| 上海 | 0 | 1 | 2 | 2 | 2 |
| 杭州 | — | 0 | 2 | 2 | 2 |
| 郑州 | — | — | 0 | 2 | 1 |
| 长沙 | — | — | — | 0 | 2 |
| 济南 | — | — | — | — | 0 |

该 VAP 的最优解决方案是 $x_{241}^*=1, x_{123}^*=1, y_{441}^*=1, y_{112}^*=1, y_{442}^*=1, y_{443}^*=2$,而其余决策变量的取值为零。相应的最优成本是 1200 元。值得注意的是,5 月 10 日从济南到郑州的请求没有得到满足,5 月 12 日从上海到杭州的请求得到了部分满足。

## 6.4 车辆路径规划问题

车辆路径规划问题(vehicle routing problem,VRP)的目标是找到从一个或几个车场到若干需求点的服务路径,以最小化成本。可以在一个混合图 $G=(V,A,E)$ 上定义 VRP,其中 $V$ 是一组顶点,$A$ 是一组弧,$E$ 是一组边。顶点 0 代表有 $m$ 辆车辆所在的车场,而需要服

务的顶点子集为 $U \subseteq V$,需要服务的弧与边的子集为 $R \subseteq A \cup E$。VRP 旨在确定 $m$ 条从车场出发,并最终返回到车场的总成本最小的车辆路径,这些路径必须经过所有需要服务的顶点、弧和边。

在图 $G$ 中,弧和边对应于路段,而顶点对应于路口。通常情况下,客户由需要服务的顶点表示。若存在若干客户连续分布在一条路段上,则这些客户的需求可以由需要服务的弧或边表示(如城市道路垃圾收集)。例如,图 6-3 所示为一个道路网络示例图,图中有 8 个需要服务的客户(图中黑点)。道路 A 和 C 是双向道路,道路 B 是单向道路。图 6-4 中分别展示了车辆经过一条道路可以服务两侧客户与只能服务一侧客户时,图 6-3 对应的 VRP 问题的混合图 $G$,图 6-4 中待服务的顶点为灰色,待服务的弧和边以粗体显示。

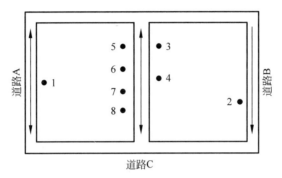

图 6-3　一个道路网络示例

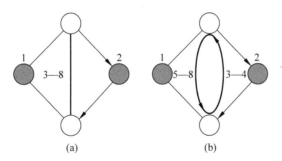

图 6-4　图 6-3 中道路网络对应 VRP 问题的图形表示
(a) 车辆可以服务道路两侧的客户;(b) 车辆只能服务道路单侧的客户

如果 $m=1$ 并且没有任何其他约束,则 VRP 问题退化为经典的旅行商问题(travelling salesman problem,TSP),该问题需要确定一个经过 $G$ 中所有顶点的路径环。

**1. VRP 中常见的约束**

VRP 中最常见的约束包括:
(1) 车辆数量 $m$ 可以是固定的,也可以是需要决策的变量;
(2) 在任何时候车辆运输的总需求不得超过其容量;
(3) 车辆路径的总时间不得超过其最大工作时长;
(4) 必须在预定的时间范围内为客户提供服务;
(5) 客户的需求必须由同一辆车交付,或者可以由多辆车分批交付;
(6) 客户之间有优先关系约束。

如果客户设置了服务时间窗口,或者在一天中车辆的旅行时间会发生变化,在进行车辆路径规划时就必须明确考虑时间问题。在这种情况下,VRP 通常被称为车辆路径规划和调度问题(vehicle routing and scheduling problem,VRSP)。

当车辆必须在指定的取货点和交货点之间进行货物运输时,就会自然而然地出现优先级约束。在此类问题中,取货和送货需要由同一辆车服务(不允许转运),并且车辆必须在服务送货点之前访问对应的取货点。另外一种场景是,当车辆必须先执行一组交货任务,然后执行一组集货任务时,就必须附加另一种优先级关系,即带有回程的 VRP,如图 6-5 所示。

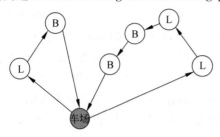

图 6-5 带有回程的车辆路径问题
L—需交货客户;B—需取货客户

**2. VRP 的目标函数**

对于每条弧和边 $(i,j) \subseteq A \cup E$,其行驶时间为 $t_{ij}$,行驶成本为 $c_{ij}$。此外,使用每辆车会发生一定的固定成本。VRP 问题最常见的优化目标是最小化车辆路径的总行驶成本,以及与车辆使用的固定成本之和。

如前文所述,在一些情况下,进行车辆路径规划时会出现特殊的约束。这些约束的出现也使得车辆路径规划问题具有多种变体,文献中所描述的算法通常是针对特定类型 VRP 问题的求解算法。因此,本节将介绍几类最为常见的 VRP,以及一些具有代表性的求解算法。有兴趣的读者也可以参考相关的文献以获取更多信息。

### 6.4.1 旅行商问题

在没有任何约束的情况下,单个车辆的 VRP 总是存在最优解。此时,VRP 问题简化为旅行商问题,即需要找到一条成本最低的经过车场和所有顶点的路径。可以在有向图 $G=(V,A)$ 上定义 TSP,其中 $V=U \cup \{0\}$ 为顶点集,$A$ 为弧集。每条弧 $(i,j) \in A$ 都对应有成本 $c_{ij}$,该成本等于 $G$ 中从 $i$ 到 $j$ 的最短路径成本,通常满足三角不等式:

$$c_{ij} \leqslant c_{ik} + c_{kj}, \forall (i,j) \in A, k \in V, k \neq i,j \tag{6.7}$$

由于具有这个性质,则存在一个 TSP 的最优解,该解为一个汉密尔顿回路,即一个 $V$ 中所有顶点都正好出现一次的回路。因此,在求 TSP 的最优解时,可以设法去找这样一个汉密尔顿回路。

如果任意两个顶点 $i,j \in V$ 间的成本满足 $c_{ij} = c_{ji}$,则称该 TSP 为对称 TSP(symmetric TSP,STSP),否则为不对称的 TSP(asymmetric TSP,ATSP)。常见的导致成本不对称的原因为道路是单向的。本节重点介绍 STSP。

STSP 问题可以建立在无向图 $G=(V,E)$ 上,其中每条边 $(i,j) \in E$ 的路径成本为 $c_{ij}$。$x_{ij}$ 为决策变量,当边 $(i,j) \in E$ 属于成本最小的汉密尔顿回路时为 1,否则为 0,则 STSP 问题可以如下建模:

$$\min \sum_{(i,j) \in E} c_{ij} x_{ij} \tag{6.8}$$

s.t.

$$\sum_{i \in V: (i,j) \in E} x_{ij} + \sum_{i \in V: (j,i) \in E} x_{ji} = 2, j \in V \quad (6.9)$$

$$\sum_{(i,j) \in E: i \in S, j \notin S} x_{ij} + \sum_{(j,i) \in E: i \in S, j \notin S} x_{ji} \geq 2, S \subset V, 2 \leq |S| \leq \lceil |V|/2 \rceil \quad (6.10)$$

$$x_{ij} \in \{0,1\}, (i,j) \in E \quad (6.11)$$

目标函数(6.8)为最小化路径总成本。约束(6.9)保证恰好有两条边与每个顶点相连。不等式(6.10)表明,对于每个顶点子集 $S,S \subset V$,至少存在两条边,这两条边的一个端点在集合 $S(S \subset V)$ 中,另一个端点在集合 $V\setminus S$ 中(连通性约束)。由于子集 $S$ 的连通性约束和它的补集 $V\setminus S$ 的连通性约束是等价的,因此只需要考虑最多包含一半顶点数量(向上取整)的子集。当 $|S|=1$ 时,因为有约束(6.9)的存在,约束(6.10)是多余的。连通性约束也可以被替换为以下等效的子回路消除约束:

$$\sum_{(i,j) \in E: i,j \in S} x_{ij} + \sum_{(j,i) \in E: j,i \in S} x_{ji} \leq |S| - 2, S \subset V, 2 \leq |S| \leq \lceil |V|/2 \rceil \quad (6.12)$$

接下来介绍针对 TSP 问题的最近邻启发式算法和局部搜索算法。最近邻启发式算法可以很快地产生一个所需的 TSP 解,但是该解通常较劣,因此可以将最近邻启发式算法产生的解作为局部搜索算法的初始解,通过迭代改进得到更优良的解。

**1. 最近邻启发式算法**

最近邻启发式算法是典型的贪婪算法,它通过不断将上一次迭代中插入的顶点连接到离其最近的未插入路径的顶点实现迭代,构建汉密尔顿回路。其具体步骤如下:

**步骤1**:初始化。令 $C=\{r\}$,其中 $r$ 是从 $V$ 中随机选择的一个顶点,令 $h=r$。

**步骤2**:确定满足 $c_{hk} = \min_{j \in V \setminus C} \{c_{hj}, c_{jh}\}$ 的顶点 $k \in V \setminus S$。把 $k$ 添加到 $C$ 的末尾。

**步骤3**:如果 $|C|=|V|$,把 $r$ 添加到 $C$ 的末尾,此时 $C$ 已经是所需的汉密尔顿回路,则结束算法并返回该结果;否则,令 $h=k$ 并回到步骤2。

**2. 局部搜索算法**

局部搜索算法是一种通过迭代尝试改进初始可行解 $x^{(0)}$ 的启发式算法。在第 $h$ 步,枚举包含在当前解 $x^{(h)}$ 的"邻域"中的解。如果存在比当前解 $x^{(h)}$ 成本更低的可行解,则将邻域的最优解作为新的当前解 $x^{(h+1)}$ 并迭代该过程;否则,程序将停止(最后一个当前解是局部最优解)。其具体步骤如下:

**步骤1**:初始化。$x^{(0)}$ 为初始可行解,$N(x^{(0)})$ 为其邻域。令 $h=0$。

**步骤2**:枚举 $N(x^{(h)})$ 中的可行解,选出最优可行解 $x^{(h+1)} \in N(x^{(h)})$。

**步骤3**:若 $x^{(h+1)}$ 的成本低于 $x^{(h)}$,则令 $h=h+1$ 并回到步骤2;否则停止算法并输出 $x^{(h)}$ 作为找到的最优解。

对于 STSP,$N(x^{(h)})$ 通常被定义为所有可以通过用 $k$ 条 $E$ 中其他的边替代掉 $x^{(h)}$ 中 $k$ 条原有边的汉密尔顿回路($k$-交换)。基于 $k$-交换的局部搜索算法步骤如下:

**步骤1**:$C^{(0)}$ 为原本的汉密尔顿回路,$z_{\text{STSP}}^{(0)}$ 为其成本。令 $h=0$。

**步骤2**:确定可以通过 $k$-交换得到的最优可行解 $C^{(h+1)}$。若 $z_{\text{STSP}}^{(h+1)} \geq z_{\text{STSP}}^{(h)}$,停止,$C^{(h)}$ 是 STSP 的一个汉密尔顿回路。

**步骤 3**：令 $h=h+1$，回到步骤 2。

在基于 $k$-交换的局部搜索算法中，$k$ 可以固定不变，也可以动态增加以便在可能时加强搜索。步骤 2 的每次执行都需要 $O(|V|^k)$ 次操作，因此为了限制计算量，通常将 $k$ 设置为 2 或 3。

### 6.4.2 具有容量和长度约束的车辆路径规划问题

在具有容量和长度约束的车辆路径规划问题（vehicle routing problem with capacity and length constraints，VRPCL）中，需要规划 $m$ 条总成本最低的车辆路径，每条路径的起点和终点都为车场，并且满足：

(1) 每个客户点均被访问一次；
(2) 客户 $i(i \in U)$ 的需求为 $p_i$，每辆车服务的客户的总需求不能超过车辆容量 $q$（假定所有车辆相同），即车辆具有容量约束；
(3) 客户 $i(i \in U)$ 的服务时间为 $s_i$；
(4) 每条路径的总时长（包括服务时间和行驶时间）不得超过给定的轮班时长 $T$。

可以在一个完全有向图 $G=(V,A)$ 或一个完全无向图 $G=(V,E)$ 上定义 VRPCL。顶点集 $V$ 由车场 0 和 $U$ 中的客户点组成。此处假设成本矩阵 $C=[c_{ij}](i,j \in U \cup \{0\})$ 为对称矩阵。$x_{ij}$，$(i,j) \in E$ 为决策变量，当边 $(i,j) \in E$ 被选为车辆路径时为 1，否则为 0。VRPCL 的模型如下：

$$\min \sum_{(i,j) \in E} c_{ij} x_{ij} \tag{6.13}$$

s.t.

$$\sum_{i \in V:(i,j) \in E} x_{ij} + \sum_{i \in V:(j,i) \in E} x_{ji} = 2, j \in U \tag{6.14}$$

$$\sum_{i \in V:(0,i) \in E} x_{0i} = 2m \tag{6.15}$$

$$\sum_{(i,j) \in E: i \in S, j \notin S} x_{ij} + \sum_{(j,i) \in E: i \in S, j \notin S} x_{ji} \geqslant 2\alpha(S), S \subseteq U, |S| \geqslant 2 \tag{6.16}$$

$$\sum_{(i,j) \in E: i \in S, j \notin S} x_{ij} + \sum_{(j,i) \in E: i \in S, j \notin S} x_{ji} \geqslant 4, S \subseteq U, |S| \geqslant 2, t^*_{\text{STSP}}(S) > T \tag{6.17}$$

$$x_{ij} \in \{0,1\}, (i,j) \in E \tag{6.18}$$

目标函数(6.13)为最小化总的车辆行驶成本。约束(6.14)保证每个客户都必须被且仅被服务一次。约束(6.15)保证有 $2m$ 条边与车场 0 连接。容量约束(6.16)规定为在 $U$ 的子集 $S$ 中为客户服务的车辆数量大于等于下界 $\alpha(S)$。$\alpha(S)$ 是一个 1-BP 问题的最优解，该 1-BP 问题有质量分别为 $p_i(i \in S)$ 的 $|S|$ 个物品，且箱子容量为 $q$ 的最优解（见 5.3.4 节）。$\alpha(S)$ 也可以通过以下计算获得：$\alpha(S) = \lceil (\sum_{i \in S} p_i)/q \rceil$。长度约束(6.17)确保当由 $S \cup \{0\}$ 构成的 STSP 汉密尔顿回路的持续时间 $t^*_{\text{STSP}}(S)$ 超过 $T$ 时，只使用一辆车不足以服务 $S$ 中的所有客户。式(6.18)为决策变量取值范围约束。

以下介绍几种构建 VRPCL 初始解的启发式方法。

#### 1. "先聚类，再规划路径"启发式方法

"先聚类，再规划路径"的启发式方法包含两个步骤。首先，将客户集划分为子集 $U_k \subset$

$U$,每个子集 $U_k$ 由车辆 $k=1,2,\cdots,m$ 服务。然后,对于每辆车使用精确或启发式算法求解由 $U_k \cup \{0\}$ 构成的完全子图上的旅行商问题。客户集的划分可以基于客户区域进行,也可以通过其他方法实现。

### 2. "先规划路径,再聚类"启发式方法

"先规划路径,再聚类"的启发式方法同样包含两个步骤。首先,通过精确或启发式旅行商问题算法生成单个汉密尔顿回路(对于 VRPCL 通常是一个不可行解)。然后,将该环路分解为 $m$ 条可行的路径,这些路径都起始并终止于车场。

### 3. 节约算法

节约算法是一种通过迭代生成最终路径的方法。首先生成 $|U|$ 条不同路径,每个路径都为一个客户提供服务。在后续每轮迭代中,该算法尝试合并一对路径,以降低成本(被称为节约)。与使用单个路径分别服务客户 $i$ 和 $j$ 相比,在一条路径上服务客户所节省的成本 $s_{ij}$ 为

$$s_{ij}=c_{0i}+c_{0j}-c_{ij}, i,j \in U; i \neq j \tag{6.19}$$

由于对于任意 $c_{ij}(i,j \in U)$,三角不等式成立,因此,$s_{ij}$ 非负。如果 $i \in U$ 是合并中的第一条路径的最后一个客户,并且 $j \in U$ 是第二条路径的第一个客户,则该公式仍然成立。当不能再合并任何两条路径时,节约算法停止。该算法的具体步骤如下:

**步骤 1**:初始化。令 $C$ 为 $|U|$ 条初始路径 $C_i=\{0,i,0\}(i \in U)$ 的集合。对于每对顶点 $i,j \in U, i \neq j$,利用式(6.9)计算节约值 $s_{ij}$。令 $L$ 为以非递增方式排序的节约值列表(因为 $s_{ij}=s_{ji}, i,j \in U, i \neq j$,列表 $L$ 仅包含每对不同客户的一个节约值)。

**步骤 2**:从列表 $L$ 的顶部提取 $s_{ij}$。如果顶点 $i$ 和 $j$ 分别属于 $C$ 中的两条路径,其中 $i$ 和 $j$ 直接与车场相连(参见图 6-6),并且通过将边 $(0,i)$ 和 $(0,j)$ 替换为边 $(i,j)$ 得到的合成路径是可行的,则合并两条路径并更新 $C$。

**步骤 3**:如果 $L=\varnothing$,则不可能合并更多的路径对,停止算法并返回 $C$。如果 $L \neq \varnothing$,返回步骤 2。

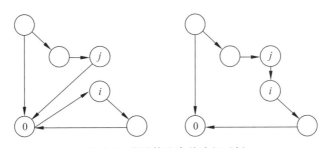

图 6-6 节约算法合并路径示例

节约算法的计算复杂度由节约值排序算法决定,为 $O(|V|^2 \log |V|^2)=O(|V|^2 \log |V|)$。在实践中,该方法非常快,但是解的质量可能很差。计算实验表明,节约算法的误差通常为 5%~20%。节约算法灵活性高,可以添加其他约束(如客户时间窗口约束),但是这时算法解的质量可能会很差。因此,在处理与容量和长度约束不同的约束时,通常采用其他更加定制化的算法。

**【例 6-2】** 考虑一个如下的 VRPCL 问题:一个供应商收到了来自 5 家零售店的 5 个

订单,每个订单的需求大小如表 6-2 所示。供应商和零售店之间的距离如表 6-3 所示。供应商使用的配送车辆的容量为 100。

表 6-2 零售店订单需求

| 零售店 | 订单需求 | 零售店 | 订单需求 |
|---|---|---|---|
| 1 | 40 | 4 | 20 |
| 2 | 50 | 5 | 50 |
| 3 | 30 | | |

表 6-3 各点之间的距离

| 点 | 0 | 1 | 2 | 3 | 4 | 5 |
|---|---|---|---|---|---|---|
| 0(供应商) | 0 | 101 | 89 | 110 | 101 | 78 |
| 1 | | 0 | 28 | 22 | 40 | 64 |
| 2 | | | 0 | 50 | 63 | 36 |
| 3 | | | | 0 | 22 | 84 |
| 4 | | | | | 0 | 94 |
| 5 | | | | | | 0 |

如果使用"先聚类,再规划路径"的方法,可以将零售店先聚为两个不相交的子集:

$$U_1 = \{2, 5\}$$
$$U_2 = \{1, 3, 4\}$$

注意每一个子集内的需求总和都不超过车辆容量,可以在分别由 $U_1 \cup \{0\}$ 与 $U_2 \cup \{0\}$ 构成的两个完全子图上求解两个独立的旅行商问题。该方法求解的结果如图 6-7 所示,总距离为 449。

如果对上述问题使用"先规划路径,再聚类"的方法,首先会生成一个总距离为 287 的汉密尔顿回路,如图 6-8 所示。然后,该回路被分解为两条可行的路径,刚好也是图 6-7 所示的路径。

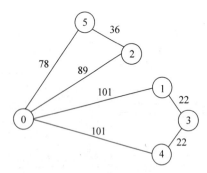

图 6-7 问题的一个解的路径

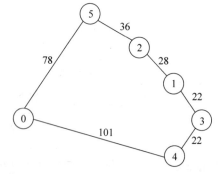

图 6-8 使用"先规划路径,再聚类"方法生成的汉密尔顿回路

如果对该问题使用节约算法,则首先生成 5 条单独的路径:

$$C_1 = \{0, 1, 0\}$$
$$C_2 = \{0, 2, 0\}$$

$$C_3 = \{0,3,0\}$$
$$C_4 = \{0,4,0\}$$
$$C_5 = \{0,5,0\}$$

接下来计算每一对 $i,j \in U, i \neq j$ 的节约值（见表6-4）。

表6-4 针对该问题计算的节约值

| | 1 | 2 | 3 | 4 | 5 |
|---|---|---|---|---|---|
| 1 | — | 162 | 189 | 162 | 115 |
| 2 | | — | 149 | 127 | 131 |
| 3 | | | — | 189 | 104 |
| 4 | | | | — | 85 |

初始化节约值列表，得

$$L = \{s_{13}, s_{34}, s_{14}, s_{12}, s_{23}, s_{25}, s_{24}, s_{15}, s_{35}, s_{45}\}$$

首先尝试合并路径 $C_1$ 与 $C_3$，生成路径 $C_6 = \{0,1,3,0\}$，然后合并 $C_6$ 与 $C_4$ 生成路径 $C_7 = \{0,1,3,4,0\}$。接下来，对于 $s_{25}$，合并 $C_2$ 与 $C_5$ 生成路径 $C_8 = \{0,2,5,0\}$。最后的结果仍如图6-7所示，总距离为449。

## 6.4.3 旅行时间估计

计算路网节点之间的距离通常很简单，但是要准确估算相应的行驶时间则较为困难。造成这种现象的原因有多种。首先，车辆行驶速度取决于一天中的时段，一周中的某一天，以及是否为假期等。在大多数市区，高峰时间每天两次，早上一次，下午一次，这是大多数人上下班的时间段。在某些地区，周末的交通流量要比周一至周五的交通流量少。其次，天气状况、事故等因素可能会扰乱公共交通系统，体育比赛、音乐会等活动也会导致车辆平均行驶速度出现明显的波动。

在过去的几十年中，在线监测车辆行驶时间的信息系统数量激增，这些信息系统通过对来自多种传感设备（包括放置在道路中的检测器、视频车辆监测装置，以及车辆GPS等）的数据进行处理，对行驶时间进行估计。用于预测行程时间的输入包括交通流量、速度和道路占用率数据等，所采集的交通数据一般是时间序列数据。根据输入数据的不同，预测模型可以分为直接模型与间接模型，直接模型使用旅行时间的观测值预测未来的旅行时间，间接模型则更多基于流量和速度等数据进行预测。使用的模型可以是统计模型，如ARIMA模型、动态线性模型、非参数模型等，也可以是人工智能模型，一般为各种神经网络。

一种比较简单的行驶时间估计方法是根据某条道路的特征值，通过回归分析得到估计值。为此，首先需要确定影响行驶时间的因素，然后使用包含这些因子的函数估计平均行驶时间。最常见的与道路行驶时间相关的因素有：车道数量，道路宽度，是单向还是双向，停车规定，交通量，交通信号灯数量，停车标志数量和路面质量等。

【例6-3】 在一项校车路径与调度的相关研究中，通过以下公式估算车辆在某城市街道上的行驶速度进而得到相应的行驶时间：$v = \bar{v} + 3.33x_1 + 12.1x_2 + 2.45x_3 + 2.19x_4 - 5.25x_5 + 6.5x_6$。其中，$\bar{v} = 12.38$km/h 为正常条件下的公交平均速度；$x_1$ 为街道车道的总数；$x_2$ 为可用于公共汽车的街道车道的数量；$x_3$ 对于单向道路情况等于 1，否则等于 0；如果道路路面状况不好，$x_4$ 等于 1，如果道路路面状况良好，$x_4$ 等于 2；$x_5$ 考虑了交通量（1＝低，2＝中，3＝高）；$x_6$ 为交通信号中绿灯所占时间的比例。这些变量的系数通过回归分析得到。

## 6.5 选址与车辆路径规划集成问题

设施选址和路径规划是物流中的两个基本决策。在进行设施选址决策时，如果没有充分考虑运输成本，可能会导致决策偏差。因此，应当将设施设置产生的运输成本整合到设施选址的分析决策中。例如，航空公司枢纽位置的选择取决于路由成本，车场或仓库的位置影响其向客户的交付成本等。

选址与路径规划集成问题(location-routing problem，LRP)属于网络优化问题，本节重点关注物流与配送系统中的 LRP 问题，涉及设施的位置决策以及服务客户的路径规划。并假设设施和客户分别属于不相交的离散集合。

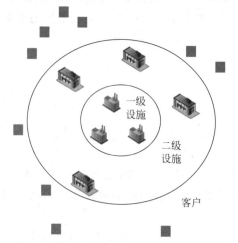

图 6-9　一个包含三级设施的配送系统示意图

以图 6-9 所示的配送系统为例进行分析，在此示例中，一共有三级设施，分别为一级设施（工厂）、二级设施（仓库）和客户。如果已知一级设施和客户的位置，需要对二级设施的位置进行选址，则决策变量包括这些二级设施的数量、位置，以及相关的配送路径。当然，配送系统也可以包含多级设施。

此处考虑两种配送方式：

$R$：来自 $t$ 级的所有配送行程都是单客户行程（即一次配送仅服务单个客户）。

$T$：来自第 $t$ 级的配送行程可能是多客户行程（即一次配送中服务多个客户），也可能是单客户行程。

根据位于 $t$ 级设施的车辆所使用的配送模式 $M_t$，用表达式 $\lambda \backslash M_1 \backslash \cdots \backslash M_{\lambda-1}$ 表示 LRP 的类型，其中 $\lambda$ 为配送系统级数。那么，在一个三级配送系统中，具有以下四种类型的 LRP。

3/R/R：一级设施至二级设施、二级设施至客户之间都是满载配送，一般适用于木材、水泥等大宗物料运输。

3/R/T：货物通过满载运输配送至二级设施，再以较小的批量配送给客户，如食品的配送。

3/T/R：客户先将货物集中到中间设施，再批量运送至一级设施。

3/T/T：这种模式的一个典型应用是快递公司将快递从网点运送到各个代收点，在代收点则由客户自行取件，或送货上门。

在 LRP 问题中：

（1）必须在至少一级中做出设施选址决策，否则该问题将简化为单纯的车辆路径规划问题；

(2)必须在至少一级进行多客户行程（$M_t = T$）配送,否则该问题将转化成一个单纯的设施选址问题。

LRP 常见的优化目标是最小化路径成本、车辆固定成本和仓库运营成本的线性组合。例如,一个 3/R/T 的 LRP 包含以下两个决策：

(1)第二级设施应在什么位置进行选址？

(2)从第一级设施(供应源)到第二级设施,以及从第二级设施到客户的配送路径是什么？

最终的解决方案必须满足以下条件：①系统总成本最低；②满足所有客户要求,且不违背车辆容量约束；③使用的车辆数量不超过给定上限；④路径长度在给定的最大距离内；⑤路径持续时间不超过预设时间；⑥任何一条车辆路径都仅通过一个第二级设施；⑦满足设施的吞吐量约束。

该问题同时规划了设施选址与配送路径,包含的整数决策变量和约束数量很多,因此几乎无法求出最优解。通常应用基于分解原理的启发式方法进行求解：首先进行设施选址决策,并将前序节点和后继节点分配给已选址设施,然后进行路径规划。算法对这些决策进行迭代,直到无法对解做出改进为止。

## 6.6 库存与车辆路径规划集成问题

库存与路径规划集成问题(inventory routing problem, IRP)也是一类组合决策问题,以集成化的方式同时进行库存控制和路径规划。在传统方法中,供应商从自己的客户那里接收订单,并根据客户的选择进行配送。当客户在有限的时间间隔内以固定或变化的速度消耗产品,而供应商必须根据客户仓库的存储容量来规划要供应的产品数量时,就引发了库存与路径规划集成的问题。在 IRP 中,供应方对客户的补货策略进行决策,并确保补货数量、客户仓库容量,以及配送车辆容量满足约束。IRP 的优化目标是最小化一定计划周期内的总成本(库存和运输成本)。因此,一个 IRP 包含以下三个决策：

(1)什么时候为客户服务？

(2)每次服务一位客户时运送多少产品？

(3)使用怎样的补货路径？

与求解 VRP 相比,求解 IRP 的难度更大,这是因为 IRP 整合了一定程度的战术决策,即协调分布在一定地理区域内的一组客户的补货策略,以及在计划周期内的配送决策。

### 6.6.1 静态确定型 IRP

本节介绍定义在一个完全图 $G=(V,E)$ 上的经典单产品 IRP 模型。$V=U\bigcup\{0\}$,其中 $U$ 为要服务的客户集合,0 代表供应商。供应商有车辆容量为 $Q$ 的同质车队 $K$,用于产品配送。对于每条边 $(i,j) \in E$,都有一个非负的行驶成本 $c_{ij}$,即从 $i$ 到 $j$ 的最短路径成本(满足三角形不等式)。

计划周期 $T$ 可以是离散区间,也可以是连续区间,客户 $i \in U$ 对产品的消耗可以相应地用 $q_i^t$ 或 $\mu_i^t$ 来表示。当 $T$ 是离散区间,即 $T=\{1,2,\cdots,H\}$ 时,$q_i^t$ 表示时间段 $t \in T$ 内客户 $i$

的消耗量;而当 $T$ 是连续区间,即 $T=[1,H]$ 时,$\mu_i^t$ 表示时间段 $t$ 内客户 $i$ 的产品消耗速率。

对于供应商,在时间段 $t \in T$ 中可用的产品数量用 $p^t$ 表示。$I_0^0$ 为供应商的初始库存水平,$I_i^0$ 为客户 $i$ 的初始库存水平。在时间段 $t$ 的开始(或末尾),供应商和客户 $i$ 的库存水平分别用 $I_0^t$ 和 $I_i^t$ 表示。供应商和客户 $i \in U$ 的最大存储容量分别由 $C_0$ 和 $C_i$ 表示。另外,供应商和顾客 $i$ 的每单位产品的库存成本分别用 $h_0$ 和 $h_i$ 表示。从以下示例中可以看出 IRP 的求解难度。

【例 6-4】 考虑如下的具有离散计划周期(以天为单位)的 IRP。表 6-5 列出了车辆在车场与各个客户之间的行驶成本。

表 6-5 车场与各客户间的行驶成本

| 行驶成本 | 车场 | A | B | C | D |
|---|---|---|---|---|---|
| 车场 | 0 | 100 | 100 | 100 | 100 |
| A | | 0 | 10 | 150 | 150 |
| B | | | 0 | 140 | 150 |
| C | | | | 0 | 10 |
| D | | | | | 0 |

表 6-6 列出了每个客户的最大库存容量 $C_i$ 和每日产品消耗量 $q_i$。

表 6-6 各客户的最大库存容量与每日产品消耗量

| 客户 | 最大库存水平 | 每日消耗量 | 客户 | 最大库存水平 | 每日消耗量 |
|---|---|---|---|---|---|
| A | 7500 | 1500 | C | 3000 | 3000 |
| B | 4500 | 4500 | D | 6000 | 2275 |

假设 $I_i^0 = L_i (i \in U)$,并且供应商的运输车辆数量不限,车辆容量为 $Q=7500$ 单位产品。此外,假设供应商的供应数量无限,并且相比于运输成本,库存成本可以忽略不计。需要在避免客户出现缺货,并满足最大存储容量、车辆容量等约束的条件下,找到针对 A、B、C、D 这四个客户的最优补货策略。实际上,有 15(即 $2^4-1$)种不同的组合方法来进行客户服务(对于连续问题则存在无限数量的组合)。

一种可行方案是:

在日期 $t$:

第一辆车运送 1500 单位产品给客户 A,运送 4500 单位产品给客户 B,运输成本为 210 元。

第二辆车运送 3000 单位产品给客户 C,运送 2250 单位产品给客户 D,运输成本为 210 元。

这种送货方式下每日的总的运输成本为 420 元。

另一种可行方案是:

在日期 $t$:

第一辆车运送 4500 单位产品给客户 B,运送 3000 单位产品给客户 C,运输成本为 340 元。

在日期 $t+1$：

第一辆车运送 3000 单位产品给客户 A，运送 4500 单位产品给客户 B，运输成本为 210 元。

第二辆车运送 3000 单位产品给客户 C，运送 4500 单位产品给客户 D，运输成本为 210 元。

这种送货方式下每日的平均运输成本为 380 元。

### 6.6.2 随机 IRP 问题

静态确定型 IRP 假设客户对于产品的消耗速率是已知且恒定的，然而在现实生活中，问题通常是随机和动态的。因此，IRP 的一个重要变体是随机库存与车辆路径规划集成问题（stochastic inventory routing problem，SIRP）。

SIRP 与 IRP 的不同之处在于客户的需求是不确定的。在 SIRP 中，客户 $i \in U$ 在时间段 $t \in T$ 的需求量通常服从一个已知的概率分布。由于客户需求的不确定性，会出现客户缺货的情况，即无法总是避免缺货。对缺货成本的定义方式有多种，通常使用包括固定部分和可变部分的定义方式，即 $S_i + s_i d$，其中 $S_i$ 为固定缺货成本，$s_i$ 为单位可变缺货成本，$d$ 为产品短缺量，即从缺货到补货之间损失的需求。其目的是找到一种客户交付策略，使得在计划周期内单位时间的平均成本或预期的总折扣成本最小化。

为了更好地展示 IRP 和 SIRP 以及它们之间的区别，本节分析一个单客户问题。如果有多个客户，但车辆在一次行程中总是只访问一位客户（即直接交付），并且有数量足够多的车辆服务一天中所要服务的所有客户，则单客户分析也同样适用这种情况。

对于单客户 IRP，假设客户的产品消耗速率为 $q$，客户仓库容量为 $C$，初始库存水平为 $I$，向客户的交付成本为 $c$，车辆容量为 $Q$，计划时间周期为 $T$。显然，最佳的策略是在客户库存即将为 0 时，准确地为其补货。因此，计划周期 $T$ 内的成本 $v_T$ 为

$$v_T = \max\left(0, c\left\lceil \frac{Tq-I}{\min(C,Q)} \right\rceil\right) \tag{6.20}$$

接下来考虑单客户 SIRP，假设客户的日需求 $u$ 是具有已知概率分布的随机变量。文献 [6] 提出了"$d$ 天策略"，即每 $d$ 天向顾客交付一次，并且每次都尽可能多地发货，除非客户提前出现缺货。如果客户提前出现缺货，则车辆立即补货，这时将产生成本 $S$。该策略假定交货是瞬时的。

令 $p_j$ 为在第 $j$ 天（$1 \leq j \leq d-1$）首次发生缺货的概率。那么 $p = p_1 + p_2 + \cdots + p_{d-1}$ 是 $[1, 2, \cdots, d-1]$ 内发生缺货的概率，而 $1-p$ 是该周期内没有缺货的概率。此外，用 $v_T(d)$ 表示该策略在计划周期 $T$ 内的期望总成本。对于 $d \geq T$，则

$$v_T(d) = \sum_{1 \leq j \leq T} p_j (v_{T-j}(d) + S) \tag{6.21}$$

而对于 $d \leq T$：

$$v_T(d) = \sum_{1 \leq j \leq d-1} p_j (v_{T-j}(d) + S) + (1-p)(v_{T-d}(d) + c) \tag{6.22}$$

最后，在 $T$ 天周期间（$T \geq d$）每 $d$ 天给客户补货的期望总成本为

$$v_T(d) = \alpha(d) + \beta(d)T + f(T,d) \tag{6.23}$$

其中,$\alpha(d)$ 是一个常数,仅取决于 $d$;$f(T,d)$ 是一个随着 $T$ 增大到 $\infty$ 呈指数趋于零的函数;

$$\beta(d) = \frac{pS + (1-p)c}{\sum_{1 \leqslant j \leqslant d} jp_j}, \quad p_d = 1 - p \tag{6.24}$$

$\beta(d)$ 表示的是每天的平均成本。为了将 $v_T(d)$ 最小化,就要找到使 $\beta(d)$ 最小的 $d$。

上述策略的优势即使在无法了解客户库存,客户仅在发生缺货时发出补货订单的情况下,也可以使用。"$d$ 天策略"的不足在于:首先,如果可以知道客户的库存,那么该策略并不是最佳的选择。其次,很难获得上述分析中所使用的缺货概率 $p_j$,除非客户每次补货时都将库存补充到相同的水平(例如,如果车辆容量至少与客户的存储容量一样大)。原因是前一次补货后第 $j$ 天的缺货概率 $p_j$ 取决于补货后的库存水平。

**【例 6-5】** 比较 "$d$ 天策略"与最优策略,这里考虑一个客户,该客户的需求均匀地分布在 1~20 的整数上。补货的固定成本为 40,客户缺货时每天的缺货成本为 50。

如果车辆容量 $Q = 10$,则在最优策略下 $d^* = 1$,即每天都对客户进行访问。此时最佳"$d$ 天策略"与最优策略下长期的每日平均成本几乎相同。

但是,如果车辆容量 $Q$ 大于 10,则最优策略将随着客户补货决策的变化具有更大的灵活性。例如,如果车辆容量为 14 或 16,则在最优策略下平均每三天访问两次客户,而"$d$ 天策略"则只能每天或每隔一天访问一次客户。

如果车辆容量 $Q$ 至少与客户的存储容量 $L$ 一样大,则可以证明存在一个带有阈值 $l^*$ 的最优策略 $\pi^*$,该策略要求在客户的库存量小于 $l^*$ 时,将客户的库存补充到存储容量 $L$;如果客户的库存大于 $l^*$,则不需要进行补货。该结果的证明类似于经典库存理论中 $(s, S)$ 策略最优性的证明。

### 6.6.3 IRP 求解方法

IRP 是一个长计划周期内的动态决策问题,其建模过程非常复杂,求解方法更加具有挑战性。常见的方法都专注解决短周期内的计划决策问题,要应用这些方法解决 IRP,需要解决两个关键问题:①如何对短期决策的长期影响进行建模?②将哪些客户纳入短期计划范围内?

短期决策方法倾向于将尽可能多的交货推迟到下一个计划周期,确定短期决策的长期影响需要了解提前补货给客户的成本和收益。提前补货可能会导致未来更高的分销成本,但是可以降低缺货风险以及缺货成本。短期决策方法可以分为两种,第一种要求必须拜访短期计划期间内的所有客户,第二种则要求将是否拜访某些客户纳入决策范围内。

关于需要访问哪些客户,以及应该交付多少产品给客户,通常可以遵循以下原则:

(1) 每次访问的交付量最大化;

(2) 运输车辆满载运输。

求解 IRP 经常用到两阶段算法。第一阶段,确定在计划期间内的每一天向每个客户交付的时间和数量;第二阶段,在已经知道每天向每个客户交付多少的前提下,进一步确定每天的车辆行驶路径。

## 6.7 智能运输

### 6.7.1 智能运输概述

运输系统是由与运输活动相关的所有因素构成的整体。运输系统中的设备、设施和建设技术都与智能运输有关，各运输方式的运输能力、组织与管理、规划与评价、配置与协调也与智能运输密切相关。

**1. 智能运输的定义**

智能运输是指在运输管理业务流程再造的基础上，利用 RFID、网络通信、GIS 等智能技术及先进的管理方法，实现运输过程中的智能配载、实时调度、智能派车、路径优化及实时交互，以降低运输成本，提高运输效率，提升智能运输管理能力。

智能运输系统是将先进的信息技术、数据通信传输技术、电子传感技术、电子控制技术以及计算机处理技术等有效地集成运用于整个运输体系，从而建立起的一种在大范围内、全方位发挥作用的，实时、准确、高效的"人-机-路"三位一体的综合运输管理系统。

**2. 智能运输和传统运输的区别**

智能运输旨在使传统的运输活动变得更加有效率，同时更加人性化。此外，智能运输一个很重要的特点是它可以模拟人的能力，如记忆与思维能力、感知能力、自适应能力，以及表达与决策能力等。因此智能运输在功能上应具有自感知、自判断、自推理和自学习等功能。

智能运输和传统运输的区别包括以下几个方面。

（1）硬件方面。传统运输的设备主要以燃油作为动力，其运行主要依靠人为控制。而智能运输的设备往往使用如电力等清洁能源，且具有自主决策能力。

（2）软件方面。传统运输更加关注运输设备本身运行信息的数字化，而缺少对人员与货物信息的数字化。而在智能运输中，物流人员、运输设备以及货物将全面接入互联网，实现彼此之间的互联互通。同时，通过信息系统建设、数据对接协同和手持终端普及，可实现运输过程数字化。

（3）组织方面。传统运输对于运输活动的规划仍是以单一企业为主体，运输设备的共享与互联不够明显。在智能运输中更加强调运输主体间的协同共享，通过分享使用权而不占有所有权，打破传统运输相关企业边界，深化企业分工协作，实现运输资源的社会化转变与闲置运输资源的最大化利用。

### 6.7.2 智能运输技术与设施设备

**1. 智能运输技术**

智能运输技术可划分为三个层面：宏观的综合控制层面，中观的车辆层面，以及微观的业务操作层面。

1）综合控制层面的智能运输技术

（1）车联网技术。车联网技术即"汽车移动物联网技术"，它以汽车上的车载设备为基础，通过应用无线通信、传感器、RFID、图像信息处理等技术，实现车与车、车与互联网之间对车辆属性信息与静、动态信息的交换，进而利用这些信息实现车辆智能化控制和交通智能化管理。车联网技术可以实现车与云平台、车与车、车与路、车与人、车与道路，以及车内设备之间的信息交换，进而为用户提供更舒适的驾驶感受与更好的交通服务，同时还能提高交通运行效率，提升社会交通服务的智能化水平。

在物流行业中，车联网技术的应用优势包括：

① 减少运输车辆交通事故率。加入车联网的物流运输车辆通常载有车内网、车际网和车载无线通信网络。其中车际网主要负责车辆之间、车辆与道路之间的信息传递，实时为驾驶员提供车辆信息和路况信息，及时提醒事故多发路段、前方拥堵情况，及时提供可选择的最优路径，引导物流运输车辆避开缓慢行驶路段，降低物流运输车辆的事故率，提高物流运输车辆的运输效率，有效缩短货物在物流运输过程中花费的时间，更快地将货物运送至下游客户。

② 严格把控运输物品的状态。运输车辆中载有车内网时，可以通过传感器、车内环境分析器、物品状态分析设备、车载计算机等收集并分析所运输货物的状态，避免出现物品损坏、变质、丢失以及危险品泄露等事故，避免对消费者和物流企业自身造成经济损失，提高物流运输的质量。运输车辆车载计算机将车内网收集到的信息由车载无线通信网络传递回物流企业总控中心，进而通过物流 App 等渠道将信息反馈至客户处，使物流企业和客户能够及时查看和知晓物流运输信息，实现物流运输的信息化管理。

（2）定位与导航技术。全球卫星导航系统（the Global Navigation Satellite System）是能在地球表面或近地空间的任何地点为用户提供全天候的三维坐标、速度以及时间信息的空基无线电导航定位系统。截至 2022 年，全球主要有美国的全球定位系统（GPS）、俄罗斯的格洛纳斯（GLONASS）、欧盟的伽利略（GALILEO）和我国的北斗卫星导航系统（BDS）四大卫星导航系统。最早出现的是美国的 GPS，现阶段技术最完善的也是 GPS。我国的北斗卫星导航系统则经历了向中国提供服务的北斗一号、服务亚太地区的北斗二号，到提供全球服务的北斗三号系统的发展过程。全球北斗卫星导航系统在军事、资源环境、防灾减灾、测绘、电力电信、城市管理、工程建设、机械控制、交通运输、农业、林业、渔牧业、考古学、生活、物联网、位置服务中都有应用。

在物流领域，GPS 可以连续地对多车辆进行定位与跟踪，从而在车辆被盗、遇劫时提供车辆位置信息与警情信息。GPS 同样提供导航功能，借助地图软件，可以在已知起始地与目的地后，自动设计最快、最短的行驶路径，同时可以满足红绿灯少、避开高速公路等特殊要求。驾驶员行驶时只需依据电子地图显示和发出的行驶指令行驶。GPS 也可以帮助企业管理车队，车辆安装 GPS 并由互联网接入监控平台，监控中心的电子地图上可以显示车辆位置，对可控范围的运营车辆进行实时、集中、直观的监控与调度指挥，从而帮助提高调度能力与安全管理能力，实现精细化管理。

（3）地理信息系统。地理信息系统（Geographic Information System，GIS）也称为"地学信息系统"。GIS 是处理地理数据的输入、输出、管理、查询、分析和辅助决策的计算机系统，是在计算机硬、软件系统支持下，对整个或部分地球表层（包括大气层）空间中的有关地理分布数据进行采集、储存、管理、运算、分析、显示和描述的技术系统。结合地理学与地图学以及遥感和计算机科学，GIS 已经广泛地应用在不同的领域。

GIS 在物流中的应用场景广泛，例如，在仓库规划中，GIS 可以以直观的图像展示仓库待选点的建筑高度、占地面积等特征数据,以及仓库附近的公路与铁路分布情况等所有影响因素,帮助决策人员依据企业自身情况与客观要素进行最优选址,使仓库建设过程科学化、规范化。在物流配送中,GIS 中所包含的海量地理数据可以帮助设计合适的物流配送方案,规划合理的配送路径,并通过其图形界面进行可视化,方便决策人员进一步进行分析与调整。同时 GIS 也可以帮助处理运输过程中的突发状况,如在堵车时将车辆重新定位到通畅道路,运输危险品时帮助避开人流密集道路等。

2)车辆层面的智能运输技术

车辆层面的智能运输技术主要是汽车自动驾驶技术。

汽车自动驾驶系统(Motor Vehicle Auto Driving System)是一种通过车载电脑系统实现无人驾驶的智能汽车系统。为了实现自动、安全的驾驶,自动驾驶汽车需要借助车辆上装备的视频摄像头、雷达传感器与激光测距器和外部的全球定位系统等。自动驾驶汽车技术的研发,在 20 世纪已经有数十年的历史,并于 21 世纪初呈现出接近实用化的趋势。我国的汽车自动驾驶技术分级标准共划分了 6 个等级,分别为:0 级—应急辅助,1 级—部分驾驶辅助,2 级—组合驾驶辅助,3 级—有条件自动驾驶,4 级—高度自动驾驶,5 级—完全自动驾驶。2023 年,自动驾驶在全球范围内已经进入了快速发展期,但自动驾驶汽车量产的主力仍停留在辅助驾驶层面,自动驾驶层面汽车则处于研发与小规模测试阶段。

自动驾驶技术在物流领域有着广泛的应用。首先是在货运行业。短期来看,货运行业职位空缺多,中国卡车司机缺口高达 1000 万人。自动驾驶货车会导致两个转变:①货车开始成为一台自动化设备;②传统的驾驶员开始扮演货物管理员或货运管理员的角色,这有助于显著减少人工成本。其次是在物流配送行业。相关数据统计显示,"最后一公里"的配送成本约占总配送成本的 30%,是影响物流企业效益的主要因素。由无人配送车替代物流人员完成配送服务,能有效提高"最后一公里"的配送效率,解决配送滞后问题。

然而,自动驾驶仍然存在许多问题。2021 年 8 月,特斯拉首席执行官埃隆·马斯克公开在社交平台上承认该公司最新版本的驾驶辅助系统对用户"并不友好"。美国联邦安全部门也因发现在美国配备自动驾驶,或仅配备交通自动巡航控制功能的特斯拉汽车至少 11 次与应急车辆相撞而对特斯拉的自动驾驶系统开展了调查。同月,在日本东京举办的残奥会上,日本盲人柔道运动员北园新光在残奥村内被自动驾驶巴士撞到,丰田公司随后为这起事故道歉,称对于自动驾驶有些"过于自信",并决定停止残奥村内的自动驾驶巴士服务。频频出现的安全事故给自动驾驶拥趸敲响了警钟,也让车企宣传自动驾驶时回归理性。

3)业务操作层面的智能运输技术

(1)智能装箱算法。随着工业 4.0 和智能制造时代的来临,在工业生产、物流运输等领域,加快生产线的装箱速度、降低生产成本、提高生产效率等显得越发重要。智能装箱算法能够提高运输工具利用率,降低成本,提高企业效率。装箱问题同旅行商问题、图的划分问题等都属于 NP-hard 问题。经典的装箱问题要求把一定数量的物品放入容量相同的一些箱子中,使得每个箱子中的物品大小之和不超过箱子容量并使所用的箱子数目最少。

智能装箱算法的运用场景之一就是快递行业。如菜鸟网络推出的智能装箱算法,通过大数据算法,可以根据一个订单所有商品的特性(比如长宽高、有没有味道、可不可以堆叠或是轻压等)推荐最优的箱型和智能装箱方案,打包员只要按图操作即可,可极大提高打包员的操作效率。同时通过优化包裹装箱过程,可以减少纸箱使用,减少碳排放。

(2) 智能汇波。在仓储系统中,需要将系统单据(信息流)转化为可作业单据(实物流),即将订单根据货品的属性拆分成可作业的包裹单元。波次汇总是以包裹为单位,按照一定的策略(波次策略)进行筛选,并将不同包裹按照策略内指定的规则聚合成拣选单,来指导拣货。为了实现仓储系统从粗放向精细化经营,保证波次汇总的准确性、平衡性、可控性、高效性尤为重要。

传统的人工波次汇总通常需要按照波次策略进行,在实操时生成优质拣选单的难度大,汇总单量大时容易产生拣选单挤压,已确认的拣选单也无法进行回滚与拦截。智能波次借由智能化系统,从拣选单的角度出发,现场有多少作业能力,就从"所有的"包裹里选出"最好的"进行聚合组单;在对包裹进行聚合组单时,会充分考虑仓内巷道、库位的布局,将拣选距离、SKU(最小存储单元)动碰次数等作为优化目标,进而提高人效;系统还会控制波次汇总节奏,对仓库现场和仓内数据进行详细的采集,交由基于人工智能的算法计算波次决策,再由业务系统来进行执行。通过合适的智能汇波算法,可以实现:①实时动态的组单决策,优化整体拣选效率;②基于劳动力的节奏控制,保证产能平衡;③基于对未来预测的全局最优汇波;④与库存补货协同汇波等。

**2. 智能运输设施设备**

1) 无人机

无人机(unmanned aerial vehicle,UAV)是利用无线电遥控设备和自备的程序控制装置操纵的不载人飞行器。无人机可军民两用,军用无人机主要有长航时无人机、作战无人机以及微型无人机等;民用无人机则因搭载了摄像头、传感器等感应设备,在航拍、农业、植保、灾难救援、观察野生动物、监控传染病、测绘、新闻报道等领域有较多应用。

在物流领域,小型无人机可以被用于包裹的交付。如亚马逊推出的 Prime Air 无人机送货业务,主要用于 10mile 内、低于 5lb 且体积足够小的商品运送。① 大型无人机则可以用于干线运输。如 2020 年 8 月,顺丰的一架大型无人机从宁夏起飞,近 1h 后抵达内蒙古目的地机场,是国内首次将大型无人机用于物流场景。该大型无人机为顺丰联合航天时代电子研发的 FH-98,最大起飞重量达到 5.25t,是目前国内最大的无人机之一,具有适合货运的大业载和大货舱。大型无人机与传统有人机相比,不仅保留了原本的速度优势,更是在机型设计和机队运营方面大幅度降低了运行成本。未来,大型无人机在物流场景下的应用将打通国内干线与支线的航空物流新通道,有效解决偏远地区物流运输不便、运输效能低下等问题。

2) 无人货车

无人货车是指利用无人驾驶技术进行长途运输和配送的物流车辆。一方面,卡车与乘用车相比,盲区更多,对驾驶员的要求更高。无人驾驶技术可以通过传感器减少车辆盲区,解除驾驶员端产生的不确定因素,大幅度减少交通事故发生率和伤亡率,降低物流行业的交通风险。另一方面,无人驾驶可以解决驾驶员夜间出行等安全隐患,突破疲劳驾驶的限制,从而实现"7×24h"高速不间断物流,解放整体运力,提升行业效率,降低物流

---

① 1mile=1.609 344km;1lb=0.453 592 4kg。

成本。

相较于自动驾驶汽车，无人货车的实现难度较低，因为货车的行驶路径一般处在封闭的高速公路上，交通状况相对而言不如城区内复杂。与自动驾驶汽车相比，自动驾驶货车更容易落地和实现商业化，因此国内的各类企业也纷纷进军这一领域。2020 年，一汽解放正式发布了和智加科技合作的全球首款量产自动驾驶重卡——J7 L3 超级卡车。2021 年 3 月，嬴彻科技发布了全栈自动驾驶系统"轩辕"，并与东风商用车、中国重汽合作，于 2021 年底实现量产 L3 自动驾驶卡车。截至 2022 年 10 月 10 日，嬴彻科技智能重卡的自动驾驶商业运营里程已累计超过 1000 万 km。

除了自动驾驶技术方面的难题，无人货车也面临着顶层设计缺乏问题、不同行业割裂问题和政策法规制定缺乏依据问题。无人驾驶货运的收入模式主要有：①与承运人合作打造车辆并进行运输；②运营自有的无人驾驶车队，为物流公司提供运力。然而，现有的模式无法保证无人货运公司实现收支平衡。法律法规对无人驾驶卡车的限制也在制约行业发展。无人货车受法律限制大多在封闭环境进行自动驾驶测试，但封闭环境和道路场景存在差异，封闭环境测试的数据并不适用于所有路况。无人货车的推广，不仅需要企业进行技术研发、运用以及推广落地，也需要政府、行业协会给予更多的关注与支持。

### 6.7.3　智能运输决策

运输计划阶段的智能运输决策，以及运输过程中的信息快速接收和处理是智能运输最重要的两个特点。传统的运输流程可以划分为：①接受订单；②对订单进行整合与拆分，并根据货物内容、客户要求等进行运输方式的选择；③对货物进行装载以满足运输工具要求，实现运输工具的高效利用；④选择合适的线路；⑤按照线路运输货物；⑥对在途货物进行跟踪，及时处理突发异常，保证货物完整准时地到达客户手中。在整个过程中，智能运输技术可以用于：①帮助选择满足客户要求的、总成本低的运输方式；②根据货物与运输工具的特点进行运输工具调配，以及运输工具内部资源分配与利用；③在货物运送过程中，利用物联网、云计算、大数据等技术，进行实时的运输工具调度与路径优化，从而最终保证整个运输流程的效率最优化。

**1. 运输方式选择**

6.1 节中介绍了多种运输方式，由于每种运输方式在成本、时间等方面的表现各有不同，因此合理选择和组合不同的运输方式，将有助于企业提高运输效率、降低运输成本。智能运输要求综合企业端的运输成本、运输时间和运输服务等信息，以及需求端的预期送达时间等信息，自动生成最优的货源地以及运输方式。

运输方式选择在多式联运中较为常见。多式联运是指使用多种运输方式，利用各种运输方式各自的经济范围与优势，在最低的成本条件下提供综合性服务的运输方式。考虑如下场景：货物从出发点送往目的地，途中可以选择若干个节点作为中转站，任意节点间有固定的几种运输方式，货物可以在节点处实现不同运输方式的相互转载，但是会产生中转时间和中转费用。为了选择最佳的运输方式组合，使总费用最低，同时满足需求端的运输时间期限，可以构建运输成本最小以及运输时间最短的多目标决策优化模型，实现运输方式的智能化决策。

**2. 运输能力在线配置**

运输能力的在线配置可以划分为运载工具内部空间配置和运载工具在不同地点的配置。智能装箱算法和物联网可以用于解决运载工具内部空间配置问题。对于车辆等运载工具的配置，如在 6.4 节中所介绍的，可以将这部分决策加入到路径规划的过程中，从而使用路径优化算法等解决。

以铁路集装箱的空箱调配为例。原有的空箱调配采用两级管理模式。各铁路局集团通过集结站汇集空箱，然后执行由中国国家铁路集团有限公司制定的铁路集团公司间空箱调度方案，最后再实行集团内的空箱调配。该方法的时空粒度大，可能导致空箱行走距离增加，甚至是空箱对流运输。因此可以对集装箱管理进行数字化，优化空箱调配流程为全路"点对点"调配，收集集装箱箱型分布、数量分布、空箱产生规律、空箱分布规律、装箱需求等数据。然后可以基于运输问题优化模型或网络流模型，增加箱型匹配与代用、线网运输能力、空箱调配时效性等约束，构建集装箱调配问题模型，还可以引入动态调配技术，以实现铁路集装箱运用的一体化集中管理、大规模精细化管理。

**3. 实时路径优化**

传统的车辆路径规划问题大多假设所有的信息都是已知固定的。然而现实生活中规划车辆路径时经常需要考虑两个重要的方面：信息的演变与信息的质量。信息的演变指在车辆执行原有路径的过程中决策者所知道的信息可能会变化，比如可能会有新的需求到来。信息的质量则指信息可能会有不确定性，比如有时一个客户的需求信息只是对其真实需求的估计。考虑了这两方面的车辆路径规划问题被称为动态车辆路径规划问题。对于动态车辆路径规划问题，相关研究多采用插入新需求点和调整部分线路的局部优化方法，以尽量减小原有配送线路的变动程度。

车辆路径的实时优化主要来源于以下因素：需求量的动态变化、需求点数目的增减、道路交通拥堵导致行驶时间的变化、运输节点受交通管制的突发情况、车辆在行驶过程中出现故障等。在智能运输中，对车辆路径实时进行优化，可以降低运输成本，节约运输时间。以实时规划配送路径的城市配送为例，需要借助 GIS、GPS、ITS、移动电子商务平台（MC）等工具获取实时动态信息，其中 MC 用于获取顾客需求量和需求点位置信息，ITS 用于获取实时交通道路信息，车辆使用 GPS 进行定位，GIS 用于获取任意两个运输节点的实际距离。这些信息经由全球移动通信系统（GSM）技术安全、即时地传递到调度中心，然后由计算机在每个动态事件发生时刻迅速生成新的配送计划。这些配送计划同样由 GSM 返回给车辆，从而实现车辆配送路径的实时调整。

## 6.8 案例分析

### 6.8.1 电网公司的物料补给[①]

为了保证供电的可靠性，中国电网公司面临诸多挑战，包括：①人口分散，电网设施高度分散；②中国政府开始加大对农村设施建设和更新的投入；③由于自然灾害往往对电网

---

① 改编自本章参考文献[11]。

设施造成较大破坏,企业不得不建设许多小型仓库,从而确保电力系统的日常维护。负责中国广东、广西、云南、贵州和海南五省区及港澳地区电力供应的南方电网公司已设立3172个仓库以提供电力物资供应。

一般情况下,一个物料配送中心需要在每个月的几个固定时间向一些小仓库补充用于电力设施日常维护的物料。电网公司面临的挑战是如何高效地将物料配送到这些小仓库以节省成本。

配送中心有工作时间窗口,仓库也有各自的服务时间窗口,即上午时间窗口和下午时间窗口。因此电网公司每一次物资补充的过程可以被视为一个带时间窗的车辆路径规划问题。该VRP问题的目标是最小化使用的车辆数和总的车辆行驶距离。

在大多数情况下,为了保持较高的周转率,每个仓库的补货数量很少,补货频率很高。因此,不合理的车辆路线将导致高昂的成本。之前,电网公司的路线规划人员都是根据经验来作决定的,导致配送成本非常高。

为此,南方电网公司设计了一个嵌入车辆路径规划算法的智能运输管理系统,用以配合完成整个物资配送流程。该系统的工作流程如图6-10所示。系统各模块的详细说明如下。

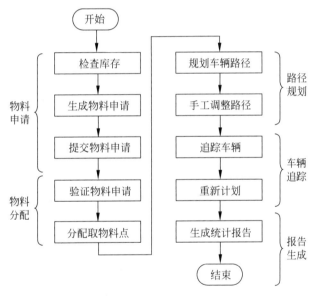

图6-10 系统工作流程图

(1) 物料申请。根据经济订货量模型为每种电网材料制定一个再订货点和一个最大库存水平。系统会自动监督每个仓库的实时库存。当某一物资的库存水平达到再订货点时,系统会自动生成物资申请,并提醒仓库的物料管理经理进行核查。一旦获得批准,申请将被提交给配送中心。

(2) 物料分配。收到申请后,配送中心的物料管理经理开始验证库存中是否有所需的物料;如果没有,则将缺货的材料从申请清单中删除,或者减少此类材料的供应数量。第二步是根据先进先出等规则为每种物料分配拣配位置。

(3) 路径规划。有了所有仓库的物料申请,一种用于配送路径规划的偏变邻域搜索算法(skewed variable neighborhood search,SVNS)可以自动为整个系统的货物规划配送路线,在满足时间窗要求与车辆容量要求的前提下尽可能降低整体运输成本。

(4) 车辆追踪。此阶段的主要目标是跟踪配送的进度。当司机在特定仓库完成交货任务时,他们使用带有 GPS 模块的处理终端进行确认。然后配送中心的管理人员可以获取车辆的实时信息,从而在必要时对司机和仓库进行协调。

(5) 配送报告生成。配送任务完成后,系统会生成配送报告,汇总司机和工人的工作量,以及其他绩效指标。

以某供电局(南方电网子公司)A 为例,A 局拥有一个配送中心和 56 个仓库,分布在 $11.2km^2$ 的区域内,系统内有 7700 种物料。目前,A 局每个月向每个仓库发货两次,每次发货涉及的物料种类多达 1000 种。每个仓库的工人的午休时间为上午 12:00 至下午 14:30。如果一辆车到达仓库后在 12 点前不能完成卸货,则必须等到 14:30 继续卸货。因此可以认为每个仓库都有两个时间窗口。配送中心的时间窗口是从 8:30 到 17:30。在 56 个仓库处的卸货时间为 0.5h。

A 局原先采用手工方法指定每辆车每天最多只能服务 4 个客户,与每辆车服务的客户数量不受限制,并通过算法进行路径优化的方法进行对比,结果如表 6-7 所示。

表 6-7　手工方法与路径优化算法结果对比

| 方　　法 | 总距离/km | 使用的车辆数/辆 |
| --- | --- | --- |
| 手工方法 | 1388.36 | 14 |
| 规划算法 | 1161.75 | 11 |

规划算法使总行驶距离减少了 16.32%,使用车的数量也从 14 辆减少到 11 辆。显然,该算法可以帮助公司明显降低运输成本。

在时间上,一般情况下,为了完成物资申请程序,需要每个仓库经理每月花 3 天时间来检查库存和进行申请。使用该智能系统后花费的时间可被减少到 0.5 天。利用该系统,还进一步减少了原来浪费在盘点库存、匹配物料、落实反馈、与仓库核对等方面的时间。由于算法可以立即完成,还可以使每个分配计划周期减少 2 天。

在成本上,按照经验规划的路线与算法计算出的路线相比,配送过程中的成本每年约减少 21%,同时还节省了人工成本。

## 6.8.2　某物流公司配送调度优化[①]

J 公司是国内一家大型物流公司,目前该公司在华东区面临成本压力,经过调查后发现,J 公司在此区域内共有 5 个配送站,这些配送站存在以下问题:

(1) 在调度分配车辆上花费过多人力与时间成本。

(2) 只简单通过配送订单量和用工时间来衡量生产效率,没有结合运营成本进行操作流程改善与计划监控。

---

① 改编自本章参考文献[12]。

(3) 单个配送站所负责片区面临订单高峰期时,缺少和同片区不同路区或者不同片区的合作调配,导致运力跟不上。

J 公司进一步总结了各个配送站的运营情况(见表 6-8),分析后发现:

(1) 从额外支付工时数看,各个配送站之间生产力负荷不均衡,配送站①和⑤的额外支付工时数都超过了 5 个配送站的平均值;

(2) 每个片区取派件订单量和取派件包裹数量不均衡,比如配送站①的取件订单和包裹量相对较多,配送站②的派件订单和包裹量相对较少。

表 6-8 华东区内 5 个配送站运营情况

| 配送站 | 出勤司机数/人 | 派件包裹量/件 | 派件订单量/件 | 取件包裹量/件 | 取件订单量/件 | 每日工作小时数/h |
|---|---|---|---|---|---|---|
| 配送站① | 9.5 | 218 | 127 | 267 | 197 | 8.73 |
| 配送站② | 7.0 | 332 | 86 | 143 | 77 | 7.78 |
| 配送站③ | 25.8 | 1439 | 300 | 926 | 535 | 8.2 |
| 配送站④ | 22.5 | 537 | 391 | 1337 | 243 | 8.08 |
| 配送站⑤ | 16.6 | 1153 | 259 | 440 | 313 | 8.54 |
| 市内总计 | 81.4 | 3679 | 1163 | 3113 | 1365 | 8.27(平均) |

公司考虑先对配送站①和②进行优化。为了增强车辆装载率和利用率,公司提出了两个方案:第一个方案是使用聚类的方法,适当调整两个配送站的服务区域,实现派件和取件订单的互补;第二个方案是合并两个配送站,并使用聚类分析方法重新选择新的配送站地址。

而对于车辆的调度问题,J 公司面临的是一个同时取、派件的车辆路径规划问题,需要在多车场、多车辆的情况下,同时服务有取件需求或者有派件需求的客户。公司的解决方案为将传统的人工调度改为使用遗传算法对车辆路径进行规划。

表 6-9 三种方案比较

| 方 案 | 配 送 站 | 客户规模 | 片 区 划 分 | 使用车辆/辆 | 总成本/元 |
|---|---|---|---|---|---|
| 原方案 | 配送站① | 52 | 按行政区域规划划分 | 8 | 22 528 |
| | 配送站② | 48 | | | |
| 方案一 | 配送站① | 46 | 使用聚类方法进行片区划分 | 5 | 21 807 |
| | 配送站② | 54 | | | |
| 方案二 | 选址新配送站 | 100 | 合并配送站①和配送站②片区 | 7 | 23 521 |

J 公司对比了原先采取的方案和两个新方案,最终结果如表 6-9 所示。与原先采用行政区域划分客户的方法相比,方案二重新进行两个调度站间的订单分配,使用车辆数和总运营成本都更少,但是对配送站进行重新选址则会造成总成本上升。因此,J 公司最终采取了重新划分服务区域的方案,即方案一。

## 习题

6-1 简述各种运输方式的优缺点。

6-2 当存在运输成本不同的多种类型车辆时,如何对经典 VAP 问题模型进行修改?

6-3 在例 6-1 中,当运途公司面临的问题发生如下改变时,该问题的最优解会如何改变?

(1) 5 月 10 日在济南多出一辆可用卡车。

(2) 5 月 10 日从济南到郑州的运输请求延后到 5 月 12 日。

(3) 5 月 10 日在郑州多出一辆可用卡车,同时 5 月 10 日从济南到郑州的运输请求延后到 5 月 12 日。

6-4 证明:在距离矩阵满足三角不等式的前提下,没有任何其他约束时,VRP 问题总是存在一个只使用一辆车的最优解。

6-5 考虑如下的一个 LRP 问题:一家公司有两个潜在位置用于开设工厂,开设在 A 地的固定设施成本为每年 15.5 万元,开设在 B 地的固定设施成本为每年 13 万元。开设的工厂需要服务 5 个客户,假定每年需要服务这些客户一共 230 次。用于服务的车辆的容量为 15 单位产品,运输成本为 1.15 元/km。各地点之间的距离与各客户的需求量如表 6-10 及表 6-11 所示。以最小化年均成本为优化目标,决策应当在哪里开设工厂,以及每次该怎样用车辆服务这些客户。

表 6-10 工厂与各客户点之间的距离 单位:km

|  | A | B | 客户 1 | 客户 2 | 客户 3 | 客户 4 | 客户 5 |
| --- | --- | --- | --- | --- | --- | --- | --- |
| A |  |  | 40 | 50 | 85 | 52 | 123 |
| B |  |  | 122 | 70 | 39 | 119 | 197 |
| 客户 1 |  |  | 0 | 85 | 114 | 30 | 65 |
| 客户 2 |  |  |  | 0 | 45 | 76 | 134 |
| 客户 3 |  |  |  |  | 0 | 107 | 167 |
| 客户 4 |  |  |  |  |  | 0 | 87 |
| 客户 5 |  |  |  |  |  |  | 0 |

表 6-11 各客户的需求量

|  | 客户 1 | 客户 2 | 客户 3 | 客户 4 | 客户 5 |
| --- | --- | --- | --- | --- | --- |
| 需求 | 4 | 12 | 7 | 5 | 8 |

6-6 简述 IRP 与 SIRP 的区别。

6-7 简述智能运输的相关技术。

## 参考文献

[1] GHIANI G,LAPORTE G,MUSMANNO R. Introduction to logistics systems management[M]. 2nd ed. John Wiley & Sons,2013:350-421.

[2] CAMPBELL A,CLARKE L,KLEYWEGT A,et al. The inventory routing problem[M/OL]//CRAINIC T G,LAPORTE G. Fleet management and logistics. Boston:Springer Science & Business Media,MA,1998:95-113[2021-09-01]. https://link.springer.com/chapter/10.1007/978-1-4615-5755-5_4.
[3] 施先亮.智慧物流与现代供应链[M].北京:机械工业出版社,2020:48-64.
[4] 西姆奇-利维,卡明斯基.供应链设计与管理概念、战略与案例研究[M].季建华,邵晓峰,译.5版.北京:中国人民大学出版社,2014:415-419.
[5] 翟学魂.公路货物运输行业现状及趋势[R].中国采购发展报告,2008:125-127.
[6] JAILLET P,HUANG L,BARD J F,et al. A rolling horizon framework for the inventory routing problem[J]. Research paper,University of Texas,1997(1):1-32.
[7] 阮海涛,徐建光,黎浩东.我国铁路集装箱空箱调配模式优化研究[J].铁道运输与经济,2021,43(8):6-11.
[8] 梁金萍,齐云英.运输管理[M].3版.北京:机械工业出版社,2020:266-278.
[9] 李岩.运输与配送管理[M].2版.北京:科学出版社,2017:16-50.
[10] 葛梦媛.车联网技术在智能物流中的应用研究[J].中国物流与采购,2018(24):133-134.
[11] LAI W,LI R,XIE L,et al. The vehicle routing for power grid material distribution:A case study in China[C/OL]//IEEE,2016 13th International Conference on Service Systems and Service Management (ICSSSM). China:IEEE,2016:1-5[2021-09-01]. https://ieeexplore.ieee.org/abstract/document/7538589/.
[12] 陆叶.考虑不同成本目标的车辆路径规划问题研究[D/OL].上海:上海交通大学,2019:36-40[2021-09-01]. http://thesis.lib.sjtu.edu.cn/sub2.asp?paperid=115471.

# 第3篇

# 供应链中的库存管理

# 第 7 章

# 确定需求下的库存管理

视频 7

库存管理在物流与供应链管理中至关重要。库存管理是对物料的计划、协调和控制,以适时适量地为各部门提供物料,并保持运作成本最低。库存管理的根本问题可以由以下几个问题来简单描述:①订购何种物料? ②什么时候订货? ③订货的数量是多少? 库存管理模型的复杂性取决于对系统的各种参数所作的假设,库存管理模型的主要区别在于假设需求确定(本章)和假设需求不确定(第 8 章)。

本章聚焦于确定需求下的库存管理模型,学习目标有以下四点:①理解库存的基本概念;②了解库存管理的意义与评价;③掌握经济订货批量模型及其变型;④掌握数量折扣模型。

## 7.1 库存基本概念

库存包含生产和销售过程中所使用的各种物料。以一个生产企业为例,无论是原材料的采购、在制品的生产加工,还是产品的运输等,都离不开库存(见图 7-1)。库存有其固有的优缺点。一方面,库存在生产和销售过程中起到缓冲作用,可以有效保证生产的正常运行,缓解供应与需求的不匹配。例如,物料缺货会导致生产线被迫停止;商品缺货会导致顾客满意度降低,从而流失客源。因此,设置适当的库存是非常必要的。但是另一方面,库存会占用大量的资金,包括物料成本、仓库运作成本以及空间储存成本等,导致企业无法将有限的资金用于产品研发等核心业务。因此,持有库存具有一定的风险。也就是说,必须对库存进行合理的计划与控制,在不影响供应链正常运作的前提下,降低库存成本,提升客户服务水平。

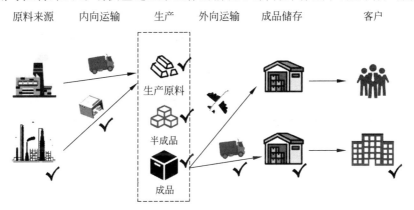

图 7-1 生产企业的库存

### 7.1.1　库存的定义

19世纪末期以前,资本家认为库存即是财富。而到第一次世界大战时,美国由于生产过剩造成库存过剩,导致大量库存成本,影响企业投资与扩张。此时,库存再也不是财富,而变成了企业的束缚,企业逐渐意识到库存管理的重要性。随后,众多企业开始加强库存管理。初期库存管理的方法相对简单,随着市场需求越来越呈现出动态特性,对库存控制的要求越来越高,许多综合、复杂的库存控制策略应运而生。

库存即存放在仓库中的物料,可以是原材料、半成品或是成品。从广义上讲,库存是指企业所有资源的储备,包括与生产、物流、销售等各类活动直接相关的物料、产品,以及间接相关的备品、备件等。具体而言,不仅包括仓库中的物料,还包括处于加工状态和运输状态的物料,以及整个供应链中当前闲置但可用于将来各类供应链活动的储备物资。库存系统则是指用来控制库存水平、决定补货时间及订购量大小的完整策略和控制手段。对于制造业来讲,其库存形式有:

(1) 原材料或采购件;
(2) 在制品;
(3) 产成品;
(4) 零件、工具等的备件;
(5) 运送到仓库或顾客手中的在途产品;
(6) 维持正常生产所需的消耗品。

### 7.1.2　库存的分类

库存的主要功能是提供生产、销售等过程中的缓冲。从原材料到产成品的生产过程来看,库存分为原材料、组件(装配件)、在制品和制成品等。从库存的功能来看,可以分为周转库存、缓冲库存、运输库存和预期库存等。

**1. 基于生产过程分类**

从生产过程的角度来看,物料以原材料、零部件状态进入生产,经过生产加工制成在制品,最终变成产成品。按照在生产过程中的不同形态,库存可以分为原材料库存、组件库存、在制品库存和制成品库存四类。

(1) 原材料库存。原材料是企业生产或加工活动所需的资源。原材料来自供应商,在企业内部进行储存,直至投入使用。

(2) 组件库存。组件对应于生产过程中尚未完成的物件,有时也被称为子装配件。

(3) 在制品库存。在制品是生产加工过程中的半成品,是在生产加工过程中等待处理或正在处理的库存。在制品库存水平是评价生产计划效率的重要指标。

(4) 制成品库存。制成品是加工完毕、准备发往客户的产品,即生产过程的最终产品。

使用这种分类方式要注意对象与情景,例如,一个企业的制成品对于另一个企业来说是原材料。其次,有些企业只有制成品库存,如零售商和批发商;而有些企业则拥有上述所有库存形式。此外,一些物料无法被准确归类于上述库存类型之中,比如企业生产中所使用的机械设备的零部件以及易耗品,它们都对生产起到支撑作用,但都不是最终产品的一部分。

**2. 基于功能分类**

（1）周转库存。周转库存有时也称为批量库存。如果对物料进行批量订货，则由此形成的周期性库存被称为周转库存。按批量订货是从规模经济性方面来考虑的。周转库存的数量一般取决于生产批量的规模、经济运输批量、储存空间的限制、补货提前期以及供应商的数量折扣等。

（2）缓冲库存。缓冲库存是为防止供应发生意外情况，或是需求不确定性而设立的库存，有时也被称为安全库存。市场需求是不确定的，供应商的供货也存在许多不确定因素，例如，供应商可能发生突发事件、运输不能按时到达等。因此，有必要设置缓冲库存以满足客户需求。当市场需求高于预期或者供货发生延迟时，缓冲库存就可以用来满足顾客的需求。

（3）运输库存。运输库存也被称为在途库存。由于运输不会瞬时完成，在运输过程中存在的物料即为运输库存，这类库存的数量还取决于运输时间的长短。以汽车行业为例，汽车的众多零部件通常在不同地点生产，然后运送到总装厂进行组装；成品车生产出来后，也不是直接送到客户手中，而是经过销售商再送交顾客。可见，零部件或产成品在交付至客户之前存在若干运输环节。

（4）预期库存。许多产品的市场需求往往存在季节性，例如空调等产品的需求会在夏季猛增，因此需要保持一定库存储备，以防销售旺季到来时出现产品供不应求的情况。但是，设定预期库存对企业来讲通常存在一些风险，一旦没有出现预期的需求，就会造成大量库存积压，从而导致大量资金积压。

上述各类库存具有不同的作用，如表 7-1 所示。

表 7-1　各类库存的作用

| 库存类型 | 作　用 |
| --- | --- |
| 周转库存 | 在生产准备、采购、运输过程中实现规模效应<br>获得采购折扣，减少订货次数，降低物料搬运和管理成本 |
| 缓冲库存 | 防范需求增加，防范提前期不稳定<br>减少缺货和销售机会损失，提升客户服务水平<br>降低客户响应成本 |
| 运输库存 | 实现在制品或产品的运输 |
| 预期库存 | 平衡生产负荷，提高生产稳定性<br>减少加班和生产外包 |

## 7.1.3　库存的意义

库存的存在具有一定的意义，具体如下。

（1）保持运作的独立性。在供应链的各个系统中保持一定量的原材料或产品，能防止因缺原材料或产品而造成其运作的中断。在各个系统之间保持一定的库存，可以在系统之间得到平衡，从而使其运作平稳化。另外，一定量的在制品和产成品库存可以避免运作过程中因意外事故而造成的各类经济损失。例如，20 世纪 70 年代末，石油输出国组织（OPEC）宣布实行石油禁运，使得两个高度依赖石油和汽油的行业——电力行业和航空行业面临缩减运营的风险。

（2）适应需求的变化。市场是动态的，存在许多不确定性因素，同样，市场对产品的需求也是动态的，具有变化性。因此，必须设置一定量的安全库存以应对需求的变化，为需求的不确定性提供缓冲。例如，零售商储存不同的商品以及时对不同消费者的需求做出反应，防止因缺货造成的销售机会损失甚至客源损失。

（3）增强计划的柔性。库存储备能减轻生产系统的压力，在制订生产计划时，就可通过加大生产批量提高生产流程的均衡性和稳定性，并降低成本。同时，也可以通过库存储备来缓解紧急订单带来的冲击。

（4）预防交付的风险。有许多原因会导致物料或产品延期交付，例如，发运时间变化、供应商订单积压或订单丢失、供应商或运输公司发生意外事故、物料或产品有质量缺陷等。为了避免延期交付可能带来的生产中断或销售损失，需要持有库存以确保生产或销售能够顺利进行。

（5）利用规模经济降低成本。大批量采购可以获得折扣收益，同时，大批量采购减少订货次数，使得在订货上所花费的成本降低；同样，大批量运输带来的收益能使运输成本得到降低。例如，可以通过一次性采购大量原料，在跟供应商的谈判过程中获得更低的单位价格。

### 7.1.4 库存系统的特征

**1. 需求**

对需求模式和特征的假设是决定库存控制系统复杂性最重要的因素。

（1）常量与变量。最简单的库存模型假设需求为常量，经济订货模型就是基于这一假设建立的。然而，在各种实际场景中经常出现可变需求。

（2）已知与随机。需求可能具有恒定的期望值，但实际的需求数量是随机的。随机需求库存系统通常比确定性需求库存系统更现实，也更复杂。绝大部分考虑随机需求的库存控制模型都假定需求的期望值是恒定的。

**2. 提前期**

如果产品是从外部订购的，提前期定义为从订货的瞬间到货物到达的时间；如果产品是在内部生产的，则提前期为生产一批产品所需的时间。

**3. 盘点期**

在某些库存系统中，当前库存水平始终是已知的。当需求交易发生时，库存水平变化的情况可以被知晓，这类系统可被称为连续盘点。例如，超市收银台的扫描设备与库存数据库相连，当一件物品通过扫描仪时，交易就会被记录在数据库中，使得各商品的库存水平实时已知。在另一种情况下，库存水平只有在离散的时间点可知，则被称为定期盘点。例如，一家杂货店需要进行定期实物盘点以确定当前的库存水平。

**4. 超额需求**

超额需求指不能从库存中立即满足的需求。库存系统的另一个重要特征是对超额需求做出反应的方式。两种常见的处理方式是拖期满足（保留需求在未来满足）以及需求丢失。一些其他的方式还包括部分拖期（保留部分需求拖期满足，部分需求丢失）、订单取消（客户订单若未在固定时间内完成就会被取消)等。

**5. 物料属性变化**

在某些情况下,库存物料的属性会随时间发生变化,影响库存的效用。例如,食物的保质期有限,时效产品可能会过时等。

### 7.1.5 库存相关成本

绝大部分库存管理都是将成本最小化作为优化目标,另一种优化目标是利润最大化。然而,对于大多数库存系统来说,成本最小化和利润最大化本质上是等价的。虽然不同的库存系统有不同的特点,但其库存成本基本上可以归为三类:存储成本、订货成本和缺货成本。

**1. 存储成本**

存储成本为存储、保管库存所需的成本,也可称为保管成本。其构成要素主要有:处理与存储成本、过时损失与失窃成本、保险和税收成本,以及资金投资成本即机会成本等(见表7-2)。

表7-2 库存存储成本占单位产品成本的百分比

| 存 储 成 本 | 占单位产品成本的百分比/% |
| --- | --- |
| 处理与存储成本 | 3～7 |
| 过时损失与失窃成本 | 4～6 |
| 保险和税收成本 | 2～7 |
| 机会成本 | 10～15 |
| 合计 | 19～35 |

(1)处理与存储成本。包括存储空间成本,如仓库成本、供暖照明等设备成本。若利用现成的仓储设备,则存储成本为固定值,不随库存水平变化而变化。但是,库存水平一旦超出既定水平后,存储成本就随库存水平的增加而上升。处理成本也会随库存水平变化而变化。处理成本主要指物料搬运过程中所产生的成本,如物料的监控、清点、搬运等。物料的存储效率将会直接影响处理成本的高低。

(2)过时损失与失窃成本。过时损失是指当产品的市场需求消失后,仓库遗留的库存所造成的损失。还有一些物料在存储过程中会发生变质,其损失程度因物料性质的不同而异。此外,库存失窃也会造成资产的损失。

(3)保险和税收成本。企业需要为其库存支付保险费、税收等支出,从而产生成本。

(4)机会成本。库存需要资本投入,一旦资金用于库存后,即无法用作其他用途。机会成本取决于该项资金用于其他用途时的投资回报率。

**2. 订货成本**

采购每批物料时通常须耗费一定成本,此成本常称为订货成本。订货成本由两部分组成:固定成本和可变成本。固定成本的构成要素包括准备订单、追踪订单、质量检验、处理发票,以及付款等事务工作的成本。可变成本通常包括每批物料的生产成本、运输成本,该成本与批量大小有关。通常来说,订货成本与订货批量成反比,订货批量越大,订货次数越少,则订货成本越低。

**3. 缺货成本**

缺货成本是指当需求发生时，由于手头没有足够的库存来满足需求而产生的成本，如加班费、赶工成本、违约罚款、信誉损失成本等。通常根据对超额需求做出的反应，缺货成本的产生分为两种情况：①发生需求时无库存，且库存无法得到补充，造成销售机会的损失，销售机会的损失会直接造成利益损失，也可能造成信誉损失，甚至客源损失；②库存无法满足市场需求，但是需求可以拖期满足，此时可以通过某些手段增加系统生产能力来增加库存，如加班、赶工、外包等，但会相应地产生成本。

## 7.2 库存管理

### 7.2.1 库存管理的基本决策

库存管理一般涉及以下一个或多个基本决策。

**1. 订购何种物料**

企业在保证一定客户服务水平的同时，要实现库存成本的最小化。这就意味着要把现有产品的存货控制在合理的水平上，清除不必要的、不使用的产品库存。另外，由于不断有新产品出现，库存中还会加入新的存货品种，在把新产品纳入存货之前，需要对持有该产品存货与不持有该产品存货的成本和收益进行对比。同时，还要对存货中产品的实际使用情况进行监控，一旦发现某种产品没有储存的必要时，就应该将其从存货中清除出去。

**2. 什么时候订货**

企业可以用两种方式控制订单的发出时间：第一种方式是对库存进行连续监控，一旦库存下降到一定水平，立即进行固定数量的订货，并且可以通过改变发出订单的间隔时间来应对需求的变化；第二种方式是按照固定的周期对库存进行盘点，根据库存的实际存量发出批量规模不一的订单。

**3. 订货的数量是多少**

每次发出订单都会产生相应的订货成本。如果大批量、低频率订货，订货成本就可以被控制在较低的水平，但是库存的价值会比较高；如果小批量、高频率订货，订货成本较高，但平均库存水平较低。通常情况下，需要在库存水平和订货成本之间进行权衡，以实现库存总成本最小化。

### 7.2.2 库存管理的目标

**1. 企业经营中库存管理的目标**

企业中的不同部门对库存管理往往会有不同的目标。库存管理部门致力于降低库存水平，以减少资金占用、节约成本。销售部门希望维持较高的库存水平，避免发生缺货，以提高客户满意度。采购部门为了降低单位订货成本，往往通过大批量采购来获得折扣收益并分摊订货成本，这样做不可避免地会提高库存水平。生产部门则希望通过大批量生产来降低单位产品的固定费用，而这同样会增加库存水平。运输部门倾向于大批量运输，以降低单位运输成本，这样会增加每次运输的产品库存量。总之，库存管理部门和其他部门的目标存在冲突(见图 7-2),为了实现库存管理优化,需要协调和整合各个部门的活动,使每个部门不仅以实现本部门的功能为目标,更要以实现企业的整体效益为目标。

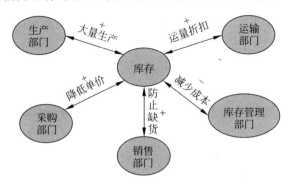

图 7-2　库存管理部门和其他部门的目标冲突

**2. 供应链中的库存管理**

在供应链中,不同供应链节点的库存(包括供应链输入端的原材料和供应链输出端的最终产品)之间有着复杂的关系。如果组成供应链的各企业之间没有很好地通过信息交互、信息共享等手段来协调库存管理,往往会在整个供应链中形成大量不必要的库存,同时,也会降低客户满意度。

供应链环境下的库存管理和传统的库存管理有许多不同之处。传统的库存管理侧重优化单个企业的库存成本,从企业库存管理的角度来看,这种管理方法有一定的适用性;但是从供应链整体的角度看,供应链的库存管理不是简单的需求与供给,而是要获得供应链客户服务与供应链整体利润的优化。

不论是对单个企业还是对于供应链而言,库存管理的主要目标都是在提升客户服务水平的同时降低库存成本。在供应链中,可以通过五个要素的逐步改进(见图 7-3),实现供应链库存管理的目标。这五个要素分别为:①提高预测准确度;②减少周转时间;③降低采购订单成本;④增加供应链上库存的透明度;⑤ 降低库存持有量。供应链是一个整体,需要协调成员企业各方的活动,才有可能实现上述五个要素的持续改进,取得最佳的运作效果。

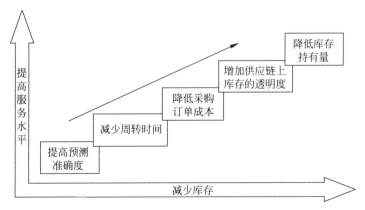

图 7-3　供应链库存控制的逐步改进

### 7.2.3 库存管理的评价指标

库存管理的评价指标主要有：① 客户服务水平；② 库存投资。

**1. 客户服务水平**

客户服务水平可以定义为当客户需要某种物料时，是否可以及时得到该物料的情况。这里的客户是广义的客户，可以是最终消费者，也可以是供应链中的某个企业，甚至可以是生产线的下一道工序。对客户服务的衡量有百分比衡量和绝对值衡量两种。百分比衡量包括：准时出货的订单百分比，准时出货的生产线物料百分比，准时出货的总单位百分比等。绝对值衡量包括：没有存货的订购日数，没有存货的生产线物料日数，没有存货的总物料日数，由于物料短缺而造成的设备闲置时间等。

库存管理中常见的衡量客户服务水平的指标有产品满足率（product fill rate）和订单满足率（order fill rate）。产品满足率是指当客户对某种产品提出需求时，能够通过库存满足客户需求的百分率。例如，95%的产品满足率意味着当客户提出需求时，有5%的货物库存中没有。订单满足率是指当客户发出某个订单需求时，通过库存满足客户订单需求的百分率。由于客户订单往往同时包括多种产品，因此，订单满足率往往低于产品满足率。

另外，客户服务水平也可以用周期服务水平（cycle service level）来衡量，周期服务水平是指在补货周期内不发生缺货的概率。补货周期是指连续两次补货的时间间隔。周期服务水平相当于客户所有需求都得到满足的补货周期占所有补货周期的比重。例如，某零售商在向上游供应商订购一种饮料的过程中，10个补货周期中有6个周期没有出现缺货，那么该饮料的周期服务水平就为60%。实际上，60%的周期服务水平对应着不一样的产品满足率。在40%的补货周期内，虽然有缺货情况，但是大部分需求可以通过供应商的库存满足，因此，产品满足率可能远远高于60%。

**2. 平均库存投资**

平均库存投资是指一段时间内所有物品总存货量的平均值。产品平均库存价值是其平均库存水平和单位库存价值的乘积。

库存周转率（inventory turnover rate，ITR）是在一定期间内库存产品的周转次数，反映库存周转快慢程度。库存周转率是衡量库存管理水平的一个重要指标，它能反映存货流动性以及存货资金占用量是否合理。库存周转率可以采用库存金额或库存数量来计算。采用库存金额计算时，计算公式为

$$ITR = 一定期间的出货金额 / 同期间的库存金额$$

采用库存数量计算时，公式为

$$ITR = 一定期间的出货数量 / 同期间的平均库存数量$$

## 7.3 经济订货批量模型

### 7.3.1 基础模型

计算订货量最经典的模型就是经济订货批量模型（economic order quantity，EOQ）。经

济订货批量模型由福特·W.哈里斯(Ford W. Harris)于1915年提出,是所有库存模型中最简单和最基础的。EOQ模型定义了订货成本和储存成本之间的权衡,是分析更复杂库存系统的基础。该模型考虑存储单一产品的仓库,并向其供应商订货。模型基于下列假设条件:

(1) 需求已知且恒定,表示为每单位时间内需求为常数 $\lambda$(时间的单位可以是天、周、月等);
(2) 供应商有无限数量的产品,不会出现缺货的情况;
(3) 订货提前期为0,即从发出订单到收到货物之间的时间间隔为0;
(4) 每次订货量是固定的,订货批量为 $Q$;
(5) 每次订货发生的固定订货成本为 $K$;
(6) 每单位产品成本为 $c$,单位时间内每单位库存持有成本为 $h$,$h=Ic$,其中,$I$ 为库存成本费率。

上述假设条件使得库存水平的变化呈现理想化趋势。需求恒定意味着库存水平平稳降低;订货提前期为0意味着不需要在缺货之前下订单;不会出现缺货意味着不会损失销售机会。

基于上述假设,如果年需求量一定,则固定订货成本随着订货批次的减少、订货批量的增加而减少,而库存持有成本则随订货批次的增加、订货批量的减少而下降。前者要求订货批量大、批次少以降低订货成本,后者则要求订货批量小、批次多以降低库存持有成本。经济订货批量模型的目标就是确定最优订货量使得总成本达到最低。在分析经济订货批量模型时,有两个信息非常重要,一是库存随时间增长而消耗的速率,二是库存成本和订货批量大小之间的关系。

图 7-4 表示出了库存水平随时间的变化规律。假定零时刻的库存为零,为了不出现缺货,在零时刻订货。设 $Q$ 为订货批量的大小。因此,在时刻 $t=0$,库存水平从零立即增加到 $Q$。到下次订货时,库存要么为正,要么再次为零。可以等到库存水平降至零后再订货,从而降低库存的持有成本。当库存降为 0 时,情况与时刻 $t=0$ 时一样。如果在 $t=0$ 时订货量 $Q$ 是最优的,那么此时订货 $Q$ 单位仍然是最优的。

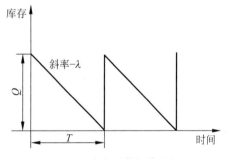

图 7-4 确定最优订货批量

经济订货批量模型的目标是确定订货量 $Q$,使得单位时间内的平均成本最小。有人可能会认为优化目标应该是最小化一个周期内的总成本。然而,不能忽略的一个事实是,订货周期长度本身也是 $Q$ 的函数。这里假定优化目标是使单位时间平均成本最小化。接下来分析单位时间平均成本与订货批量 $Q$ 的关系。

订货成本包含固定订货成本和可变订货成本两项,即 $C(Q)=K+cQ$。而库存持有成本的计算方法如下。由于每个周期的库存水平从 $Q$ 线性下降到 0,因此在一个周期内,平均库存水平为 $Q/2$,库存持有成本为 $QT/2$。

上述三项成本之和除以周期长度 $T$,可以得到单位时间成本。因为每个周期以 $\lambda$ 的速度消耗 $Q$ 单位存货,因此得到 $T=Q/\lambda$。这个结果也可以通过图 7-4 中库存曲线的斜率得到,即 $-\lambda$ 等于 $-Q/T$。

因此，单位时间内平均成本 $G(Q)$ 可以表示为

$$G(Q) = \frac{K+cQ}{T} + \frac{hQ}{2} = \frac{K\lambda}{Q} + \lambda c + \frac{hQ}{2}$$

$G(Q)$ 中所包含的三项成本分别表示单位时间平均固定订货成本、单位时间平均可变订货成本，以及单位时间平均库存持有成本。

目标是确定订货量 $Q$，使得 $G(Q)$ 最小，得

$$G'(Q) = -K\lambda/Q^2 + h/2$$
$$G''(Q) = 2K\lambda/Q^3 > 0, \forall Q > 0$$

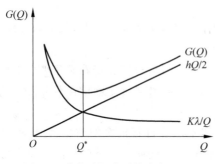

图 7-5 单位时间内平均成本 $G(Q)$ 的函数曲线

$G''(Q) > 0$，因此 $G(Q)$ 是关于 $Q$ 的凹函数。由于 $G'(0) = -\infty$，$G'(\infty) = h/2$，因此得 $G(Q)$ 的函数曲线如图 7-5 所示。

最优订货量 $Q$ 落在 $G'(Q) = 0$ 处，得到 $Q^2 = 2K\lambda/h$，因此

$$Q^* = \sqrt{\frac{2K\lambda}{h}} \quad (7.1)$$

$Q^*$ 即经济订货批量，常用 EOQ 表示。将经济订货批量代入单位时间平均成本，可以得到经济订货批量所对应的最小单位时间平均成本

$$G(Q^*) = \sqrt{2K\lambda h} + \lambda c$$

需要注意的是：

(1) 在图 7-5 中，固定订货成本 $K\lambda/Q$ 和库存持有成本 $hQ/2$ 这两条曲线的交点所对应的 $Q$ 值为 $Q^*$。

(2) $Q^*$ 与产品的单位成本 $c$ 无关，这是因为 $G(Q)$ 中的可变订货成本 $\lambda c$ 与 $Q$ 无关。因为 $\lambda c$ 为常数，因此计算成本时通常将其忽略。但是 $c$ 确实间接地影响 $Q^*$ 的值，因为 $Q^*$ 与 $h$ 相关，而 $h = Ic$。

【例 7-1】 校园书店的 2 号铅笔以每周 60 支的速率出售。这些铅笔每支进价 2 分，并以 1 角 5 分出售。该书店每次订货都需要固定花费 12 元，库存的年持有成本费率为进价的 25%。确定该书店每次订货的铅笔数量和订货的间隔时间，并计算每年的固定订货成本和库存持有成本。

首先，把需求转换成以年为单位，与库存持有成本费率保持一致（也可以将年费率转换为周费率）。此时，年需求为 $\lambda = 60 \times 52$ 支 $= 3120$ 支。年库存持有成本 $h = 0.25 \times 0.02$ 元 $= 0.005$ 元。可得

$$Q^* = \sqrt{\frac{2K\lambda}{h}} = \sqrt{\frac{2 \times 12 \times 3120}{0.005}} \text{ 支} = 3870 \text{ 支}$$

于是，订货周期 $T = Q/\lambda = 3870/3120$ 年 $= 1.24$ 年。每年的库存持有成本为

$$hQ/2 = 0.005 \times 3870/2 \text{ 元} = 9.675 \text{ 元}$$

每年的固定订购成本为

$$K\lambda/Q = 9.675 \text{ 元}$$

例 7-1 反映出使用简单模型时可能出现的一些问题。最优订货方案是每 15 个月订购

近 4000 支铅笔。虽然这个订货量使得每年的库存持有和固定订货成本达到最小,但采取这样的订货方式可能并不可行,因为校园商店没有足够的空间存储这 4000 支铅笔。也就是说,简单的模型无法考虑现实问题中的所有约束条件。因此,必须基于现实条件考虑订货方案,并在必要时对模型解进行修正,以便于实施。

还要注意的是,销售价格不会影响最优的订货方案,因为不管价格如何,均假设每周售出铅笔 60 支。当然,这是对现实的简化。有理由认为,处在一定价格区间的需求是相对稳定的。只有当销售价格作为优化的一部分时,才需要在库存模型中包含销售价格。

### 7.3.2 考虑订货提前期

经济订货批量模型的假设之一是订货提前期为 0,但是在实际场景中,这个假设条件并不成立。设在例 7-1 中,铅笔必须提前 4 个月订货。如果恰好在一个订货周期结束前 4 个月下订单,则订单会在与零提前期情况完全相同的时间点到达。最优订货时间如图 7-6 所示。

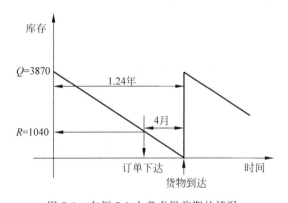

图 7-6  在例 7-1 中考虑提前期的情况

将再订货点 $R$ 定义为下订单时的现有库存水平。从图 7-6 中可以看出,$R$ 表示为需求率 $\lambda$ 与提前期 $\tau$ 的乘积,即

$$R = \lambda \tau$$

那么,当铅笔订货提前期为 4 个月时,再订购点 $R = 3120 \times 0.3333$ 支 $= 1040$ 支。

现在考虑提前期超过一个订货周期时的情景。假设经济订货批量为 25 支,年需求率为 500 支,提前期为 6 周。订货周期 $T = 25/500$ 年 $= 0.05$ 年,或 2.6 周。此时,$\tau/T = 2.31$。这意味着提前期包括 2.31 个订货周期。每个订单必须提前 2.31 个周期下达(见图 7-7)。

为了计算再订货点,可以认为提前 2.31 周期订货与提前 0.31 周期订货完全相同。因为在货物到达之前 2.31 和 0.31 周期,库存水平是相同的。在本例中,0.31 周期为 0.0155 年,则再订货点 $R = 0.0155 \times 500$ 支 $= 7.75$ 支 $\approx 8$ 支。一般来说,当 $\tau > T$ 时,计算再订货点的方法如下:

(1) 计算比例 $\tau/T$;
(2) 只考虑比例的小数部分,将这个小数乘以周期长度;
(3) 将步骤(2)的结果乘以需求率得到再订货点。

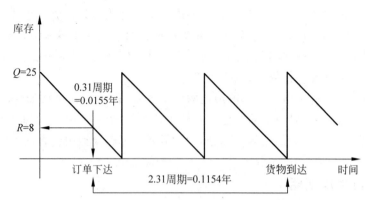

图 7-7 提前期超过订货周期的再订货点

### 7.3.3 敏感性分析

本节将进行库存成本相对于订货量 $Q$ 的敏感性分析。在例 7-1 中,假设书店批量订购 1000 支铅笔,而不是最优订货批量的 3870 支,那么会产生多少额外成本?由 $Q=1000$ 支,可以计算出该订购批量下每年的成本 $G(Q)$,并将其与最小成本进行比较,得

$$G(Q) = K\lambda/Q + hQ/2 = (12 \times 3120/1000 + 0.005 \times 1000/2) \text{元} = 39.94 \text{元}$$

显然大于最优成本 19.35 元。

实际上,可以推导出任意订货批量下的单位时间成本与最优单位时间成本的关系。设 $G^*$ 为最优订货批量下单位时间库存持有成本和固定订货成本的和,则对于任意 $Q$,可以得到

$$\frac{G(Q)}{G^*} = \frac{1}{2}\left(\frac{Q^*}{Q} + \frac{Q}{Q^*}\right)$$

在例 7-1 中,最优订货量 $Q^* = 3870$ 支。而当订购批量 $Q = 1000$ 支时,

$$G(Q)/G^* = 0.5 \times (3.87 + 1/3.87) = 0.5 \times 4.128 = 2.06$$

也就是说,以 $Q=1000$ 支为订货批量的年均成本是最优年均成本的 2.06 倍。

一般来说,成本函数 $G(Q)$ 对订货批量 $Q$ 的敏感性较弱。例如,如果 $Q$ 是最优解的两倍,即 $Q/Q^* = 2$,那么 $G(Q)/G^* = 1.25$。因此,如果 $Q$ 值增加 100%,那么库存成本将上升 25%。注意,如果 $Q$ 是 $Q^*$ 的一半,会得到相同的结果。然而,这并不意味着库存成本函数是对称的。假设订货量与经济订货批量相差 $\Delta Q$,订货量 $Q = Q^* + \Delta Q$ 时的库存成本比 $Q = Q^* - \Delta Q$ 时的库存成本低。

### 7.3.4 EOQ 和 JIT

丰田看板系统的成功,使得库存在生产系统中的角色和重要性发生了变化。这种被称为准时制(just in time,JIT)的理念认为,过多的在制品库存是不可取的,库存应该减少到最小水平。丰田在 JIT 方法上的成功使得每辆丰田汽车的库存成本大大低于美国汽车制造商的平均水平。EOQ 体现的是经济学中关于库存和规模经济的传统思维。那么 EOQ 和 JIT 方法是否存在分歧?

有些人认为,"实现 JIT 的一个关键环节是减少准备时间,从而减少准备成本"。而 EOQ 理论认为,"随着准备成本的降低,订货批量会减少"。从这个意义上说,这两种思想是共通的。JIT 方法的价值体现在,如果工厂没有过多的在制品库存,就可以更具柔性。

【例 7-2】 一家办公家具制造商的工厂每月生产 200 张办公桌。每张办公桌需要从供应商那里购买 40 颗十字头金属螺丝钉,每个螺丝钉 3 分钱。订货固定成本包括运输、接收和储存螺丝钉的费用,约为每批 100 元,与所订购的螺丝钉的数量无关。库存持有成本年费率为 25%。制造商希望与供应商建立一个固定订购关系,每次订货批量应该是多少?

首先,计算经济订货批量 EOQ。螺丝钉的年需求为 $200 \times 12 \times 40$ 颗 $= 96\,000$ 颗。每颗螺丝钉的年库存成本为 $0.25 \times 0.03$ 元 $= 0.007\,5$ 元。根据 EOQ 表达式,可得最优订货批量为

$$Q^* = \sqrt{\frac{2 \times 100 \times 96\,000}{0.007\,5}} \text{ 颗} = 50\,597 \text{ 颗}$$

那么,订货周期为

$$T = Q/\lambda = 50\,597/96\,000 \text{ 年} = 0.53 \text{ 年}$$

即大约每六个月订货一次。

因此,最优的订货方案是每年约订购两次螺丝钉。然而,JIT 方法是尽可能频繁地订货,以减少工厂的库存。实施这种方法可能意味着每周都需要交货。然而,在该例中,这样的策略每年需要送货 52 次,那么每年的准备费用为 5200 元。而 EOQ 方案中的订货准备和库存持有总成本不到 400 元。对于像这样有较高固定订货成本的低价值产品而言,按照 JIT 的小批量订购是不合适的。

上例表明,不应该盲目地采用单一的库存管理方法来应对所有情况,一种方法在一种情况下的成功并不能保证它在其他情况下的适用性。

## 7.4 数量折扣模型

在经济订货批量模型中,我们假设单位产品成本 $c$ 与订货量 $Q$ 的大小无关。然而,供应商通常会对大批量采购收取较低的产品单价,这种折扣的目的是鼓励顾客大量购买产品,这样的数量折扣形式在物料采购品中较为常见。

尽管存在许多不同类型的折扣方案,但有两种是最常见的:全量折扣和增量折扣。全量折扣是指折扣应用于订单中的所有产品;增量折扣是指折扣只应用于超出折扣点的额外单位产品。

【例 7-3】 一个垃圾袋生产厂家对垃圾袋的采购按以下价格收费:订单在 500 件以下,每件售价 30 分;订单大于 500 件但少于 1000 件,每件售价 29 分;订单大于或等于 1000 件,每件售价 28 分。

在本例中,折扣点出现在 500 件和 1000 件处,折扣适用于订单中的所有产品。定义可变订货成本函数 $C(Q)$ 为

$$C(Q) = \begin{cases} 0.30Q, & 0 \leqslant Q < 500 \\ 0.29Q, & 500 \leqslant Q < 1000 \\ 0.28Q, & 1000 \leqslant Q \end{cases}$$

可变订货成本函数 $C(Q)$ 如图 7-8 所示。图 7-9 所示为相同折扣点下的增量折扣方案。注意，使用全量折扣的单位平均成本将小于使用增量折扣的单位平均成本。

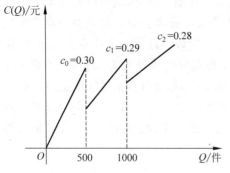

图 7-8　全量折扣下可变订货成本函数

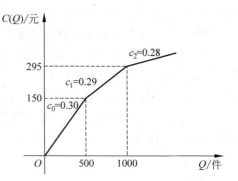

图 7-9　增量折扣下可变订货成本函数

在例 7-3 中，订购 499 件垃圾袋的成本为 149.70 元，而订购 500 件仅需 145 元。如果客户实际需要购买 400 件垃圾袋，他可能会选择增加购买数量至折扣点，以获得折扣价格。此外，供应商可能以 500 件垃圾袋为批次进行存放，因此客户购买 500 件垃圾袋时所节省的处理成本也可以降低订货总成本。

### 7.4.1　全量折扣

现在通过例 7-3 说明全量折扣下的最优订货批量。假设某用户每年需消耗 600 件垃圾袋，每次订货的固定成本为 8 元，单位持有成本年费率为 20%。根据例 7-3 可知，单位产品成本在不同的订货批量下分别为 $c_0=0.30$ 元，$c_1=0.29$ 元和 $c_2=0.28$ 元。

寻找最优订货批量的第一步是计算不同单位成本所对应的经济订货批量，分别记为 $Q^{(0)}$、$Q^{(1)}$ 和 $Q^{(2)}$，有

$$Q^{(0)}=\sqrt{\frac{2K\lambda}{Ic_0}}=\sqrt{\frac{2\times 8\times 600}{0.2\times 0.30}} \text{ 件}=400 \text{ 件}$$

$$Q^{(1)}=\sqrt{\frac{2K\lambda}{Ic_1}}=\sqrt{\frac{2\times 8\times 600}{0.2\times 0.29}} \text{ 件}=406 \text{ 件}$$

$$Q^{(2)}=\sqrt{\frac{2K\lambda}{Ic_2}}=\sqrt{\frac{2\times 8\times 600}{0.2\times 0.28}} \text{ 件}=414 \text{ 件}$$

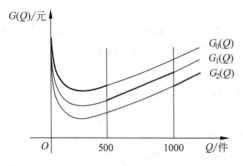

图 7-10　全量折扣下的单位时间平均成本函数

若计算出的经济订货批量值是可行的，那么它应在单位成本对应的区间内。因为 $0\leqslant 400<500$，因此 $Q^{(0)}$ 是可行的。由于 $Q^{(1)}$ 必须在 500~1000 之间，而 $Q^{(2)}$ 必须大于等于 1000，因此，$Q^{(1)}$ 和 $Q^{(2)}$ 都是不可行的。不同单位成本下的经济订货批量值对应于相应成本曲线的最小值。图 7-10 所示为该案例下的三条成本曲线。如果 $Q^{(2)}$ 是可行的，那么它必然是最优解，因为它对应于图 7-10 最

下面一条曲线上的最低点。但是每条曲线只对特定的 $Q$ 值有效,所以成本函数由不连续的曲线给出(图 7-10 中的粗体线条)。这个不连续曲线的最小值即为最优订货量。

由图 7-10 可知,最优订货量在以下三个值中产生：400、500 和 1000。即最优订货量要么是最大的可行经济订货批量值,要么是超过该值的一个折扣点。由于最优订货量即为单位时间平均成本最低的订货批量,因此可以通过单位时间平均成本计算来确定最优订货批量。公式为

$$G_j(Q) = \lambda c_j + \frac{K\lambda}{Q} + \frac{Ic_j Q}{2}, \quad j = 0, 1, 2$$

$G(Q)$ 定义为

$$G(Q) = \begin{cases} G_0(Q), & 0 \leqslant Q < 500 \\ G_1(Q), & 500 \leqslant Q < 1000 \\ G_2(Q), & 1000 \leqslant Q \end{cases}$$

分别令 $Q$ 等于 400、500 和 1000,基于 $c_j$,得到

$G(400) = G_0(400)$
$= (600 \times 0.30 + 600 \times 8/400 + 0.2 \times 0.30 \times 400/2)$ 元 $= 204.00$ 元

$G(500) = G_1(500)$
$= (600 \times 0.29 + 600 \times 8/500 + 0.2 \times 0.29 \times 500/2)$ 元 $= 198.10$ 元

$G(1000) = G_2(1000)$
$= (600 \times 0.28 + 600 \times 8/1000 + 0.2 \times 0.28 \times 1000/2)$ 元 $= 200.80$ 元

因此,最优订货批量是每次订购 500 件垃圾袋,此时单位时间内平均成本为 198.10 元。

综上所述,计算全量折扣下的最优订货批量的步骤如下。

(1) 确定最大可行经济订货批量值。可以先计算单价最低时的经济订货批量值,然后继续计算下一个较高单价的经济订货批量值。当出现第一个可行的经济订货批量值时停止计算。

(2) 比较最大可行经济订货批量值和所有大于该值的折扣点的单位时间总成本。最优订货批量是使得单位时间总成本达到最小的值。

### 7.4.2 增量折扣

考虑在例 7-3 中使用增量折扣。也就是说,小于等于 500 件垃圾袋的单价为 30 分；对于数量在 500～1000 之间的产品,前 500 件单价是 30 分,剩下的单价是 29 分；如果数量超过 1000 件,则前 500 件单价为 30 分,接下来的 500 件单价是 29 分,剩下的单价是 28 分。我们需要确定图 7-9 中可变订货成本函数 $C(Q)$ 的数学表达式。从图中可以看出,第一个折扣点对应 $C(Q) = 500 \times 0.30$ 元 $= 150$ 元,第二个折扣点对应 $C(Q) = (150 + 0.29 \times 500)$ 元 $= 295$ 元。则有

$$C(Q) = \begin{cases} 0.30Q, & 0 \leqslant Q < 500 \\ 150 + 0.29(Q - 500) = 5 + 0.29Q, & 500 \leqslant Q < 1000 \\ 295 + 0.28(Q - 1000) = 15 + 0.28Q, & 1000 \leqslant Q \end{cases}$$

因此,单位时间平均成本函数 $G(Q)$ 为

$$G(Q) = \frac{\lambda C(Q)}{Q} + \frac{K\lambda}{Q} + I\frac{C(Q)}{Q}\frac{Q}{2}$$

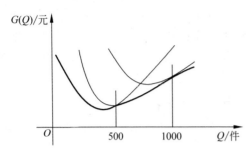

图 7-11 增量折扣下的年成本函数

在这个例子中，$G(Q)$ 可以表示为 $[G_0(Q), G_1(Q), G_2(Q)]$，这取决于 $Q$ 在哪个区间。因为 $C(Q)$ 是连续的，所以 $G(Q)$ 也是连续的。若以年为时间单位，则得年成本函数 $G(Q)$ 如图 7-11 所示。

最优订货量在成本曲线的最低点处。分别计算使得三段曲线达到最小值时的订货批量，并确定该批量是否可行（在正确的价格区间内），最后比较可行值下的成本。于是有

$$G_0(Q) = 600 \times 0.30 + 8 \times \frac{600}{Q} + 0.20 \times 0.30 \times \frac{Q}{2}$$

使得 $G_0(Q)$ 取最小值的订货批量为

$$Q^{(0)} = \sqrt{\frac{2K\lambda}{Ic_0}} = \sqrt{\frac{2 \times 8 \times 600}{0.20 \times 0.30}} \text{ 件} = 400 \text{ 件}$$

$$G_1(Q) = 600 \times \left(0.29 + \frac{5}{Q}\right) + 8 \times \frac{600}{Q} + 0.20 \times \left(0.29 + \frac{5}{Q}\right) \times \frac{Q}{2}$$

$$= 0.29 \times 600 + 13 \times \frac{600}{Q} + 0.20 \times 0.29 \times \frac{Q}{2} + 0.20 \times \frac{5}{2}$$

使得 $G_1(Q)$ 取最小值的订货批量为

$$Q^{(1)} = \sqrt{\frac{2 \times 13 \times 600}{0.20 \times 0.29}} \text{ 件} = 519 \text{ 件}$$

$$G_2(Q) = 600 \times \left(0.28 + \frac{15}{Q}\right) + 8 \times \frac{600}{Q} + 0.20 \times \left(0.28 + \frac{15}{Q}\right) \times \frac{Q}{2}$$

$$= 0.28 \times 600 + 23 \times \frac{600}{Q} + 0.20 \times 0.28 \times \frac{Q}{2} + 0.20 \times \frac{5}{2}$$

使得 $G_2(Q)$ 取最小值的订货批量为

$$Q^{(2)} = \sqrt{\frac{2 \times 23 \times 600}{0.20 \times 0.28}} \text{ 件} = 702 \text{ 件}$$

$Q^{(0)}$ 和 $Q^{(1)}$ 都是可行的。而 $Q^{(2)}$ 是不可行的，因为 $Q^{(2)} < 1000$。比较 $G_0(Q^{(0)})$ 和 $G_1(Q^{(1)})$：

$$G_0(Q^{(0)}) = 204.00 \text{ 元}$$
$$G_1(Q^{(1)}) = 204.58 \text{ 元}$$

因此，最优订货批量是向垃圾袋公司每次以单价 30 分订购 400 件垃圾袋。这比订购 519 件垃圾袋的年库存成本稍微低一些。与全量折扣模型相比，应用增量折扣模型获得了更小的订货批量，但年库存成本更高。

综上所述，计算增量折扣下的最优订购批量的步骤如下。

(1) 确定每种价格对应的订货成本 $C(Q)$，并确定 $C(Q)/Q$。

（2）将 $C(Q)/Q$ 代入单位时间成本函数 $G(Q)$，分别计算每种价格对应的最小 $Q$ 值。

（3）选出步骤（2）计算出的可行的 $Q$ 值（即在正确的区间），比较可行的 $Q$ 值对应的单位时间库存成本值，并选择使得这一库存成本达到最小值的 $Q$ 作为最优订货批量。

### 7.4.3 其他折扣模型

除了全量折扣和增量折扣模型外，还有其他的折扣模型。例如图 7-12 所示的车辆运输折扣模型。

车辆运输折扣模型的基本规则是：一辆运输车可载重 $M$ 个单位。运输商对各运输单位以恒定的单位价格 $c$ 收取费用，直到客户支付了整车运输费用，对剩余增加的载重量不再收取费用。一旦第一辆车达到满载，再次以单位价格 $c$ 收取运输费用，直到第二辆车满载，以此类推。为这类折扣模型确定最优订货策略较为困难。

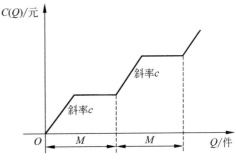

图 7-12 运输折扣模型下的库存成本函数

## 7.5 案例分析——某生鲜超市的库存管理

### 7.5.1 超市库存管理现状

自 2016 年新零售概念提出以来，未来新零售将会取代电商成为主流。新零售是企业依靠互联网，通过运用大数据、人工智能等先进技术，对商品的生产、流通与销售过程进行升级改造，并对线上服务、线下体验以及现代物流进行深度融合的零售新模式。新零售的兴起使得线下生鲜超市应运而生。

某线下生鲜超市依托供应链和物流体系汇集全球食材，最大限度保证了食材的新鲜品质，受到消费者的热烈追捧。该生鲜超市主要以销售生鲜产品为主，几乎占了该地区 50% 的销售额。生鲜可大致分为果蔬、肉禽、水产等类目，其中果蔬与水产所占的销售比重较大。因此，为了满足消费者的购买需求，该生鲜超市大幅度增加了生鲜产品的库存，但这样的措施不仅没有产生显著的收益，反而给超市的经营与管理带来困难。这说明生鲜超市在库存管理方面存在一定的问题。由于订货和仓储为库存管理最重要的两个方面，因此这里对生鲜超市的订货模式和仓储管理展开分析。

**1. 订货模式**

生鲜产品的供应具有不确定性。生鲜产品，尤其是果蔬类产品的生长容易受到自然气候的影响。当发生自然灾害等不可抗力时，生鲜产品的产量会大幅降低，甚至造成供应中断。此外，生鲜产品具有含水量高、易变质和保鲜期短的特点，因而在流通过程中容易损耗，流失鲜活度，降低消费价值，甚至失去食用价值。例如，草莓、车厘子等水果由于容易腐烂，货架期一般设置为 3 天左右。而一旦生鲜产品发生变质腐烂无法上架销售，就会导致缺货发生。因此，从供应端考虑，产品到货的不确定性以及生鲜产品的易损耗性极大影响了生鲜超市的经营策略,如何合理订货以实现利润最大化就成为生鲜超市库存管理一个关键的问题。

生鲜超市的采购模式出现的问题较大,采销人员订货时主要基于个人经验,对于多久订一次货、订货批量是多少的决策主观随意性较大,缺乏科学的订货策略。对于大多数生鲜品类,该超市都是每天订一次货或者隔天订一次货。这样的订货策略可能导致订货数量较多而使得某些品类的生鲜产品滞销变质,增加了损耗成本,或者由于生鲜产品变质而导致实际上架量减少,因缺货影响了顾客的消费欲望以及忠诚度。总的来说,该生鲜超市缺乏科学的订货策略,从而造成过高的损耗成本和缺货损失。

**2. 仓储管理**

生鲜超市仓储管理存在的问题主要在于产品布局和陈列不合理。

超市未对各品类产品的库存进行合理的规划。有些高频进出的商品被存放在货架深处,使得库存无法及时更新、无法及时提货,大大增加了人力维护成本。产品的仓储方式也存在不合理的现象,如有些水果怕挤压,却被堆叠放置。此外,某些产品的陈列面积过大,造成了这些产品在货架滞留时间长,易变质;某些产品的陈列面积过小,使得补货过于频繁。完成生鲜产品的陈列后而没有相关人员定时整理,增加了产品损耗,削弱了产品表现力。维护的高成本和产品的高损耗给运营带来比较大的压力,相应的公司收益就会减少。

## 7.5.2 超市库存管理优化

为了提升生鲜超市的库存管理水平和运营能力,所采取的主要措施包括生鲜产品订货策略优化,以及生鲜产品仓储管理优化。

**1. 生鲜产品订货策略优化**

生鲜产品具有易腐性和时效性,从而导致供应具有不确定性。订货过多时,过剩的产品不仅会增加库存成本,而且会随着时间的推移发生变质,造成价值损耗。订货不足时,超市无法实现利益最大化。因此,对超市而言,制定合理的产品订货策略是极其重要的。

解决订货问题需建立符合问题背景的数学模型,可以建立基于易变质产品的经济订货批量模型。假设某生鲜产品的需求率为 $D$,超市单次批量订购产品所产生的固定订购成本为 $K$。在订货周期 $T$ 的开始,超市会向生鲜产品的供应商下达订单,以单价 $c$ 订购数量 $Q$ 的产品,并以零售价格 $p$ 售出。但由于自然气候等因素的影响,供应商的发货量是不确定的,假设供应商的发货量为 $kQ(0<k\leqslant 1)$。而在销售过程中,生鲜产品的易腐性使得库存产品存在一定的变质率 $\theta$。在订货周期内,库存水平的变化主要是由市场需求和商品变质引起的。假设该生鲜产品在时刻 $t$ 库存水平为 $I(t)$,那么在时刻 $t$ 的库存消耗量为时刻 $t$ 的需求量和变质量,即

$$\frac{\mathrm{d}I(t)}{\mathrm{d}t}=-D-\theta I(t), 0\leqslant t\leqslant T$$

在单位时间内,库存持有成本为 $h$,单位产品缺货成本为 $s$,单位产品发生变质后产生的损耗成本为 $e$。

基于上述问题,可建立以最小化单位时间成本为目标的数学模型,并得到唯一最优订货量 $Q^*$。同时超市也从中得到启示:若生鲜产品的折损成本增加,那么需要投入更多成本

进行运营,所获得的利润也相应减少。这时超市可以通过减少订货量降低由于运输和易腐性等造成的损耗,降低因此产生的折损成本,实现成本控制。

**2. 生鲜产品仓储管理优化**

为了有效地进行生鲜产品库存的控制与管理,可以综合考虑保质期、变质率以及销售额等因素对生鲜产品进行分类,实现不同类别产品的精细化、差异化管理。另外,生鲜产品的重要性程度以及采购周期的长短都应成为库存分类的考虑因素。某些品类的生鲜产品尽管价格不高,但销售量大,且采购周期较长,为了保证不断货,也要提升此类产品的重要度。

对于享有最高优先级的生鲜产品,需要对质量严格把关,建立严格的收货、验货制度。尽量实现多次、小批量送货,缩短提前期。同时,货架的生鲜产品的保鲜也特别重要。

对于仓库内的仓储布置,按类别进行存放。对产品按照先进先出的原则安排仓储,并登记好进出管理记录。即随着货架上的产品不断被上架陈列,补货时将尚未售出的货物移到前面待上架,这样可以避免陈旧存货堆积,使商品保持新鲜。此外,鲜度管理也是极其重要的。每天要对生鲜仓储进行检查,若发现临期或变质的产品,应当立即进行处理和记录。

各个品类的仓库也应有合理的规划,将其划分为良品区、坏品区和暂存区三个区域。相关管理人员需要严格按照区域分类储存产品。良品区用来储存正常产品;坏品区用来储存存在质量问题的产品;暂存区主要用来存放当天新到、已完成收货的产品。

综上所述,针对该生鲜超市分析其库存管理现状,找出生鲜产品库存管理存在的问题,提出相应的库存管理优化方案。一方面制定合理的生鲜产品订货策略,基于生鲜产品易变质性,考虑生鲜产品供应不稳定以及易变质特性,确定最优的订货方案;另一方面提出考虑优先级的仓储管理方案,对库存做到差异化、精细化管理。

# 习题

7-1 库存管理的几个关键决策是什么?

7-2 讨论持有过多存货和持有过少存货时企业的成本损失。

7-3 某公司生产一系列山地自行车,在该产品的生产过程中会产生哪些库存以及对应的库存类型(原材料库存、组件库存、在制品库存和制成品库存)?

7-4 按订单生产的企业需不需要库存?为什么?

7-5 一家大型汽车修理厂每年安装约 1250 个消声器,其中 18% 用于进口汽车。所有进口汽车消声器均从一家当地供应商处购买,每个消声器的购买价格为 120 元,持有成本年费率为单价的 25%。每次订货的固定成本估计为 200 元。

(1) 确定汽车修理厂每次订货的最优批量,以及订货周期。

(2) 如果订货提前期为六周,那么基于现有库存水平的再订货点是多少?

(3) 目前汽车修理厂的订货策略是每年只订货一次。在该策略下,额外增加的库存持有成本和固定订货成本是多少?

7-6 一家熟食店定期提供意大利腊肠,店主预估该腊肠的需求稳定在每月 175 份。每份意大利腊肠进价 18.5 元。每次订购腊肠的固定费用为 2000 元,腊肠到货需要 3 周。每年的库存持有成本约占商品价值的 27%。

(1) 这家熟食店应该多久订购一次腊肠?每次订购的数量是多少?

(2) 当熟食店再次订货时,店里应该还有多少份意大利腊肠?

(3) 假设意大利腊肠每份售价 30 元,熟食店可以从中盈利吗? 如果可以的话,每年获得多少利润?

(4) 如果意大利腊肠的保质期只有 4 周,那么从(1)中得出的订货方案有什么问题? 在这种情况下,熟食店应该使用什么订货策略? 是否仍然有利可图?

7-7 一家化学公司生产一种化肥。这种化肥以每天 1 万 kg 的速率生产,每年的需求量为 60 万 kg。该化肥一次生产的固定成本为 9000 元,每千克化肥的生产成本为 21 元。该公司以 22% 的年费率来计算资本成本,以 12% 的年费率计算化肥储存处理的成本。假设一年有 250 个工作日。

(1) 这种化肥的一次生产的最优批量是多少?

(2) 每个生产周期的开工生产时间占多大比例,停工时间占多大比例?

(3) 该化肥的年平均库存持有和固定生产成本是多少? 如果每千克化肥的售价为 25 元,公司可以获得的年利润是多少?

7-8 一家采购代理需要决定晶圆的采购来源:①来源 A 以每片 2.5 元的价格出售晶圆,不限制订购数量;②来源 B 以每片 2.4 元的价格出售晶圆,但不接受低于 3000 片的订单;③来源 C 以每片 2.3 元的价格出售晶圆,但不接受低于 4000 片的订单。假设该采购代理一次订购的固定成本为 100 元,晶圆的年需求量为 2 万片,持有成本年费率为 20%。

(1) 应该使用哪个采购来源,订货批量是多少?

(2) 使用最优的采购来源时,每年产生的晶圆持有成本和固定订购成本分别是多少?

(3) 如果晶圆的订货提前期为 3 个月,根据现有库存水平确定再订货点。

7-9 一家公司出售芯片,并实行以下定价策略:订单中不超过 25 块的部分,每块芯片收费 350 元;数量超过 25 不超过 50 块的部分,每块芯片收费 315 元;订单中超过 50 块的部分,每块芯片收费 285 元。一家大型通信公司预计在未来 10 年该芯片的年需求量为 1400 块。该通信公司估计每次订购芯片的固定成本为 30 元,并以 18% 的年费率计算持有成本。该通信公司每次购买芯片的最优订货量是多少?

# 参考文献

[1] NAHMIAS S. Production and operations analysis[M]. Boston:McGraw-Hill Irwin,1997.
[2] 潘尔顺.生产计划与控制[M].上海:上海交通大学出版社,2003.
[3] 霍佳震,张艳霞,段永瑞.物流与供应链管理 [M].北京:高等教育出版社,2012.
[4] 王志.上海易初莲花超市产品陈列布局研究[D].上海:上海交通大学,2007.
[5] 张艳.CAS 公司农化产品库存管理策略研究[D].上海:上海交通大学,2017.
[6] 田忠威.不同质量等级生鲜产品定价和订货策略研究[D].上海:上海交通大学,2014.

# 第 8 章

# 不确定需求下的库存管理

视频 8

由于存在消费者偏好和市场趋势等因素,需求往往表现出不确定性。如何应对需求的不确定性是企业库存管理必须关注的问题。不确定需求下的库存管理方法在现实生活中有着更广泛的应用,同时也为管理决策者确定最佳的订购批量提供更大的帮助。

本章聚焦于不确定需求下的库存管理模型,学习目标有以下三点:①掌握离散型和连续型随机库存优化;②掌握连续盘点和周期盘点模型;③掌握多产品系统下的库存控制。

## 8.1 离散型随机需求下的库存优化

需求的不确定性意味着无法提前准确预测需求,它对库存管理策略的影响是显著的。例如,零售商无法准确预测特定商品在任何一天的销售额,航空公司无法准确预测某个航班的购票人数。那么,这些企业如何确定库存数量,或者安排航班数量呢?

实际上,许多企业把需求看作是可预测的,这些企业在销售季节到来之前,基于过去的经验和数据进行需求预测,为生产和库存决策提供依据。尽管这些企业在作预测时意识到需求的不确定性,但他们在作决策时把预测当作现实的准确体现。在这种情况下,如果高估了客户需求,将导致库存销售不出去;而低估了客户需求将导致库存短缺,以及失去潜在客户。销售出去的产品能够获得利润(单位利润=单位价格-单位成本),而销售不出去的产品则会带来损失(单位损失=单位成本-单位残值)。

单周期需求也叫一次性订货,这种需求的特征是偶发性,并且产品生命周期短,因而很少重复订货,其库存控制的关键是确定订货批量。在单周期产品库存模型中,订货成本为一种沉没成本,与决策无关。库存成本也被视为一种沉没成本。所以,确定订货量时只需要考虑超储成本和缺货成本。若订货量超过实际需求时,对未售出的部分进行降价售出或报废处理,则发生超储成本;若订货量未达到实际需求,则发生缺货成本,是由于丧失销售机会而造成的损失。

设订货批量为 $Q$,需求为 $D$。若 $Q \geqslant D$,则有 $Q-D$ 单位产品未售出;若 $Q<D$,则销售季末剩余的产品为 0。那么,$\max\{Q-D,0\}$ 表示超出需求的订货量。类似的,$\max\{D-Q,0\}$ 表示销售季末未被满足的需求。

设产品单价为 $p$,单位成本为 $c$,单位残值为 $s$(即销售期内未售出产品进行降价销售时的售价),则单位超储成本 $c_o$ 和单位缺货成本 $c_u$ 可表示为

$$c_o = c - s$$

$$c_u = p - c$$

单周期库存控制主要是在超储成本和缺货成本之间取得平衡。具体来说,就是基于需求的概率分布确定订货批量,目标是最小化期望成本,或最大化期望利润。不确定需求下的单周期库存管理可分为假设需求离散(本节)和假设需求连续(8.2节)两类。本节假设需求量为 $D$ 时的概率为 $p(D)$。

### 8.1.1 期望损失最小法

期望损失最小法即比较不同订货批量下的期望损失,取期望损失达到最小时的订货量作为最优订货量。当订货量为 $Q$ 时,期望损失 $E_L(Q)$ 为

$$E_L(Q) = \sum_{D>Q} c_u(D-Q)p(D) + \sum_{D \leqslant Q} c_o(Q-D)p(D)$$

【例 8-1】 某种挂历的进价为 $c=50$ 元,售价为 $p=80$ 元。若新年后没有卖出去,则每本按 $s=30$ 元卖出。若该挂历需求量及其概率预测如表 8-1 所示,该商店应该订购多少本挂历?

表 8-1 挂历需求量概率预测

| 需求量/本 | 0 | 10 | 20 | 30 | 40 | 50 |
|---|---|---|---|---|---|---|
| 概率 | 0.05 | 0.15 | 0.2 | 0.25 | 0.2 | 0.15 |

当 $D>Q$ 时,单位缺货成本为 $c_u = p - c = (80-50)$ 元 $= 30$ 元;

当 $D<Q$ 时,单位超储成本为 $c_o = c - s = (50-30)$ 元 $= 20$ 元。

当 $Q=10$ 本时,$E_L(Q)=580$ 元;

当 $Q=30$ 本时,$E_L(Q)=280$ 元。

以此类推,计算出各订货量下的期望损失,选取使期望损失最小的订货量作为最优订货量,即为 $Q^*$。结果如表 8-2 所示。当 $Q=30$ 本时,期望损失最小,即 $Q^*=30$ 本。

表 8-2 期望损失计算

| 订货量 $Q$/本 | 实际需求量 $D$/本 | | | | | | 期望损失 $E_L(Q)$/元 |
|---|---|---|---|---|---|---|---|
| | 0 | 10 | 20 | 30 | 40 | 50 | |
| | 概率 $p(D)$ | | | | | | |
| | 0.05 | 0.15 | 0.2 | 0.25 | 0.2 | 0.15 | |
| 0 | 0 | 300 | 600 | 900 | 1200 | 1500 | 8500 |
| 10 | 200 | 0 | 300 | 600 | 900 | 1200 | 580 |
| 20 | 400 | 200 | 0 | 300 | 600 | 900 | 380 |
| 30 | 600 | 400 | 200 | 0 | 300 | 600 | 280 |
| 40 | 800 | 600 | 400 | 200 | 0 | 300 | 305 |
| 50 | 1000 | 800 | 600 | 400 | 200 | 0 | 430 |

### 8.1.2 期望利润最大法

期望利润最大法即比较不同订货量下的期望利润,取期望利润达到最大时的订货量作为最优订货量。当订货量为 $Q$ 时,期望利润 $E_P(Q)$ 为

$$E_P(Q) = \sum_{D \leq Q}[c_u D - c_o(Q-D)]p(D) + \sum_{D > Q} c_u Q p(D)$$

式中 $c_u$ 表示售出单位产品所获得的利润。

对于例 8-1,当 $Q=30$ 本时,$E_P(Q)=575$ 元。

同理可以计算出其他订货量下的期望利润,选取使期望利润值最大的订货量作为最优订货量,即为 $Q^*$。结果如表 8-3 所示。当 $Q=30$ 本时,期望利润最大,即 $Q^*=30$ 本。

表 8-3 期望利润计算

| 订货量 Q/本 | 实际需求量 D/本 |||||| 期望利润 $E_P(Q)$/元 |
|---|---|---|---|---|---|---|---|
| | 0 | 10 | 20 | 30 | 40 | 50 | |
| | 概率 $p(D)$ |||||| |
| | 0.05 | 0.15 | 0.2 | 0.25 | 0.2 | 0.15 | |
| 0 | 0 | 0 | 0 | 0 | 0 | 0 | 0 |
| 10 | −200 | 300 | 300 | 300 | 300 | 300 | 275 |
| 20 | −400 | 100 | 600 | 600 | 600 | 600 | 475 |
| 30 | −600 | −100 | 400 | 900 | 900 | 900 | 575 |
| 40 | −800 | −300 | 200 | 700 | 1200 | 1200 | 550 |
| 50 | −1000 | −500 | 0 | 500 | 1000 | 1500 | 425 |

图 8-1 给出了期望利润与订货量之间的关系。该图表明最优订货量约为 30。

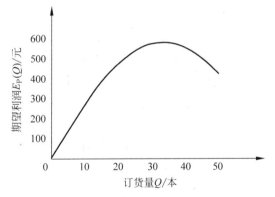

图 8-1 期望利润与订货量之间的关系

## 8.1.3 边际分析法

边际分析法的基本思想是:每追加 1 个单位的订货,期望损失都会发生变化,如果 $Q$ 为最优订货量,则无论增加或减少订货数量都会使期望损失增加。如果追加 1 个单位的订货能使得产品售出的期望收益大于期望成本,那么就应该在原订货量的基础上追加 1 个单位的订货。当订货量为 $Q$ 时,若追加 1 个单位的订货,售出该单位产品的边际收益等于该单位产品未售出的边际损失时,取该订货量为最优订货量,即为 $Q^*$ 点。

若要使预期收益和预期损失平衡,则有

$$c_u \sum_{D > Q} p(D) = c_o \sum_{D < Q} p(D)$$

即

$$(c_u + c_o)\sum_{D=0}^{Q} p(D) - c_u = 0$$

则最优订货批量满足

$$\sum_{D=0}^{Q} p(D) = \frac{c_u}{c_u + c_o}$$

对于例 8-1，有

$$\frac{c_u}{c_u + c_o} = \frac{30}{30 + 20} = 0.6$$

实际上，由于需求是离散分布的，因此可能不存在恰好等于上述临界比 $\frac{c_u}{c_u + c_o}$ 的分布函数。临界比可能介于两个相邻订货量的分布函数之间，此时取订货量的较大值作为最优订货量 $Q^*$。

对于例 8-1，有

$$\sum_{D=0}^{20} p(D) = 0.4$$

$$\sum_{D=0}^{30} p(D) = 0.65$$

所以最优订货量 $Q^* = 30$ 本。

对以上几种单周期的离散型需求库存模型，需要注意的是：

（1）最优订货量未必等于需求的预测值，或平均需求。实际上，最优订货量的确定依赖于产品的边际利润与边际成本之间的关系。

（2）随着订货量的增加，期望利润也会增加，但是，当订货量达到一定数值之后，期望利润开始下降。

（3）随着订货量的增加，风险（即发生亏损的可能性）增大，同时能够获取更多利润的可能性也增大。这时需要在风险和利润之间进行权衡。

## 8.2 连续型随机需求下的库存优化

当需求服从连续型概率分布时，单周期库存优化模型即为报童模型。报童模型在一个周期开始时进行产品订购，且订购量只能用于满足这一个周期的需求，剩余库存无法用于满足下一个周期的需求。

假设需求 $D$ 是一个连续非负的随机变量，它的概率密度函数为 $f(x)$，累积分布函数为 $F(x)$。模型中决策变量 $Q$ 为一个周期内的订货量，优化目标是最小化一个周期的期望成本。模型其余变量同 8.1 节中的定义。

定义 $G(Q, D)$ 为当订货为 $Q$、需求量为 $D$ 时的成本。显然，成本 $G(Q, D)$ 是期末发生的超储成本和缺货成本的总和，即

$$G(Q, D) = c_o \max(0, Q - D) + c_u \max(0, D - Q)$$

定义期望成本为订货量 $Q$ 的函数，即

$$G(Q) = E(G(Q,D))$$

由于需求为非负,则需求的概率密度函数满足:当 $x<0$ 时, $f(x)=0$。因此得到

$$G(Q) = c_o \int_0^Q (Q-x)f(x)dx + c_u \int_Q^\infty (x-Q)f(x)dx$$

要得到使期望成本 $G(Q)$ 最小的 $Q$,需要对函数 $G(Q)$ 进行分析。由于 $G(Q)$ 的二阶导数非负,所以函数 $G(Q)$ 是关于 $Q$ 的凹函数。通过进一步分析,可以对 $G(Q)$ 的形状有更多的了解。$G(Q)$ 如图 8-2 所示。

最优解 $Q^*$ 出现在 $G(Q)$ 的一阶导数为 0 的点,也就是

$$(c_o + c_u)F(Q^*) - c_u = 0$$

即

$$F(Q^*) = \frac{c_u}{c_o + c_u} \tag{8.1}$$

将 $c_u/(c_o+c_u)$ 称为临界比。因为 $c_u$ 和 $c_o$ 都是正数,因此临界比位于 0 和 1 之间。这意味着对于连续需求分布,式(8.1)总是可解的。

由于 $F(Q^*)$ 表示为需求不超过 $Q^*$ 的概率,所以临界比即为订货量 $Q^*$ 满足该周期内所有需求的概率。需要注意的是,这与被满足的需求所占的比例是不同的。当缺货成本和超储成本相等时,临界比正好是 $\frac{1}{2}$。在这种情况下,$Q^*$ 对应于需求分布的中位数。当需求密度为对称时,均值和中位数相等。

【例 8-2】 每周日,某地一家报摊的老板都会买一批杂志周刊用于下一周的售卖。每本杂志进价 2.5 元,售价 7.5 元。如果有杂志未售完,该老板可以以每本 1 元的价格退回给供应商。假设该杂志在任意一周内的需求都是一个服从正态分布的随机变量,均值为 $\mu=11.73$,标准差为 $\sigma=4.74$。老板该如何确定他每周日应该购买多少本杂志周刊?

对于每本杂志,超储成本为 $c_o=(2.5-1)$元$=1.5$ 元,缺货成本 $c_u=(7.5-2.5)$元$=5$ 元。临界比 $c_u/(c_o+c_u)=5/6.5=0.77$。因此,报摊老板应该购买足够的杂志以 0.77 的概率满足所有的周需求(见图 8-3)。

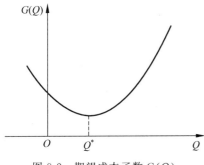

图 8-2 期望成本函数 $G(Q)$

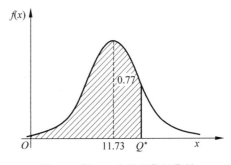

图 8-3 例 8.2 中的最优订货量

由标准正态分布表可得 $z=0.74$。订货量 $Q$ 的最优值为

$$Q^* = \sigma z + \mu = (4.74 \times 0.74 + 11.73)\text{本}$$
$$= 15.24 \text{ 本} \approx 15 \text{ 本}$$

因此,报摊老板应该在每周日购买 15 本杂志。

接下来,将讨论几种报童模型的拓展应用。

**1. 考虑初始库存**

报童模型假设一个订货周期的初始库存为零。若假设初始库存为 $\mu$,且 $\mu>0$。需要注意的是,考虑初始库存的情形不适用于报纸类产品,但适用于具有一段保质期的产品。

考虑期望成本函数 $G(Q)$,如图 8-2 所示。如果 $\mu>0$,则意味着库存变化从 0 以外的某个点开始。此时,$Q^*$ 仍然是期望成本曲线上的最低点。如果 $\mu<Q^*$,则可以通过订购 $Q^*-\mu$ 达到成本最小。如果 $\mu>Q^*$,则说明订购任何额外的产品只会使得成本曲线上升,从而导致更高的期望成本。在这种情况下,最优的策略就是不订货,即订货量为 0。

因此,当存在初始库存 $\mu$ 并且 $\mu>0$ 时,最优策略是:如果 $\mu<Q^*$,订购 $Q^*-\mu$;如果 $\mu\geq Q^*$,则不订购。

需要注意的是,当 $\mu>0$ 时,$Q^*$ 应该被理解为库存持有量,而不是订货量。$Q^*$ 也被称为目标或基本库存水平。

【例 8-2(续)】 假设在例 8-2 中,报摊老板在本周初从另一个供应商那里收到了 6 本杂志。最优的策略仍然是在订货之后持有 15 本,所以现在他会订购(15−6)本=9 本。(令 $Q^*=15$,$\mu=6$,从而得到订货量 $Q^*-\mu=9$ 本。)

**2. 考虑多周期**

报童模型假设所订购的商品只能在一个周期内销售,不能用来满足后续周期的需求。然而,在大多数工业和零售环境中,一个时期结束时留下的库存可以存储下来,并用于满足未来的需求。这意味着任何周期的期末存货都将成为下一周期的初始库存。本节前文已经说明了在有初始库存的情况下如何修正最优订货策略。但是,当订货周期数超过 1 时,$Q^*$ 的值也必须修改,并且 $c_o$ 和 $c_u$ 的含义也有所不同。这里只考虑具有无穷多个周期的情况,当剩余的周期数有限时,最优订货量的数值将在单周期最优解和无限周期最优解之间。

在具有无限周期的报童模型中,假设超额需求会被拖期满足,那么,在任意一个时间周期内进行订货来满足需求都是可行的。同样地,只要超额需求被拖期满足,任意一段时间内,产品的销售量就等于产品的需求。因此,$c_o$ 和 $c_u$ 将独立于订货成本 $c$ 和产品的销售价格 $p$。在这种情形下,$c_u$ 可以作为信誉损失成本,$c_o$ 为库存持有成本。

【例 8-3】 假设例 8-2 的报摊老板在考虑如何补充一种观光手册的库存,这种观光手册非常受欢迎,每月都需要订购补货。月底未被售出的手册仍然可以用于下个月的销售。假设手册缺货时,顾客可以等到下个月来购买。老板以每本 1.15 元购买手册,以 2.75 元出售。缺货时的单位商誉损失成本为 0.5 元。手册的月需求分布接近于均值为 18、标准差为 6 的正态分布。假设库存年持有成本是产品价格的 20%,报摊老板应该在每个月初购买多少本观光手册?

这个案例中的超储成本就是持有成本,即 $1.15\times 0.20/12$ 元 $=0.0192$ 元。缺货成本就是信誉损失成本,即 0.5 元。因此,临界比为

$$\frac{0.5}{0.5+0.0192}=0.9630$$

对应的标准正态分布值 $z=1.79$,因此,目标库存水平的最优值为

$$Q^*=\sigma z+\mu=(6\times 1.79+18)\text{本}=28.74\text{本}\approx 29\text{本}$$

【例 8-3（续）】 假设当地的书店也有同样的观光手册出售，如果报摊缺货，顾客将转而去书店购买。在这种情况下，对于报摊而言，超额需求就会消失，而不是通过延期满足。此时，库存持有点将不同于例 8-3 中的情形。当存在销售流失时，缺货成本应为信誉损失成本加上损失的利润。超储成本仍为库存持有成本。因此，在该情形下，$c_u = (0.5+1.6)$ 元 $= 2.1$ 元。临界比为

$$\frac{2.1}{2.1+0.0192} = 0.9909$$

此时，$z = 2.36$。因此，在客户流失的情况下，目标库存水平的最优值为

$$Q^* = \sigma z + \mu = (6 \times 2.36 + 18) \text{ 本} = 32.16 \text{ 本} \approx 32 \text{ 本}$$

虽然这里的多周期订货似乎足够普遍，可以涵盖许多类型的实际问题，但它有一个明显的不足，即忽略了固定订货成本。这意味着当最优的目标库存水平为 $Q^*$ 时，需要在每个周期都进行订货。然而，在实际运作中，由于固定订货成本的存在，每个周期都进行订货显然并不是最优的。考虑固定订货成本会使最优订货量的计算变得非常困难，这部分内容将在 8.3 节和 8.4 节中介绍。

## 8.3　连续盘点库存优化

首先区分库存水平、库存状态和目标库存水平的概念。

库存水平（inventory level）是指生产商、批发商和零售商保存在仓库中的现有产品数量，它是一个考察实际库存情况的较为直观的指标，通常用于计算库存成本。

库存状态（inventory position）需要同时考虑库存水平、在途库存（已订购但尚未到达）和延期交货（延期交付给下游），通常为库存水平加上在途库存，减去延期交货量，是一个考虑提前期的全方位考察库存的指标。

目标库存水平（target inventory level）是指在下达订单后需要达到的库存水平，通常订货量即为目标库存水平减去库存水平。

### 8.3.1　连续盘点和周期盘点

连续盘点库存系统又叫定量系统，是由"事件驱动"的。在连续盘点系统中，需求满足一经发生就被记录，任意时刻的库存水平均为已知。当库存水平下降到再订货点时，即触发再订货这一事件，订货行为可以发生在任意时间点。何时订货取决于当前的库存水平，以及设定的再订货点。

周期盘点库存系统又叫定期系统，是由"时间驱动"的。在周期盘点系统中，只会在固定的时间点对库存进行盘点，例如每个月末盘点一次。所以，周期盘点系统中仅知道盘点时的库存水平，周期盘点系统中的订货行为只会在固定时间点上发生。

通常来说，为了防止在盘点期内发生大量缺货，周期盘点系统所保持的平均库存水平较高；而连续盘点系统不存在盘点期（时刻进行盘点），所需的安全库存仅需应对订货提前期中可能出现的缺货，所以平均库存水平较低。

连续盘点系统常常应用于以下场景：
(1) 所储存的物料具备进行连续盘点的条件。

(2) 价值虽低但需求量大的物料。对于此类物料,连续盘点系统相较于周期盘点系统而言可以降低库存水平,有利于优化库存成本。

(3) 价格昂贵的物料或关键物料。此类物料由于价值高昂或是具有很高的重要性,需要严格管制,连续盘点系统可以更密切地关注此类物料的库存状态,便于精细化管理。

(4) 市面上易于采购的物料。由于连续盘点系统的采购时间点并不固定,所以需要一个便捷流通的采购渠道,适用于市面上易于采购的情况。

而周期盘点系统则可以应用于以下场景:

(1) 需要定期盘点、定期采购、定期生产的物料,如成批生产的各种配件等。

(2) 具有相同供应来源的多种物料。相同供应来源是指同一供应商生产,或产地在同一地区,对于此类物料,定期盘点由于采购时间点固定,易于形成规模效应,有利于价格折扣或是降低运输成本。

(3) 具有战略意义的物料。通常来讲,某些行业的战略物料需要在一个计划期内保证一定的库存水平来保持市场竞争力,这种需要通过长期计划来控制库存数量的物料适合使用周期盘点来进行库存控制。

### 8.3.2 $(Q, R)$ 策略

$(Q, R)$ 策略是一种基于订货量和再订货点的连续盘点库存管理模式。在前面章节中讲到的 EOQ 模型其实是一种连续盘点系统,它符合"订货量-再订货点"的模式,即在库存水平到达再订货点 $R$ 时,下达一个订货量为 $Q$ 的订单。但是,EOQ 模型中只有一个决策变量 $Q$,再订货点 $R$ 则是由订货量 $Q$、需求到达率 $\lambda$ 和订购提前期 $\tau$ 决定的。EOQ 模型适用于需求确定的情况,当需求具有随机性时,需要对 $Q$ 和 $R$ 这两个决策变量同时进行决策。同时,还需要考虑固定成本和订货提前期对库存决策的影响。

这里讨论的 $(Q, R)$ 模型基于以下假设:

(1) 库存水平在任意时刻均为已知。

(2) 需求是未知的、随机的,但可以通过历史数据预测未来一段时间内的平均需求,实际需求就在这个均值的上下一定范围内波动。假设单位时间内的平均需求(及需求到达率 $\lambda$)已知。

(3) 订货提前期为 $\tau$,且为已知的定值。

(4) 考虑以下几种成本:固定成本 $K$(每次订货时发生),库存持有成本 $h$(单位时间每单位产品),单位采购成本 $c$,单位缺货成本 $p$。

在 $(Q, R)$ 系统中有两个决策变量,即订货量 $Q$ 和再订货点 $R$,决策目标是使得单位时间内的总成本最低,包括库存持有成本、固定成本、采购成本以及缺货成本。由于单位时间内的采购量等于需求到达率 $\lambda$,因此平均采购成本为 $\lambda c$。由于 $\lambda$ 和 $c$ 均为常量,所以采购成本并不会影响单位时间内的总成本。在接下来的分析中,我们将忽略这一部分的成本,而只考虑其他三种成本。

**1. 库存持有成本**

要想计算年均库存持有成本,首先需要知道单位时间内的平均库存是多少。$(Q, R)$ 策略下期望库存水平随时间的变化曲线如图 8-4 所示。

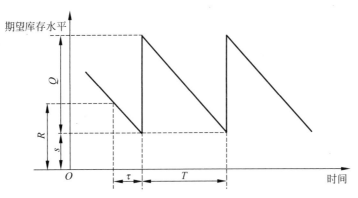

图 8-4　$(Q,R)$ 系统中期望库存水平随时间的变化曲线

图 8-4 中，$R$ 为再订货点，$s$ 为安全库存，$Q$ 为订货量，$\tau$ 为订货提前期，$T$ 为一个订货周期。当库存下降到再订货点 $R$ 时，下达一个订货量为 $Q$ 的采购订单，经过订货提前期 $\tau$ 之后，订单到达，此时库存正好下降到安全库存 $s$。由于需求到达率为 $\lambda$，所以 $s$ 的期望值可以表示为

$$s = R - \lambda\tau$$

安全库存 $s$ 主要是为了防止在订货提前期中出现缺货。同样地，由于需求到达率为 $\lambda$，即期望库存下降部分直线的斜率为 $-\lambda$，从而订货周期 $T$ 可以表示为

$$T = \frac{Q}{\lambda}$$

从图中不难看出，$(Q,R)$ 系统的最大期望库存水平为 $Q+s$，平均期望库存水平为

$$s + \frac{Q}{2} = R - \lambda\tau + \frac{Q}{2}$$

则平均库存持有成本为

$$h\left(s + \frac{Q}{2}\right) = h\left(R - \lambda\tau + \frac{Q}{2}\right)$$

值得注意的是，目前得出的平均期望库存水平中同时包括了库存为正和库存为负的情况。实际上，当库存为负（需求延迟满足的情况）时，这部分的库存成本应该为 0。但在以上分析中，这部分的库存成本为负值。所以，根据以上分析得出的期望库存成本低估了实际库存成本。

从数学模型上来讲，对实际的平均库存水平进行精确定义是非常困难的，现有方法大多针对一些特定场景（如特定的需求分布）进行分析。在实际应用中，很少会出现库存为负值，所以以上分析结果相较于实际库存成本而言差距很小，可以用于接下来的总成本计算。

**2. 固定成本**

接下来分析订货固定成本。由于固定成本只在每次订货时发生，所以平均固定成本只需要根据订货的时间间隔进行计算即可。订货间隔是指两次订货到达的时间间隔，即图 8-4 中的 $T$，从而平均固定成本为

$$\frac{K}{T} = \frac{K\lambda}{Q}$$

### 3. 缺货成本

计算缺货成本首先需要计算缺货量。连续盘点系统的缺货状态只可能发生在下达订单和订单到达的间隔中,即订货提前期中。当订货提前期中的需求超过了再订货点的量时,系统就会发生缺货。假设提前期内的需求量为 $D$,那么期望缺货量为

$$E(\max\{D-R,0\}) = \int_R^\infty (x-R)f(x)\mathrm{d}x$$

式中 $f(\ )$ 表示提前期内需求的概率密度函数。

记期望缺货量为 $n(R)$,$n(R)$ 是再订货点 $R$ 的函数。由于这个期望缺货量衡量的是一个订货周期中的缺货量,则单位时间内的平均缺货量可以表示为

$$\frac{n(R)}{T} = \frac{\lambda n(R)}{Q}$$

由于 $p$ 为单位缺货成本,因此平均缺货成本为

$$\frac{p\lambda n(R)}{Q}$$

根据以上分析,将库存成本、固定成本和缺货成本相加,可以得到 $(Q,R)$ 系统的单位时间内总成本 $G(Q,R)$ 为

$$G(Q,R) = h\left(\frac{Q}{2} + R - \lambda\tau\right) + \frac{K\lambda}{Q} + \frac{p\lambda n(R)}{Q}$$

需要确定最优的 $Q$ 和 $R$ 来使得 $G(Q,R)$ 达到最小。由于 $Q$ 和 $R$ 是两个独立的决策变量,可以对目标函数 $G(Q,R)$ 进行偏微分来得到 $Q$ 和 $R$ 的最优解。根据一阶偏微分,$G(Q,R)$ 关于 $Q$ 和 $R$ 均先减小、后增大,所以,使 $G(Q,R)$ 最小的必要条件为 $\partial G/\partial Q = \partial G/\partial R = 0$(即最优化理论中的一阶最优化必要条件),即

$$\frac{\partial G}{\partial Q} = \frac{h}{2} - \frac{K\lambda}{Q^2} - \frac{p\lambda n(R)}{Q} = 0 \tag{8.2}$$

$$\frac{\partial G}{\partial R} = h + \frac{p\lambda n'(R)}{Q} = 0 \tag{8.3}$$

由于 $n(R) = \int_R^\infty (x-R)f(x)\mathrm{d}x$,则

$$n'(R) = -(1-F(R)) \tag{8.4}$$

上式中 $F(\ )$ 表示提前期内需求的累积分布函数,即提前期内需求小于等于 $R$ 的概率。根据式(8.2)~式(8.4),可以得

$$Q = \sqrt{\frac{2\lambda[K+pn(R)]}{h}} \tag{8.5}$$

$$1 - F(R) = \frac{Qh}{p\lambda} \tag{8.6}$$

$Q$ 和 $R$ 的最优解由式(8.5)和式(8.6)确定。由于这两个公式中存在积分运算,想要求出解析解比较困难,所以可以采用数值迭代的方式进行求解,求解流程如图 8-5 所示。

首先根据 EOQ 模型计算出 $Q_0$ 作为迭代的初始解。然后,根据式(8.6)计算出对应于 $Q_0$ 的 $R_0$ 值。基于这个 $R_0$,可以计算出相应的 $n(R_0)$。将 $n(R_0)$ 代入式(8.5)中即可以计算出新的 $Q_1$。以上就是一次迭代计算,不断重复迭代过程,直到 $Q_i$ 和 $Q_{i+1}$ 足够接近,则

可以停止迭代,取 $Q_i$ 或 $Q_{i+1}$ 作为最终解。通常来讲,这个迭代过程在进行两三步之后就会收敛。值得注意的是:当产品的计量单位为整数时,$Q$ 和 $R$ 必须都收敛到 1 个单位以内的差距才可以停止迭代;当产品的计量单位是连续的,可以不为整数时,收敛要求可能更加精确。

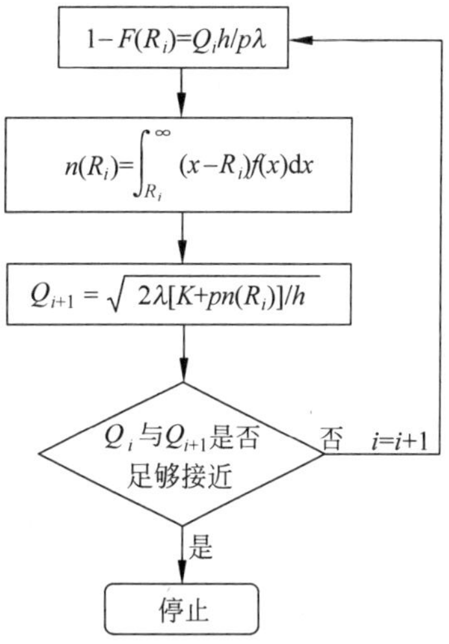

当需求服从正态分布时,$n(R)$ 可以使用标准损失函数进行简便计算。标准损失函数 $L(z)$ 定义为

$$L(z) = \int_z^\infty (t-z)\phi(t)\mathrm{d}t$$

其中,$\phi(t)$ 为标准正态分布的累积分布函数。如果提前期内的需求 $D$ 是均值为 $\mu$、标准差为 $\sigma$ 的正态分布,那么,$z$ 是将 $R$ 从一般正态分布转换为标准正态分布的转换变量,即

$$z = \frac{R-\mu}{\sigma}$$

也即 $R = \mu + z\sigma$,从而 $n(R)$ 可以表示为

$$n(R) = \sigma L(z) = \sigma L\left(\frac{R-\mu}{\sigma}\right)$$

所以,当需求服从正态分布时,可以由标准正态分布表插值得到 $z$ 和 $L(z)$,再计算 $n(R)$。

下面通过一个例题来具体说明 $(Q,R)$ 策略的应用。

【例 8-4】 有一家进口食品商店,从英国进口一种曲奇饼干进行售卖。每罐饼干的采购价格是 10 元,订货提前期为 6 个月,每次订购的固定成本为 50 元,每罐饼干的库存成本为每年 2 元。经预测,这种饼干在订货提前期内的需求服从正态分布,均值为 100,标准差为 25。店主预测每发生一罐饼干的缺货,就会产生 25 元的缺货成本。

应用 $(Q,R)$ 策略来为这家商店制定订货策略。首先,利用 EOQ 模型计算初始值 $Q_0$。以一年为计算周期,那么一年的平均需求为 200 罐,则

$$Q_0 = \mathrm{EOQ} = \sqrt{\frac{2K\lambda}{h}} = \sqrt{\frac{2\times 50\times 200}{2}}\ \text{罐} = 100\ \text{罐}$$

可以得到相应的 $R_0$ 为

$$1-F(R_0) = \frac{Q_0 h}{p\lambda} = \frac{100\times 2}{25\times 200} = 0.04$$

由于需求服从正态分布,查标准正态分布表得到与 0.04 相对应的 $z$ 值为

$$z = 1.75$$

从而可以得到

$$R_0 = \mu + z\sigma = (25\times 1.75 + 100)\ \text{罐} \approx 144\ \text{罐}$$

此外,与 $z=1.75$ 对应的标准损失函数 $L(z)$ 的值为 0.0162,从而有

$$n(R_0) = \sigma L(z) = 25\times 0.0162 = 0.405$$

图 8-5 $(Q,R)$ 最优解迭代求解流程图

开始下一步迭代,计算出 $Q_1$ 为

$$Q_1 = \sqrt{\frac{2\lambda(K + pn(R_0))}{h}} = \sqrt{\frac{2 \times 200 \times (50 + 25 \times 0.405)}{2}} \text{ 罐} \approx 110 \text{ 罐}$$

继续迭代:

$$1 - F(R_1) = \frac{Q_1 h}{p\lambda} = \frac{110 \times 2}{25 \times 200} = 0.044$$

$$z = 1.70$$

$$R_1 = \mu + z\sigma = (25 \times 1.70 + 100) \text{ 罐} \approx 143 \text{ 罐}$$

$$L(z) = 0.0183$$

$$n(R_1) = \sigma L(z) = 25 \times 0.0183 = 0.4575$$

$$Q_2 = \sqrt{\frac{2\lambda(K + pn(R_1))}{h}} = \sqrt{\frac{2 \times 200 \times (50 + 25 \times 0.4575)}{2}} \text{ 罐}$$

$$= 110.85 \text{ 罐} \approx 111 \text{ 罐}$$

由 $Q_2 = 111$ 罐可得 $1 - F(R_2) = 0.444, z = 1.70, R_2 = 143$ 罐。

由于 $Q_2$ 和 $R_2$ 与 $Q_1$ 和 $R_1$ 十分接近,所以停止迭代,得到最优解为 $(Q, R) = (111, 143)$,即每当库存降低到 143 罐时,下达一个订货量为 111 罐的订单。

### 8.3.3 $(Q, R)$ 系统中的服务水平

前一小节中讨论的 $(Q, R)$ 模型在企业库存管理中有着广泛的应用,但实际上,更多的场景是基于服务水平来确定合适的订货量和再订货点。这其实是由于缺货成本 $p$ 在实际运作中难以量化。通常来说,缺货成本的成分非常复杂,既包括由于等待引发的顾客购买意愿的损失,也包括由于延误引发的其他可能成本(如缺少零部件造成的生产中断)。所以,为了避免对缺货成本 $p$ 的量化,一个通常的做法是使用服务水平来进行替代。

我们在 7.2.3 节中定义了两类服务水平:

(1) 周期服务水平,即在补货期内不发生缺货的概率,此处用 $\alpha$ 表示。

(2) 产品满足率,即使用库存满足的需求占总需求的比例,此处用 $\beta$ 表示。

对于第一类服务水平 $\alpha$ 而言,根据定义,要使补货期内不发生缺货,即提前期内需求 $D$ 要小于等于再订货点 $R$,则服务水平 $\alpha$ 和再订货点 $R$ 之间的关系为

$$P(D \leqslant R) = \alpha \tag{8.7}$$

利用式(8.7)即可根据服务水平 $\alpha$ 求得相应的再订货点 $R$。

对于订货量 $Q$ 而言,不需要再考虑缺货成本,则总成本只包括固定成本和库存成本,这和 EOQ 模型完全一致,所以服务水平为 $\alpha$ 时的订货量 $Q$ 可以由 EOQ 模型来决定。

根据服务水平 $\beta$ 的定义,$1 - \beta$ 即为缺货量占总需求的比例。在一个订货周期内,缺货量用 $n(R)$ 表示。根据前面对平均库存水平的分析可知,一个订货周期内的平均需求就等于订货量 $Q$,则有

$$1 - \beta = \frac{n(R)}{Q} \tag{8.8}$$

式(8.8)可以作为原 $(Q, R)$ 模型的一个新约束,需要在原先最优解的推导中加上该约

束。根据式(8.6)可以对缺货成本 $p$ 进行消元,得到

$$p = \frac{Qh}{(1-F(R))\lambda} \tag{8.9}$$

从而有

$$Q = \sqrt{\frac{2\lambda\{K + Qhn(R)/[(1-F(R))\lambda]\}}{h}} \tag{8.10}$$

式(8.10)是一个关于 $Q$ 的二次方程,该方程的解为

$$Q = \frac{n(R)}{1-F(R)} + \sqrt{\frac{2K\lambda}{h} + \left(\frac{n(R)}{1-F(R)}\right)^2} \tag{8.11}$$

式(8.11)又被叫作服务水平订货批量(service level order quantity,SOQ)公式。将式(8.11)和式(8.8)进行联立,即可求得最优的 $Q$ 和 $R$。求解过程和图 8-5 所示的数值迭代求解过程类似,都是以经济订货批量为初始解,在两个方程之间交替求解迭代,最终收敛到最优解。

考虑到服务水平 $\beta$ 下最优解求解比较困难,通常可以使用经济订货批量来代替 $Q$ 的最优解,即

$$Q = \text{EOQ}$$

从而有

$$n(R) = \text{EOQ}(1-\beta)$$

虽然经济订货批量并非精确最优解,但通常来说与最优解比较接近。

下面继续利用上一小节中的例题来说明 $(Q,R)$ 策略中服务水平的应用。

【例 8-5】 假设例 8-4 中食品店的店主认为每罐 25 元缺货成本是不合理的,转而使用服务水平来进行库存管理的决策,并且制定了 98% 的服务水平标准。

(1) 周期服务水平 $\alpha$

假设需要满足 98% 的周期服务水平,则有

$$F(R) = \alpha = 0.98$$

由于产品需求服从正态分布,可以查标准正态分布表得到

$$z = 2.05$$

从而有

$$R = \mu + z\sigma = 151 \text{ 罐}$$

订购量 $Q = \text{EOQ} = 100$ 罐。

(2) 产品满足率 $\beta$

假设需要满足 98% 的产品满足率,为了计算简便,使用 EOQ 模型进行近似求解,有

$$n(R) = \text{EOQ}(1-\beta) = 100 \times 0.02 = 2$$

从而有

$$L(z) = \frac{n(R)}{\sigma} = \frac{2}{25} = 0.08$$

相应的 $z = 1.02$,则

$$R = \mu + z\sigma = 126 \text{ 罐}$$

从以上计算中可以发现,相同的两类服务水平导致了截然不同的订货点 $R$,这也说明,

虽然第一类服务水平的计算比较简单,但不能用第一类服务水平的订货点去近似第二类服务水平的订货点。

## 8.4 周期盘点库存优化

### 8.4.1 $(R,S)$ 策略

在周期盘点库存系统中,$(R,S)$ 策略是最简单常见的一种补货策略。$(R,S)$ 策略是指每隔一段固定的时间 $R$ 检查一次库存水平并订货,使得订货后的库存状态能够达到目标库存水平 $S$。假设 $u$ 是盘点时的库存水平,则根据 $(R,S)$ 策略,此时将下达一个订货量为 $S-u$ 的订单。

$(R,S)$ 策略不设置固定订货量,只确定订货期和目标库存水平。$(R,S)$ 策略下的订货期即为盘点周期 $R$,而订货量需要根据目标库存水平 $S$ 和当前库存水平的差值来进行计算。由于其具有固定的订货期,因此 $(R,S)$ 策略更受供应商的青睐。

$(R,S)$ 策略中,目标库存水平 $S$ 通常根据服务水平来进行设置,具体方法将在 8.4.3 节中详细介绍。

### 8.4.2 $(s,S)$ 策略

在周期盘点库存系统中,只在特定的时间点对库存进行盘点,例如每周日盘点一次库存。这就导致可能发生这样的情况:在某次盘点时,库存水平大于再订货点,所以没有下达采购订单。也有可能在某次盘点之前就发生了缺货,却只能等到盘点时再进行订货。不难发现,由于盘点期的存在,潜在的缺货可能性变大了,所以,周期盘点系统往往比连续盘点系统要求更多的安全库存来避免缺货的发生。

由于周期盘点系统无法实时确定库存水平是否达到再订货点,这里对 $(Q,R)$ 策略进行适当的改进,提出一种适用于周期盘点系统的 $(s,S)$ 策略。

简单来说,$(s,S)$ 策略就是当库存水平小于或等于 $s$ 时,订购合适的量使得库存达到目标库存水平 $S$。假设 $u$ 是每个盘点期的初始库存,则 $(s,S)$ 策略可以表述为:

(1) 如果 $u \leqslant s$,则订购 $S-u$;

(2) 如果 $u > s$,则不订购。

在实际应用中,确定最优的 $s$ 和 $S$ 是非常困难的,所以,通常会采用近似解来代替最优解。一种常用的方式就是使用 $(Q,R)$ 策略来近似,具体地,设定 $s=R, S=Q+R$ 即可。

$(s,S)$ 策略下的期望库存水平随时间的变化曲线如图 8-6 所示。其中,$T$ 为盘点周期。在第一个盘点期初,库存 $u$ 小于 $s$,所以,下达一个订货量为 $S-u$ 的订单,经过订货提前期 $\tau$ 后,订单到达。在第二个盘点期初,库存大于 $s$,所以不进行订货。在第三个盘点期初,库存再次下降到 $s$ 以下,再次订货,订货量为 $S$ 减去当前库存。

### 8.4.3 周期盘点系统中的服务水平

**1. 周期服务水平**

根据周期服务水平的定义,在周期盘点系统中,需要确定合适的目标库存水平 $U$ 来使

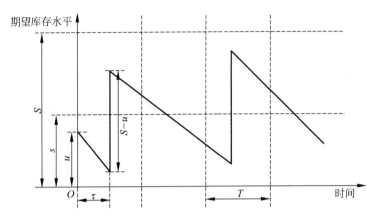

图 8-6 $(s, S)$ 系统中期望库存水平随时间的变化曲线

需求得到满足的概率达到服务水平的要求。在周期盘点系统中,可能发生缺货的时间为盘点期加上提前期,所以设置安全库存,或是基于服务水平设置目标库存水平时,需要以盘点期加上提前期为基准周期。假设周期服务水平为 $\alpha$,$F(U)$ 为一个周期内需求不超过 $U$ 的概率,则有

$$F(U) = \alpha$$

**2. 产品满足率**

确定产品满足率,需要衡量每个周期内可能的缺货量。假设产品满足率为 $\beta$,每个周期(盘点期加上提前期)内期望缺货量用 $n(U)$ 表示为

$$n(U) = \int_U^\infty (x - U) f(x) \mathrm{d}x$$

假设每个周期内的平均需求为 $\mu$,那么,目标库存水平 $U$ 需要满足以下约束:

$$n(U) = (1 - \beta)\mu$$

从以上分析中不难发现,无论是应用哪一类服务水平,都是根据服务水平确定目标库存水平 $U$。在每个周期期初盘点时,若当前库存水平没有达到目标库存水平 $U$,则发出订单,订货量为目标库存水平 $U$ 与当前库存水平的差值。

下面用一个例题来具体说明周期盘点系统中的服务水平的应用。

【例 8-6】 一家日用品商店主要销售某一品牌的洗护用品,店主每隔 5 天对库存进行一次盘点,若库存不足,则会向品牌总部进行订货,订货提前期为 2 天。某一种洗发水产品 A 的需求服从正态分布,每周的平均需求 $\mu$ 为 118 瓶,需求标准差 $\sigma$ 为 44。

假设产品 A 的销售需要满足 90% 的周期服务水平,则有

$$F(U^*) = 0.9$$

由于产品需求 $D$ 服从正态分布,在 5 天的盘点周期和 2 天的订货提前期中有

$$P(D \leqslant U^*) = \phi\left(\frac{U^* - \mu}{\sigma}\right) = 0.9$$

其中 $\phi(\cdot)$ 为标准正态分布的累积分布函数。对于正态分布,可以用标准损失函数 $L(z)$ 和 $z$ 值来简化计算(详见 8.3.2 节)。标准正态分布中 0.9 相对应的 $z$ 值为 1.28,所以

$$U^* = \sigma z + \mu = 44 \times 1.28 + 118 = 174.32 \approx 174$$

也就是说,若期初库存未达到 174 瓶,假设为 100 瓶,则向总部发出订单,订购量为 74 瓶。

假设产品 A 的销售需要满足 90% 的第二类服务水平,则有

$$n(U) = (1 - 0.9) \times \mu = 11.8$$

根据标准损失函数 $L(z)$ 得

$$L(z) = \frac{n(U)}{\sigma} = \frac{11.8}{44} = 0.2682$$

由标准正态分布表可得

$$z \approx 0.30$$

则

$$U^* = \sigma z + \mu = 44 \times 0.30 + 118 = 131.20 \approx 131$$

可以发现,即使两类服务水平的数值相同,得到的目标库存水平 $U$ 的值也是不同的,这个规律和使用服务水平的连续盘点系统中一致。一般而言,参数相同情况下,满足周期服务水平所需要的目标库存水平更高。

## 8.5 多产品库存管理

企业运营中涉及的物料种类繁多,每种物料的价值不同,数量不等,有的物料数量不多但价值很大,而有的物料数量很多但价值却不高。在多产品库存系统中,控制成本在某些情况下是合理的,而在某些情况下并不合理。例如,每年花费 2 万元来监控一个每年只贡献 1 万元利润的库存项目显然是不经济的。

由于企业的资源有限,需要对库存进行分类管理和控制,将库存管理的重点放在重要的物料上,这就是 ABC 库存分类管理法的基本思想。ABC 库存分类管理技术又称为库存重点管理法。1951 年,美国电气公司的迪克首先将此概念应用于库存管理。

ABC 分类按占用的空间比例或数量比例,以及占用的成本比例之间的关系将库存分成三类(见图 8-7):

(1) 将存货数量占比 20%,成本占总成本的 80% 的物料划分为 A 类库存;

(2) 将存货数量占比在 20%~50%,成本占总成本 15% 的物料划分为 B 类库存;

(3) 将存货数量占比在 50%~100%,成本占总成本 5% 的物料划分为 C 类库存。

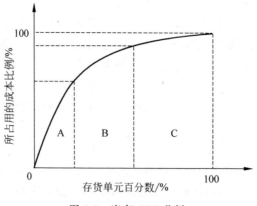

图 8-7 库存 ABC 分析

在 ABC 分类法中，A、B、C 三类库存的管理重要性是递减的。ABC 分类在应用中还会根据实际情况进行调整，例如：

(1) 虽然分类常使用三级类别，但将物料分为三级并不是绝对的，有的企业会使用四级或五级库存分类。

(2) 在分类时采用更多的衡量标准，常用的衡量标准有销售量、利润贡献、存货价值、存货使用比率等。按销售量分类是最常用的方法之一，销售量大的产品重要程度高，具有较高的管理重要性。

(3) 重要性分析法(critical value analysis,CVA)。有些物资虽然库存价值并不高，却是生产过程中不可缺失的重要部件，在一般 ABC 分类时，这些物资有可能会被归为 C 类物资。为了避免这种情况发生就发展出了 CVA 分类法。这种方法是由管理人员主观认定每类物资品种的重要性，并给出分数值(point value)，再依据分数值的高低将物资品种划分为不同的级别。

运用 ABC 分类法的关键在于如何以"关键的少数和次要的多数"作为依据，通过定性和定量的分析，将管理对象的库存物料按照分类指标划分为 A、B、C 三类，并采取相应的控制策略。

对库存进行分类的目的是对不同价值的存货采用不同的库存控制策略分别进行控制。对于 A 类物料，应集中力量控制以减少库存；对于低价值的物料，如 C 类物料，通常维持较大库存以避免缺货。ABC 分类法的控制策略如下（见表 8-4）。

(1) A 类物料：应对此类物料进行严格跟踪，必须经常对这类库存进行盘点，详细记录、分析其使用情况，加强进货、发货管理；精确地计算订货点和订货量，在满足企业内部需要和顾客需要的前提下，维持尽可能低的库存水平，加快库存周转率。

(2) B 类物料：实施正常控制，只有在特殊情况下才赋予较高的优先权，可按经济批量订货。

(3) C 类物料：尽可能简单地控制，可通过半年或一年一次的盘点来补充大量的库存，给予最低的优先权控制。

表 8-4　ABC 库存分类管理法

| 项 目 | 物 料 类 别 | | |
|---|---|---|---|
| | A | B | C |
| 控制程度 | 严格 | 一般 | 简单 |
| 库存量计算 | 依据模型详细计算 | 一般计算 | 简单计算或不计算 |
| 进出记录 | 详细记录 | 一般记录 | 简单记录 |
| 存货检查频度 | 密集 | 一般 | 很低 |
| 安全库存量 | 小 | 较大 | 大量 |

需要说明的是，在使用 ABC 库存分类管理法分析过程中，不能忽略未来的发展趋势，库存控制策略应根据市场需求的变化作动态调节，例如，此时是 A 类物料，彼时则可能是 B 类物料。另外，仓库管理部门和其他部门应实现信息共享，如果销售部门不再对某产品有销售计划，则应将信息及时反馈至仓库管理部门，并采取相应的库存管理策略。

【例 8-7】　某仓库有 10 种物料，每年使用量、年使用价值如表 8-5 所示。试进行库存的 ABC 分析。

将这 10 种物料按照年使用价值比例进行排序,并按年使用价值分成 A、B、C 三类物料,如表 8-6 所示。表 8-6 中还列出了每种物料年使用量百分比。对表 8-6 进行整理和合并,可得到最后的分类结果,如表 8-7 所示。

表 8-5  仓库中 10 种物料的年使用量和年使用价值

| 物料编号 | 年使用量 | 年使用价值/元 | 物料编号 | 年使用量 | 年使用价值/元 |
|---|---|---|---|---|---|
| 001 | 1500 | 600 | 007 | 2000 | 1080 |
| 002 | 2800 | 63 150 | 008 | 1500 | 4980 |
| 003 | 3000 | 700 | 009 | 2500 | 10 980 |
| 004 | 2000 | 8400 | 010 | 2500 | 1140 |
| 005 | 1000 | 450 | 总计 | 20 000 | 124 630 |
| 006 | 1200 | 33 150 | | | |

表 8-6  按照物料的价值排序

| 物料编号 | 年利用价值/元 | 累积年利用价值/元 | 累积百分比/% | 年使用量 | 年使用量百分比/% | 物料级别 |
|---|---|---|---|---|---|---|
| 002 | 63 150 | 63 150 | 50.67 | 2800 | 14 | A |
| 006 | 33 150 | 96 300 | 77.27 | 1200 | 6 | A |
| 009 | 10 980 | 107 280 | 86.08 | 2500 | 12.5 | B |
| 004 | 8400 | 115 680 | 92.82 | 2000 | 10 | B |
| 008 | 4980 | 120 660 | 96.81 | 1500 | 7.5 | B |
| 010 | 1140 | 121 800 | 97.73 | 2500 | 12.5 | C |
| 007 | 1080 | 122 880 | 98.60 | 2000 | 10 | C |
| 003 | 700 | 123 580 | 99.16 | 3000 | 15 | C |
| 001 | 600 | 124 180 | 99.64 | 1500 | 7.5 | C |
| 005 | 450 | 124 630 | 100 | 1000 | 5 | C |

表 8-7  整理合并后的最终结果

| 类别 | 物料编号 | 年使用量百分比/% | 每级总价值/元 | 总价值百分比/% |
|---|---|---|---|---|
| A | 002,006 | 20 | 96 300 | 77.26 |
| B | 009,004,008 | 30 | 24 360 | 19.55 |
| C | 010,007,003,001,005 | 50 | 3970 | 3.19 |

## 8.6 案例分析——某汽车 4S 店的库存管理

### 8.6.1 案例背景

某汽车 4S 店开设在国内东部沿海地区,属于汽车销售型企业,主营业务是车辆的销售,同时也进行车辆的维修和养护。汽车配件的库存管理是汽车 4S 店的日常管理事项中非常关键的一环:一方面,充足的库存可以及时满足顾客需求,避免缺货发生,有利于 4S 店提升响应速度、保证服务水平；另一方面，如果库存太多又会造成库存积压，不仅会占用大量的仓储空间，而且还会造成资金的浪费。因此，越来越多的 4S 店开始关注汽车配件的库存管理。4S 店的汽车配件库存管理主要是对不同种类的配件数量加以控制，使其保持在合理的水平，以在满足客户需求的前提下，尽可能地降低库存成本，并追求更高的经济效益。

4S 店经营的车辆配件主要分为销售型附件、维修配件和保养配件。其中最具代表性的是保养配件——机油，这也是 4S 店需求量最大的配件之一。目前，该汽车 4S 店的机油产品主要从一家长期合作的供应商处购买。补货策略是每月 15 日进行一次库存盘点，盘点后进行补货决策，如果上个月机油的销售情况良好，则会以上次订购数量的 120% 进行订购补货。这样的补货策略看似简单而有效，但实则带来了许多问题。4S 店经营者在研究财务报表和考察库存情况后，发现这种策略下每年的机油采购和库存开销非常大，而同时某些机油产品又出现了大量的库存积压，甚至很多机油由于积压过期或储存不当而报废，产生了大量的产品和资金浪费，对 4S 店的盈利情况产生了巨大的负面效应。

### 8.6.2 问题分析

现阶段，汽车 4S 店的库存管理问题主要在于需求具有较高不确定性，以及管理水平落后等方面，主要有以下几点。

（1）顾客需求存在不确定性。汽车 4S 店面向广大汽车业主市场，每个月的顾客需求存在着很大的不确定性。首先，汽车的一部分维修需求由交通事故引发，这本身就是随机性很大的事件。其次，顾客需求也会受到多种因素的影响，包括顾客的喜好变化、其他 4S 店的竞争性销售活动等。实际上，经济形势、顾客行为及其他因素的变化对需求都有较大的影响，这些因素的变化难以预料，因素变化对顾客需求产生的影响也难以量化，这都导致了顾客需求预测的困难。

（2）供应链存在较长的提前期。4S 店本身不生产零部件，所用的产品都是从工厂进行订购。一方面工厂接收和处理订单需要时间，另一方面工厂生产也需要时间，这就导致了汽车零部件的供应提前期不会很短。此外，部分进口汽车零部件对生产工艺有着较高的要求，需要从国外原厂进行订购，由于海上运输时间很长，这种海外订购的情况需要更长的提前期。

（3）产品种类多、库存量大。以养护产品为例，按功能可分为清洁类、保护类、促进类、止漏类、修复类等，按系统可分为润滑系统类、供油系统类、动力系统类、空调系统类等。还有不同品牌、不同价位的选择，这就导致了汽车 4S 店所持有的库存产品种类多、数量大，为库存管理增加了难度。

（4）库存管理系统不完善。库存管理系统的不完善主要体现在库存信息更新的不及时、库存信息的不准确、库存产品分类的不合理上。

在对近期库存信息进行抽查时，管理人员发现库存信息更新滞后，某些配件的出库频率很低，甚至没有出库记录。一方面，因为有些配件的更新换代速度快，现存的产品不能满足客户日新月异的需求变化，从而使得这部分产品只能在仓库中积压，造成浪费；另一方面，库存信息系统的不完善也是导致库存信息更新不及时的原因之一，4S 店缺乏一套结构清晰、流程完整的库存信息管理机制和工具。

库存信息的不准确则是因为在进行库存管理时，各个环节或部门之间缺乏紧密联系和相应合作,导致库存信息不能在各环节或部门之间及时流通,不同环节或部门的信息之间也存在着不匹配的情况,所以,在需要使用相关信息时就容易出现信息丢失或者不准确的情况。

不合理的库存产品分类也是 4S 店库存管理效益不佳的重要原因之一。由于 4S 店的产品种类数量繁多,通常情况下,在进行库存管理时要对产品的分类进行优化,再针对不同种类的产品进行不同的库存管理决策。但现阶段很多 4S 店都忽略了这一环节,有些是缺少科学的分类标准,有些是执行的分类标准与其实际情况并不匹配,还有些对不同分类的产品也使用相同的库存管理策略,因此都存在着优化的空间。

(5) 补货策略缺乏科学性。正如前面所提到的,汽车 4S 店的机油补货策略为每月 15 日进行一次补货决策,如果上个月机油的销售情况良好,则会以上次购买数量的 120% 进行补货。这种订购方式没有对机油的实际需求进行定量分析,完全依靠人工经验来进行判断,很有可能会形成对需求的误判。此外,机油的销售情况良好的标准也不明确,这个标准如何制定、具体数值等均没有确定。而且,目前实行的每月一次的补货频率、每次的订购量均依据经验制定,没有进行科学的定量分析。可以说,目前对机油产品的库存管理策略完全是经验式的,缺乏科学性。

### 8.6.3 改进措施

针对以上问题,汽车 4S 店的管理层聘请了几位库存管理专家,建立了一支任务小组来为 4S 店确立更加合理的库存管理策略。

专家们首先对库存管理信息系统进行了改造和完善。在每次车辆入厂维修保养时,确立了"开单—录入信息系统—选择配件—出库"的库存出库登记流程,每一步严格按照库存管理办法执行,不允许遗漏任何一个环节。在每次货物入库时,同样严格按照"开单—录入信息系统—选择配件—入库"的流程进行登记,并对库存信息进行实时更新。经过改进后的库存管理信息系统,可以做到对每一笔出入库订单和配件库存信息的实时跟踪,从而可以洞悉任意时间点的库存水平,方便库存盘点,有利于库存管理策略的灵活实施。

在改进库存管理信息系统后,需要制定科学的补货策略。这几位专家首先进行了顾客需求的定量分析和预测。根据收集到的数据,现阶段该汽车 4S 店的服务车辆约 7000 台,车辆年入厂维修保养约 2.2 次/台,预计全年入厂 15 400 台次,平均到每月约为 1280 台次。机油的使用情况为车辆入厂台均使用 4.4L,故每月机油需求平均值约为 5632L。至于每个月机油需求的标准差,则由去年 12 个月的数据统计得出,约为 1250,假设机油需求服从正态分布。

然后,专家们分析了相关成本,包括采购成本、库存成本和固定成本。机油的采购成本为 34 元/L。据财务部门测算,库存成本约为每年 7 元/L,每次采购的固定成本为 2000 元。机油采购的提前期为 2 周。

根据汽车 4S 店的要求,需要在至少满足 95% 产品满足率的前提下,尽可能控制库存总成本。由于改进后的库存信息系统可以做到对需求的实时记录和对库存的实时更新,满足连续盘点系统应用的前提条件,专家们决定基于 $(Q, R)$ 模型来制定 4S 店的库存管理策略。根据 EOQ 模型,在当前参数下的最优经济订货批量为 6223L。那么,在 95% 产品满足率的限制下,最优订货点应为 3254L。也就是说,当机油的库存下降到 3254L 时,就向供应商发出一个订货量为6223L的订单。改进后的补货策略相较于之前的经验补货策略而言更具科学性，是在定量分析了顾客需求和相关成本的基础上，基于总成本最低得出的订货点-订货量策略。采用改进后的补货策略不仅可以降低库存成本，而且由于订货策略明确，也不容易出现管理上的判断失误。

当前，汽车4S店的库存管理策略的改进告一段落。在针对库存管理信息系统、库存管理流程、补货策略做出调整后，4S店的库存管理状态得到了明显的改善。库存管理信息系统的开发和库存管理流程的制定不仅明确了产品出入库的管理流程，而且利用现代化的信息技术增强了库存水平的可视性，将原来每月盘点一次、时常盘点不清的情况一扫而空，能够做到库存水平的实时更新，为补货策略的制定打下了基础。而科学合理的补货策略则是至关重要的改进成果，这直接降低了4S店的库存成本，提高了4S店的资金稳定性和市场竞争力。

# 习题

8-1 为什么要对库存进行ABC分类？

8-2 一家面包店每天早上都烤出新鲜的面包，面包的每日需求及概率如表8-8所示。每个面包的制作成本为0.8元，售价为3.5元。当天营业结束时卖不出去的面包会以每个0.3元的价格卖给附近的慈善厨房。

表8-8 面包的每日需求及概率

| 面包日需求 | 概率 | 面包日需求 | 概率 | 面包日需求 | 概率 |
| --- | --- | --- | --- | --- | --- |
| 0 | 0.05 | 15 | 0.20 | 30 | 0.10 |
| 5 | 0.10 | 20 | 0.25 | 35 | 0.05 |
| 10 | 0.10 | 25 | 0.15 | | |

（1）基于需求的离散分布，面包店每天应该制作多少个面包？

（2）如果用正态分布近似去估计离散分布，结果会接近(1)中的答案吗？为什么？

（3）使用正态分布估计需求，确定每天制作面包的最优数量。（基于给定离散分布计算需求的平均值$\mu$和方差$\sigma^2$。）

8-3 印刷公司每年印刷一种特别受欢迎的圣诞卡片。制作每张卡片的成本为0.5元，每张卡片的售价为0.65元。当年未售出的卡片会被丢弃。预计今年圣诞节期间卡片销量的概率分布如表8-9所示。该印刷公司今年应制作多少圣诞卡片？

表8-9 卡片销量的概率分布

| 卡片销量 | 概率 | 卡片销量 | 概率 |
| --- | --- | --- | --- |
| 100 000～150 000 | 0.10 | 300 001～350 000 | 0.15 |
| 150 001～200 000 | 0.15 | 350 001～400 000 | 0.10 |
| 200 001～250 000 | 0.25 | 400 001～450 000 | 0.05 |
| 250 001～300 000 | 0.20 | | |

8-4 一家汽车经销商出售一款进口汽车，每三个月为一周期收到一批汽车。在这三个月的间隔期间，当库存不足时经销商可以进行紧急订货，紧急订货时需要等待两周时间才能

到货。在三个月的间隔期间里,汽车的需求呈正态分布,平均值为60,方差为36。一辆汽车每年的持有成本为3500元。紧急订货成本为每辆车1750元,高于正常订货成本。

(1) 该汽车经销商每三个月应该订购多少辆车?

(2) 假设超额需求被推迟到下一个周期满足,造成客户等待的商誉损失成本为700元,每个客户的拖期服务成本为350元。该汽车经销商每三个月应该订购多少辆车?

(3) 假设当汽车缺货时,客户将转而去其他经销商处购买汽车。在这种情况下,假设每辆汽车的成本为7万元,售价为94 500元。该汽车经销商每三个月应该订购多少辆车?忽略此计算中的商誉成本损失。

8-5 一家公司销售一种电风扇,大部分风扇在夏季销售。该公司在夏季之前以每台400元的价格购买风扇,在销售季以每台600元售出。在夏季末,任何未售出的风扇都以290元的价格特价出售。几乎所有降价的风扇都能被售出。以下是过去10年夏季的风扇销量:30,50,30,60,10,40,30,30,20,40(单位:台)。

(1) 估算每年夏季风扇需求的平均值和方差。

(2) 假设每年夏季风扇的需求服从正态分布,平均值和方差由(1)中的结果给出。确定公司在每个夏季之前风扇的最优订购数量。

(3) 基于10个需求的历史数据,构建需求的经验概率分布,并根据经验概率分布确定公司订购风扇的最优数量。

(4) 根据(2)和(3)的结果分析,你认为正态分布是对需求的一个准确估计吗?

8-6 一家商店要决定一种新年款式女士手提包的订购数量。每只手提包的进价为28元,售价为150元。销售季结束未售出的手提包都以20元的价格卖给一家折扣店。此外,商店估计每价值1元的库存都会产生0.4元的成本,假设此成本仅附加于销售季未售出的手提包。

(1) 假设在销售季,手提包的销量以相同的可能性分布于50~250之间,那么商店应该订购多少个手提包?(提示:可以假设离散或连续均匀分布来解决这个问题。)

(2) 基于历史数据,手提包的销量更符合平均值为150、标准差为20的正态分布。那么手提包的最优订购数量是多少?

(3) (1)和(2)中需求的期望值是相同的,但最优订购数量有所不同。是什么造成了这种差异?

8-7 有一家油漆店使用$(Q,R)$策略来控制库存水平。根据历史数据,一种白色乳胶漆的月需求分布近似于正态分布,均值为28,标准差为8。补货提前期为14周。每罐油漆的采购价格为6元,缺货成本约为10元,每次采购的固定成本为15元,持有成本按照每年30%的费率计算。

(1) 该白色乳胶漆的最佳订货批量和再订货点是什么?

(2) 该白色乳胶漆的最佳安全库存是多少?

8-8 假设习题8-7中的油漆店老板认为10元的缺货成本不太合理,决定使用服务水平来代替缺货成本。

(1) 如果要在90%的时间中不发生缺货,请确定最佳订货批量和再订货点(使用EOQ模型进行近似)。

(2) 如果油漆店老板实际上是想满足90%的需求(即90%的产品满足率),在问题(1)

确定的策略下,实际实现了多少的产品满足率?

8-9 对于习题 8-7 中的油漆店,假设该店从连续盘点改为周期盘点,每月进行一次库存盘点和订购。

(1) 使用习题 8-7(1)中得到的$(Q,R)$解,确定合适的$(s,S)$解。

(2) 假设从 1 月到 6 月的需求如表 8-10 所示,如果 1 月份的初始库存是 26,试根据问题(1)中的$(s,S)$策略,确定从 1 月到 6 月每个月的订货量。

表 8-10 1 月到 6 月的需求

| 月份 | 需求 | 月份 | 需求 | 月份 | 需求 |
| --- | --- | --- | --- | --- | --- |
| 1 | 37 | 3 | 26 | 5 | 14 |
| 2 | 33 | 4 | 31 | 6 | 40 |

8-10 假设习题 8-9 中的油漆店需要在盘点期内不发生缺货的概率为 90%,那么从 1 月到 6 月每个月的订货量如何?如果目标是满足 90%的需求,每个月的订货量又是如何?

# 参考文献

[1] SIMCHILEVI D,KAMINSKY P,SIMCHILEVI E. Designing and Managing the Supply Chain[M]. New York:McGraw-Hill,2008.
[2] NAHMIAS S. Production and operations analysis[M]. Boston:McGraw-Hill Irwin,1997.
[3] 霍佳震,张艳霞,段永瑞. 物流与供应链管理[M]. 北京:高等教育出版社,2012.

# 第 9 章

# 多设施库存管理

视频 9

在全球化、信息化快速发展的当今世界,企业的服务范围扩大,单一仓库已经不能满足日益增长的客户需求。因此,许多企业建设多个仓库来增加供应链的灵活性和响应性。随着设施的增多,系统结构更加复杂,库存管理的难度也逐渐上升。如何合理设计系统结构、科学分配系统库存、正确开展设施之间的交互,成了多设施库存管理的重点和难点。恰当的多设施库存管理策略不仅可以降低供应链的成本,而且可以保障服务的稳定,从而增强企业竞争力。

多设施库存系统有两种分类方法:①分散型库存系统和集中型库存系统;②单级库存系统和多级库存系统。本章对这四种类型的多设施库存系统进行区分,分别讨论每种系统的管理问题和策略,结合实际案例详细介绍多设施库存管理的应用与发展。

本章的学习目标有以下四点:①掌握多设施库存系统的影响因素和分类,能够区分不同类别的多设施库存系统;②理解分散型库存系统的管理策略和优缺点;③理解风险分担的作用,了解集中型库存系统的特点和实施方式;④掌握级库存的概念,了解多级库存控制的难点和策略。

## 9.1 多设施库存管理概述

### 9.1.1 多设施库存管理的影响因素

在一个供应链网络中,为了有效地满足客户需求,可能会在不同地区设立多个仓库,因此多设施库存系统应时而生。对多个设施的库存进行协同管理就是多设施库存管理。随着经济全球化的不断发展、企业规模和经营范围的不断扩大,多设施库存管理逐渐成为一种必然。图 9-1 展示了某国内汽车备件公司的供应链,这是一个典型的多设施库存系统。该供应链从三个供应商处订货,经过仓储转运中心后,将库存分配给各地方仓库,各地方仓库则直接将备件产品售往所面向的 4S 店。该供应链中有三个供应商,4S 店为终端客户,仓储设施包括仓储转运中心和各个地方仓库。

由于库存系统具有复杂而多样的结构,多设施库存系统并不是对单设施库存系统的简单叠加,因为不同结构的库存系统存在着不同的库存管理重点。相较于单设施库存管理而言,多设施库存管理复杂度更高,决策难度也更大。

在多设施库存管理中,除了要考虑客户需求、补货提前期、订货成本、库存成本以及服务

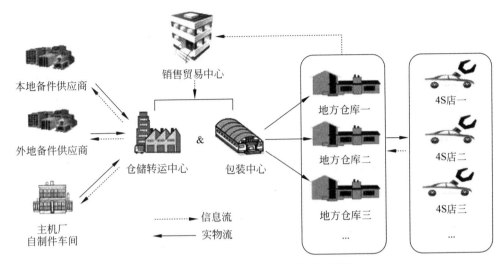

图 9-1　某汽车备件公司供应链示意图

水平这些基本因素外,还需要考虑不同设施间的交互。

设施间的交互关系主要指设施之间的库存转运和共享。除了向供应商订货之外,仓库之间可能存在着货物调配,即拥有多余库存的仓库充当供应商的角色,为库存不足的仓库补货。这种同级仓库间的调货通常被称作转运,在实际的多设施库存系统中应用较广。尤其是大型跨国公司在位置邻近的销售区域之间通过转运,临时性地弥补某一区域由于突发性需求变化而导致的缺货。以医药临床试验供应链为例,每个临床试验点拥有独立库存,并从医药公司的中央仓库处补货。当临床试验点出现缺货时,可以向医药公司的中央仓库订货,也可以向有多余库存的其他临床试验点请求支援,前者被称为补货,后者就是仓库之间的转运。仓库之间转运具有批量小、速度快的优点,丰富了补货的途径,通过平衡各仓库间的库存降低了系统整体的库存成本和缺货成本,作为一种应急库存管理手段增强了供应链的可靠性和灵活性。但同时,转运增加了仓库间的运输成本,也为系统的库存管理增添了难度。

## 9.1.2　多设施库存系统类型

根据设施之间的结构和关系,多设施库存系统主要有两种分类方法,一种分类是分散型和集中型库存系统,另一种分类是单级和多级库存系统。

分散型和集中型库存系统的主要区别在于是否存在中央仓库,或者说,是中央仓库还是多个独立仓库向供应商订货。两种系统的结构如图 9-2 所示。分散型库存系统中,各仓库通常独立运作,供应商向各个仓库直接供货,各仓库分别持有库存,用来服务下游节点或客户。各仓库的库存管理策略相互独立,追求的是各仓库的局部最优。分散型库存系统中的各个仓库分散建立,可以靠近各个市场,常见于日用零售品类型的产品分销系统中。集中型库存系统则存在一个处于核心地位的中央仓库,向供应商的订货决策由中央仓库进行,下游仓库不具备向供应商订货的功能。中央仓库可以汇总下游仓库的需求信息,基于区域总需求向供应商订货,追求的是整个库存系统的全局最优。大型家电、家具、汽车等价值较高的产品常采用集中型库存系统。

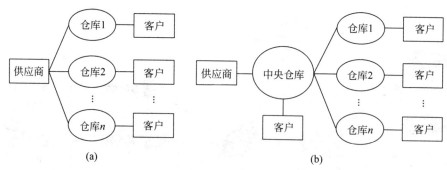

图 9-2 分散型和集中型库存系统结构示意图
(a) 分散型库存系统；(b) 集中型库存系统

分散型库存系统和集中型库存系统各有优劣，需要根据企业实际经营情况和产品类型进行合理选择。一般而言，由于中央仓库可以平衡不同地区间客户需求的波动，所以在订货量总体一致的情况下，集中型库存系统可以有效降低缺货风险，提高产品的可得性和服务水平，这就是"风险分担"，我们会在后面的章节中具体讨论。另外，中央仓库对库存有更强的管理和控制能力，集中式库存不仅方便了企业和供应商之间的对接和管控，更促进了库存信息的流通和整合，提高了信息的透明度，有助于企业对库存的整体把控。同时，由于规模效应，集中型系统的管理费用也更低。

中央仓库往往建在距离市场较远的地方，而分散型系统中的各个仓库可以更加接近市场，所以分散型库存系统具有更短的反应时间和客户提前期，对市场的响应速度要优于集中型系统。在运输成本方面，从供应商处补货到各个仓库的成本一般高于从供应商处直接运输到中央仓库的成本，而从各个仓库销往顾客处的运输成本却又低于从中央仓库销往客户处的成本。因此，运输成本的高低还需要结合仓库实际位置和运输情况进行判断，分散型库存系统和集中型库存系统都不存在绝对的优势。

单级和多级库存系统的主要区别在于仓库之间是否存在等级关系，它们的结构如图 9-3 所示（图 9-3 为等级结构的示意图，每一级中都可能存在多个仓库）。单级库存系统结构较为简单，仓库之间不存在等级区分，都可以由供应商补货和向客户发货，常见于小型制造商。单级库存系统和分散型库存系统在结构上是类似的。多级库存系统的结构较为复杂，仓库之间存在两个或以上等级关系，常见于大型制造商和分销商。常见的多级库存系统主要有两个等级，上级仓库面向供应商却不面向客户，数量较少但存储量较大。下级仓库从上级仓库补货，不由供应商进行补货，可以向客户发货，数量较多但存储量较小。例如，某汽车零件的全国性零售商管理着 10 个地区性分销中心和超过 900 家门店，地区分销中心作为上级仓库向零件生产商订货，门店作为下级仓库从地区分销中心订货，同时面向客户进行销售。某家具构件的全球制造和分销商管理着具有三级仓库的多级库存系统，首先从位于工厂附近的欧洲总仓库装货，然后运往全球 15 个地区仓库，最后将产品运输至各个地区的众多门店进行销售。

与单级库存系统相比，多级库存系统的管理更加复杂，也存在着许多值得研究和优化之处。在管理多级库存系统时，如何从整体的角度对系统的库存进行控制是一个难题。当库存策略是针对某一级仓库，而不是整个系统时，往往缺乏对系统整体库存的把控，会产生一系列的负面效应，例如，系统中以安全库存的形式在各个仓库保留了过多不必要的库存，从

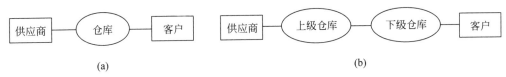

图 9-3 单级和多级库存系统结构示意图
(a) 单级库存系统；(b) 多级库存系统

而导致库存成本增加。即使系统中存在充足的库存，由于多级仓库之间运输的提前期等因素的影响，下游仓库也会处于缺货状态，导致产生缺货成本。由此可见，对多级库存系统进行库存管理时，目光不能仅仅局限于单一层级的库存策略，而应从整体出发，寻求系统的全局最优，这也就大大增加了多级库存管理的复杂度和难度。

## 9.2 分散型库存系统

### 9.2.1 分散型库存管理策略

分散型库存系统中，每个仓库都可以独立向供应商订货，并向客户提供产品。当各仓库完全独立时，可将分散型库存系统视作多个单级库存系统的并行运作。下面将通过一个案例来进行具体说明。

X 公司是一家生产和销售电子设备的企业，主要销售市场在中国东部。目前 X 公司的分销系统包含两个仓库，一个位于浙江省，另一个位于广东省，分别服务不同的市场区域。两个仓库都向位于福建省的一家制造工厂订货，订货提前期均为一周。发生缺货时客户需求直接流失向竞争对手，无法延迟满足。

X 公司的分销系统为分散型系统，两个仓库之间完全独立，可以拆分为两个并行的单仓库子系统，即供应商—浙江省仓库—浙江周边市场区域，供应商—广东省仓库—广东周边市场区域。两个仓库的订货和分销行为可以分开考虑，所以库存管理策略也可以分开制定和执行。每个单仓库子系统的库存管理策略可以根据前面章节中的方法来进行制定，例如 $(Q,R)$ 策略或 $(s,S)$ 策略。

假设 X 公司的产品 A 在浙江省和广东省仓库所面临的周需求平均值和标准差如表 9-1 所示。那么，基于公司制定的 97% 的周期服务水平，可以获得产品 A 在这两个仓库的库存策略，如表 9-2 所示。

表 9-1 产品 A 的周需求统计数据

| 省份 | 需求平均值 | 需求的标准差 |
| --- | --- | --- |
| 浙江 | 38.6 | 12.0 |
| 广东 | 39.3 | 13.2 |

表 9-2 产品 A 的库存策略

| 省份 | 提前期需求 | 安全库存 | 订货点 | 订货量 | 最高库存水平 | 平均库存水平 |
| --- | --- | --- | --- | --- | --- | --- |
| 浙江 | 38.6 | 22.80 | 62 | 131 | 154 | 88 |
| 广东 | 39.3 | 25.08 | 65 | 132 | 158 | 91 |

以上表中的平均库存水平作为两个仓库的初始库存量，假设在未来 8 周，产品 A 在浙江省和广东省的需求如表 9-3 所示。那么，未来 8 周这两个仓库的库存变化情况（周结束时的库存）如表 9-4 所示。

表 9-3　产品 A 在未来 8 周的需求量

| 省份 | 周数 | | | | | | | |
|---|---|---|---|---|---|---|---|---|
| | 1 | 2 | 3 | 4 | 5 | 6 | 7 | 8 |
| 浙江 | 46 | 35 | 41 | 40 | 26 | 48 | 18 | 55 |
| 广东 | 33 | 45 | 37 | 38 | 55 | 30 | 18 | 58 |

表 9-4　产品 A 库存水平变化情况

| 省份 | 周数 | | | | | | | |
|---|---|---|---|---|---|---|---|---|
| | 1 | 2 | 3 | 4 | 5 | 6 | 7 | 8 |
| 浙江 | 42 | 138 | 97 | 57 | 162 | 114 | 96 | 41 |
| 广东 | 58 | 145 | 108 | 70 | 15 | 117 | 99 | 41 |

以上库存决策都是基于这两个仓库各自的需求和库存情况制定的，这两个仓库之间不存在任何合作关系。

分散型库存系统中一个更为复杂的情况是仓库之间并不独立，而是存在仓库间的转运。例如，当浙江省的仓库面临库存不足时，如果广东仓库有多余的库存，那么可以从广东仓库将多余库存转运至浙江仓库，以弥补浙江仓库的缺货。由于发生缺货时需求会直接流失向竞争对手，而向供应商订货具有一周的提前期，所以即使浙江仓库在发生缺货时立刻向供应商订货，缺货的这部分需求也无法被满足而必定流失。从广东仓库进行转运则不同，由于转运是将现有库存进行运输，不涉及产品的生产过程，所以如果供应过程比较快捷，就可以视作没有提前期。只要广东仓库具有剩余库存可以对浙江仓库进行补货，那么转运可以随时满足这部分缺货需求。这种出现在缺货之后的转运被称为紧急转运。

此外，还有一种预防性转运，发生在出现缺货之前，目的是降低未来时期内整个系统出现缺货的概率。在多设施库存系统中，由于各仓库面对的需求随机，每个订货周期后各零售商的库存水平可能会出现不均衡的现象。因此，为了降低期望成本，可以通过转运进行库存的重新分配，以达到系统中各仓库库存水平的均衡，从而降低系统整体缺货的可能性。

根据转运量的不同，紧急转运可以分为两种：完全库存共享转运和控制库存转运。完全库存共享转运就是将各仓库的库存完全共享，当某一仓库缺货时，其他仓库将用所有剩余库存进行支援和调拨。也就是说，当剩余库存少于缺货量时，将所有剩余库存调拨给缺货仓库；当剩余库存多于缺货量时，调拨刚好满足缺货的产品数量。这种紧急转运虽然可以减少当期的缺货量，但对长期的库存系统运营、系统总成本降低和服务水平的提高而言并不一定是最优策略。控制库存转运则需要对转运量进行决策，需要衡量自身现有的库存水平和以后的需求，并不一定完全满足当期缺货，是有控制的、有保留的支援合作。与完全库存共享转运不同，控制库存转运不仅可以减少当期的缺货量，也考虑了未来系统的运营和成本期望，是更加精细、期望最优的策略。但相应地，控制库存转运对管理者的决策水平提出了更高的要求，尤其是如何确定转运量是一个决策难点。

继续使用 X 公司的案例来说明允许转运的情况。基于表9-3 的需求数据,这 8 周中,两个仓库都不会出现缺货的情况,这说明了安全库存的好处。事实上,由于需求的随机性,可能会出现紧急性缺货。假设在第 4 周时,浙江的需求不再是 40 个,而是增加到 100 个,那么,由于第 3 周的期末库存只有 97 个,而订货提前期为一周,浙江仓库将会在第 4 周中发生缺货,缺货量为 3 个。浙江仓库在第 5 周中供应商订单送达前也呈缺货状态,我们假设第 5 周缺货量为 6 个,也就是说,浙江仓库将会在第 4 周和第 5 周共缺货 9 个单位产品的销量。根据广东仓库和浙江仓库之间的转运规则,分为以下三种情况:

(1) 如果广东仓库和浙江仓库之间相互独立,那么广东仓库不向浙江仓库进行转运,浙江仓库将会承担这部分缺货,产生 9 个单位产品的缺货成本,而对于浙江和广东仓库接下来的库存管理策略没有任何影响。

(2) 如果广东仓库采用紧急转运中的完全库存共享转运,则会在浙江仓库发生缺货后,从自身的剩余库存中调拨 9 个单位产品运往浙江仓库,弥补了浙江发生的缺货,但会额外产生从广东到浙江的运输成本,且降低了广东仓库的剩余库存,从长期来看,增加了广东仓库的订货成本。

(3) 如果广东仓库采用另一种紧急转运策略,即控制库存转运策略,则可以根据自身库存水平和对未来市场需求的预测,结合各项成本进行综合考虑,选择不支援浙江仓库,或是调拨任意数量的产品运往浙江仓库,这个转运量由决策者决定。例如,广东仓库的管理者认为,浙江的销量对广东具有参考意义,接下来广东的需求将会突然增加,那么从整个系统的综合成本来看,如果广东仓库进行转运,不仅会导致广东仓库在未来同样发生缺货,而且还要额外承担转运运输成本;如果不转运,虽然当期浙江的缺货无法弥补,但未来广东的缺货量却降低了,还不会发生转运运输成本,那么广东仓库的管理者很有可能会选择不转运。

假设在第 3 周时,浙江的需求不再是 41 个,而变成 70 个,那么在第 3 周结束时,浙江仓库的库存水平变为 68 个。如果 X 公司存在一个上级库存管理者,统筹管理浙江仓库和广东仓库的库存,那么,在第 3 周结束时,这位管理者盘点这两个仓库的库存时会发现,广东仓库的库存(108 个)和浙江仓库的库存(68 个)是不平衡的,广东仓库的库存水平高出浙江仓库近 60%。假如这两个仓库的服务区域内需求均为正态分布且相互独立,那么浙江仓库在未来一周内发生缺货的概率为 0.17%,广东仓库在未来一周发生缺货的概率为 0.000 004%,系统发生缺货的概率为 0.170 004%。考虑到浙江仓库发生缺货的可能性要高于广东仓库,这位管理者决定从广东仓库调拨 20 个产品运往浙江仓库,以平衡这两个仓库的库存水平。这样一来,两个仓库的库存都变为 88 个,发生缺货的概率分别为 0.000 695% 和 0.003 347%,系统发生缺货的概率降低到了 0.004 042%。通过预防性转运,系统整体发生缺货的概率降低了。预防性转运量的决策也可以不基于平衡库存水平,而是根据其他决策目标决定,例如使系统整体发生缺货的概率最低。

从这个案例中也可以发现,采用何种转运策略和如何确定转运量是决策的重点和难点,通常需要综合考虑整个库存系统长期的利益和指标来进行决定,未来需求的随机性也为这两个决策问题增加了难度。在这种复杂的、需要结合实际和考虑随机性的情况下,固定的库存策略往往不能适应多变的需求,这就需要使用基于实际案例情况的具体分析决策方法,如数学建模和最优化的方法。

### 9.2.2　分散型库存管理模式存在的问题

尽管分散型库存系统结构简单、易于构建,且响应速度快,在一些小型企业中有着广泛的应用,但在供应链的整体环境下,这样的决策模式往往会导致一系列管理上的问题。例如:

(1) 供应链整体观念不强。库存控制是一个复杂的综合性管理问题,合理的库存管理对企业的市场竞争力和可持续发展有着至关重要的作用。对库存的控制也应站在供应链层面,以供应链整体为出发点,进行全局优化。而分散型库存管理模式体现出仓库各自为营的现象,以各个仓库各自的效益最大化为目标,而不考虑供应链的整体收益。

(2) 库存控制策略简单。首先,分散型库存系统结构较为简单,库存管理策略的优化空间有限,这就导致库存控制策略的简单化。其次,由于库存控制决策由各仓库管理者独立制定,这对仓库管理者的专业技能提出了较高的要求,一些缺乏专业度的决策者往往单纯依靠经验进行管理,导致库存控制策略缺乏科学性。简单化的库存控制策略缺乏对一些特定服务场景的应对措施,往往容易被市场或供应商的不确定性所干扰,从而带来负面效益,甚至导致库存控制的失效。

(3) 缺乏合作和协调性。显然,分散型库存系统中各仓库之间缺乏合作和协调。尽管在某些系统中具备一定的转运支援措施来增强仓库间的合作,但往往这些措施的时效性不强,决策过程复杂,依赖于决策者的专业性和个人主观意见,导致效果并不尽如人意。此外,各仓库各自为政的现象不利于和供应商之间建立战略合作伙伴关系,不利于供应商管理,从而影响到供应链整体的稳定性和抗风险性。

(4) 缺乏信息的共享和沟通。同样的,分散型系统中各仓库类似于一个个"信息孤岛",各仓库之间缺乏统一的信息共享渠道。这就导致各地需求信息、库存信息、供应信息的不透明,不利于对需求信息的收集和预测,以及对库存信息的控制和调配,从而导致企业失去信息上的可获得性,也无从判断信息的可靠性。在当今的信息时代,失去信息优势的企业往往无法抢占市场先机,无法及时应对市场和供应的不确定性,从而导致企业在市场竞争中失利。

(5) 各种不确定性所造成的问题。按照表现形式,供应链的不确定性可以分为衔接不确定性与运作不确定性。衔接不确定性主要源于供应链各部门之间缺乏合作,运作不确定性主要体现了供应链内部管理控制机制的不稳定。分散型库存系统中各仓库独立承担风险,缺乏设施间的风险分担和相互协调。

分散型库存管理模式往往无法适应日益复杂的供应链结构和需求场景,以上所述分散型库存管理模式存在的问题也促使企业对库存系统的结构进行革新,促使库存系统和库存管理策略向复杂化、中心化发展。

## 9.3　集中型库存系统

### 9.3.1　风险分担

集中型库存系统的优势在于应对需求不确定性的能力,即风险分担。接下来仍然以 X

公司的案例来说明风险分担的好处。

X公司考虑使用一个位于浙江和广东之间的新仓库来代替现有的两个仓库,周期服务水平仍保持在97%。新的分销系统是一个集中型库存系统,将之前两个市场区域的需求集中在一起进行考虑。

产品A每次向工厂订货的固定成本为60元,每单位产品的周库存成本为0.27元。在分散型系统中,每单位产品从仓库到顾客的平均运输成本为1.05元。在集中型系统中,预计每单位产品从中央仓库到顾客的平均运输成本为1.10元。在集中型系统中,工厂的交货提前期仍为一周。

表9-5展示了产品A在过去8周的需求信息。根据这8周的需求,可以统计出如表9-6所示的周需求的平均值和标准差。集中型库存系统中,中央仓库所面临的顾客需求实际上是表中的"总计"行。集中后的需求平均值是两个仓库的需求平均值之和,而集中后的需求标准差小于两个仓库的需求标准差之和(此处假设两地的需求相互独立),即中央仓库面临的需求的变化性比分散型系统要小,这对库存水平和库存管理策略有着重要的意义。

表9-5 产品A的历史需求数据

| 省份 | 周数 | | | | | | | |
|---|---|---|---|---|---|---|---|---|
| | 1 | 2 | 3 | 4 | 5 | 6 | 7 | 8 |
| 浙江 | 46 | 35 | 41 | 40 | 26 | 48 | 18 | 55 |
| 广东 | 33 | 45 | 37 | 38 | 55 | 30 | 18 | 58 |
| 总计 | 79 | 80 | 78 | 78 | 81 | 78 | 36 | 113 |

表9-6 产品A的周需求统计

| 省份 | 周数 | |
|---|---|---|
| | 需求平均值 | 需求的标准差 |
| 浙江 | 38.6 | 12.0 |
| 广东 | 39.3 | 13.2 |
| 总计 | 77.9 | 20.71 |

基于$(Q,R)$策略和EOQ模型计算订货点和订货量,比较分散型库存系统和集中型库存系统的库存控制策略,结果如表9-7所示。产品A在浙江仓库的平均库存水平为88个,在广东仓库的平均库存为91个,总计为179个,而在中央仓库的平均库存仅为132个。因此,如果X公司从现行的分散型系统转向集中型系统,产品A的平均库存将降低26%,大大降低了平均库存水平。

表9-7 分散型库存系统和集中型库存系统的库存策略比较

| 类别 | 省份 | 提前期需求 | 安全库存 | 订货点 | 订货量 | 最高库存水平 | 平均库存水平 |
|---|---|---|---|---|---|---|---|
| 分散型库存系统 | 浙江 | 38.6 | 22.80 | 62 | 131 | 154 | 88 |
| | 广东 | 39.3 | 25.08 | 65 | 132 | 158 | 91 |
| | 总计 | 77.9 | 47.88 | 127 | 263 | 312 | 179 |
| 集中型库存系统 | 中央仓库 | 77.9 | 39.35 | 118 | 186 | 226 | 132 |

再来看看两个库存系统中的成本参数,分别计算平均到每周的订货固定成本、库存成本、运输成本和总成本,计算结果见表9-8。对比分散型库存系统和集中型库存系统的各项

成本,虽然中央仓库的成本高于单个地方仓库,但是当考虑整个系统时,中央仓库的固定成本和库存成本则远低于两个地方仓库之和。在集中型系统中,运输成本略高。综合下来,集中型库存系统的总成本低于分散型库存系统。

表 9-8 分散型库存系统和集中型库存系统的成本比较

| 类　　别 | 省　　份 | 固定成本 | 库存成本 | 运输成本 | 总成本 |
|---|---|---|---|---|---|
| 分散型库存系统 | 浙江 | 17.7 | 23.8 | 40.5 | 82.0 |
| | 广东 | 17.9 | 24.6 | 41.3 | 83.8 |
| | 总计 | 35.6 | 48.4 | 81.8 | 165.8 |
| 集中型库存系统 | 中央仓库 | 25.1 | 35.6 | 85.7 | 146.4 |

这个例子说明了风险分担的存在和好处,这是供应链管理中的一个重要概念。风险分担表明,如果把各地的需求集合起来处理,可以有效降低需求随机性带来的影响。因为当不同地点的需求汇集起来后,一个地点的高需求很可能被另一个地点的低需求所抵消,这样就降低了需求随机性,从而降低了安全库存和平均库存。

从案例的计算中可以发现,集中型库存系统降低了系统的安全库存和平均库存。这个结论从现实意义上也可以做出解释。在一个集中型库存系统中,如果一个市场中的需求高于平均需求,而另一个市场中的需求低于平均需求,那么中央仓库可以把原本分配给后者的产品重新分配给前者,这样就在保证服务水平的前提下降低了安全库存。而在分散型库存系统中,由于各个仓库向不同的市场提供服务,它们独立处理不同地区的需求,因此上述重新分配库存的过程是不可行的。事实上,前面章节中讨论的转运和库存共享同样是通过重新分配库存来实现风险分担,在原理上和集中型库存系统是一致的。

值得注意的是,从风险分担中获取的收益大小还依赖于不同市场的需求之间的关系。如果两个市场的需求正相关,即当一个市场的需求大于需求均值时,另一个市场的需求也大于需求均值,那么这两个市场从风险分担中获得的收益将减少。同样,如果当一个市场的需求小于需求均值时,另一个市场的需求也总是小于需求均值,则这两个市场的需求也被称作正相关。

## 9.3.2 集中型库存系统与分散型库存系统的权衡

在集中型库存系统和分散型库存系统之间进行选择时,管理者需要考虑如何在这两者之间进行权衡。回顾前面对影响因素的分析,可以从以下角度进行考虑:

(1) 安全库存和平均库存。在集中型库存系统中,安全库存降低,降低的程度受市场需求的实际参数和相关性影响。通常来讲,降低安全库存的同时,平均库存也会降低。所以,如果最终目标是降低系统内的库存,那么集中型库存系统是更好的选择。

(2) 服务水平。当集中型库存和分散型库存系统具有相同的服务水平时,集中型库存系统安全库存更低;相应地,当集中型库存和分散型库存系统具有相同数量的总库存时,集中型库存系统提供的服务水平要更高一些。

(3) 服务提前期。因为分散型库存系统中仓库等服务设施往往距离市场区域更近,所以服务提前期更短,系统的响应速度更快。此外,由于设施距离市场更近,分散型库存系统往往可以比较快速地感应到市场的变化,有利于销售策略的制定与实施。

(4) 运输成本。如果仅考虑外向运输成本（从仓库向客户运输产品时所发生的成本），则集中型库存系统的运输成本比分散型库存系统高，因为分散型库存系统距离市场更近。而分散型库存系统的内向运输成本（从供应商向仓库运输产品时所发生的成本）往往要高于集中型库存系统，因为仓库数量增多且仓库距离供应商更远。若综合考虑外向和内向两种运输成本，则集中型库存系统和分散型库存系统的运输成本的大小需要视实际情况而定。

(5) 总成本。通常来讲，集中型库存系统的总成本要低于分散型库存系统。因为订货固定成本、库存成本降低，即使运输成本不确定，总成本一般也是降低的。如果企业是成本导向的，则集中型库存系统是更经济的选择。

综合以上分析，究竟是选择分散型库存系统，还是选择集中型库存系统，需要根据企业的实际情况和经营管理策略来决定。企业的实际情况包括顾客需求量、企业规模、销售模式等。对于一些小型企业而言，分散型库存系统结构简单、易于构建，能够满足企业日常库存需求。对于一些需要快速响应的企业，例如日化用品企业，分散型库存系统也是较优的选择。经营管理策略从宏观的层面上指导着库存管理策略的制定，例如，如果企业是成本导向型，目标在于尽可能的降低成本，集中型库存系统要优于分散型库存系统；如果企业注重服务和响应速度，那么分散型库存系统要优于集中型库存系统。

此外，还需要考虑到分散型库存系统和集中型库存系统在管理上的不同。对于分散型库存系统而言，库存策略由各仓库单独决定，对仓库管理人员的相关技能提出了较高的要求。而且，由于分散型库存系统中各仓库独立决策，不利于企业对库存系统进行整体把握和管理。集中型库存系统中，库存策略由中央仓库决定，对整个库存系统进行统一管理。从管理效果上来看，集中型库存系统一般优于分散型库存系统，但这也不是绝对的，因为这种模式的管理依赖于系统的各项性能，尤其是信息系统的性能。中央仓库和各仓库之间需要进行实时信息传输，不仅各仓库的库存信息需要更新给中央仓库，中央仓库也需要为各仓库制定合适的库存策略、传输供货信息。如果系统的信息传输受阻，则集中型库存系统更可能发生库存积压或大量缺货等不良库存现象，这就要求建设集中型库存系统时对信息系统进行大量的前期投入，企业在进行库存系统的选择与设计时也应当考虑到这种前期投入的不同，需要根据企业的规模和实际需求量力而行。

## 9.4 多级库存控制策略

### 9.4.1 多级库存管理的难点

多级库存系统相较于单级库存系统复杂得多。尽管库存管理策略的驱动因素和指标仍然是市场需求、服务水平、各项成本等，但是多级库存系统管理的难点包括：

(1) 如何预测某一级仓库的实际需求？

(2) 不同级别仓库之间的服务水平是否一致？如果不一致，如何确定各级仓库的服务水平？

(3) 下级仓库和上级仓库的库存之间存在着什么联系？这种联系如何影响上级仓库的补货决策？

(4) 当上级仓库中库存有限时，如何将有限的库存合理地分配给下级仓库？

（5）上级仓库的库存限制如何影响下级仓库的分销和库存策略？

（6）级提前期对下级仓库的补货策略有什么影响？

考虑到库存系统的复杂结构，如果将单级库存管理策略简单地应用到多级库存系统的每个层级中，虽然实施起来比较方便，但可能会造成一系列的问题。

考虑 X 公司的案例，公司决定在浙江省和广东省之间新建一个中央仓库，同时保留两个地方仓库作为下级仓库。这是一个两级库存系统，第一级为中央仓库，第二级为两个地方仓库。公司决定沿用目前单级库存系统的管理策略，即将两级库存系统拆分为供应商—中央仓库—地方仓库，以及中央仓库—地方仓库—市场区域这两个单级库存系统，并将原来的单级库存管理策略分别应用在这两个系统中。这是一个顺序决策方法，它将库存管理过程分成两个独立的阶段，一个阶段整合来自两个地方仓库的补货单作为需求，并由供应商向中央仓库补货；另一个阶段由中央仓库向两个地方仓库补货，并向市场区域销售。这种方法实施起来十分简单，但带来了许多问题，具体如下。

（1）缺乏对中央仓库的库存可视性。中央仓库的库存是有限的，可能会出现中央仓库缺货的情况。当地方仓库向中央仓库申请补货时，中央仓库并没有足够的库存来满足补货需求，而需要向上游供应商订货，造成额外的交货提前期，从而导致地方仓库的订单被延误，及额外的缺货损失。

（2）缺乏对地方仓库的库存可视性。同样地，中央仓库在补货时也不会考虑地方仓库的现有库存和未来需求，从而可能导致中央仓库的库存积压，造成不必要的库存成本。

（3）产生牛鞭效应。中央仓库的需求预测来自地方仓库的订单，而地方仓库的需求预测来自市场需求。为了应对需求不确定性和避免缺货，地方仓库的订单相较于实际需求往往进行了放大，而如果每个层级的需求预测都直接以其下游层级的订单信息作为依据，就会导致需求预测的逐级放大，即产生牛鞭效应，从而导致中央仓库不必要的库存积压或短缺。本书第 10 章将对供应链中的牛鞭效应进行详细讨论。

（4）缺乏对整个系统的成本可视性。事实上，这种策略割裂了中央仓库和地方仓库之间的库存联动性，当中央仓库或地方仓库的库存策略发生变化时，往往只考虑本层级的成本变化，而忽视对整个系统的影响。

### 9.4.2 级库存

在一个典型的供应链中，库存管理的主要目标是降低整个系统的库存成本，因此需要重点考虑各设施之间的相互作用以及这种相互作用对各设施库存策略的影响。在这种情况下，采用基于级库存的库存管理策略是一种有效方法。

首先介绍级库存的概念。在一个供应链中，每一阶段或层次（如仓库或零售商）称为一级。供应链的每一阶段或层次的级库存等于该级现有库存加上所有下游库存，以及已订货但尚未入库的库存。每一级的级提前期等于该级提前期加上所有上游提前期。例如，在图 9-4 所示的一个由中央仓库和两个地方仓库构成的供应链中，中央仓库为第一级，两个地方仓库共同构成第二级，处于中央仓库下游。第一级的库存等于中央仓库的现有库存加上两个地方仓库的现有库存，再加上所有从中央仓库到地方仓库，以及从供应商到中央仓库运输途中的库存。第二级的库存等于两个地方仓库的现有库存加上从中央仓库到地方仓库运输途中的库存。第一级的级提前期等于从供应商到中央仓库的提前期。第二级的级提前期是从供应商到中央仓库的提前期加上从中央仓库到地方仓库的提前期。基于级库存的概念,库存系统从而可以细分为单级库存系统和多级库存系统。

对于单级库存系统而言,级库存即为所有仓库现有库存和供应商在途订货量的总和,提前期即为从供应商到仓库的交货提前期。对单级库存系统进行库存管理时,将单级库存系统中的每个仓库视作独立的决策点,根据面向的市场进行需求信息采集和预测,并应用前面章节中介绍的各类模型,如 EOQ 模型、$(Q,R)$ 策略、$(s,S)$ 策略等制定库存管理策略即可。

对于多级库存系统中级库存的原理、计算方式和订单满足方式,以图 9-4 所示的二级

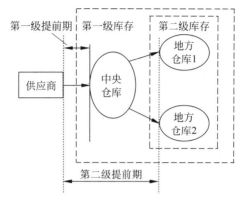

图 9-4 级库存和级提前期示意图

库存系统为例进行说明。在应用基于级库存的库存策略之前,需要作出两条重要且合理的假设:

(1) 库存系统中各设施目标一致,即决策者的库存决策目标都在于使整个库存系统成本最小;

(2) 库存系统实现信息共享,即决策者能够获得各级仓库的库存信息。

在这两条假设下,使用基于级库存的库存策略来管理如图 9-4 所示的二级库存系统。首先,各地方仓库可以采用合适的单级库存系统的管理策略来进行库存管理。其次,对于中央仓库而言,可以根据其级库存状态设置合适的库存管理策略进行订货决策,在此以 8.4.2 节介绍的 $(s,S)$ 策略为例进行说明。具体来说,当中央仓库的级库存状态低于 $s$ 时,中央仓库将订货使级库存状态提高到 $S$。订货点 $s$ 的计算方式为

$$s = L' \times \text{AVG} + z \times \text{STD}\sqrt{L'}$$

其中,$L'$ 为中央仓库的级提前期(包括供应商到中央仓库的提前期和中央仓库到地方仓库的提前期);AVG 为所有地方仓库的平均需求(即需求之和的平均值);STD 为所有地方仓库需求之和的标准差。目标库存状态 $S$ 可以根据 8.4.3 节中介绍的服务水平来进行计算,其中可能发生缺货的周期为级提前期 $L'$,需求基准为所有地方仓库的需求之和。虽然可以扩展这种基于级库存的库存策略来对更加复杂的供应链系统进行管理,但其中仍存在许多难点,需要对具体问题进行具体分析。我们将在后面的章节中继续深入讨论多级库存系统的管理策略。

### 9.4.3 多级库存优化管理策略

多级库存优化管理策略是从整个系统出发,充分考虑系统不同层级之间的联系,对整个系统的库存水平和各项成本进行优化,同时满足服务水平。在制定多级库存优化管理策略时,应坚持以下原则:

(1) 避免每个层级的独立需求预测。各个层级的需求预测并不是独立的,在实际应用中,可以将供应链的信息传递渠道由单纯的线形结构变为利于沟通的网状结构,每个层级不

仅接收来自下游层级的订单信息，同时还接收来自最终需求端的客户需求信息。通过利用多种信息来预测实际需求，有效避免由多头预测引起的信息失真。

（2）考虑级提前期而非单独提前期。在每个层级上，补货策略考虑上游所有层级的提前期，采用级提前期计算补货量，而不是仅仅采用该一级到其上游的单独提前期。

（3）实现各级库存的可视性。各个层级之间的库存管理策略并不是独立的，而是会考虑上游和下游的实际库存状态，也就是说，对各级库存实现可视性，并利用这种可视性来制定利于系统整体的库存管理策略。

下面通过一个实际案例来说明多级库存优化策略的具体应用。Z 公司是一家中高端电脑备件生产商，经营产品主要包括服务器的 CPU、主板等。Z 公司的库存系统包括一个中央仓库，以及多个带有仓储设施的维修站。这是一个典型的二级库存系统，中央仓库统一向供应商进行采购并持有库存，维修站则将中央仓库视作供应商，向其订货并向客户提供维修服务。Z 公司经营的产品价格很高，有较高的技术工艺要求，很大一部分产品由国外进口，需要较长的运输时间。少量满足要求的国内电脑制造商的生产和供应能力也十分有限，订单很难及时供应，这也就导致这类产品的供应提前期较长，平均达 90 天。维修备件的需求虽然具有随机性，但受季节等因素的影响较小，整体需求相对稳定，可以视作正态分布。

考虑到客户需求具有随机性，Z 公司制定的周期服务水平为 95%。一年前，Z 公司的库存系统中，各个维修站独立向中央仓库订货并持有自己的安全库存，中央仓库统计各个维修站的订单后，向供应商订货，同时中央仓库也持有一定的安全库存，所有的仓库都持有安全库存并使用 $(Q,R)$ 策略进行库存管理。在这种分散式管理模式中，中央仓库只是汇总各维修站的订单并进行采购，并没有发挥协调供应链库存的功能，各层级的库存并无关联，没有形成协调、统一的控制。这样粗放而简单的库存管理做法导致 Z 公司的库存系统中常常积压着较多库存，库存成本占到总运营成本的 30% 以上。即使是这样，也时常发生有的维修站库存充足，而有的维修站缺货的现象。Z 公司决定改变现状，基于多级库存的结构对库存管理方式进行改革。

首先，Z 公司对安全库存的配置进行了更新。摒弃了原先的所有仓库都持有安全库存的做法，在合理持有中央仓库安全库存的同时，取消各个维修站的安全库存设置。

其次，对补货策略进行了调整。原先的补货策略是中央仓库和各个维修站都使用 $(Q,R)$ 策略进行补货，导致中央仓库面临的需求其实是来自下游维修站的订单，并且是呈周期到达状态的订单。在这样的需求模式下，使用正态分布来确定安全库存量是不合理的。现在，Z 公司决定由中央仓库汇总各地需求信息，基于总的需求标准差来确定中央仓库的安全库存，基于总需求的均值，以及向供应商订货时的提前期来确定订货点。中央仓库根据系统总库存是否到达订货点来进行采购决定，订货量则由 EOQ 模型获得，也就是说，将中央仓库和各维修站视作一个整体来制定库存控制策略。供应商补货后，中央仓库保留一定量的安全库存，并将剩余库存全部分配到各个维修站。在这种补货策略下，多级库存系统由分散转为整体，中央仓库由维持大部分库存转变为仅仅维持安全库存以应对缺货，大部分库存的存放地点转移到了各个维修站。

由于取消维修站的安全库存可能导致缺货的增加，Z 公司决定采用调拨策略来弥补缺货。由于从上游供应商采购的提前期很长，平均为 90 天，Z 公司以中央仓库为库存管理核心部门，执行补货和调拨决策。如果维修站发生了缺货，可以从中央仓库进行补货，或是从其他有库存的维修站申请调拨,中央仓库会在衡量系统综合库存和服务水平后,决定如何调拨并决策调拨量,来保障服务水平的满足。

在实行了新的多级库存管理方法后,中央仓库和各维修站之间协调统一,有效提高了库存系统的运行效率。Z 公司在满足服务水平的情况下,库存成本大大降低,由原来总运营成本的 30% 降低到 10% 左右。

不难发现,Z 公司改革后的库存管理方法相较于之前更加符合多级库存优化管理的原则,将库存系统作为一个整体来进行需求预测,从而避免了各层级的独立需求预测。此外,还通过增强各层级、各设施的库存可视性,并通过调拨合作来减少缺货。从 Z 公司的案例中我们可以总结出一些在多级库存系统中有利于库存管理的具体措施和方法,具体如下。

(1) 中央仓库集中持有安全库存。相较于各个仓库都持有安全库存而言,将安全库存集中存储在中央仓库的做法有利于风险分担,从而降低系统库存,同时由于中央仓库利用客户需求预测信息来确定补货策略,可以有效减轻系统的牛鞭效应。

(2) 通过调拨和转运降低缺货。在多级库存系统中,中央仓库不仅负责采购,还承担库存管理和协调的职能,对各层级仓储设施中的库存进行统筹安排。在某下层设施发生缺货时,由系统内部其他设施的剩余库存进行支援转运,不仅能够减少缺货的发生,还能降低系统库存成本,避免由系统内部库存不流通造成的全局库存积压而局部短缺的不良情况的发生。

(3) 中央仓库发挥统筹管理和协调决策的作用。无论是系统统一采购,还是调拨和转运的决策,都离不开一个统筹决策的角色,中央仓库可以很好地承担起这个职能,从而避免各子仓库各自为政,降低决策失误的可能性。

## 9.5 案例分析

### 9.5.1 集中型库存系统的实施案例

本小节以一家国内压缩机备件公司——C 公司为例,说明从分散型库存系统向集中型库存系统进行转变的具体措施和实现效果。

C 公司是一家国内压缩机备件生产和分销公司,该公司产品种类多样,包含压缩机主机、压缩缸、电机、机组仪表等八大类近 1000 种产品。客户分布十分广泛,遍布全国各大油田和储气库。C 公司在全国各地共建有 18 个子工厂,分散在新疆、成都等地区。一直以来,C 公司采用分散型库存系统进行管理,各个子工厂独立运行,自主负责采购、生产、存储和销售。根据公司财务报告,该公司的备件管理占用了高额的费用,但使用效率却很低。每年用于备件采购的金额巨大,同时库存积压也非常严重。该公司当年的期末库存高达采购总额的 15%,年周转率仅有 8 次,而同类型国际知名公司,如壳牌或西门子公司,它们的库存年周转率能达到 30 次以上。C 公司考察了国际知名公司的先进库存管理模式后,决定改变现有的分散式管理结构,采用集中储备和管理的方式对公司库存管理模式进行改造,具体的改造分为以下几步进行:

(1) 明确实施范围。C 公司召开集团内部会议,根据"统筹管理、控制规模、科学分布、统一调配、供应及时、保障生产"的原则,明确 18 家子工厂全部参与到集中型库存系统的建设和管理中；确认包括主机、仪表、阀门等近1000项产品的备件集中储备清单；指定以公司新设立的物资采购中心为采购实施单位、以新建设的中央仓库为集中储备实施单位。

（2）确定供需计划。根据子工厂的销售需求及生产计划，综合制订中央仓库的总需求和采购计划。由于集中储备清单包含多种产品，采用ABC库存分类管理法对产品进行分类，对不同类型的产品采用不同的库存管理方法，并制订相应的采购计划。

（3）签订集中供应合同。物资采购中心开展并完成备件采购工作，与上游合作供应商进行单一来源性谈判，根据备件集中储备清单确认备件的规格型号和价格，规定物流交付方式，明确采购提前期和交货延迟期限。

（4）中央仓库选址与建设。基于物流属性和建设用地成本，选择在中部地区建立中央仓库，同时规划中央仓库的仓储能力和科学布局，规划中央仓库和各地子工厂之间的物流通道和交货提前期。此外，建设以中央仓库为核心的信息收集和共享系统，统筹各地子工厂的客户需求和生产信息，增加采购和生产的信息透明度。

（5）部署运营管理办法。公司内部开发了一套物资采购管理信息系统，用于中央仓库和各地子工厂的日常采购和库存管理。基于这套信息系统，明确改造后的集中型库存系统的运营流程，由中央仓库和物资采购部门负责向上游供应商采购，各子工厂使用这套信息系统向中央仓库寻求备件供应。

经过改造，C公司的库存管理系统优化取得了明显成效，如下所述。

（1）集中储备降低系统库存。由于集中储备的备件超市模式、ABC库存分类管理法的应用，以及合理采购计划的制订，系统的平均库存水平相较于之前的分散式系统大大降低，从而降低了库存成本。改造当年的期末库存相较于前一年下降了50%以上，释放了大量的流动资金，增强了公司资金链的稳定性。

（2）增加品种，提高保障力。在之前的分散式系统中，各种备件由子工厂独立采购和存储，由于子工厂占地面积小，仓储设施规模不够大，而备件产品种类及数量很多，导致子工厂往往只能选择部分种类备件进行存储。经过集中式改造，分散在各地的备件库得到集中，同时优化了备件种类数，减少了单种备件的储备量，增加了备件库存品类数，并且针对机组容易发生故障的主要部件增加了储备，提高了公司整体的生产稳定性。

（3）规模效应降低采购成本。相较于分散式库存系统而言，集中型库存系统的一个明显优势就是规模效应。由于统一采购，物资采购中心和上游一家供应商签订了长期合约，确立了合作伙伴关系，不仅保证了供应的稳定性和统一性，而且由于采购规模大，获得了价格折扣，进一步降低了采购成本。

（4）推动产品标准化。压缩机备件集中储备通过单一来源提升备件采购的标准化，从而推动了产品的标准化。在过去的分散式库存系统中，各家子工厂的合作供应商不同，采购产品的规格和标准也不同。经过集中化改造后，通过设立统一的产品规格和标准，集中化采购和储备也推动了产品标准化的实施。

通过C公司的实际案例可以发现，集中型库存系统的实施离不开公司内部的统筹与控制，需要对实施范围、供需计划、管理部门、运营方法、系统建设等方面进行翔实明确的规定和设计，同时还需要高效透明的信息系统的建设和部署。集中型库存系统改造的投入可能是巨大的，但成效也是明显的，不仅可以降低系统库存，体现规模效应，还会带来产品标准化等额外效益。总而言之，根据公司的需要对库存系统进行改造和优化不仅是保障生产安全平稳运行的重要手段,也是提高企业竞争力的有效途径。

## 9.5.2 中国石化的多设施库存管理

中国石化的全称是中国石油化工集团有限公司,是在原中国石化总公司的基础上于 1998 年重组成立的特大型石油石化企业,是国家出资设立的国有公司,总部设在北京。截至 2022 年年底,中国石化是中国最大的成品油和石化产品供应商、第二大油气生产商,是世界第一大炼油公司、第三大化工公司,加油站总数位居世界第二。在 2022 年《财富》世界 500 强企业中位居第五名。

中国石化是上、中、下游一体化的国际化能源化工公司,业务范围广泛,主营业务包括油气勘探开发、石油炼制、成品油炼制及分销、化工产品生产及销售、国际化经营等。中国石化的业务优势主要集中在成品油炼制和销售、化工产品生产等下游领域,上游的油气储量和年开采量较少,是一家加工属性较强的公司。中国石化不仅拥有国内领先的石化产品加工生产能力,更是掌握了经济发达地区主要石化产品的销售网。中国石化不仅为客户提供高效便捷的加油服务,在品牌上也有良好的根基,拥有数量众多的成品油消费者,在中国同行中处于全面领先地位。

目前,中国石化采用的是集中管理和分散控制相结合的库存管理体制,如图 9-5 所示。公司总部设立了一个物资装备部,在中国石化的供应链中起综合一体化的作用,统领着各个分公司的物资管理部门。各个分公司的物资管理部门则在推行总部制定的控制策略下,控制着各个分公司的库存管理。基于中国石化每年巨大的采购量和销售量,物资装备部在整个中国石化的成本降低和质量改进方面有着突出的作用和贡献。

图 9-5 中国石化库存管理体系

在物资装备部设立之前,中国石化采用的是各分公司自行管理库存的模式。这种模式中,每个分公司都保有独立库存,分公司的库存管理决策完全独立于中国石化物资装备部。这种分散式库存管理模式带来了以下一系列问题:

(1) 库存储备规模大,资金周转缓慢。由于各中国石化分公司都独立管理自有库存并独立做出库存决策,为了降低自身缺货和处理供应不确定性的风险,各方都热衷于持有相当的安全库存量。这样虽然减少了缺货,但导致整个供应链系统中库存水平过高,从而导致了大量库存积压,增加了物流运营成本,影响了中国石化资金链的灵活运转。

(2) 牛鞭效应严重。由于各分公司之间、分公司和总部之间、中国石化和上游供应商之间都缺乏协调沟通,各分公司独立制定库存管理策略,导致整个供应链系统中存在着严重的牛鞭效应,一方面造成了系统库存的积压,另一方面导致了供应商生产过剩,造成大量的资源浪费。

(3) 库存结构不合理。中国石化库存产品种类极多,不同种类产品的需求模式、服务水平要求是不同的,需要进行灵活的分类库存管理,对不同的产品采用不同的库存管理策略。当前库存模式中,采购计划由各分公司的物资管理部门制订,由于采购人员能力水平的限制和逃避责任的想法,出现了大量的"一刀切"现象,对不同种类的产品采用同样的库存管理策略,这也导致库存结构的不合理。据统计,在中国石化所有库存中,三年以上无动态的库存占了相当大的比重。

从供应链和库存管理的观点来看,为了增强供应链的稳定性,提高中国石化的企业竞争力,整个库存系统的全局成本必须得到充分的控制和减少,这就要求中国石化对库存管理体系和模式进行改革。

鉴于上述情况,中国石化成立了物资装备部,采取物资装备部协调管理库存的模式。这种模式中,仍然是每个分公司持有库存,但库存管理决策需要在中国石化物资装备部的协调下进行安排。物资装备部采取了多种方式来改善各分公司仓库间的协作,具体如下。

(1) 制定统一的采购和库存标准。供应商的选择和采购产品种类、型号规格、采购价格、库存策略等标准由中国石化物资装备部进行统一决策和制定,避免了各分公司从不同的供应商处采购带来的差异化定价,以及采用不同的库存策略带来的库存结构不合理等问题。

(2) 改善信息共享机制。基于库存管理决策中对信息的依赖性,中国石化物资装备部建立了一个统一的信息收集和共享系统,明确各分公司物资管理部门的信息共享职责,增加了各分公司库存和生产计划的透明度。

(3) 建立库存控制管理决策支持系统。中国石化物资装备部利用先进的信息化技术,结合科学的库存决策理论,研发了一个库存管理决策支持系统。该决策支持系统中内置了 $EOQ$、$(Q,R)$ 策略等库存管理模型。库存管理人员不需要掌握专业知识就可以根据总部的总体规划目标制订采购计划,降低了库存管理的技术门槛,提高了各分公司库存管理决策的科学性。

(4) 升级库存网络结构。通过引进地区仓库,将分散的库存网络转变为一个集中化管理的多级库存结构。对各分公司基于地域和库存产品种类进行划分,分为多个地区,每个地区设立一个仓库作为地区性中央仓库。每个分公司虽然还持有库存,但采购和补货计划由中国石化物资装备部根据该地区的总体需求制订,同时将一个地区的安全库存都集中存放在地区仓库中,通过风险分担降低了系统中的安全库存水平,从而降低了系统整体的库存水平。

(5) 共享分公司库存。对于分公司而言,不仅可以通过地区仓库的安全库存进行补货,还可以申请使用邻近分公司的现有库存来进行支援和补货,也就是共享库存。通过共享库存,增强了库存管理模式的灵活性,进一步强化了风险分担,降低了系统的库存水平和缺货可能性。

随着经济全球化、信息化的发展,石化行业的竞争也在加剧,中国石化学习借鉴了现代物流与供应链管理理论和国内外先进企业的经验,通过长期的探索和实践,进一步对库存管理模式进行改革,建立了供应商管理库存的模式。在这种模式下,中国石化物资装备部与长期合作的供应商们建立了稳定的合作伙伴关系,通过合同约定了库存水平、库存管理策略、信息共享等内容,供应商按照协议在生产完物资后直接进行储备并代替中国石化进行库存管理。

这种新兴的库存管理模式为中国石化带来了一系列的好处和效益,具体如下。

(1) 提高了供货响应速度。在供应商管理库存的模式下,供应商拥有储备物资的管理权和控制权,而中国石化能够通过信息共享系统随时跟踪和查询供应商的库存状态。这种模式将供应商也纳入到中国石化的库存管理系统中来,使得供应商从过去的被动接收采购订单变为主动补充库存,大大加快了供应商供货的响应速度。

(2) 提升了供应链的完整性和稳定性。中国石化和供应商之间的合作更加稳固,减少了供货不确定性。此外,由于供应商代为管理库存,相较于传统的库存管理模式而言,供应商对库存信息和状态更加清晰,不再是等订单下达后再进行生产,而可以基于推式库存提前预先生产来规避由天气等随机因素带来的供货不确定,进一步增强了供应链的稳定性。

(3) 降低了采购价格。中国石化和供应商的长期稳定合作为采购价格的协商奠定了基础。而由于供应商保持库存的模式,使得供应商对库存信息更加了解,以便制订更加经济的生产计划,从而降低了供应商的生产成本,为采购价格的降低提供了让利的空间。采购价格的降低进一步降低了中国石化的采购和库存成本。

(4) 降低了供应链整体成本。一方面,供应商管理库存有利于降低供应商的生产成本;另一方面,供应商在生产完毕后可以就近存储,而不需要批量运送到各分公司,长远来看,降低了整个供应链的运输和收获等交易成本。

## 习题

9-1 结合实际案例说明为什么要实施多设施库存管理。

9-2 阐述多设施库存管理的影响因素,和单级库存管理相比,多设施库存管理的特征是什么?

9-3 多设施库存系统有哪几种分类方式和类型?每种类型多应用于哪些行业或产品?请结合实际案例进行阐述。

9-4 结合实际案例,阐述分散型库存系统的优缺点。

9-5 阐述集中型库存系统是如何实现风险分担的。

9-6 有一家汽车生产和销售企业,希望能在满足一定服务水平的前提下降低系统库存,应该应用分散型库存系统还是集中型库存系统?

9-7 图 9-6 中的库存系统分为几级?每一级包括哪些设施?每一级的级库存和级提前期是怎样的?请在图中标出。

9-8 单级库存系统管理策略主要包括哪些?在需求不确定的连续盘点系统中应采用其中哪一种策略?

9-9 结合实际案例说明多级库存系统管理中的有效措施。

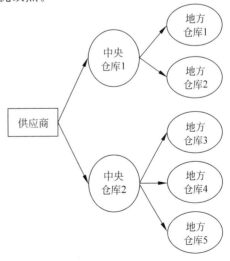

图 9-6 习题 9-7 图

9-10 在多级库存系统中,上级仓库按照下级仓库的订单来进行需求预测,这样会带来什么问题?

## 参考文献

[1] HERER Y T,TZUR M,YUCESAN E. The Multilocation Transshipment Problem [J]. IIE Transactions,2006,38(3):185-200.
[2] SIMCHILEVI D,KAMINSKY P,SIMCHILEVI E. Designing and Managing the Supply Chain[M]. New York:McGraw-Hill,2008.
[3] RUDI N,KAPUR S,PYKE D F. A Two-location Inventory Model with Transshipment and Local Decision Making[J]. Management science,2001,47(12):1668-1680.
[4] CHOPRA S,MEINDL P. Supply Chain Management:Strategy, Planning, and Operation, Global Edition[M]. NJ:Pearson/Prentice Hall,2001.
[5] NAHMIAS S. Production and Operations Analysis[M]. Boston:McGraw-Hill Irwin,1997.
[6] 罗勇来.汽车售后配件多级库存优化的研究[D].上海:上海交通大学,2011.

# 第4篇

# 供应链协调与集成

# 第 10 章

# 供应链失调与牛鞭效应

视频 10

在现实中,供应链中不同成员的目标往往存在冲突,不同成员之间的信息传递往往会发生延迟和扭曲,从而导致供应链失调和牛鞭效应。供应链失调和牛鞭效应会使供应链成员企业产品的库存水平提高和服务水平下降,增加供应链的总成本。以上结果会降低供应链中企业的市场竞争力,最终使每一个成员遭受利益损失。因此,需要研究如何预防供应链失调,抑制牛鞭效应的负面影响,以提高供应链灵敏性、缩短产品的供货时间和降低供应链的成本,进而提高供应链成员的效益和市场竞争优势。

本章的学习目标有以下 3 点:①了解供应链失调的定义、产生的原因及其危害;②理解供应链失调的典型现象——牛鞭效应,以及其基本的量化研究方法;③掌握抑制牛鞭效应的策略。

## 10.1 供应链失调的产生原因

供应链失调是指由于供应链中不同环节的目标存在冲突,或者由于不同环节之间的信息传递发生延迟和扭曲,从而导致供应链运营绩效出现问题。如果供应链的每个环节都想让自身的利润最大化,供应链总利润反而会有所降低。

**1. 目标冲突引起的供应链失调**

当供应链不同层级都力求自身利益最大化时,就会发生供应链失调,使得供应链整体绩效表现降低。例如,零售商希望通过大批量采购或提前采购而获得价格折扣,但是这种采购方式却会引起系统总库存增加;而对于运输与分销环节,供应商则希望通过提高运输的规模来降低运输成本,但会由此引起供应链库存成本上升和提前期增加。如果供应链中各个层级在最优化自身目标时并未与其他层级进行必要的合作协调,则会导致供应链失调。常见的由目标冲突引发的供应链失调现象有以下几种。

(1) 大批量订货和配送。为了获得价格折扣,零售商常常会进行大批量采购。采购量会远远超出实际需求量,而这种订单的放大会沿着供应链往上游方向逐级变大。而供应商为了获得运输的规模经济,试图积累小批量的配送,这样做会增加库存费用,并降低客户服务水平。

(2) 定价障碍。所谓定价障碍,是指由于产品的定价不恰当所导致的订单量变动性增加的情况。例如,当制造商发起商业促销或短期折扣活动时,零售商常常会超前采购,或大批量采购以满足未来时期的需求,而促销期过后很长一段时间内采购量又会大幅减少。受促销的影响，销售高峰期制造商的送货量也会远超过该时期零售商的实际销售量。而在高峰期之后，制造商的送货量也会大幅降低。

（3）行为障碍。供应链中的不同企业往往仅从供应链的局部看待问题，只关注自身行为和利益的最大化，而不考虑可能会对其他企业所造成的负面影响；在面临问题时，仅对当前自身形势做出反应，对问题的原因相互责怪和推脱，导致供应链中的上下游企业成为对手，难以形成良好的合作伙伴关系；供应链合作伙伴之间由于缺乏信任，变成投机主义者，从而降低供应链整体绩效。

（4）激励障碍。激励障碍是指为供应链中某个参与方提供的一些会增加不确定性或降低供应链整体利润的激励行为。比如，如果运输部门的薪酬只与货物的单位运输成本挂钩，就会使其尽量采用大规模运输方式，利用规模经济来降低运输成本，但这样做会增加库存成本。此外，如果对销售人员采取的激励机制不合适，也会成为供应链协调的一种障碍。例如，根据销售员的销售量给予奖励，会促使销售员通过提供其权力范围内的折扣来提高销售量，这会使得销售员忽视对最终销售的控制，从而增加了订单的不确定性，进而导致供应链的失调。

**2. 信息不对称性造成的供应链失调**

供应链中信息的种类很多，包括原料或产品的质量和价格信息、库存信息、订单信息、成本信息、供应或生产能力信息等。在供应链中，每个企业综合利用自身的信息，以及所获得的供应链其他成员的信息进行预测和决策。从理论上来说，供应链各成员采集的信息越多，其做出的决策越准确。例如，如果制造商能够及时、准确地得知零售商产品的销售情况，就能及时调整生产计划，减少或增加产品生产量，避免产品供应不足或大量积压。然而，由于供应链中上下游企业之间往往存在既合作又竞争的关系，各企业更倾向于独自占有信息，这也导致供应链中的信息不对称现象。

由于供应链各个层级之间难以实现完全信息共享，因此信息在不同层级之间传递时就会发生扭曲。随着市场中产品种类的丰富，这种信息传递扭曲又由于产品的多样性而放大。例如，福特汽车公司每种车都有许多设计方案，从而产生了多种车型。车型的多样化使得福特公司难以协调和诸多供应商之间的信息共享机制。宝洁公司（P&G）在调研尿不湿的市场需求时，发现随着时间的推移，公司提供给供应商的原材料订单数量波动幅度很大，但在供应链下游——零售商阶段，订单的波动幅度其实很小，而在供应链的最末端——消费者那里，需求量几乎没有波动。尽管产品的消费需求是稳定的，但原材料订单规模高度变动，这使得供应链成本增加，难以在供应链内实现供需平衡。

## 10.2 供应链失调的危害

（1）供应链成员生产成本增加。为了应对订单的变动性，供应链成员需要增加库存量或者扩大生产能力，这些做法都会使产品的单位生产成本大大提升。

（2）供应链成员库存成本增加。供应链中各个节点企业为了应对下游需求的变动，倾向于保持更高的库存水平，因此增加了仓储空间和运输压力，从而导致供应链成员的库存成本增加。

（3）延长供货提前期。由于供应链失调增加了需求的波动性，与正常的需求波动情形相比,供应链成员难以安排准确的生产计划,就会导致企业的生产能力、库存和订单需求无法匹配的情况,从而致使供应商、制造商的供货提前期延长。

(4) 增加企业运输成本。订单波动性增加会导致运输需求随着时间变化的波动性也增加。因此,企业需要准备足够的运输能力来满足订单高峰期的运输需求,这就使得整体的运输成本提高。

(5) 增加企业送货和进货的劳动力成本。企业及其供应商送货对劳动力需求量的变化会受到订单量的影响,零售商和分销商进货的劳动力需求量也会受到订单量的影响。因此,对于供应链失调情形下订单的波动,供应链各节点企业在不同阶段有不同的选择,要么变动劳动量,要么保有剩余劳动量,但不管怎样劳动力总成本都会增加。

(6) 降低供应链服务水平。订单波动性的大幅度增加使得企业难以合理、准确地安排生产计划,而无法及时地向下游所有的分销商以及零售商供货,导致分销商和零售商经常面临缺货、销售量减少的情况,会引发零售商以及消费者满意度的下滑,从而导致服务水平下降。

(7) 恶化供应链中各节点企业间的关系。供应链失调导致供应链各节点企业利润下降,从而损害供应链各节点企业之间的关系。每一个企业都倾向于把失调的责任归咎于其他企业。于是,供应链失调会导致供应链不同节点企业之间的互相不信任,使得企业之间的合作协调变得更加困难。

## 10.3 供应链失调典型现象:牛鞭效应

### 10.3.1 牛鞭效应产生的原因

宝洁公司在研究尿不湿产品的市场需求时发现,该产品的销售量非常稳定,波动性并不大。但在考察分销中心的采购情况时,惊讶地发现分销中心订单的波动性明显增大。分销中心解释说,他们是根据零售商的订单来制定订货策略的。宝洁公司研究后发现,零售商往往根据对现实销售情况的预测及历史销量确定一个较客观的订货量,但是为了保证这个订货量是及时可得的,并且能够及时适应顾客需求增长的变化,他们通常会将预测的订货量进行放大后向批发商订货,而批发商出于同样的考虑,也会在对零售商订货量进行汇总的基础上再做出一定的放大后向分销中心订货。正因如此,虽然顾客需求量并没有大的波动,但经过批发商和零售商后,订货量就逐级地被放大。在考察向供应商(如3M公司)的订货情况时,宝洁公司发现其原材料订货量的变化更大,而且越靠近供应链上游,其订货偏差越大。这就是供应链中的需求变化程度随着供应链往上游前进而被逐级放大的现象,人们通俗地称之为"牛鞭效应"。著名的供应链管理专家李效良教授对牛鞭效应的定义为:尽管特定产品的客户需求变动不大,但这些产品的库存和交货波动水平却非常大。供应链中的牛鞭效应如图10-1所示。

产生"牛鞭效应"的原因主要包括六个方面,即需求预测修正、订货批量决策、短缺博弈、库存责任失衡、应对环境变异和价格波动。

需求预测修正是指当供应链成员采用其下游成员订货数据作为需求信息和决策依据时,就会导致需求放大。例如,假设在市场销售活动中,零售商的历史最高月销量为100件,

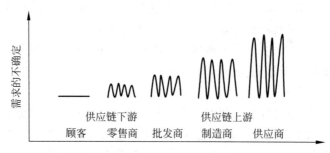

图 10-1 供应链中的牛鞭效应

但下月包含重大节日,为了保证销售时不发生断货现象,零售商会在历史月最高销量基础上再增加 $A\%$,于是向其上级批发商下订单 $(1+A\%)\times100$ 件。假设批发商汇总该区域的销量为 1200 件,批发商为了保证零售商的需求又追加 $B\%$,于是向生产商采购 $(1+B\%)\times 1200$ 件。生产商为了保证批发商的需求,在考虑漏订毁损等情况后又会加量生产,这样一层一层地增加订单量,导致了"牛鞭效应"现象。

在供应链中,零售商并不会收到一个订单就向上级供应商订货一次,而是在综合考虑运输费用和库存的基础上,在一个周期或者汇总订单到一定数量后再向其上级供应商订货。同时,频繁的订货也会增加供应商的成本和工作量,供应商也往往要求零售商在一定周期或到一定数量订货。有时,零售商为了全额得到货物或尽早得到货物,或者为备不时之需,往往还会对累积之后的订货量进行人为的放大。

价格波动是由于一些促销手段,或者经济环境变化,如数量折扣、价格折扣、与竞争对手的恶性竞争、通货膨胀、供不应求、社会动荡、自然灾害等,使得零售商的订货量远大于实际的需求量。这种订货方式没有真实地反映需求的变化。

当需求大于供应时,常见的方法是按照订货量比例来分配供应量。例如,如果总的供应量只有总订货量的 40%,一种配给方法就是按各个订单订货量的 40% 供货。这样,零售商为了获得更大的份额和配给量,会故意夸大其订货量。而当需求下降时,订单又会突然消失,这种由于短缺博弈而导致的需求信息扭曲会导致"牛鞭效应"。

库存责任失衡也会加剧订货量的放大。一种常见营销手段是供应商先供货,待零售商完成销售后再结算。供应商需要在零售商结算之前,根据零售商的订货量将货物运至指定地点存储,而零售商并不会承担货物搬运费用。此外,在发生供给过剩或者货物毁损时,供应商还需承担退货、调换及其他相关损失。这样,库存风险全部由供应商承担。如果零售商发生流动资金周转不畅,可能会置供应商的价格规定于不顾,低价卖货,加速资金回笼,从而缓解流动资金周转的困境。因此,零售商普遍倾向于增大订货量以掌握主动权,这样做必然会导致"牛鞭效应"。

促使订货需求放大加剧的现实原因还包括应对环境变化所产生的不确定性。自然环境、政策环境、社会环境和人文环境的变化都会增强市场的不确定性。零售商为了应对这些不确定性因素的影响,采用的主要手段之一就是持有库存,并且随着以上不确定性的增强,库存量也会发生变化。当对不确定性的预测被人为夸大,或者形成一种较普遍认识时,为了应对这些不确定性,零售商会加大订货,这样也会导致"牛鞭效应"。

## 10.3.2 牛鞭效应定量计算

考虑由一个零售商和一个制造商组成的两级供应链。在每个时期 $t$，零售商都观察其库存水平，并向制造商下达订单 $q_t$。订单下达后，零售商获得并满足该时期的客户需求 $D_t$，超额需求都将被延期满足。零售商向其供应商的订货提前期为 $L_1$，零售商在时期 $t$ 结束时下的订单将在时期 $t+L_1$ 开始时收到。如果没有订货提前期，在时期 $t$ 结束时下的订单将在时期 $t+1$ 开始时收到，此时 $L_1=1$。定义时期 $t$ 内客户需求为

$$D_t = \mu + \rho D_{t-1} + \varepsilon_t$$

其中，$\mu$ 为非负常量；$\rho$ 为相关系数，且 $|\rho|<1$；误差项 $\varepsilon_t$ 服从均值为 0、方差为 $\sigma^2$ 的独立同分布。可以得到

$$E(D_t) = \frac{\mu}{1-\rho}$$

$$\mathrm{Var}(D_t) = \sigma^2/(1-\rho^2)$$

注意，若 $\rho=0$，那么各时期内的需求服从均值为 $\mu$、方差为 $\sigma^2$ 的独立分布。

假设零售商按照最大-最小库存 $(s,S)$ 策略来管理其库存，目标库存点 $y_t$ 可以表示为

$$y_t = L_1 \hat{D}_t + z\sqrt{L_1}\hat{\sigma}_t$$

其中，$\hat{D}_t$ 为需求的预测值；$\hat{\sigma}_t$ 为预测误差的标准差；$z$ 为常数，代表期望服务水平。

假设零售商以移动平均法基于前 $p$ 个时期的需求估计 $\hat{D}_t$ 和 $\hat{\sigma}_t$，则有

$$\hat{D}_t = \frac{\sum_{i=1}^{p} D_{t-i}}{p}$$

$$\hat{\sigma}_t = \sqrt{\frac{\sum_{i=1}^{p}(e_{t-i})^2}{p-1}}$$

其中，$e_t$ 为一个时期的预测误差，即 $e_t = D_t - \hat{D}_t$。

为了量化牛鞭效应，要确定 $q_t$ 的方差与 $D_t$ 的方差的比值，即零售商订货量的方差与预测需求的方差的比值。订货量 $q_t$ 可以表示为

$$q_t = y_t - y_{t-1} + D_{t-1}$$

可以得到牛鞭效应的量化指标，即订货量与需求预测的方差之比为

$$\frac{\mathrm{Var}(q_t)}{\mathrm{Var}(D_t)} \geq 1 + \left(\frac{2L_1}{p} + \frac{2L_1^2}{p^2}\right)(1-\rho^p) \qquad (10.1)$$

分析以下三个参数对牛鞭效应的影响：①$p$，用于需求预测的移动平均法中使用的观察时期数量；②$L_1$，提前期；③$\rho$，需求相关系数。图 10-2 示出了牛鞭效应下限在不同的参数（需求相关系数 $\rho$ 和提前期 $L$）下随需求预测时期数量 $p$ 的变化趋势。

订货量与需求预测的方差之比 $\dfrac{\mathrm{Var}(q_t)}{\mathrm{Var}(D_t)}$ 随着 $p$ 递减。特别是当 $p$ 很大时，从零售商到制造商的需求变异性的增加可以忽略不计。然而，当 $p$ 很小时，变异性可能会显著增加。

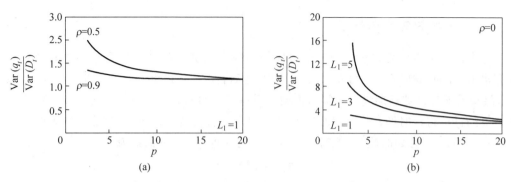

图 10-2 牛鞭效应下限曲线

换句话说,需求预测越平稳,变异性增加的幅度越小,牛鞭效应越弱。

另外,订货量与需求预测的方差之比 $\frac{\text{Var}(q_t)}{\text{Var}(D_t)}$ 随着 $L_1$ 递增。需要注意 $L_1$ 和 $p$ 之间的关系:如果提前期增加了一倍,那么同样需要增加一倍的需求数据来使得供应链中的变异性保持不变。换句话说,随着提前期的增加,零售商必须使用更多的需求数据以减少牛鞭效应。

相关系数 $\rho$ 对牛鞭效应也有重要影响。若 $\rho=0$,则

$$\frac{\text{Var}(q_t)}{\text{Var}(D_t)} = 1 + \frac{2L_1}{p} + \frac{2L_1^2}{p^2}$$

若 $\rho \geqslant 0$,需求呈正相关,$1-\rho^p<1$,$\rho$ 越大,订货量与需求的方差比越小,增加的变异性就越小。若 $\rho<0$,需求负相关,对于偶数的 $p$,$1-\rho^p<1$;对于奇数的 $p$,$1-\rho^p>1$。此时,$p$ 值为奇数的牛鞭效应的下限要大于 $p$ 值为偶数的牛鞭效应的下限。

对于这个供应链中的制造商来说,其会根据零售商的订单以及自身的库存水平安排生产量 $Q_t$。假设制造商的生产提前期为 $L_2$,则得

$$\frac{\text{Var}(Q_t)}{\text{Var}(q_t)} \geqslant 1 + \left(\frac{2L_2}{p} + \frac{2L_2^2}{p^2}\right)(1-\rho^p) \tag{10.2}$$

因此,制造商处的牛鞭效应可以表示为

$$\frac{\text{Var}(Q_t)}{\text{Var}(D_t)} \geqslant \left[1 + \left(\frac{2L_1}{p} + \frac{2L_1^2}{p^2}\right)(1-\rho^p)\right]\left[1 + \left(\frac{2L_2}{p} + \frac{2L_2^2}{p^2}\right)(1-\rho^p)\right] \tag{10.3}$$

比较式(10.1)和式(10.2)可知,制造商处发生的牛鞭效应大于零售商处发生的牛鞭效应。

进一步考虑,如果该供应链是一个包含 $N$ 个阶段的供应链,根据上述推导可以得到供应链第 $n(n=1,2,\cdots,N)$ 级的牛鞭效应为

$$\frac{\text{Var}(Q_t^n)}{\text{Var}(D_t)} \geqslant \prod_{i=1}^{n}\left[1 + \left(\frac{2L_i}{p} + \frac{2L_i^2}{p^2}\right)(1-\rho^p)\right] \tag{10.4}$$

此处,$L_i$ 是供应链第 $i$ 阶段与第 $i+1$ 阶段之间的提前期。

式(10.4)反映出牛鞭效应随着供应链向上游移动会以成倍的速度增加,呈指数增长趋势。

## 10.3.3 需求信息共享下的牛鞭效应

一种常见的减小牛鞭效应的方法是在供应链的内部共享客户需求信息,即为供应链每一阶段的成员提供客户需求信息。这样,供应链的各个阶段都可以根据客户的实际需求数据,而不是前一个阶段的订单数据来制定订货(或生产)策略。

以上一节中的由制造商和零售商组成的供应链为例。在需求信息共享的情况下,制造商的目标库存点 $p_t$ 可以表示为

$$p_t = L_2 \hat{D}_t + z \sqrt{L_2} \hat{\sigma}_t$$

制造商的生产量为

$$Q_t = p_t - p_{t-1} + D_{t-1}$$

考虑到此时的提前期应为制造商自身的生产提前期与向零售商的供货提前期之和,则可以得制造商处的牛鞭效应

$$\frac{\mathrm{Var}(Q_t)}{\mathrm{Var}(D_t)} \geqslant 1 + \left[ \frac{2(L_1 + L_2)}{p} + \frac{2(L_1 + L_2)^2}{p^2} \right](1 - \rho^p)$$

如果该供应链是一个包含 $N$ 个阶段的供应链,可以得到供应链第 $n(n=1,2,\cdots,N)$ 级成员的牛鞭效应为

$$\frac{\mathrm{Var}(Q_t^n)}{\mathrm{Var}(D_t)} \geqslant 1 + \left[ \frac{2\sum_{i=1}^{n} L_i}{p} + \frac{2(\sum_{i=1}^{n} L_i)^2}{p^2} \right](1 - \rho^p) \tag{10.5}$$

此处,$L_i$ 仍是供应链第 $i$ 阶段与第 $i+1$ 阶段之间的提前期。

比较式(10.4)和式(10.5)可以发现,在需求信息共享的供应链中,牛鞭效应的增长表现在总提前期上,是以叠加的方式增长。而在分散型供应链中,牛鞭效应则成倍地增长。也就是说,在分散型供应链中,只有零售商知道客户的需求,这就导致了更高的变动性。在需求信息共享的供应链中,每个阶段成员都能获得最终客户的需求信息。因此,我们可以得出这样的结论:通过在供应链的各阶段共享客户需求信息,可以显著地减小牛鞭效应。

最后有必要指出的是,即使客户的需求信息被完全共享,供应链中的每个阶段都采用最大-最小库存$(s,S)$策略来管理库存,牛鞭效应仍然存在。也就是说,共享需求信息能够显著地减小牛鞭效应,但不能消除。

## 10.3.4 抑制牛鞭效应的策略

显然牛鞭效应的存在对供应链管理是非常有害的,它会造成分销商和零售商的订单量,以及生产商的库存量远远高于市场上实际的客户需求量,从而使得产品库存大量积压并且占用大量资金,结果使得整个供应链的运作变得相当低效。而位于供应链上游的生产企业需要反复调整生产计划,以应对过度变化的需求。有时为了满足因节日、季节等因素突然增加的需求而仓促加班生产,有时生产却处于停顿、闲置状态。仓促加班生产一方面会导致无法保证产品的服务水平和质量,另一方面在生产预期之外的短期产品需求会导致各种额外

成本的产生,比如加班费用以及紧急运输的额外费用等,最终会导致生产成本以及运输成本的增加。表10-1示出了牛鞭效应对供应链主要业绩衡量指标的影响。

表10-1　牛鞭效应对供应链业绩衡量指标的影响

| 业绩衡量指标 | 牛鞭效应的影响 | 业绩衡量指标 | 牛鞭效应的影响 |
| --- | --- | --- | --- |
| 盈利能力 | 降低 | 采购成本 | 增加 |
| 生产能力 | 增加 | 运输成本 | 增加 |
| 服务水平 | 降低 | 订货提前期 | 增加 |
| 库存成本 | 增加 |  |  |

抑制牛鞭效应产生的策略有以下几种。

(1) 建立战略合作伙伴关系,加强彼此间的信任。供应链内各成员企业以各自最大化利润为目标,彼此之间缺乏合作,这是导致牛鞭效应的根本原因。合作伙伴关系指的是各方为了共同的目标,以供需关系为纽带、信任为基础,达到合作共赢而形成的关系。供应链合作伙伴关系下,企业之间可以共同开发新产品、进行数据信息的交换、共享市场机会和共担风险。考虑合作伙伴关系下,供应链下游企业在选择供应商时将不再仅考虑价格,而要兼顾产品质量、后勤保障、技术支持、资源优化配置等,因此,只有企业之间建立战略合作伙伴关系,方能从根本上减弱甚至消除牛鞭效应,增强供应链的协调性。

(2) 优化供应链的内部结构。供应链的多层级结构导致信息流的波动和扭曲,供应链层级越多,信息传递的波动程度往往会越大。因此,可以通过优化供应链结构减少供应链层级,如采取工厂直销的方式。通过减少产品、信息流通环节减弱牛鞭效应。

(3) 增强顾客信息透明度和共享。通过信息共享,供应链各企业可以提高信息的准确度,从而实现供应链的协调,包括销售信息的共享、联合预测、共享库存数据等。通过提高信息在供应链上、下游间的透明度,加强供应链各个节点之间的合作,从而提高整个供应链的效率。

(4) 尽量减少需求波动。可以通过减少客户需求的波动性来减弱牛鞭效应。供应商可以尝试采用稳定的价格策略,来减少因为促销活动导致的客户需求波动,在稳定价格策略下,即使牛鞭效应仍然存在,订单的变化幅度也会减小。

(5) 消除因供不应求产生的博弈。当出现供不应求的情形时,供应链上游可以根据下游的实际销售情况进行配货,而不是根据下游的订单数量来进行配货。这样可以杜绝下游为了拥有更多的供货量而夸大订单的行为。生产商也可以预先与下游签订销售旺季的订单,这样就能提前规划生产能力,更合理地安排生产时间。

(6) 缩短订货提前期。通过缩短订货提前期,来降低订货期间产品的需求不确定性,提高预测的准确度。缩短订货提前期还可以减少潜在的不确定性需求,缓解牛鞭效应。

(7) 减少批量规模。采取降低与订购、运输、接收相关的固定成本等措施,降低订货固定成本,减少订货批量,这样做可以降低需求波动的幅度。例如,可以通过多家供应商联合运输的方式来降低批量规模。鼓励顾客在不同时间点订购,使需求在时间上均匀分配,也可以弱化批量影响。

(8) 设计合理的定价策略。通过设计合理的定价策略,避免出现零售商超前采购行为,缓解牛鞭效应。例如,在以总量为基础的数量折扣策略下,可以减弱零售商大批量采购的动机。因为这种折扣方式考虑的不是某一次交易的购买量,而是某一时期的购买总量。以总量为基础的数量折扣会导致零售商的小批量订购,从而降低订单的变动性。

供应商管理库存(vender managed inventory,VMI)正在成为生产制造企业避免牛鞭效应的新突破点。VMI 把用户的库存决策权交给供应商,由供应商代替分销商或零售商来行使库存决策的权力。供应商根据零售商提供的销售信息和库存水平进行市场需求预测,以及库存补货决策。对于分销商或零售商而言,大大节省了库存管理成本。而对于供应商而言,也可以更有效地进行生产计划,以及提供更有效的配送等,从而从根本上消除牛鞭效应。

## 10.4 啤酒游戏实验

啤酒游戏(beer game)是一个供应链库存管理模拟实验,用来模拟啤酒供销供应链中,每个阶段参与者的供应链运营场景。啤酒游戏中共有 5 个主要角色,分别是顾客、零售商、批发商、分销商、制造商。啤酒的供应流程是制造商—分销商—批发商—零售商—顾客(从后到前下订单,从前到后完成订单),如图 10-3 所示。

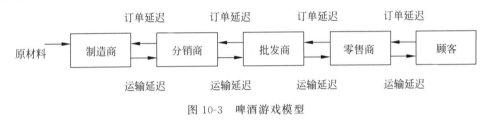

图 10-3 啤酒游戏模型

啤酒供应链中的各成员会根据交货周期和下游的需求数量,结合自身的库存和生产供应能力向上游发出订单。游戏目标是啤酒供应链成员各自的拖期交货成本和库存成本之和最小化。此外,需要一名游戏裁判者对游戏节拍和进程进行控制,并且事先确定顾客对啤酒的需求量。

游戏规则如下。

(1) 假设啤酒制造商具有无限生产能力。

(2) 本周没有被满足的需求将会在下一周满足。每周啤酒库存的成本为 0.5 元/箱,啤酒的拖期交货成本为 1 元/箱。

(3) 游戏以周为单位进行。在每一周,零售商通过抽取一张啤酒市场需求量卡获得顾客需求,并根据自身的库存向顾客供应啤酒,若出现缺货,则记录缺货量,并会向批发商发出订单。在发出订单的时候,还需要考虑设置安全库存量来应对顾客需求的突然变化。

(4) 分销商、批发商和啤酒制造商也分别开展同样的运营操作。啤酒制造商接到订单后,根据自身的库存状况以及缺货状况尽量生产,以满足市场需求。

(5) 供应链的上、下游企业之间的订货周期均为 2 周,即从下游企业发出订单,到货物到达下游企业需要 2 周时间。

(6) 啤酒制造商的运营决策均独立开展。而且在供应链运营的每一周,企业只获得下游在本周的需求信息。经营决策的时候不能互相交流,只有零售商才真实了解顾客的需求。

设置游戏的时间周期为25～50周,游戏结束后,啤酒制造商、批发商、零售商和分销商分别给出缺货成本和库存的数量,进行经营状况的分析比较。

啤酒游戏通过最终实验数据很好地证明了牛鞭效应的存在,并且很好地体现了牛鞭效应的产生过程。而且从这个游戏中我们能够了解产生牛鞭效应的原因,并通过分析产生牛鞭效应的原因找到一些弱化牛鞭效应的措施。

## 10.5 案例分析——某机床配件公司的牛鞭效应控制

某机床配件公司是一家合资有限公司,主要经营业务是滚动轴承等机床配件的生产和销售。滚动轴承主要用于机床、大型医疗器械,以及部分半导体设备上。经过近十几年的努力,公司已快速发展成为机床配件行业的领先企业之一,产品不仅在国内销售,还外销到欧洲、南北美洲、非洲等地区。由于该机床配件公司大多数产品销往国外,考虑到地域的差异再加上时间的延迟,公司跟客户的沟通出现一定的问题,使得公司不能及时地掌握客户的需求信息。因此,为了能够及时满足客户的需求,公司只能储备一定的存货,而大量的存货占据公司的不少资金,对公司的发展会产生一定的影响。

该机床配件公司的供应链结构可以概括为供应商—机床配件公司—分销商—最终用户。具体而言,供应商提供生产机床配件的原材料,机床配件公司对原材料进行加工来生产机床配件,并将机床配件销售给分销商,分销商将配件销售给最终用户,如机床厂。公司对供应链的管理方法往往局限于传统采购和物资管理,这就给牛鞭效应的产生提供了条件。主要原因概括如下。

(1) 下游企业的需求。公司将分销商的订单作为市场需求预测的主要依据,从公司经营角度看,由于订货需求信息的不真实性,并且考虑到产品的毁损、漏订等特殊情况,公司通常制订出比订货量更高的生产计划,以应对这些不确定性。

(2) 库存风险。在大多数情况下,公司先向其分销商发货,待完成销售后再与其结算。这样的运作过程产生了相对消极的直接后果,即在分销商结算之前,机床配件公司需按照订单发货。这样公司不仅要承担发运费用,而且还要承担货损、货差、换货等相关损失。分销商则处于相对主动地位,具有价格谈判优势。因此,分销商会有意加大订货量,增强控制权,由此必然会增加库存风险,也导致牛鞭效应的产生。

(3) 企业供货不稳定。机床配件公司在实际供货过程中,可能会出现供货不稳定的情况,比如由于运输、管理等造成的不确定性。其后果是机床配件公司未能按时、按量交货。此时,分销商在作订货决策时不仅需要面对来自市场需求预测的误差,还要面对来自供应商的供货波动,而应对这些不确定性的措施便是增加订货量。分销商订货量的增加也会让机床配件公司错误地认为客户需求增加,从而扩大产量,这加剧了机床配件公司所在供应链上的牛鞭效应。

该公司应对牛鞭效应的解决方案如下。

(1) 利用信息共享来缓解牛鞭效应。机床配件公司与其下游分销商共享库存信息,并对需求做出一致、有效、及时和必要的反应。

(2) 订单信息。授权合作伙伴查询订单的执行状态,对延期订单尽早采取应对措施,以保证供应链的服务水平。如公司授权下游厂商查询订单状态,包括生产阶段、完成阶段和停滞阶段。

（3）计划信息。公司所制订的生产计划和下游厂商的订货计划保持协调一致。

（4）可供销量信息。下游厂商可以通过信息共享系统等信息化手段获知机床配件公司的可供销售量，这样可以在产生突发需求后直接向配件公司拿货，避免突发需求所造成的潜在性损失。

此外，公司通过和供应链成员建立战略合作伙伴关系，将库存放在供应商的仓库，在尽可能满足供货需求的前提下降低库存成本。此外，公司同时可以对其供应商定期进行考核，促使供应商不断地提高服务水平和产品质量，保证公司能够选择优秀的供应商作为长期合作伙伴，并且与其建立相互信任的战略伙伴关系。

公司供货不稳定的问题，通过使用公司内部车间生产管理系统来解决。车间生产管理系统可以协助公司的生产供货管理，使公司各级管理人员能及时掌握车间生产情况，并且控制车间在制品的数量，以提高产品质量，从而能够按时甚至提前完成生产任务，实现稳定供货。

# 习题

10-1 阐述大批量订货和配送如何造成供应链失调。

10-2 结合实际案例，阐述供应链失调的危害。

10-3 阐述供应链企业间的博弈如何导致牛鞭效应。

10-4 供应链业绩主要相关衡量指标包括哪些？牛鞭效应会对这些指标产生怎样的影响？

10-5 结合实际案例说明供应商管理库存(VMI)如何缓解牛鞭效应。

10-6 需求大于供应时，供应商常用什么办法分配供应量，会产生什么后果？

10-7 如何通过定价策略来降低订单的波动性？

10-8 需求预测修正是指什么？它为什么会导致牛鞭效应？

10-9 简要说明供应链企业间如何建立良好的战略合作伙伴关系。

# 参考文献

[1] CHEN F. Quantifying the Bullwhip Effect in a Simple Supply Chain：The Impact of Forecasting，Lead Times，and Information[J]. Management Science，2000，46(3)：436-443.

[2] 刘志勇. Stackelberg博弈特征的供应链均衡模型及协调研究[D].哈尔滨：哈尔滨理工大学，2005.

[3] 潘海军.需求不确定下供应商主导的供应链协调问题研究[D].长沙：湖南大学，2007.

[4] 李英杰. M制造商双渠道供应链决策与协调研究[D].济南：山东财经大学，2020.

[5] 徐慧.供应链牛鞭效应问题的研究与实证分析[D].大连：大连海事大学，2007.

[6] 王能民，高丹丹，高杰.双渠道供应链中的牛鞭效应分析[J].管理科学学报，2021，24(7)：66-75.

[7] PAPANAGNOU C I. Measuring and eliminating the bullwhip in closed loop supply chains using control theory and Internet of Things[J]. Annals of Operations Research，2021(prepublish).

# 第11章 供应链协调与合同设计

视频11

供应链协调有助于确保供应链上的每个成员都能采取提高供应链总体利润的措施,避免出现局部利润提高而总体利润受损的现象。供应链合同设计是实现供应链协调的重要手段,通过识别实现供应链协调的障碍因素,设计合适的供应链合同,激励供应链成员采取措施以实现供应链协调。此外,在实际中,某一成员(如供应商、零售商)在供应链中可能会占据主导位置,而供应链中的其他成员处于跟随者的位置。如何针对此类供应链设计协调机制是值得探讨和解决的问题。

本章的学习目标有以下三点:①了解不同博弈论模型在供应链协调中的应用;②掌握几种典型供应链合同的设计方法;③掌握不同供应链成员(供应商、零售商)主导下的供应链协调机制构建方法。

## 11.1 供应链协调概述

随着国际生产体系中合同生产关系的日益普及,供应链成员之间的关系出现了前所未有的新变化,供应链成员(包括供应商、分销商、第三方物流服务商和客户等)之间的协调是这种变化中最值得关注的问题之一。

### 11.1.1 供应链协调的定义

供应链协调是指两个或两个以上的企业为实现某种战略目标,通过协议或联合组织等方式而结成的一种网络式联合体。供应链协调的首要内容是目标的协调,即各企业的目标要与供应链的整体目标兼容;其次是运作的协调,即业务运作(如生产制造、设计开发等)的协调;最后是主体企业利益冲突的协调、文化协调等。

协调是供应链稳定运行的基础。随着供应链的发展,供应链协调的内涵也在不断地丰富,具体包括五个方面:

(1) 供应链协调以合作竞争为指导思想,包括竞争关系管理、合作竞争关系管理,以及合作关系管理。

(2) 供应链协调的对象包括信息(知识等)流、物料(零部件等)流、资金流、增值流、业务流等的协调管理,这五种流流动过程分布在供应链的战略、战术运作等不同层面,流与流之间也存在需要协调的关系。

(3) 供应链协调问题的解决途径可以归纳为供应链协调机制的建立、维护、改善,以及高效率、低成本协调渠道的建立、维护和改善两个方面。

(4) 供应链协调应建立在风险共担、利益共享的基础之上,是供应链成员在行动、目标、决策、信息、知识和资金等方面的联合。

(5) 供应链协调的目标是实现供应链整体绩效的提高。

### 11.1.2　供应链协调的分类

对供应链协调的分类包含不同的方式。

(1) 从参与方角度进行分类。供应链协调从参与方角度可以分为两个层次:一般协调(general coordination)和多工厂协调(multi-plant coordination)。其中,一般协调又可以进一步分为供应-生产活动协调、生产-分销活动协调、库存-分销活动协调。多工厂协调主要是多个工厂之间在生产、库存等方面的协调。

(2) 根据供应链阶段进行分类。根据供应链的不同阶段进行分类,供应链协调分为三个方面:买-卖协调(buyer-vendor coordination)、生产-分销协调(production-distribution coordination)、库存-分销协调(inventory-distribution coordination)。

(3) 根据协调的内容进行分类。根据协调的内容划分,供应链的协调可划分为信息协调和非信息协调。

(4) 按供应链的内部与外部进行分类。按供应链的内部与外部进行分类,供应链中的协调分为两个层次:企业内的协调和合作伙伴间的协调。企业内部的协调是指企业内部各部门之间各项活动的协调,包括物流、资金流和信息流的协调;合作伙伴间的协调是指供应商、制造商和销售商之间的相互协调,目的是降低成本,提高整个供应链的管理水平和运作效率。

(5) 根据企业的作用进行分类。根据企业在供应链中所处的地位和所起的作用,将供应链协调分为垂直协调(vertical coordination)和水平协调(horizontal coordination)。垂直协调是指贯穿于整个产品生命周期的相关企业之间的协调,也就是说从原材料的采购到产品的生产、销售,直到最终客户整个过程中相关供应商、制造商、销售商之间的协调。水平协调是指供应链中处于同一层次的各个企业之间的协调,例如各个零售商之间的协调。

## 11.2　博弈论在供应链协调中的应用

博弈论探究不同主体间相互影响、相互作用的均衡和决策问题。在供应链中,供应链成员之间通过相互博弈来最大化各自利益。应用于供应链协调的主要博弈模型包括斯塔克尔伯格(Stackelberg)博弈模型、伯特兰德(Bertrand)博弈模型和古诺(Cournot)模型。

### 11.2.1　斯塔克尔伯格博弈

Stackelberg博弈模型是经济学理论中著名的双寡头模型之一。Stackelberg博弈是完全的动态信息博弈,是一种主动跟随博弈。供应链中的企业由于其实力及所拥有资源的差异,会不可避免地存在某一方占据主导地位的情况。占据主导地位的企业会先进行决策,然后处于相对弱势地位的企业在观察到这些决策后再进行自己的决策。Stackelberg 博弈就是领导者和跟随者之间形成的博弈形式。因此,该博弈模型是由领导者(leader)和追随者(follower)组成,领导者先行进行决策,追随者观察到领导者的决策后再做决策。

考虑一个寡头市场的两个生产商进行的产量博弈,该博弈模型假设:

(1) 两个生产商之间相互独立,并分别进行决策;

(2) 两个生产商中一个为领导者,另一个为追随者。

Stackelberg 博弈模型中,两个博弈方的决策内容是产量$(q_1, q_2)$,可以选择的产量水平在理论上可以无限多,因此这是一个有无限多种可选策略的动态博弈。设两个生产商分别为生产商一和生产商二,生产商一先做决策,生产商二后做决策。假设产品的市场价格 $P$ 是总供给量的函数,即

$$P = P(Q) = a - bQ$$

其中,$Q = q_1 + q_2$;$a$ 和 $b$ 分别为常量。

假设两个生产商的边际成本分别为 $c_1$、$c_2$,可以得出两个生产商的利润函数分别为

$$\pi_1 = q_1 P(Q) - c_1 q_1 = q_1[a - b(q_1 + q_2)] - c_1 q_1$$

$$\pi_2 = q_2 P(Q) - c_2 q_2 = q_2[a - b(q_1 + q_2)] - c_2 q_2$$

通过逆推归纳法求均衡解,先分析生产商二的决策,此时生产商一的产量决策 $q_1$ 已经决定,对于生产商二来说是在给定 $q_1$ 的情况下求使 $\pi_2$ 达到最大时的 $q_2$。$q_2$ 必须满足一阶条件,即对 $\pi_2$ 进行一阶求导,并令导数为 0:

$$a - c_2 - bq_1 - 2bq_2 = 0$$

求得

$$q_2 = \frac{a - c_2 - bq_1}{2b} \tag{11.1}$$

生产商一在选择 $q_1$ 时就知道生产商二会依据式(11.1)确定产量 $q_2$,所以将式(11.1)代入生产商一的利润函数,得到

$$\pi_1 = \left(\frac{a + c_2}{2} - c_1\right) q_1 - \frac{b}{2} q_1^2$$

对 $\pi_1$ 求导得

$$\frac{a + c_2}{2} - c_1 - bq_1 = 0$$

即生产商一的最优产量为

$$q_1^* = \frac{a + c_2 - 2c_1}{2b}$$

根据式(11.1)可得生产商二的最优产量为

$$q_2^* = \frac{a - 3c_2 + 2c_1}{4b}$$

## 11.2.2 纳什平衡

纳什平衡(Nash equilibrium)是一种非合作博弈模型,以经济学家约翰·纳什的名字命名。在一个博弈过程中,无论对方的策略选择如何,当事人一方都会选择某个确定的策略,则该策略被称作支配性策略。每个博弈者的平衡策略都是为了达到自己期望收益的最大值。与此同时,其他所有博弈者也遵循同样的策略,这样的策略组合被称为纳什平衡。

与 Stackelberg 博弈模型不同的是,纳什平衡博弈模型中各成员之间是平等关系,各成员同时进行决策,并且每个成员的策略都是针对其他成员的最佳对策。在两个成员博弈的情况下,就是"给定你的策略,我的策略是我最好的策略;给定我的策略,你的策略也是你最好的策略"。

古诺模型与伯特兰德博弈模型是分析纳什平衡的典型模型。

**1. 古诺模型**

假设一个市场有两个生产商供应相同的产品,生产商一的产量为 $q_1$,生产商二的产量为 $q_2$,则市场的总供给量为 $Q=q_1+q_2$。假设产品的市场价格 $P$ 是总供给量的函数,即 $P=P(Q)=a-bQ$,两个生产商的边际生产成本分别为 $c_1$、$c_2$,且没有固定成本。两个生产商同时对产量做出决策,即决策之前都不知道另一方的产量。两个生产商的利润可以分别表示为

$$\pi_1 = q_1 P(Q) - c_1 q_1 = q_1[a-b(q_1+q_2)] - c_1 q_1$$
$$\pi_2 = q_2 P(Q) - c_2 q_2 = q_2[a-b(q_1+q_2)] - c_2 q_2$$

由此可以看出,两个生产商的利润都取决于双方策略产量。要达到纳什平衡,产量 $(q_1^*, q_2^*)$ 必须要满足相互是对方的最佳对策,因此该博弈模型可表示为

$$\begin{cases} \max_{q_1} \pi_1 = \max_{q_1} q_1[a-b(q_1+q_2)] - c_1 q_1 \\ \max_{q_2} \pi_2 = \max_{q_2} q_2[a-b(q_1+q_2)] - c_2 q_2 \end{cases}$$

上述两个求最大值的式子都是各自决策量的二次函数,且二次项系数小于 0,因此均为凹函数,只需要令各自对 $q_1$、$q_2$ 的导数为 0 就能取得两个式子的最大值,即令

$$\begin{cases} a-c_1-bq_2-2bq_1=0 \\ a-c_2-bq_1-2bq_2=0 \end{cases}$$

可得两个生产商的最优产量 $q_1^*$、$q_2^*$:

$$\begin{cases} q_1^* = \dfrac{a-2c_1+c_2}{3b} \\ q_2^* = \dfrac{a-2c_2+c_1}{3b} \end{cases}$$

则 $(q_1^*, q_2^*)$ 是该博弈模型的唯一纳什平衡解。

**2. 伯特兰德博弈模型**

Bertrand 博弈模型是法国经济学家 Joseph Bertrand 提出的,目的是探究寡头企业之间

的价格竞争行为。Bertrand 博弈模型的主要假设为：

(1) 某个产品市场由两个寡头企业组成；
(2) 寡头企业通过决策价格进行竞争；
(3) 每个企业生产的产品是同质的；
(4) 企业彼此间竞争是公平公正的。

Bertrand 博弈模型具体描述如下：$p_1$ 与 $p_2$ 分别表示生产商一和生产商二的销售价格；$a_1$ 与 $a_2$ 分别表示生产商一和生产商二的市场需求；$b$ 表示产品需求关于价格的弹性系数；$\theta$ 表示产品需求价格替代系数；$c_1$ 和 $c_2$ 分别表示生产商一和生产商二的单位生产成本。则生产商一的需求函数为

$$d_1 = a_1 - bp_1 + \theta(p_2 - p_1)$$

生产商二的需求函数为

$$d_2 = a_2 - bp_2 + \theta(p_1 - p_2)$$

可以得到生产商一的利润函数为

$$\pi_1 = (p_1 - c_1)[a_1 - bp_1 + \theta(p_2 - p_1)]$$

生产商二的利润函数为

$$\pi_2 = (p_2 - c_2)[a_2 - bp_2 + \theta(p_1 - p_2)]$$

Bertrand 博弈模型的规则是两个生产商同时确定各自产品的价格，实现各自利益的最大化。求解过程如下，分别令生产商一和生产商二的利润函数关于价格的偏导数为 0，并联立求解。

$$\begin{cases} \dfrac{\partial \pi_1}{\partial p_1} = a_1 - (b + 2\theta)p_1 + \theta(p_2 + c_1) = 0 \\ \dfrac{\partial \pi_2}{\partial p_2} = a_2 - (b + 2\theta)p_2 + \theta(p_1 + c_2) = 0 \end{cases}$$

求得最优解为

$$\begin{cases} p_1^* = \dfrac{(b + 2\theta)(a_1 + \theta c_1) + \theta(a_2 + \theta c_2)}{(b + 2\theta)^2 - \theta^2} \\ p_2^* = \dfrac{(b + 2\theta)(a_2 + \theta c_2) + \theta(a_1 + \theta c_1)}{(b + 2\theta)^2 - \theta^2} \end{cases}$$

$(p_1^*, p_2^*)$ 是 Bertrand 博弈模型的唯一纳什平衡解。

## 11.3 基于供应合同的协调机制设计

由于供应链管理涉及两个或两个以上的企业，为了实现供应链整体绩效最大化，需要不同企业之间能就各自的战略、技能、管理流程和创新等进行充分的协调，从而达到多方能力之间的一种均衡，并发挥大于单个企业绩效的整合效应。一旦供应链成员之间无法形成这种状态，必然就会产生矛盾和冲突。供应链协调机制正是基于供应链成员之间这种利益矛盾的现实提出的，它决定着企业成员的协作效率，是供应链管理的重要内容。供应合同是实施供应链协调的一种具体形式。

## 11.3.1 供应合同概述

**1. 定义与作用**

通过设计合理的供应合同,可以减少合同双方的机会主义行为,促进企业之间的紧密合作,确保双方有效完成订单交付。有效的供应合同有两个主要的作用:一是可以降低供应链的总成本,降低库存水平,增强信息共享水平,进而实现供应链绩效最优;二是可以实现风险共担。供应链中的不确定性包括市场需求提前期、销售价格、质量、核心零部件的生产能力以及研发投入等。供应合同是双方共担由各种不确定性带来风险的重要手段。

**2. 供应链合同参数**

供应链合同参数通常包括如下几种:

1) 决策权

在供应合同模式下,合作双方要进行风险共担及利润共享,因此供应合同的决策权发挥着很重要的作用。

2) 价格

价格是合同双方最关心的内容之一,合理的价格可以使得双方都能获利。

3) 订货承诺

买方一般根据卖方生产能力和自身的需求量确定订货数量承诺,大体包括两种方式:一种是最小数量承诺,另外一种是分期承诺。

4) 订货柔性

柔性包括价格、数量以及期权等量化指标。卖方在完成初始承诺后,可以提供一定的服务补偿。当市场变动影响销售时,买方可以使用柔性机制来避免更大的损失。柔性提供了强有力的约束,使合作双方在合同执行过程中更多地考虑到对方利益,使买卖双方从长期收益的角度进行决策。

5) 利益分配原则

包括按什么原则进行分配,分配的形式是什么样的,以及如何设计利润分配模型等。供应链利润的分配原则主要体现为利益共享或风险共担原则。

6) 退货方式

实施退货政策能有效激励买方增加订货,从而扩大销售额,增加双方收入。

7) 提前期

有效地保障提前期,可以降低安全库存水平,提高客户服务水平,很好地满足供应链时间竞争的要求,还可以减少牛鞭效应的影响。

8) 质量控制

质量控制的条款可以明确质量职责,还可以激励供应商提高其质量控制水平。买方可以在合同的设计中针对质量条款采取一些激励措施。

9) 激励方式

包括价格激励、订单激励、商誉激励、信息激励、淘汰激励等。

10) 信息共享机制

供应链企业之间任何有意隐瞒信息的行为都是有害的,充分的信息交流是采购行为顺利进行的保证。

### 11.3.2 定义一个两级供应链

定义以下两级供应链用于分析典型供应合同类型：
(1) 由单一供应商和单一零售商组成，且供应商和零售商分别独立做决策。
(2) 零售商面临一个随机的市场，当市场需求大于订货量时，零售商存在缺货成本；当市场需求小于订货量时，零售商存在过量的库存持有成本。
(3) 供应商和零售商是风险中性和完全理性的，即两者均以自身利润最大化为目标进行决策。
(4) 有关销售价格、需求分布和库存成本信息等参数是对称的。

这里给出一些符号及其含义，如表 11-1 所示。

表 11-1 一些符号的含义

| 符号 | 含义 |
| --- | --- |
| $c_u$ | 单位产品缺货成本 |
| $c_e$ | 单位产品库存成本 |
| $Q$ | 销售季节前，零售商向供应商订购的产品数量 |
| $c$ | 单位产品生产成本 |
| $c_r$ | 单位产品销售成本 |
| $v$ | 销售季节后，零售商将库存产品处理销售的单位价格，且 $v<c$ |
| $w$ | 供应商给零售商的单位产品批发价 |
| $p$ | 单位产品的零售价格 |
| $X$ | 市场需求 |
| $F(x)$ | 市场需求 $X$ 的累积分布函数 |
| $f(x)$ | 市场需求 $X$ 的概率密度函数 |
| $\mu$ | 市场需求 $X$ 的期望值 |

基于上述定义，可以进行以下计算。

零售商的期望销售量为

$$S(Q) = E[\min(Q,x)] = \int_0^Q (1-F(x))dx = \int_0^Q \bar{F}(x)dx$$

若市场需求小于零售商的订购量 $Q$，则零售商的销售量为 $x$；若市场需求大于零售商的订购量 $Q$，则零售商的销售量为 $Q$。

零售商的期望库存量为

$$I(Q) = E[\max(Q-X,0)] = E[Q-\min(Q,X)] = Q - S(Q)$$

即当市场需求小于零售商的订购量 $Q$ 时，零售商的库存量为 $Q-X$；而当市场需求大于零售商的订购量 $Q$ 时，零售商的库存量为 0。

零售商的期望缺货量为

$$L(Q) = E[\max(X-Q,0)] = E[X-\min(Q,X)] = \mu - S(Q)$$

即当市场需求大于零售商的订购量 $Q$ 时,零售商的缺货量为 $X-Q$;而当市场需求小于零售商的订购量 $Q$ 时,零售商的缺货量为 $0$。

因此,零售商的期望利润可以表示为
$$\pi_R = pS(Q) + vI(Q) - c_e I(Q) - c_u L(Q) - wQ$$
供应商的期望利润可以表示为
$$\pi_S = (w-c)Q$$
则供应链的整体期望利润为
$$\pi_T = \pi_R + \pi_S = pS(Q) + vI(Q) - c_e I(Q) - c_u L(Q) - cQ$$
分别对 $\pi_R$、$\pi_T$ 求导,可得零售商的最优订购量 $Q_R^*$ 以及供应商的最优产量 $Q^*$ 为

$$Q_R^* = F^{-1}\left(\frac{p + c_u - w}{p + c_u + c_e - v}\right) \tag{11.2}$$

$$Q^* = F^{-1}\left(\frac{p + c_u - c}{p + c_u + c_e - v}\right) \tag{11.3}$$

### 11.3.3 常见的供应链合同类型

常见的供应链合同类型有批发价格合同(wholesale price contract)、收益共享合同(revenue-sharing contract)、回购合同(return contract or buy-back contract)、弹性数量合同(flexibility-quantity contract)等,下面分别进行介绍。

**1. 批发价格合同**

批发价格合同是指供应商确定批发价格,零售商按照市场需求和批发价格对订购数量进行决策,供应商根据零售商的订购量组织生产,零售商承担产品未卖出去的全部损失。因此,该合同中供应商的利润是确定的,市场风险完全由零售商承担。

为了实现供应链协调,需满足 $Q_R^* = Q^*$,则由式(11.2)和式(11.3)可知 $w = c$,即供应商将没有利润,这显然有悖于常理,因此简单的批发价格合同无法实现供应链协调。

**2. 收益共享合同**

所谓收益共享合同就是供应商为零售商提供一个较低的批发价格,作为补偿,零售商会共享一部分销售收入给供应商。特许经营模式就是收益共享合同的典型应用。

假设零售商共享给供应商的销售收入比例为 $\phi$,则零售商获得的收入份额为 $1-\phi$,那么零售商的利润可以表示为
$$\pi_R = (1-\phi)(pS(Q) + vI(Q)) - c_e I(Q) - c_u L(Q) - wQ$$
则零售商的最优订购量必须满足一阶条件,对 $\pi_R$ 进行求导可得最优订购量
$$Q_R^* = F^{-1}\left[\frac{(1-\phi)p + c_u - w}{(1-\phi)(p-v) + c_u + c_e}\right]$$
供应商的利润可以表示为
$$\pi_S = (w-c)Q + \phi(pS(Q) + vI(Q) - c_e I(Q) - c_u L(Q) - wQ)$$
供应链的总期望利润为
$$\pi_T = pS(Q) + vI(Q) - c_e I(Q) - c_u L(Q) - cQ$$
此时,供应链的均衡产量

$$Q^* = F^{-1}\left(\frac{p+c_u-c}{p+c_u+c_e-v}\right)$$

为了实现供应链协调,需满足 $Q_R^* = Q^*$,可得最优批发价格为

$$w = (1-\phi)c + \phi c_u - \frac{\phi(c_u+c_e)(p+c_u-c)}{p+c_u+c_e-v}$$

所以,零售商的利润为

$$\pi_R = \frac{(1-\phi)(p-v)+c_u+c_e}{p+c_u+c_e-v}\pi_T - \frac{\phi(p-v)}{p+c_u+c_e-v}c_u\mu$$

供应商的利润为

$$\pi_S = \pi_T - \pi_R = \lambda_1(\pi_T + c_u\mu)$$

$$\lambda_1 = \frac{\phi(p-v)}{p+c_u+c_e-v}$$

其中 $0<\lambda_1<1$,即供应链利润可按一定比例分配给供应商和零售商,同时可通过协调 $\phi$ 的值调整分配比例,使得零售商和供应商的利润都大于没有签订收益共享合同时的利润,所以收益共享合同可以实现供应链协调。

### 3. 回购合同

回购合同也称为退货策略(returns policy),是指供应商用一个合理的价格 $r(r>v)$ 从零售商那里回购销售期结束后没有卖出去的产品,从而刺激零售商增加订购量。回购合同大量应用于具有高时间敏感性的产品,如报纸、时装等。

此种情况下,零售商的期望利润可以表示为

$$\pi_R = pS(Q) + rI(Q) - c_e I(Q) - c_u L(Q) - wQ$$

则零售商的最优订购量和供应商的最优产量分别为

$$Q_R^* = F^{-1}\left(\frac{p+c_u-w}{p+c_u+c_e-r}\right)$$

$$Q^* = F^{-1}\left(\frac{p+c_u-c}{p+c_u+c_e-v}\right)$$

为了实现供应链协调,需满足 $Q_R^* = Q^*$,可得最优批发价格为

$$w = c + \frac{(r-v)(p+c_u-c)}{p+c_u+c_e-v}$$

因此,零售商的利润为

$$\pi_R = \frac{p+c_u+c_e-r}{p+c_u+c_e-v}\pi_T - \frac{r-v}{p+c_u+c_e-v}c_u\mu$$

供应商的利润为

$$\pi_S = \pi_T - \pi_R = \lambda_2(\pi_T + c_u\mu)$$

$$\lambda_2 = \frac{r-v}{p+c_u+c_e-v}$$

由于 $0<\lambda_2<1$,即供应商和零售商的利润均大于 0,同时可通过协调 $r$ 的值调整供应商和零售商各自的利润占比,使得零售商和供应商的利润都大于没有签订回购合同时的利润,所以回购合同可以实现供应链协调。

供应商可以通过选择回购价格 $r$ 的大小，确定自己获得供应链利润的份额，并确定最优的批发价格 $w$，$(r,w)$ 即为最优合同参数组合。

当 $\lambda_1 = \lambda_2$ 时，即 $r - v = \phi(p-v)$ 时，收益共享合同和回购合同具有相同的供应链协调效果。

**4. 弹性数量合同**

弹性数量合同是指供应商给予零售商在订购数量上的调节权力。通常零售商在销售季节前首先给供应商一个订购量，供应商根据这个订购量组织生产，当零售商知道了市场的实际需求量之后，可根据实际市场需求调节订购量。相对于回购合同关注回购价格的调整，弹性数量合同则关注订购数量的调整。

假设该情况下销售季节前，零售商首先给供应商一个可能的订购量 $Q$，并承诺最低订购量为 $(1-\beta)Q$。假设供应商的生产量为

$$Q_S = (1+\alpha)Q$$

其中 $0 < \beta < 1, \alpha > 0$，则零售商的期望订购量为

$$N(Q,\alpha,\beta) = \int_0^{(1-\beta)Q}(1-\beta)Qf(x)\mathrm{d}x + \int_{(1-\beta)Q}^{(1+\alpha)Q}xf(x)\mathrm{d}x + \int_{(1+\alpha)Q}^{\infty}(1+\alpha)Qf(x)\mathrm{d}x$$

即当市场需求小于承诺最低订购量 $(1-\beta)Q$ 时，零售商会订购 $(1-\beta)Q$；当市场需求大于承诺最低订购量 $(1-\beta)Q$，小于供应商的生产量 $Q_S = (1+\alpha)Q$ 时，零售商会根据市场需求进行购买，因此订购量为 $x$；而当市场需求大于供应商的生产量 $Q_S = (1+\alpha)Q$ 时，零售只能订购 $Q_S = (1+\alpha)Q$。

因此，零售商的期望利润为

$$\pi_R = pS[(1+\alpha)Q] + vI[(1-\beta)Q] - c_e I[(1-\beta)Q] - c_u L[(1+\alpha)Q] - wN(Q,\alpha,\beta)$$

令上式的一阶导数为 0，得到 $Q_R^*$ 满足：

$$(1+\alpha)(p-w+c_u)\bar{F}[Q_R^*(1+\alpha)] - (1-\beta)(w-v+c_e)F[Q_R^*(1-\beta)] = 0$$

令 $\eta = \dfrac{1+\alpha}{1-\beta}$，则

$$F\left(\frac{Q_S^*}{\eta}\right) = \eta \frac{p-w+c_u}{w-v-c_e}[1 - F(Q_S^*)]$$

为实现供应链协调，需满足 $Q_R^* = Q^*$，可得最优批发价格为

$$w = v - c_e + \frac{c - v + c_e}{\dfrac{1}{\eta}F\left[\dfrac{1}{\eta}F^{-1}\left(\dfrac{p-c_u-c}{p+c_u+c_e-v}\right) + \dfrac{c-v+c_e}{p+c_u+c_e-v}\right]}$$

其中，$\eta = \dfrac{1+\alpha}{1-\beta}$，可以看作弹性数量合同的弹性度。通过调节弹性度，设定合理的批发价格，可以使得零售商和供应商的利润均有所提高。

# 11.4 供应商主导型供应链的协调机制与合同设计

依据供应链中核心企业的地位，可将供应链划分为两种不同模式，分别为供应商主导型供应链和零售商主导型供应链。本节将集中讨论供应商主导型供应链。

### 11.4.1 供应商主导型供应链

供应商主导型供应链是以供应商为核心企业,所生产的产品销售给零售商,并由零售商将产品最终出售给顾客的供应链模式。在供应商主导型供应链中,零售商只承担分销渠道的角色。在买方市场形成以前,由于产品种类单一、生产企业较少,顾客往往是被动的产品接受者,而供应商则一直处于供应链的核心地位,特别是在技术含量较高的制造行业中,其地位尤为重要。供应商主导型供应链一般具有以下特征:

(1)供应往往掌握在少数几个大公司手中,与其下游企业所在的行业相比,供应商所在行业集中度更高;

(2)供应商的产品在市场中没有很好的替代品;

(3)对供应商而言,该零售商不是其重要客户;

(4)对于零售商来说,供应商的产品有较高的采购成本;

(5)供应商通过业务拓展,进入零售商所在行业的可能性比较大。

在以产品为核心和导向的产业中,这种供应链组织模式非常常见。民用航空业就是供应商主导型供应链的一个典型例子,空客公司和波音公司在大型客机供应方面拥有绝对的市场份额。作为供应商的生产企业在产品技术方面处于相对优势地位,掌握着较为先进的生产技术。这使得供应链的整体资源和主导权向供应商汇集,从而使供应商成为供应链中的核心企业。

### 11.4.2 模型构建与协调机制设计

本节以双渠道供应链协调问题为例讨论供应商主导型供应链是如何实现合作协调的。考虑一个由供应商、零售商以及终端客户构成的供应链。供应商拥有电子直销和传统销售两种渠道,而零售商只拥有一个销售渠道,其结构如图 11-1 所示(虚线表示信息流)。为简化模型,假设两种渠道销售的产品是同质的。

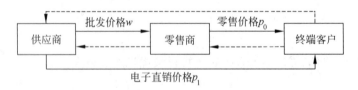

图 11-1 双渠道供应链成员关系图

假设市场需求与价格具有线性相关性。供应商给零售商的批发价格为 $w$,传统销售渠道的定价和需求量分别为 $p_0$ 和 $q_0$,$p_0 > w$,电子销售渠道的定价和需求量分别为 $p_1$ 和 $q_1$。受价格以及双渠道影响,需求函数分别表示如下:

$$q_0 = sa - b_0 p_0 + \alpha_0 p_1 \tag{11.4}$$

$$q_1 = (1-s)a - b_1 p_1 + \alpha_1 p_0 \tag{11.5}$$

其中,$a$ 为市场的基本需求;$s$ 表示供应商向传统渠道的供货比例;$b_0$ 和 $b_1$ 表示需求关于价格的敏感系数;$\alpha_0$ 和 $\alpha_1$ 表示渠道彼此间的竞争系数。为了方便计算,假设 $\alpha_0 = \alpha_1 = \alpha$,供应商的生产单位成本为 $c$,其他成本忽略不计。则零售商和供应商的利润函数分别为

$$\pi_0 = (p_0 - w)q_0$$
$$\pi_1 = (w - c)q_0 + (p_1 - c)q_1$$

供应链的总利润为

$$\pi = \pi_0 + \pi_1 = (p_0 - c)q_0 + (p_1 - c)q_1$$

接下来,将分别研究供应链的集中决策模型和分散决策模型,得到两种情形下的最优决策。然后,通过供应链协调策略模型的构建,实现分散决策模型下最优决策能够与集中决策模型相统一,从而实现供应链效益最大化。

(1) 集中决策模型。在集中决策模型中,将零售商和供应商作为一个整体,并共同追求供应链整体利润的最大化。此时需要决策的模型参数是传统销售渠道的定价 $p_0$ 和电子销售渠道的定价 $p_1$。

用 $\pi^J$ 表示集中决策下供应链的总利润,则

$$\pi^J = (p_0 - c)(sa - b_0 p_0 + \alpha p_1) + (p_1 - c)[(1-s)a - b_1 p_1 + \alpha p_0] \quad (11.6)$$

易证明上式的黑塞矩阵为负定的,因此 $\pi^J$ 是关于 $p_0$ 和 $p_1$ 的联合凹函数。对式(11.6)分别求变量 $p_0$ 和 $p_1$ 的一阶偏导数,并令其等于 0。通过联立方程可以求得集中决策时的最优定价(最优都用上标"*"表示),分别为

$$p_0^{J*} = \frac{sab_1 + (1-s)a\alpha + c(b_0 b_1 - \alpha^2)}{2(b_0 b_1 - \alpha^2)}$$

$$p_1^{J*} = \frac{sa\alpha + (1-s)b_0 + c(b_0 b_1 - \alpha^2)}{2(b_0 b_1 - \alpha^2)}$$

因此,集中决策下供应链的最优总利润为

$$\pi^{J*} = \frac{sa\alpha + (1-s)ab_0 - c(b_0 b_1 - \alpha^2)}{2(b_0 b_1 - \alpha^2)} \times \frac{(1-s)ab_0 + (\alpha - b_1)cb_0 + \alpha[sa + (\alpha - b_0)c]}{2b_0} + \frac{[sa + (\alpha - b_0)c]^2}{4b_0}$$

(2) 分散决策模型。在分散决策模型中,供应商和零售商只考虑自身利润的最大化,而不考虑整体利润以及合作伙伴的利润。此时零售商需要决策的是传统销售渠道的定价 $p_0$,而供应商需要决策的是电子销售渠道的定价 $p_1$ 以及批发价格 $w$。由于供应商占主导地位,根据博弈论,采用逆向归纳法求博弈均衡解。因此,分散决策模式下,零售商和供应商的利润 $\pi_0^F$、$\pi_1^F$ 分别为

$$\pi_0^F = (p_0 - w)(sa - b_0 p_0 + \alpha p_1) \quad (11.7)$$

$$\pi_1^F = (w - c)(sa - b_0 p_0 + \alpha p_1) + (p_1 - c)[(1-s)a - b_1 p_1 + \alpha p_0] \quad (11.8)$$

对 $\pi_0^F$ 求关于 $p_0$ 的一阶偏导数,并令其等于 0,得

$$p_0^F = \frac{sa + \alpha p_1 + b_0 w}{2b_0} \quad (11.9)$$

将结果代入式(11.4)和式(11.5),得到双渠道供应链的需求量分别为

$$q_0^F = \frac{sa + \alpha p_1 - b_0 w}{2} \quad (11.10)$$

$$q_1^F = \frac{\alpha(sa + \alpha p_1 + b_0 w)}{2b_0} + (1-s)a - b_1 p_1 \tag{11.11}$$

将式(11.10)和式(11.11)代入供应商利润函数 $\pi_1^F$ 并求偏导数,可以得到分散决策模式下供应链最优批发价格和直销价格分别为

$$w^{F^*} = \frac{(1-s)a\alpha + sab_1 + c(b_0 b_1 - \alpha^2)}{2(b_0 b_1 - \alpha^2)} \tag{11.12}$$

$$q_1^{F^*} = \frac{(1-s)ab_0 + sa\alpha + c(b_0 b_1 - \alpha^2)}{2(b_0 b_1 - \alpha^2)} \tag{11.13}$$

将式(11.12)代入式(11.9)得供应商传统渠道的最优零售价格为

$$p_0^{F^*} = \frac{(1-s)a\alpha + sab_1}{2(b_0 b_1 - \alpha^2)} + \frac{sa + ca + b_0 c}{4b_0}$$

从而得到分散决策情形下零售商和供应商最优利润为

$$\begin{cases} \pi_0^{F^*} = \dfrac{[sa + (\alpha - b_0)c]^2}{16 b_0} \\ \pi_1^{F^*} = \dfrac{(1-s)ab_0 + sa\alpha - c(b_0 b_1 - \alpha^2)}{2(b_0 b_1 - \alpha^2)} \times \dfrac{(1-s)ab_0 + (\alpha - b_1)cb_0 + \alpha[sa + (\alpha - b_0)c]}{2b_0} + \\ \qquad \dfrac{[sa + (\alpha - b_0)c]^2}{8 b_0} \end{cases} \tag{11.14}$$

因此,供应链整体的最优利润为

$$\pi^{F^*} = \frac{(1-s)ab_0 + sa\alpha - c(b_0 b_1 - \alpha^2)}{2(b_0 b_1 - \alpha^2)} \times \frac{(1-s)ab_0 + (\alpha - b_1)cb_0 + \alpha[sa + (\alpha - b_0)c]}{2b_0} + \frac{3[sa + (\alpha - b_0)c]^2}{16 b_0}$$

(3) 双渠道供应链协调策略模型。根据上节结果,可得分散决策与集中决策最优供应链总利润之差为

$$\Delta \pi = \pi^{J^*} - \pi^{F^*} = \frac{[sa + (\alpha - b_0)c]^2}{16 b_0} > 0$$

考虑到供应链总利润最优值等于集中决策下供应链总利润的最优值,所以供应链协调的目标就是使得分散决策下供应链的总利润等于集中决策下的供应链总利润。下面介绍三种常见的实现供应链协调的合同设计方法,即两部定价合同、批发价格合同以及 Shapley 值法分配合同。

(1) 两部定价合同。在这种合同中,供应商制定两部定价合同(用上标 LNT 表示),即电子直销价格和批发价格,零售商制定零售价格。根据式(11.9)可得零售商的最优定价策略为

$$p_0^{LNT^*} = \frac{sa + \alpha p_1^{LNT^*} + b_0 w}{2b_0}$$

为了使得供应链协调后总利润为最优值,联立 $p_0^{LNT^*} = p_0^{J^*}$ (零售商的定价)和 $p_1^{LNT^*} = p_1^{J^*}$ (电子销售渠道的定价),得到两部定价合同下最优批发价格为

$$w^{\mathrm{LNT}^*} = \frac{(1-s)a\alpha + sab_1}{2(b_0b_1 - \alpha^2)} - \frac{sa + ca - 2b_0c}{2b_0}$$

由此可得两部定价合同下零售商和供应商各自的利润为

$$\begin{cases} \pi_0^{\mathrm{LNT}^*} = \dfrac{[sa + (\alpha - b_0)c]^2}{4b_0} \\ \pi_1^{\mathrm{LNT}^*} = \dfrac{(1-s)ab_0 + sa\alpha - c(b_0b_1 - \alpha^2)}{2(b_0b_1 - \alpha^2)} \times \dfrac{(1-s)ab_0 + (\alpha - b_1)cb_0 + \alpha[sa + (\alpha - b_0)c]}{2b_0} \end{cases}$$

(2) 批发价格合同。在这种合同中，由供应商制定批发价格（用上标 PNT 表示），需要决策的参数是批发价格 $w$。由于供应商占据主导地位，供应商可以给零售商一定的价格折扣，即

$$w^{\mathrm{PNT}} = c + k(p_1^{\mathrm{PNT}} - c), 0 < k < 1 \tag{11.15}$$

采取 Stackelberg 博弈模型分析，可以得到批发价格合同下最优直销价格和最优零售价格分别为

$$\begin{cases} p_0^{\mathrm{PNT}^*} = \dfrac{(\alpha + b_0k)^2 sa + 2(1-s)ab_0 + 2c(b_0b_1 - \alpha^2) + c(b_0k - \alpha)(2b_0k - b_0 - \alpha)}{2b_0[4(b_0b_1 - \alpha^2) + 2(b_0k - \alpha)^2]} + \\ \qquad\quad \dfrac{sa + (1-k)b_0c}{2b_0} \\ p_1^{\mathrm{PNT}^*} = \dfrac{(\alpha + b_0k)sa + 2(1-s)ab_0 + 2c(b_0b_1 - \alpha^2) + c(b_0k - \alpha)(2b_0k - b_0 - \alpha)}{4(b_0b_1 - \alpha^2) + 2(b_0k - \alpha)^2} \end{cases} \tag{11.16}$$

再令 $p_0^{\mathrm{PNT}^*} = p_0^{\mathrm{J}^*}$，$p_1^{\mathrm{PNT}^*} = p_1^{\mathrm{J}^*}$，可得 $k = \dfrac{\alpha}{b_0}$。

将 $k$ 值代入式(11.12)，得到批发价格合同下最优批发价格为

$$w^{\mathrm{PNT}^*} = c + \frac{\alpha(p_1^{\mathrm{PNT}^*} - c)}{b_0} \tag{11.17}$$

将式(11.15)～式(11.17)代入式(11.7)和式(11.8)，可得批发价格合同下零售商和供应商的最优利润分别为

$$\begin{cases} \pi_0^{\mathrm{PNT}^*} = \dfrac{[sa + (\alpha - b_0)c]^2}{4b_0} \\ \pi_1^{\mathrm{PNT}^*} = \dfrac{(1-s)ab_0 + sa\alpha - c(b_0b_1 - \alpha^2)}{2(b_0b_1 - \alpha^2)} \times \dfrac{(1-s)ab_0 + (\alpha - b_1)cb_0 + \alpha[sa + (\alpha - b_0)c]}{2b_0} \end{cases}$$

(3) Shapley 值法分配合同。为实现双渠道供应链协调，同时最大化整体供应链利润，利用 Shapley 值法分配最优整体利润。设集合 $I = \{1, 2, \cdots, n\}$，$I$ 的任意子集 $z$ 都对应着一个函数 $u(z)$，对于任意两个子集 $z_i, z_j (z_i \in I, z_j \in J)$，若满足

$$\begin{cases} u(\varnothing) = 0 \\ u(z_i \cup z_j) \geqslant u(z_i) + u(z_j) \\ z_i \cap z_j = \varnothing, z_i \in I, z_j \in J \end{cases}$$

则称 $[I, u]$ 为多人合作对策，$u$ 为对策的特征函数。

用 $x_i$ 表示 $I$ 中成员 $i$ 从合作的最大效益 $u(I)$ 中得到的利润。在合作 $I$ 的基础上,合作对策的分配用 $\boldsymbol{x}=(x_1,x_2,\cdots,x_n)$ 表示。显然,该合作成立需要满足如下条件:

$$\sum_{i=1}^{n} x_i = u(I), x_i \geqslant u(i)$$

在 Shapley 值法分配合同中,联盟成员 $i$ 所得利益分配值为 Shapley 值,通常记为 $\varphi_i(u)$,表示为

$$\varphi_i(u) = \sum_{z \in Z_i} k(|z|)[u(z) - u(z \backslash i)]$$

$$k(|z|) = \frac{(n-|z|)!\ (|z|-1)!}{n!}$$

其中,$u(z)$ 表示子集 $z$ 的效益,$u(z \backslash i)$ 表示子集 $z$ 中除去企业 $i$ 后可取得的效益,因此,$u(z)-u(z \backslash i)$ 表示企业 $i$ 对子集 $z$ 效益做出的贡献;$k(|z|)$ 为加权因子,其大小取决于供应链中合作的企业数。

在利用 Shapley 值法分配总利润时,制造商和零售商都认可 Shapley 值法分配合同。根据 Shapley 值法,制造商和零售商的利润分配值(用上标 S 表示)分别为

$$\begin{cases} \pi_0^{S^*} = \dfrac{\pi_0^{F^*}}{2} + \dfrac{\pi^{J^*} - \pi_1^{F^*}}{2} \\ \pi_1^{S^*} = \dfrac{\pi_1^{F^*}}{2} + \dfrac{\pi^{J^*} - \pi_0^{F^*}}{2} \end{cases} \quad (11.18)$$

进而求得零售商和制造商的最优利润分别为

$$\begin{cases} \pi_0^{S^*} = \dfrac{3[sa + (\alpha - b_0)c]^2}{32 b_0} \\ \pi_1^{S^*} = \dfrac{(1-s)ab_0 + sa\alpha - c(b_0 b_1 - \alpha^2)}{2(b_0 b_1 - \alpha^2)} \times \dfrac{(1-s)ab_0 + (\alpha - b_1)cb_0 + \alpha[sa + (\alpha - b_0)c]}{2b_0} + \\ \qquad\quad \dfrac{5[sa + (\alpha - b_0)c]^2}{32 b_0} \end{cases}$$

## 11.5 零售商主导型供应链的协调机制与合同设计

### 11.5.1 零售商主导型供应链

市场通过专业化分工,使得不同的企业可以根据各自的核心竞争力实现在有限的市场空间中谋求发展。在有些情况下,由于零售商掌握着遍布全国的市场终端和销售网络,零售商在供应链中常常占据重要地位,面对供应商时有较高的议价权。当零售商的市场终端和销售渠道接近垄断时,零售商会以终端降价为条件促使供应商降价,实则是在分享从销售渠道获得的优势利益。再加上供应商在自建销售渠道上的局限和困难,以及竞争日益激烈的供应商市场,使得供应商只能妥协。在这种零售商处于优势地位的利益博弈中,如果缺乏合适的合作机制,供应商可能会由于成本压力而退出供应链。从博弈论的角度来讲,供应商和零售商陷入了"囚徒困境",即由于个体理性而使整体呈现无理性。因此,从长期来看,供应

商和零售商之间的利益博弈导致了供应链整体利益的损失。

零售商主导型供应链可以描述为：供应链以一个实力强大的零售商为核心企业，该核心企业凭借它对市场需求信息的收集与反馈，以及提升客户服务等方面的优势，在供应链中处于主导地位，决定商品或服务的零售价格，并组织领导整个供应链的运作。

本节讨论的对象是一个由零售商主导的供应链，目标是增加销售量及提高利润。需要寻找一种可以使供应商和零售商走出"囚徒困境"的利益协调机制，即以整个供应链的效益作为供应商和零售商合作的基础，并且引入合作协调机制，使得博弈双方能够更好地实现合作，共担风险，共享收益，从而保持供应链的长期竞争力。

考虑一个由一家大型连锁零售商，以及一个为其提供某种产品的制造商组成的二级供应链。零售商处于供应链的领导和核心地位，供应商没有自己的销售渠道，只能通过零售商来销售产品。供应商的单位生产成本为 $C_m$，以批发价格 $w$ 将产品批发给零售商，零售商则以销售价格 $p$ 向消费者销售产品，单位销售成本为 $C_r$。

由于在该供应链中零售商处于主导地位，因此零售商会向供应商压低采购价格，这样就可以以更低的零售价格赢得激烈的市场竞争。实际运作中，零售商经常向供应商收取一定的市场渠道费用。假设这笔费用（$K$）与供应商的利润成正比，即

$$K = \theta(w - C_m)Q$$

式中，$Q$ 表示销售量；$\theta(0 \leqslant \theta \leqslant 1)$ 为销售渠道分成系数，且

$$Q = D - \eta(p - w)$$

其中，$D$ 为市场容量；$\eta$ 为销售量受到价格影响的系数。

依据上述描述及相关假设可以得到供应商和零售商的利润分别为

$$\pi_m = (w - C_m)Q - K \tag{11.19}$$

$$\pi_r = (p - w - C_r)Q + K \tag{11.20}$$

供应链利润总和为

$$\pi_s = (p - w - C_r)[D - \eta(p - w)] \tag{11.21}$$

以下两节将分别讨论非合作模式下该供应链的效益以及其分配问题，以及合作模式下的供应链效益，并对这两种模式下的供应链效益进行对比。

## 11.5.2 非合作模式下的利益分配

在非合作模式下，假设零售商和供应商的关系属于 Stackelberg 博弈模型关系。供应商与零售商都将自己的价格作为决策变量，供应商首先确定自己的批发价格，零售商根据市场的状况确定市场渠道进入费用 $K$ 以及零售价格，以期最大化各自的收益。

采用逆推归纳法。易证明 $\pi_r$ 是关于 $p$ 的凹函数，令一阶偏导数为零，即 $\dfrac{\partial \pi_r}{\partial p} = 0$，得到

$$p^* = \frac{D}{2\eta} + \frac{C_m - p}{2}$$

将 $p^*$ 代入式（11.19）中得

$$w^* = \frac{C_r + \left(1 + \dfrac{\theta}{3}\right)C_m}{3 - \theta} + \frac{D(2 - \theta)}{\eta(3 - \theta)}$$

则得到供应商和零售商之间序贯博弈的 Stackelberg 均衡解$(p^*, w^*)$。

此时供应商和零售商的利润分别为

$$\begin{cases} \pi_m^* = [3D - \eta(4C_m\theta - 3C_r - 6C_m)](3D - 2\eta C_m - 3\eta C_r)(1-\theta)[12(3-\theta)^2]^{-1} \\ \pi_r^* = (3D - 2\eta C_m\theta - 3\eta C_r)^2[12\eta(3-\theta)]^{-1} \end{cases} \quad (11.22)$$

由式(11.22)可以看出,零售商和供应商的利润都与 $\theta$ 有关,且不难证明零售商的利润与 $\theta(0 \leqslant \theta \leqslant 1)$ 是正相关的,而供应商的利润是与 $\theta$ 负相关的。因此,零售商希望能够垄断销售渠道从而收取费用,供应商则需要付出渠道费用。但是零售商也不能过多地向供应商收取渠道费用,因为那样的话供应商会提高批发价格。所以,$\theta$ 的取值对于双方来说至关重要。

供应商是否选择零售商的销售渠道取决于 $\theta$ 的大小。也就是说,当供应商需要向零售商缴纳较多的渠道费用时,供应商可能会拒绝。那么对于供应商来说,与零售商建立合作的销售渠道分成系数 $\theta$ 的阈值是多少呢?可以通过构建一个重复动态博弈模型来进行求解,该模型假设如下。

(1) 理性人假设(即供应链每个个体追求利益最大化)。

(2) 对于供应商来说,假设存在一个合作意愿因子 $\mu(0 < \mu < 1)$,$\mu$ 存在时间上的贴现,即未来时期的收益需要折算到当前时期进行计算。此处,$\mu = 1 - \theta$,即合作意愿因子与渠道分成系数负相关,销售渠道的分成越大,供应商合作的意愿就越小。

(3) 假设供应商与零售商首先会选择合作,如果发现对方不合作,那么自己从下一个时期开始,永远选择不合作。

(4) 假设双方暂时的不合作会给自己带来较大的收益,但是会损害供应链长远收益。

基于上述假设,首先给出零售商与供应商的博弈支付矩阵,如图 11-2 所示。

| 零售商 | | 供应商 | |
|---|---|---|---|
| | | 进入(合作) | 不进入(不合作) |
| | 不收渠道费 | 5, 5 | 0, 10 |
| | 收渠道费 | 10, 0 | 1, 1 |

图 11-2 零售商与供应商的博弈支付矩阵

图 11-2 中,假设矩阵中的数字分别代表零售商与供应商的收益,例如,(10,0)表示零售商收益为 10,供应商收益为 0。图中的博弈表明,供应商与零售商之间的利益博弈具有与"囚徒困境"相似的博弈结构,即无论供应商是否选择合作,零售商选择收取渠道费用更有利;无论零售商是否收渠道费,供应商选择不进入更有利。结果(收取渠道费用,不进入)是一个纳什均衡。

短期来看,(收取渠道费用,不进入)是必然的结果。但是实际的情况是,如果供应商与零售商都有合作的意愿,那么供应商可能会愿意牺牲当前的部分利益来进行合作。对于博弈中任何一个参与者而言,他们选择合作的原因,就是从长期来看合作的利益会大于不合作的利益。对供应商来说,他在决定未来 $t$ 时期是否继续合作,那么在此之前双方一定均选择了合作,并且每期都获得了 5 个单位的收益。现在假设零售商仍然选择在第 $t$ 个时期合作,而供应商选择不合作,那么供应商在第 $t$ 个时期将会获得 10 个单位的收益;但是从第 $t+1$ 个时期开始,零售商一直选择不合作,使得供应商只能得到 1 个单位的收益。因此,在第 $t$

个时期供应商选择不合作的总收益为

$$R_{不合作} = 5 \times (1 + \mu + \mu^2 + \mu^3 + \cdots + \mu^{t-2}) + 10 \times \mu^{t-1} + 1 \times (\mu^t + \mu^{t+1} + \cdots + \mu^{\infty})$$

$$= \frac{5(1-\mu^{t-1}) + \mu^t}{1-\mu} + 10\mu^{t-1}$$

但是如果供应商在第 $t$ 个时期继续选择与零售商合作，那么持续的合作给供应商带来的总收益为

$$R_{合作} = 5 \times (1 + \mu + \mu^2 + \cdots + \mu^{t-2}) + 5 \times \mu^{t-1} + 5 \times (\mu^t + \mu^{t+1} + \cdots + \mu^{\infty})$$

$$= \frac{5(1-\mu^{t-1}) + 5\mu^t}{1-\mu} + 5\mu^{t-1}$$

供应商选择继续合作的条件是 $R_{合作} > R_{不合作}$，此时 $\mu^* > \frac{5}{9}$。

根据 $\mu = 1 - \theta$，得到此时的 $\theta^* < \frac{4}{9}$。因此，只要零售商对销售渠道的利润分成小于 $\frac{4}{9}$，供应商就可以从合作中获取利润，会选择与零售商合作，否则就会选择不合作。

由上述结论可知：如果双方的合作时期较长(假定是不确定期限)，双方都选择合作的可能性更大。实际上，如果供应商放弃通过零售商的渠道销售产品，那么势必要花费很大的费用自建渠道，这对于供应商来说未必是有利的。

上述仅仅是供应商参与合作条件的一个界定方法。现实中的决策更加复杂，当零售商和供应商将各自的利益纳入整个供应链利益整体时，供应链利润如何分配？此时，供应链上的双方应该做到以下两点。

(1) 加强合作意识，构建供应链文化。个体理性使零售商与供应商在优化各自利益的目标上选择了最优决策，但是这种个体理性最终使整个集体(供应链)无理性(利润流失、供应链竞争力减弱)。此时建立一整套完整的供应链文化显得更为重要。通过构建供应链文化，使得合作成员的价值理念趋于一致。短期看来可能要牺牲某些合作成员的部分利益，但是长期看来可以使零售商与制造商走出"囚徒困境"。

(2) 利益纵向一体化。将零售商与供应商的利益纳入到同一个利益相关体系之中。例如，建立共同的销售合资公司分享渠道利润。虽然对于零售商来说，其核心地位决定了合作的主动优势，但是在整个供应链中，供应商也占据不可或缺的地位，他们是获取供应链利润的产品的制造方。所以零售商在谋求自己利益最大化的同时需要供应商协作与配合，那么利益一体化的可能性就更大。从博弈论的角度看来，市场上的所有参与者都是"理性的"，也就是说在一定条件下总是追求自身利益的最大化。只要合作的利益大于分散的竞争模式的利益，就可以促使双方合理地分配整体利益，构建协调、稳定、持久的供应链合作关系。

### 11.5.3 合作模式下的供应链效益

在双方合作模式下，零售商不再向供应商收取销售渠道费用。供应商以成本价将商品批发给零售商，零售商承诺与供应商实行利益共享、风险共担，即供应商和零售商发挥各自在生产和销售领域的优势，形成真正意义上的战略联盟。此时双方所要确定的决策变量就

是零售商的产品销售价格 $p$，以使得整个供应链的利益达到最大，即

$$\max_p \pi_c = (p - c_m)Q = (p - c_m)(D - \eta p)$$

其最大化的一阶解条件为 $\dfrac{\partial \pi_c}{\partial p} = 0$，解得

$$p^* = \frac{D + c_m}{2\eta}$$

因此

$$\pi_c^* = \left(\frac{D + c_m}{2\eta} - c_m\right)\left(\frac{D - c_m}{2}\right)$$

当 $\theta = 1$ 时，非合作模式下供应链的总利润为

$$\pi_a^* = \frac{(3D - 2\eta c_m)^2}{24\eta}$$

可以证明 $\pi_c^* \geqslant \pi_a^*$，即在合作模式下，供应链的整体收益得到了提高。

## 11.6 案例分析——波音公司的供应链协调

波音公司从 20 世纪 60 年代起开始大规模地研制民用喷气式客机。全世界有近 200 家航空公司购买和使用波音的飞机，波音也成了世界上最大的客运飞机制造公司。波音公司建立了"全球合作伙伴"部门来管理其全球化的供应链，在供应链的协调管理方面有很多值得借鉴的经验。

詹姆斯·刘易斯在《全球最成功的项目管理实战案例》中，总结出波音在管理方面的 12 个黄金法则，即携手合作、梦想蓝图、明确目标、项目计划、人人参与、从数据求解放、透明管理、可以接受适度抱怨、提出计划-寻求办法、彼此倾听-相互帮助、保持心情愉快、享受工作乐趣。这些法则体现了其全球供应链协调管理的基本思想和机制，也体现了波音公司以合作为基调的企业文化。波音公司实现其供应链协调的关键在于以下几点。

(1) 建立互信互利的伙伴关系。长期以来，波音公司与日本的四家制造企业建立良好的供应商关系，这四家企业分别是 Mitsubishi 重工业公司、Kawasaki 重工业公司、Ishikawajima-Harima 重工业公司以及富士重工业公司。一方面，波音借助供应商来降低进入日本市场的门槛，另一方面，日本企业通过向波音供应飞机配件，带动了日本飞机产业的发展，这使双方开始了一个动态的策略变化过程，最终形成了紧密的相互依赖关系。

(2) 以合同相互制约，保证利益。波音公司和 Northrop 公司之间的合作关系是靠相互抵押来维持的。Northrop 为波音 747 和 767 飞机提供零部件。因波音公司的特殊生产需要，Northrop 不得不进行重大投资，改造其生产线，由此产生了巨大的成本。而波音在与 Northrop 的合作中处于有利地位，可以将转移订单至其他供应商作为压低采购价格的手段。但实际上，波音并没有这样做，因为波音同时也是 Northrop 军品部门的主要供应商，也不得不进行专用资产投资为 Northrop 提供配件生产供应。因此，双方互相依赖、互相制约，每家公司都握有抵押品，可用来作为制约另一家公司违背原先定价协议的筹码。

(3) 实现信息在供应链中的有效共享。早在 1995 年,波音公司就推出了基于客户机/服务器的在线配送系统(Boeing on-line delivery),航空公司、飞机维护商都能够从系统中获得技术图、服务公告以及维修手册等。波音又相继开通了全球航空业第一个订购和跟踪部件贸易的网站 PARTPage,以及飞行技术在线服务网站。

为了满足不同服务层面的需求,波音公司还建立专用网站。购买波音飞机的客户、需要技术支持和售后服务的航空公司,以及飞行员、机械师、维护工程师、波音公司合作伙伴方的设计工程师等,所有这些企业与人员的信息需求各不相同。信息共享需要既突出波音公司的特点,又要兼顾各方面的需求以提供不同的内容和服务。截至 2022 年,该网站仍是全球唯一的在线维护、工程和航空运营数据资源的电子商务门户网站,它以开放性架构实现与 Oracle 数据库、Sun Micro-systems 服务器以及波音原有的一些后台系统(如 SAP)的无缝集成,为在线用户提供个性化、量身定制的内容。

(4) 成立供需协调项目小组。为及时应对市场环境和市场需求的变化,波音公司根据具体项目和个性化客户需求,在供应链内组建多功能、跨职能部门的项目小组。项目小组的引进极大地增强了供应链的灵活性,加强了上、下游企业间的协调,提高了运作效率。供应链中的项目小组使得来自不同领域的成员企业更好地交换信息,集中优势力量解决较为复杂的问题,使供应链在不增加投入的情况下提高产出水平,同时也使系统内部的合作和信任机制得到进一步增强。

# 习题

11-1 考虑一个包含两个寡头企业的古诺模型,$P(Q)=a-Q$,两家企业的边际生产成本不同,分别为 $c_1$、$c_2$,如果 $0<c_i<\dfrac{a}{2}$,$i=1,2$,则纳什均衡产量各为多少?如果 $c_1<c_2<\dfrac{a}{2}$,但 $2c_2>a+c_1$,则纳什均衡产量又为多少?

11-2 某寡头市场上有两个厂商,他们生产相同的产品,其中厂商一为领导者,其成本函数为 $C_1=1.2Q_1^2+2$,厂商二为追随者,其成本函数为 $C_2=1.5Q_2^2+2$。市场的反应需求函数为 $P=100-Q$,其中,$Q=Q_1+Q_2$,则两个厂商的均衡产量分别为多少?

11-3 如何设计有效合理的供应链激励机制?

11-4 A 公司推出一款产品,零售商与该公司签订数量柔性合同,若该产品的成本 $c=100$,零售商面临的不确定需求 $X$ 服从均匀分布 (20,50),产品的零售价格为 $p=485$,零售商与 A 公司可能签订的数量柔性合同价格是多少?

11-5 以某报纸为例,假设每份报纸的生产成本 $c=1$,在某一地区面临的不确定需求 $X$ 服从均匀分布 (200,500),每份报纸的销售价格为 $p=3$,报刊发行处为缓解与销售商因双重加价而导致的订购量不能达到最优订购量的冲突,而提供回购合同。问最优回购合同参数满足什么条件?相应的销售商和报刊发行处的最优收益为多少?

11-6 供应商主导型供应链一般具有哪些特征?

11-7 结合实例说明零售商主导型供应链是怎样形成的,具有哪些特点。

11-8 考虑一个由供应商、零售商以及终端客户构成的供应链。供应商拥有电子直销和传统销售两种渠道,而零售商只拥有一个销售渠道,其结构如图 11-3 所示。

图 11-3 习题 11-8 图

供应商给零售商的批发价格为 $w$,传统销售渠道的定价和需求量分别为 $p_0$ 和 $q_0$,电子销售渠道的定价和需求量分别为 $p_1$ 和 $q_1$。受价格以及双渠道影响的需求函数分别表示如下:

$$q_0 = sa - b_0 p_0 + \alpha_0 p_1$$
$$q_1 = (1-s)a - b_1 p_1 + \alpha_1 p_0$$

其中,$a=1000$,为市场的基本需求;$s=0.8$,表示供应商向传统渠道的供货比例;$b_0=0.5$ 和 $b_1=0.6$ 表示需求关于价格的敏感系数;$\alpha_0=0.2$ 和 $\alpha_1=0.4$ 表示渠道彼此间的竞争系数;供应商的生产单位成本为 $c=50$,其他成本忽略不计。假设该供应链是供应商主导的。

分别求解集中和分散决策情形下供应商的批发价格和电子销售渠道的定价,以及零售商的最优零售价格。

11-9 基于习题 11-8 的结果,尝试分别设计两部定价合同、批发价格合同以及 Shapley 值法分配合同。

11-10 考虑一个由一个零售商和一个制造商组成的二级供应链,零售商处于供应链的主导地位。供应商的生产成本为 $C_m=50$,以批发价格 $w$ 将产品批发给零售商,零售商则以销售价格 $p$ 向消费者销售产品,且销售相关的费用为 $C_r=10$。零售商向供应商收取一定的市场渠道费用。假设这笔费用($K$)与供应商的利润成正比,即

$$K = \theta(w - C_m)Q$$

式中,$Q$ 表示销售量,$\theta=0.2$ 为销售渠道分成系数,且 $Q=300-0.3(p-w)$。试求解在非合作模式下供应商与零售商的最优利润。

# 参考文献

[1] HUANG H, HE Y, LI D. Coordination of pricing, inventory, and production reliability decisions in deteriorating product supply chains[J]. International Journal of Production Research, 2018, 56(17-18): 6201-6224.

[2] 胡引霞. 供应链竞争的协调机制研究[D]. 哈尔滨:哈尔滨理工大学, 2010.

[3] LU F, ZHANG J, TANG W. Wholesale price contract versus consignment contract in a supply chain considering dynamic advertising[J]. International Transactions in Operational Research, 2019, 26(5): 1977-2003.

[4] 谢识予. 经济博弈论[M]. 上海:复旦大学出版社, 2002.

[5] DUAN Y, LUO J, HUO J. Buyer-vendor inventory coordination with quantity discount incentive for

fixed lifetime product[J]. International Journal of Production Economics,2010,128(1):351-357.
[6] CACHON G P,LARIVIERE M A. Supply Chain Coordination with Revenue-Sharing Contracts: Strengths and Limitations[J]. Management Science,2005,51(1):30-44.
[7] 叶飞.考虑退货物流成本情形下供应链的回购机制[J].工业工程,2007,10(2):4.
[8] CRUIJSSEN F,COOLS M,DULLAERT W. Horizontal cooperation in logistics: Opportunities and impediments[J]. Transportation Research Part E: Logistics and Transportation Review,2007,43(2):129-142.
[9] SIMATUPANG T M,SRIDHARAN R. The collaborative supply chain[J]. The international journal of logistics management,2002,13(1):15-30.

# 第12章 供应链集成

视频12

供应链集成的意义在于通过供应链节点企业之间的有效合作与支持,保持供应链物流、信息流、资金流的畅通和快速反应,提高价值流的增值性,使所有与企业经营活动相关的人、技术、组织、信息及其他资源有效地集成,形成整体竞争优势。

本章的学习目标有以下三点:①了解供应链集成的定义与方法;②掌握供应链合作伙伴的类型,能够在不同情境下选择合适的供应链合作伙伴;③熟悉推式、拉式、推-拉式系统,并掌握不同系统的优缺点。

## 12.1 供应链集成概述

20世纪以来,企业之间的竞争很大程度上已经转化为供应链之间的竞争,传统的管理模式与方法已不能适应新的经济环境。企业需要把自己看作整个供应链中的一员,和其他成员共享信息、协同计划和处理业务流程,以一种全新的商业运作模式为最终的客户提供快速灵活、高效的支持和服务。

### 12.1.1 供应链集成的分类

**1. 按集成的范围分类**

从集成的范围来看,可以分为企业内部集成和供应链集成。

1) 企业内部集成

企业资源计划(enterprise resource planning,ERP)系统可以实现企业内部信息和业务流程的集成,将企业的财务、制造、分销等功能模块有机地结合在一起,共享企业的基础信息,从而提高企业的运行效率,达到缩短计划周期、降低库存成本、加快客户反应速度的目的。但ERP并不能实现企业内部所有信息的集成,它还需要与其他信息系统集成以实现更高程度的信息共享。如ERP与CAD/CAM/CAPP的集成、ERP与质量管理系统的集成、ERP与现场作业及工艺流程管理系统的集成、ERP与OA的集成等。

2) 供应链集成

把集成的范围扩展到企业的外部,将企业内部的信息系统和供应链中商业伙伴的信息系统集成起来,就形成了集成的供应链。供应链中的每个成员都能够依据基于整个供应链的正确信息来协同各自的商业运作,从而实现包括客户服务和支持、计划和预测、产品开发、生产制造、采购、人力资源等在内的全面集成。

**2. 按集成的级别分类**

从集成的深度和广度来看,供应链集成可分成四个级别:信息集成、同步计划、协同工作流,以及全面的供应链集成。

1) 信息集成

对整个供应链集成而言,信息集成无疑是基础。供应链中所有的伙伴都有能力及时、准确地获得共享信息是提高供应链性能的关键。供应链中各节点企业的信息集成,需要实现大量散布的异构系统信息协调、有序、同步地实时交流。集成过程既有节点企业内部信息的无缝集成,将企业整个生产经营活动的每个信息采集点均纳入企业信息网中,从而有效解决企业内部信息孤岛问题;更有不同企业之间的交换信息集成,以达到共享的预定目标,供应链集成系统提供了信息集成平台,使得在供应链上的企业之间可以建立联系,形成互通。

2) 同步计划

在具有信息集成的供应链平台上,同步计划决定每个合作伙伴应该做什么、什么时候完成,以及完成多少等一系列问题。由于计划是合作伙伴根据供应链的共享信息制订的,因此更加准确有效。

3) 协同工作流

同步计划解决供应链应该做什么的问题,而协同工作流则要解决怎么做的问题。协同工作流包括采购、订单执行、工程更改、设计优化等业务。其结果是形成灵活、高效、可靠、低成本运作的供应链。

4) 全面的供应链集成

全面的供应链集成就好像一个大型的虚拟企业组织,组织里的每个成员共享信息、同步计划、使用协调一致的业务流程,共同应对复杂多变的市场,为最终用户提供高效快捷、灵活的支持和服务,从而使其在竞争中获得优势。

表 12-1 对上述四个级别供应链集成的目的和效益进行了比较。

表 12-1 四个级别供应链集成的目的和效益

| 集 成 级 别 | 目 的 | 效 益 |
| --- | --- | --- |
| 信息集成 | 信息共享和透明<br>供应链成员能直接实时地获取数据 | 快速反应<br>及时发现问题<br>减少牛鞭效应 |
| 同步计划 | 同步进行供应链的预测和计划 | 降低成本<br>提高服务水平 |
| 协同工作流 | 协同的生产计划、制造、采购、订单处理、<br>协同的产品工程设计和改造 | 更快速的市场反应和服务水平<br>高效准确、自动化的商业流程 |
| 全面的供应链集成 | 建立虚拟的企业组织<br>全新的商业模式 | 更快速高效地应对环境变化<br>更多的市场机会 |

## 12.1.2 供应链集成的实现

供应链的集成一般要经历四个阶段,包括职能集成、内部供应链集成、外部供应链集成、集成化供应链动态联盟,其步骤如图 12-1 所示。各个阶段的不同之处体现在组织结构、管理核心、计划与控制系统、应用的信息技术等方面。

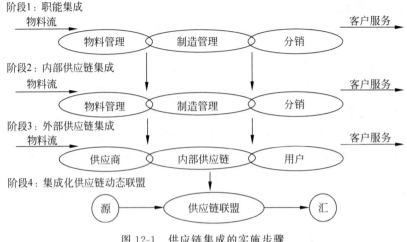

图 12-1 供应链集成的实施步骤

**1. 阶段 1：职能集成**

职能集成阶段集中应用于处理企业内部业务流程，围绕企业核心职能，对组织实行业务流程重构，实现职能部门的优化集成。通常可以建立交叉职能小组，使其参与计划和执行项目，以加强职能部门之间的合作。

职能集成强调满足客户的需求，以客户需求为驱动企业生产的主要动力，而成本则在其次，但这样往往导致此阶段的生产、运输、库存等成本的增加。此阶段的供应链管理主要有以下特征：

(1) 强调降低成本而不注重业务水平的提高；
(2) 以满足客户需求为主要驱动力；
(3) 各职能部门结构严谨，具有较完善的内部协定，如生产批量、销售折扣、库存投资水平等；
(4) 主要以订单完成情况作为评价指标。

但是，企业内部的各项技术之间、各项业务流程之间、技术与业务流程之间仍然缺乏有效的集成，库存和浪费等问题仍可能困扰企业。

**2. 阶段 2：内部供应链集成**

这一阶段的目的是实现企业内部供应链与外部供应链中供应商和客户关系管理部分的集成，形成内部集成化供应链。主要采用供应链计划（supply chain planning，SCP）和企业资源计划（ERP）来实现集成化的计划和控制。本阶段的核心是内部集成化供应链管理的效率问题，主要考虑在优化资源、能力的基础上，以最低的成本、最快的速度生产最好的产品，快速地满足用户的需求，以提高企业的响应能力和效率。

此阶段的供应链集成具有以下特征：

(1) 强调战术问题而非战略问题；
(2) 制订中期计划，实施集成化的计划和控制体系；
(3) 强调效率而非有效性，即保证要做的事情尽可能好、尽可能快地完成；
(4) 广泛应用信息技术；

(5) 与客户建立良好的关系，而不是"管理"客户。

#### 3. 阶段 3：外部供应链集成

实现供应链集成的关键在于第三阶段，将企业内部供应链与外部的供应商和客户集成起来，形成一个集成化的供应网链。而与重要供应商和客户建立供应链合作关系（supply chain partnership）是供应链集成的关键。通过建立良好的合作伙伴关系，企业可以很好地与客户、供应商、服务提供商等实现集成和合作，共同在预测、产品设计、生产、运输计划和竞争策略等方面实现对整个供应链的运作管理。

供应商管理库存（vendor management inventory，VMI）和联合预测与补货（collaborative planning forecasting and replenishment，CPFR）是企业建立供应链合作伙伴关系的典型实例。

#### 4. 集成化供应链动态联盟

在完成以上三个阶段的集成以后，已经构成了一个网链化的结构，称之为供应链共同体，它的战略核心及发展目标是占据市场的主导地位。为了达到这一目标，供应链共同体必将成为一个动态的网链结构，以适应市场变化、经济环境变化、技术革新等方面的需要，不能适应供应链需求的企业将从供应链联盟中被淘汰。供应链从而成为一个能快速重构的动态组织结构，即集成化供应链动态联盟。一旦客户的需求消失，这个集成化的供应链联盟也将随之解体。而当另一需求出现时，这样的一个组织结构又由新的企业动态地重新组成。

## 12.2 供应链合作伙伴选择

供应链合作伙伴关系一般是指：在供应链内部两个或两个以上独立的成员之间形成的一种协调关系，以保证实现某个特定的目标或效益。建立供应链合作伙伴关系的目的在于通过提高信息共享水平，降低供应链成本，提高整个供应链的运作绩效。以供应商和制造商为例，二者在集成化供应链环境下的合作关系主要体现在以下几个方面。

（1）供应商能够了解制造商的生产过程、生产能力，制造商所需的产品或原材料的期限、质量和数量等。

（2）制造商向供应商提供自己的生产计划，使供应商明确制造商的要求和目标。

（3）制造商能够了解供应商的供给能力与供货时间。

（4）制造商和供应商明确双方的责任，并各自向对方负责，使双方明确共同的利益所在，并为此团结一致，以达到双赢的目的。

供应链合作伙伴所在行业的竞争力以及合作伙伴相对于企业的增值能力是对合作伙伴进行划分的两个维度。其中，竞争力主要表现为合作伙伴在行业中的集中度、技术完善程度、管理能力的完善程度、价格谈判的能力等；增值能力既表现为合作伙伴的现有产品、储备产品和技术能力对下游现有产品的贡献度，也表现为合作伙伴竞争力能否对供应链其他企业未来的产品组合或者业务计划产生深远的影响。基于上述两个维度，可以把合作伙伴分为四种类型，如图 12-2 所示。

（1）普通合作伙伴。该类合作伙伴在行业中竞争力较弱，且对下游企业现在和未来产品或服务的贡献度较低。企业与此类合作伙伴交易的商品通常是低值标准化产品，且交易关系可通过价格进行选择。

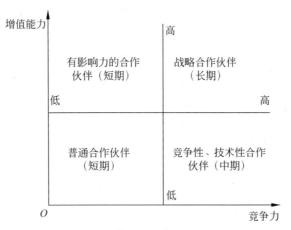

图 12-2 供应链合作伙伴类型

(2) 竞争性、技术性合作伙伴。该类合作伙伴在行业中的竞争力较强,但是对企业的增值性较弱。在合作开始时对企业产品或服务支持较大,但是缺乏后劲。企业同这种合作伙伴之间的合作属于技术性合作,由于其产品对企业现有业务有较大的贡献度,所以需要维持一个较长的交易关系。

(3) 有影响力的合作伙伴。该类合作伙伴虽然当前的竞争力较弱,但是它的增值能力较强,具有良好的发展潜质。它所提供的产品通常是定制化的、非标准型产品,不能仅根据价格因素来选择此类合作伙伴。

(4) 战略合作伙伴。该类合作伙伴不仅自身在行业中有较强的竞争力,而且对下游企业的增值能力也表现得非常强劲。因此,它提供的产品不仅具有高附加值,而且是定制化的产品。企业和供应商之间存在相互依赖,任何一方都不能控制对方,双方需要形成双赢的战略合作关系。

在实际中,企业应根据不同的目标选择不同类型的合作伙伴。如果是长期合作,要求合作伙伴保持较高的竞争力和增值能力,最好选择战略合作伙伴关系;如果是短期合作或者只是为了满足某一短期市场,只需选择普通合作伙伴,以保证成本最小化;对于中期合作,可以根据竞争力和增值能力对供应链增值程度的贡献的不同,选择不同类型的合作伙伴。

供应链合作伙伴的选择主要有三类方法:线性加权方法、数学规划方法和统计(概率)方法。具体来说,较常采用的方法有直观判断法、招标法、协商选择法、采购成本比较法、作业成本法(即 ABC 成本法)、层次分析法、人工神经网络法、数据包络分析法(DEA)等。

## 12.3 推式、拉式、推-拉结合式系统

传统的供应链集成策略通常分为推式供应链策略和拉式供应链策略,这源于 20 世纪 80 年代的制造业革命。许多企业采用两种策略混合的方法,即推-拉结合的供应链策略。

### 12.3.1 推式供应链

在推式供应链中,生产和分销决策基于长期的需求预测。通常来说,制造商根据零售商

或仓库收到的订单来预测需求,并据此来安排生产。因此,推式供应链需要更长的时间来应对市场的变化,这可能导致:

(1) 无法满足不断变化的需求模式;
(2) 当某些产品的需求消失时,会出现库存过剩。

此外,由于牛鞭效应的存在,供应链上游的需求可变性远远大于客户需求的可变性,不仅导致资源利用率低下,还会带来以下问题:

(1) 供应链中过多的库存;
(2) 制造商生产批次不稳定;
(3) 服务水平变动。

此外,需求的变动还会导致紧急的生产转换,因此,推式供应链通常会导致较高的运输成本、库存水平以及制造成本。

### 12.3.2　拉式供应链

在拉式供应链中,生产和分销都是由需求驱动的,是基于真实的客户需求,而不是基于对需求的预测进行决策。在拉式供应链中,企业不持有任何库存,只对订单做出响应。这是通过高效的信息系统,将客户需求信息传递给供应链各环节而实现的。直观上来看,拉式供应链非常有吸引力的原因是:

(1) 通过快速响应来自客户的订单可以缩短提前期;
(2) 供应链中的可变性减少,特别是上游制造商面临的可变性减少;
(3) 由于可变性的减少,制造商的库存也减少;
(4) 供应链中的总库存减少。

显然,在拉式供应链中,总库存水平显著降低,资源管理能力增强,与推式供应链相比,总成本降低。然而,在拉式供应链中,通常很难实现制造或运输的规模经济效应,达到降低产品平均单位成本的目的。推式和拉式供应链各自具有优点和缺点,这促使企业寻找一种新的供应链策略,以同时利用两者的优点,即"推-拉结合式"的供应链策略。

### 12.3.3　推-拉结合式供应链

在推-拉结合式的供应链中,供应链的某些阶段(一般是初始阶段)基于推式策略,而其余阶段则基于拉式策略。推式阶段和拉式阶段之间的接口称为推-拉边界。为了更好地理解此策略,考虑将供应链时间线定义为从原材料采购(即供应链的前端)到向客户订单交付(即供应链的末端)之间的时间。推-拉边界位于时间线上的某处,它表示在供应链中从使用一种策略(推式策略)进行管理转向使用另一种策略(拉式策略)进行管理,如图12-3所示。

考虑一个电脑制造商,该制造商持有库存,所有的生产和分配决策都基于对市场需求的预测,那么这就是一个典型的推式系统。推-拉结合式的供应链则是该电脑制造商按订单组织生产,即零部件的生产是基于需求预测的,并且持有零部件库存,但最终的电脑组装则是按真实的客户订单来生产。这样,供应链的推式阶段是在电脑组装之前的部分,而供应链的拉式阶段从电脑组装开始,并根据实际客户订单来组织生产。在这个例子中,推-拉边界位于电脑组装作业处。

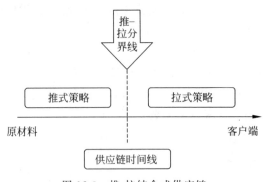

图 12-3 推-拉结合式供应链

在这种情况下，电脑制造商的预测精度会得到改善，这是因为对电脑零部件的需求是使用该零部件的所有电脑成品需求的总和。由于总体预测更加准确，零部件需求的不确定性比成品需求的不确定性小得多，这使得安全库存得到降低。戴尔公司非常有效地使用了这一策略，体现了推-拉结合式策略对供应链绩效的影响。

延迟策略，或产品设计中的延迟差异化，也是推-拉结合式策略的一个很好的例子。在延迟策略中，产品差异化的生产过程被尽可能地延迟。也就是说，产品的制造过程从生产通用化产品开始，当真实的客户需求产生时，再对通用产品进行差异化生产，将特定的最终产品交付给客户。在产品差异化生产之前的供应链部分通常使用基于推式策略进行管理，基于长期（或总体）预测来组织生产。由于通用产品的需求是所有相关最终产品需求的总和，因此，对于通用产品的需求预测更加准确，从而降低了供应链中总的库存水平。相比之下，客户对特定最终产品的需求通常具有高度不确定性，产品差异化生产仅在响应客户需求时才会发生。因此，从差异化生产环节开始的供应链部分基于拉式策略。14.2 节中将详细介绍延迟策略的概念和应用。

### 12.3.4 选择合适的供应链策略

对于一种特定的产品，应该选择什么样的供应链策略？应该采用推式供应链、拉式供应链，还是推-拉结合式的供应链策略呢？图 12-4 所示为供应链策略与产品的匹配框架。纵轴表示产品需求的不确定性，横轴表示规模经济在生产和分销中的重要性。

在其他条件都相同的情况下，当产品需求具有更高的不确定性时，更适合采用拉式策略；而当产品需求不确定性较低时，可以基于需求预测来组织供应链运作，即采用推式策略。

同样，规模经济在降低成本方面的重要性越高，整合需求的价值就越大，因此采用推式策略来管理供应链的重要性也就越高。如果规模经济效应并不显著，整合需求并不会降低成本，那么基于拉式的供应链策略更有意义。

图 12-4 按照需求不确定性和规模经济这两个维度，将不同的产业划分为四个区域，每个区域对应着不同的策略选择。区域 I 代表具有高度不确定性和规模经济效应不显著的行业，例如计算机行业，基于拉式的供应链策略比较适用于这些行业。戴尔公司正是这一策略的典型应用案例。区域 III 代表具有低需求不确定性和高规模经济效应的行业，食品、杂货行

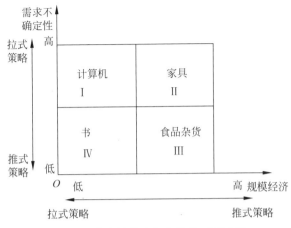

图 12-4 供应链策略与产品的匹配框架

业就属于这一类,这些产品的需求相对稳定,采用规模化生产或运输对控制供应链成本也非常重要。在这种情况下,拉式策略是不合适的,基于预测的推式策略更为合适,这样不仅不会增加库存持有成本,还可以通过利用规模经济效应来降低生产或配送成本。

对于区域Ⅰ和区域Ⅲ而言,确定供应链策略相对容易。在剩下的两个区域中,不确定性和规模经济这两个属性所决定的策略之间存在不匹配的情况。事实上,在这些区域中,不确定性将供应链"拉"向一个策略,而规模经济将供应链"推"向另一个方向。例如,区域Ⅳ代表了需求不确定性低的产品,这意味着推式策略更为合适;同时,这些产品的规模经济效应低,这意味着拉式策略更为合适。这种情况下,就需要依据具体的成本和不确定性分析来做出决策。

区域Ⅱ代表需求不确定性高,且规模经济效应很重要的产品和行业。家具行业就是一个很好的例子。家具零售商通常会提供大量不同种类的家具产品,其外形、颜色、材质等各不相同,因此,家具产品的需求不确定性非常高。而家具产品体积庞大,运输成本也很高。在这种情况下,有必要对生产和分销策略进行区分。一方面,生产需要遵循基于拉式的策略,因为无法基于长期预测做出生产计划;另一方面,分销需要利用规模经济效应来降低运输成本。这也正是许多家具零售商所采用的策略,是一种推-拉结合式策略,即根据已经发生的需求进行生产,而交付是根据固定的时间表来进行的。

## 12.4 案例分析:某零售公司的合作伙伴关系的建立

J公司为世界第二大的连锁零售集团,成立于1959年,目前在全球有9000多家门店,24万余名员工。而M公司成立于1983年,其产品种类包括奶粉乳制品、咖啡、即溶饮品、巧克力、糖果与宠物食品等。M公司的销售渠道主要包括零售商店、专业经销商以及非专业经销商(如餐饮行业)等。M公司的产品在J公司销售,但存在商品供货率低、订货提前期长等问题,同时影响了两家公司的运营。

J公司为提高商品的供货率,降低物流作业的成本,考虑寻找并构建供应链合作伙伴关系。J 公司将 M 公司作为可选择的合作伙伴,并对 M 公司的竞争优势进行了评估。M 公司的竞争优势如下。

(1) 能够准确把握并满足市场的需求。市场的变化主要体现在市场的划分越来越细,以及越来越个性化两个方面。M 公司将其总市场分成各子市场,每一模块市场由相应模块来负责,从而可以更准确地把握市场动态,满足市场需求。

(2) 反应灵活。在激烈的市场竞争中,有效地获取信息和利用信息是企业能否完成营销任务的重要条件。M 公司的模块组合营销使得各模块具有独立运作于市场的能力,根据其模块市场的变化,在不影响企业总体战略的前提下,有权进行适当的调整,采取恰当的战略。

通过评估,J 公司积极与 M 公司建立合作伙伴关系,并分阶段建立合作。第一个阶段包括确定双方投入资源、建立评估指标、分析并讨论系统的要求、确立系统运作方式等。第二个阶段不断修正,使系统与运作方式趋于稳定,并根据评估指标不断发现并解决问题,直至不需人工介入为止。

通过建立供应链合作伙伴关系,有效提高了 J 公司商品的供货率,缩短了订货提前期,降低了双方物流作业的成本,建立了良好的战略伙伴关系,有利于供应链效率的根本改进,促进双方合作关系的稳固。M 公司与 J 公司在供应链管理中体现了双方高度的合作意愿及行动,由此才能建立战略合作伙伴关系。

## 习题

12-1 结合实例说明供应链环境下战略合作伙伴关系建立的过程。

12-2 结合行业的竞争力以及企业的增值能力分析如何选择供应链合作伙伴类型,并阐述相关案例。

12-3 选择供应链合作伙伴的方法有哪些?

12-4 结合实例分别讨论推式供应链策略与拉式供应链策略的优势。

12-5 在供应链中,将推-拉分界线往前移动有什么好处?往后移动又有什么好处?

12-6 在产品的不同生命周期中,供应链策略(推、拉或推-拉结合式供应链策略)是否可能发生变化?如果不可能,请解释原因;如果可能,请列出产品的具体示例。

12-7 线上销售和线下销售有什么区别?它们分别适合什么供应链策略?

12-8 解释手机的需求是如何形成的。

12-9 信息在供应链集成中有什么作用?

## 参考文献

[1] 张相斌,林萍,张冲.供应链管理 [M].北京:人民邮电出版社,2015.
[2] 霍佳震,张艳霞,段永瑞.物流与供应链管理 [M].北京:高等教育出版社,2012.
[3] SIMCHILEVI D,KAMINSKY P,SIMCHILEVI E. Designing and Managing the Supply Chain[M]. New York:McGraw-Hill,2008.
[4] BOWERSOX D J,CLOSS D J. Logistical Management:The Integrated Supply Chain Process[M]. New York:Mcgraw-Hill,1996.

# 第5篇

## 供应链的跨职能驱动因素

# 第13章

# 外包与采购

视频13

"外包"(outsourcing)这一名词最早出现在1990年发表于《哈佛商业评论》的一篇文章中。美国学者Gary Hamel和Prahaoad C K 在《企业的核心竞争力》"the Core Competence of the Corporation"中提到,企业的核心竞争力体现在适当精简规模,以及合理利用外部资源方面。他们将"外包"解释为"寻求外部资源",目的是打造一个更小、更精简、更灵活的组织。

在日渐激烈的竞争下,一家企业难以依靠自己的资源完成所有运营活动,因此企业活动中的部分流程开始转移到外部专门组织中,从产品设计到装配,从研发到市场营销、分销和售后服务,多种外包形式开始出现。有些企业甚至成为"虚拟"制造商,拥有许多产品的设计,但自己几乎不生产任何产品。因而,在企业的外包活动中,除了原材料、零部件、产品包装等物料的采购外,还包括企业的业务职能,如加工制造、物流运输,甚至产品设计。因此,作为保证企业生产及经营活动的关键环节,采购是企业供应链管理过程中的重中之重。充分发挥供应商的作用,合理进行采购,不仅关系到生产产品和提供服务的质量和成本,也会影响到对市场信息的掌握程度以及对顾客需求做出响应的时间。

本章通过对外包与采购的学习,需要达到以下目标:①了解外包决策的动因及风险;②掌握采购的相关概念、程序与模式;③了解电子采购与传统采购的区别;④理解供应商选择方法,并且能够在不同情境下运用。

## 13.1 外包决策与分析

### 13.1.1 外包决策的动因

**1. 降低成本**

随着市场竞争日渐激烈,企业需要用更少的资源提供更优质的服务和产品。企业进行外包的主要目的是在减少资本投入的同时,利用外部资源来增强竞争力,以提高快速适应变化的环境的能力。通过外包策略,有效利用供应商的成本优势,如规模经济、技术经验和仓储位置等,企业可以实现较大幅度的成本削减。供应商虽然承担投资和开发成本,但是可以在其众多客户之间分担这些风险,从而降低单个客户的供应成本。此外,通过逐步将业务外包,客户可以将其固定成本转化为可变成本,从而降低风险。

**2. 提高产品质量**

供应商在生产或供应环节,如产品设计、零部件制造、仓储和物流等的表现,往往比企业自身更专业和优秀。通过外包，企业可以通过以下三种方式提升自身的产品质量：使公司能够获得内部无法获得的专业知识；提供一种互补的资源或能力；在与内部环节结合时产生协同效应。

### 3. 提高灵活性

过去，企业试图在内部控制大部分业务流程，目的在于降低客户市场中短期服务中断或需求失衡的可能性。然而，这种策略既不灵活，又充满了内在的风险。由于成本压力、技术的快速变化，以及消费需求越来越多元化等，单个组织很难控制和超越所有创造竞争优势的过程。外包可以为企业提供更大的灵活性，特别是在快速发展的新技术或快消品的供应等方面，专业供应商可以依靠其自身优势提供更大的响应能力。

### 4. 提升核心竞争力

外包可以帮助一个组织充分利用服务商提供的专业技能等外部资源，而自身可以更加专注有核心竞争优势的业务领域。外包催生了专注于营销、研发和采购的跨国品牌商，以及专注于制造和物流的跨国"服务公司"，市场中的"各司其职"正是企业各自核心竞争力的体现。企业在保证核心竞争力的同时，将自身薄弱环节进行外包，减少了固定成本负担，并对其投资回报（ROI）措施和相关业绩指标产生了显著影响。

## 13.1.2 外包决策的风险

与外包决策所带来的收益同时存在的是外包决策所带来的风险，包括以下几方面。

### 1. 创新能力缺失的风险

外包可能会导致关键技能和未来创新潜力的缺失。从长远来看，一个组织需要在一些关键过程中保持创新能力，以便在其各自的客户市场中开发新的机会。如果一个组织将一些关键流程外包出去，它的创新能力可能会严重削弱。创新需要闲置的资源、完整的组织过程和灵活的生产制造能力，这些都是外包供应商无法提供的。当外包公司和服务提供商的目标冲突时，这些风险会变得更加明显。例如，一个组织与服务供应商签订短期合同，以便获得最低价格，并使该供应商处于弱势地位，这样就会严重削弱该服务供应商将任何与创新相关的利益传递给这个组织的积极性。

### 2. 供应市场的风险

过分依赖某一特定的业务供应商可能会导致成本、质量，或是业务供应商失信等方面的重大风险。例如，供应商可能达不到质检机构所要求的质量标准。选择外包的企业需要监测供应市场的变化，如果企业不能很好地监测供应市场的变化，并且缺乏必要的供应商管理方法和经验，会在市场监督、成本控制等方面遇到困难。许多企业没有认识到，管理外部服务供应商所需要的技能与管理内部部门所需要的技能是不同的。

### 3. 内部社会关系的风险

外包对一个组织的内部也会产生重要的社会影响，而这样的社会影响往往在组织进行外包决策时被忽视。例如，如果员工认为外包是对他们业绩的贬低，往往会导致员工消极怠工。实际上，并不只有管理层，所有级别和职位的员工的观点和反应对外包决策的成功实施都会产生影响。外包的成功与否很大程度上依赖于员工在外包组织的态度和表现，如果想要员工在外包过程中高效地完成工作,企业至少需要保证员工在外包组织中的职位和待遇水平,鼓励员工积极工作。

例如,20世纪90年代中期,菲亚特公司开始外包产品的设计开发,比如仪表盘、座椅和安全系统等。随着设计的外包,很多原来在菲亚特做设计工作的工程师也转到供应商处做类似的工作,菲亚特自己的设计能力随之削弱。随着外包对象从组件、模块、子系统到系统逐层上升,更多的系统集成、测试工作也不可避免地转移给了外包供应商。到了2005年,菲亚特高层才认识到,深度外包产品开发严重影响了菲亚特的技术内核,导致公司在关键领域丧失技术优势。

### 13.1.3 如何做出合理的外包决策

**1. 外包决策的框架**

企业在生产过程中,主要受到两种因素的制约,一种是生产能力,包括设备、员工数量等;另外一种是生产知识,包括知识产权和技术专利等。生产出来的产品主要可以分为两类,一类是模块化产品,另一类是整体化产品。基于此,表13-1给出了一个外包决策的框架,该框架考虑了模块化和整体化产品,以及产品对企业自身产能和生产知识的依赖程度。对于模块化产品来说,生产知识很重要,而拥有内部生产能力则不那么重要。例如,对于一个电脑制造商来说,生产制造的知识可能需要涵盖各种组件的设计。因此,如果企业没有相关知识储备,将电脑组件的生产制造进行外包可以降低成本。但是,如果企业既没有知识也没有产能,那么外包可能会有一定的风险,因为供应商也可以为企业的竞争对手提供服务。对于整体化产品来说,产品的生产知识是其核心竞争力的主要来源,只有不依赖企业生产知识的产品才可以进行外包。

表13-1 外包决策的框架

| 产品类型 | 依赖产能和知识 | 依赖产能但不依赖知识 |
| --- | --- | --- |
| 模块化产品 | 外包有风险,不建议外包 | 外包是一个机会 |
| 整体化产品 | 外包有非常大的风险,不建议外包 | 外包与不外包均可 |

在外包时还应该考虑企业的核心竞争力,可以建立一个三维外包决策矩阵模型,如图13-1所示,帮助决策某业务是自制还是外包。为进一步帮助进行外包决策,按决策业务与核心竞争力关联程度的大小将三维矩阵截剖,得到不同的自制或是外包的决策方案,如图13-2所示。

图13-2按照技术水平和资产专用性这两个维度,将企业的外包决策分为四个区域,每个区域对应着不同的策略选择。以图13-2(a)为例,图中所示的业务与企业核心竞争力相关度较低,不属于核心业务。区域Ⅰ中的业务资产专用性低,说明有很多供应商可以完成该业务;技术成熟度与集

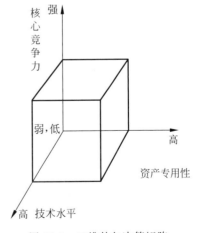

图13-1 三维外包决策矩阵

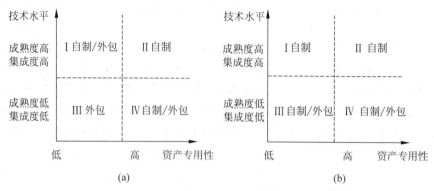

图 13-2 按与核心竞争力关联度截剖三维外包决策矩阵
(a) 与核心竞争力关联度低；(b) 与核心竞争力关联度高

成度高,说明企业自身有足够的能力完成该业务,所以可以视具体情况采取自制和外包两种不同的决策。区域Ⅱ的业务技术成熟度和设备集成度均较高,说明企业在此项业务上有较成熟的经验和领先的能力,同时其资产专用性较高,资产交易成本也就偏高,外包的成本巨大,更适合自制。例如联想的零部件装配线自动化程度很高,依靠自身的管理优势和高生产效率可以显著降低成本,也就更适合自制。区域Ⅲ的业务技术和资产专用性均不高,说明外部可选供应商较多,可以进行外包。例如苹果公司将装配工作外包给富士康等公司。位于区域Ⅳ的业务,由于资产专用性高,外包的交易成本可能偏高,可以根据实际需求选择自制或者外包。

**2. 外包决策的实施**

基于上述框架,企业可以对外包决策进行初步判断,保证外包决策是有利的,还需要做到以下几点。

1) 进行外包绩效评估

明确认识外包的目标和风险是进行外包绩效测量的必要条件。无论一个组织决定通过内部改善还是外包来提高绩效,绩效评估都是成功的重要因素。在外包战略中,绩效指标的设定不应仅停留在财务层面,分析业务流程级别的绩效也是很重要的。传统的业务功能视角应扩展为跨功能的过程管理视角,以适应供应链发展中的过程导向原则。例如关注准时制(JIT)、全面质量管理(TQM)、业务流程再造(BPR)和企业资源规划(ERP)等。由于外包的一个目标是改进业务流程,所以对外包性能的量度也应该集中在业务流程级别。

2) 重视资源基础

资源基础观是提高外包决策有效性的重要依据。资源基础观可以帮助分析组织能力,并可以将外包与组织绩效联系起来,进而形成竞争优势。在外包环境中,可以将基于资源的观点与分析一个组织相对于竞争对手和供应商的能力联系起来。具体来说,具有创造竞争优势潜力的稀缺资源必须满足一系列标准,包括价值、稀缺性、模仿性和组织性。如果资源和能力能让一个组织既利用机会又应对威胁,那么这些资源是可以帮助组织取得成功的关键因素。资源的稀有标准与拥有有价值资源的竞争者数量有关。显然,如果有许多竞争者拥有相同的资源,那么它就不太可能成为竞争优势的来源,对这类资源进行外包将是更为合适的选择。而与潜在的竞争对手相比具有独特价值的资源可能成为竞争优势的来源,应该在组织内部执行和开发。例如,苹果公司的创新能力处于行业领先地位,但制造效率却很低,只有富士康的80%,且同样条件下生产的不良品的占比是富士康的一倍多。苹果公司看中了富士康强大的制造装配基础以及较低的人工成本,选择关闭自己的工厂,将整机组装任务全部外包给富士康,从而实现产能的跨越式提升。

3) 合理规划外包战略

外包对组织具有战略意义,因此应该是商业战略的核心,将外包置于战略背景下,将确保其与企业的整体使命和战略目标相联系。外包可以在多个方面实现绩效改进,包括成本、质量、服务和产品上市时间等。许多组织没有建立明确的战略目标,没有明确发展方向,也就失去了评估外包是否成功的标准。商业战略的一个关键要素包括决定一个组织应该如何发展和积累技能与能力,以创造和维持当前及未来的竞争优势。然而,外包的一个明显风险是,一个组织可能会外包一些对未来的成功至关重要的技能和能力,有时被称为"空心化"。事实上,这种趋势是极其危险的,因为它不仅威胁到一个组织未来的能力,而且随着时间的推移,还可能导致一个行业的竞争力下降。因此,在区分哪些活动应该外包时,应该重点关注市场发展,以确保考虑到该企业未来的核心竞争能力。例如,海尔集团在与东软公司合作进行信息技术外包时,签订了详细的战略服务合同,规定了东软需要尽到的义务、承担的责任、服务达到的标准等。为了达成长远的深度合作,海尔与东软共同规划,并在青岛设立了服务中心,共同培养一支软件支持队伍,包括资深工程师、拥有数据库认证的OCP工程师,负责全国技术问题的在线支持。

## 13.2 采购与采购流程

### 13.2.1 采购相关概念

采购是企业在一定条件下从供应商处获取原材料、零件、产品、服务或其他资源,以保证企业生产及经营活动正常开展的一项活动。从本质上看,采购就是需求方企业与供应商之间通过合作与交易实现资源转移的过程,也就是通过商品交易与等价交换,将资源从供应商处转移到需求企业处所实现的商品所有权转移过程。采购的基本功能是帮助企业从市场中获取他们所需要的各种资源。

企业的采购行为一般分为日常采购和战略采购两种。日常采购是根据供应协议和生产需求,综合考虑库存情况后,以采购订单形式向供应方发出需求信息,并安排和跟踪整个物料采购过程,确保物料按时到达,以支持企业的正常生产和服务。战略采购是根据企业制定的长期战略,设定物料长期采购目标以及达成目标所需的采购方针与采购计划,依据采购目标在市场寻找合适的供应商,以满足企业在长期生产过程中的成本、质量、时间、技术等要求。

企业采购的目标主要有以下几点。

(1) 确保资源充足。就是要保证原材料、零部件和配件等的持续供应,以满足日常生产的需要。

(2) 保证产品质量。通过严格筛选供应商,企业可以控制生产制造过程中所使用的原材料和零部件的质量,进而保证产品和服务的质量。

（3）降低库存。在保证原材料等资源可以满足企业生产的前提下，尽可能通过合理的采购行为来确保合理的企业库存，以解决库存维持成本与潜在生产中断所造成的损失之间的矛盾。

（4）总成本最小化。企业在采购过程中，往往可以在市场上通过比价竞标等方式，尽可能以较低的价格获取需要的各种资源，同时也可以降低物料运输成本，从而实现企业生产总成本的最小化。

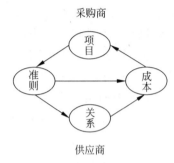

图 13-3　采购活动的关键要素及其关系

采购活动的关键要素主要包括采购项目、采购准则、采购成本等。图 13-3 展示了采购活动的关键要素及其关系。没有采购项目就没有采购活动，一旦界定不清采购项目，采购很难达到预期的目标。采购准则是指导采购活动的准则，是寻找合适的供应源、选择最佳供应商并与之建立合作关系，以及判断采购活动是否达到预期目标的标准。在采购商与供应商建立关系的过程中，双方关系是由采购商的供应链战略及采购项目的重要性决定的。采购成本则是衡量采购活动绩效的重要指标，应包括交易前、交易中和交易后所有成本。

## 13.2.2　采购流程

在企业的一般采购过程中，采购流程是一个闭环反馈过程。图 13-4 展示了企业一般采购的具体流程。

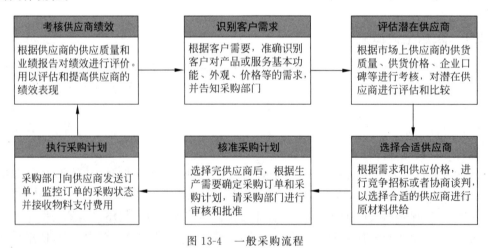

图 13-4　一般采购流程

首先，在采购开始前，企业需要根据供应商质量业绩报告对供应商绩效进行评估，从而筛选出一批合适的供应源。完成供应源的备选方案后，需要重点考虑客户的需求。在这一过程中，向客户确认对物料或者服务的需求并告知采购部门，采购部门确认并将其转换为订单。随后，根据客户的具体需求进行供应商的具体选择，若无现成供应商可供选择，可向潜在供应商进行询价，比较报价并评估供应商绩效。在选择供应商时，如果以价格为主要考虑因素，则适宜采用竞争性招标的方式，如果除了价格还有其他考虑因素，则可以采用协商谈判的方式来选择供应商。一旦供应商被选出后或者标准产品的请购单已经收到时,采购部门就将批准该产品或服务的采购。采购部门向供应商核发订单,监控订单的执行状态并接收物料,在这一阶段中,提高效率是采购部门的主要目标。同时,采购部门需要继续考核供应商的绩效,为新一轮采购做好充分准备。

## 13.3 采购模式与战略

### 13.3.1 采购模式

Kraljic 矩阵是采购管理中一种重要的分析工具,该方法从采购收益影响和供应风险两个维度将采购物资分为一般物资、杠杆物资、瓶颈物资和战略物资四个类别,如图 13-5 所示。其中,收益影响用于衡量采购项目在产品增值、原材料总成本以及产品收益等方面的战略影响。供应风险用于衡量供应市场的复杂性、技术创新及原材料更替的步伐、市场进入的门槛、物流成本及复杂性以及供给垄断或短缺等市场条件。

四种类别的采购项目分别具有如下特点。

(1) 杠杆项目。这类项目一般是可选供应商较多,能够为采购方带来较高利润的采购项目。一般情况下,有更多的供应商选择,企业的议价空间较高,意味着可以使用较低的成本来采购原材料。同时,杠杆项目类产品一般具有标准化的质量标准,备选供应商充足,企业在供应链中的风险也就相对较低。常见物料有基本的原材料、制成品、紧固件和涂料等。

(2) 战略项目。这类项目对产品和服务的提供具有重要的战略意义,决定着产品和服务的核心功能和价值水平。由于市场上的供给

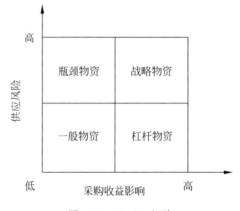

图 13-5 Kraljic 矩阵

稀缺或者物流因素,只能靠个别供应商供应,这类物资往往价值较高、风险较大,所以战略项目一般在采购支出中占据很大比重,是企业采购管理中的重点。常见物料有汽车发动机、芯片等。

(3) 一般项目。这类项目不影响产品生产和服务提供的核心流程,一般也具有标准化的产品质量标准,供给充足且采购容易,但利润也相对较低。这类物资缺货时对企业生产的影响很小。常见物料有办公用品、照明设备、电缆电线、设备维修工具等。

(4) 瓶颈项目。这类项目只能由某一家或者少数特定供应商提供,运输不便,虽然利润不高,但是一旦缺货会对企业产生巨大影响。采购管理人员应该尽可能减少或消除此类项目和物资,或者调整产品设计使得瓶颈项目标准化,便于采购和生产。例如:食品厂的某种添加剂、汽车的某种专用零配件等。

对于不同类型的采购项目应该相应地采取不同的采购战略和采购模式。

**1. 准时采购模式**

准时采购模式是一种以市场上的客户需求为导向,供应商在规定的时间、地点将合适的产品交付给客户的采购模式。表 13-2 从不同维度比较了准时采购和传统采购的特点。相

比于传统采购,准时采购模式的基本思想是消除企业在采购过程中所有形式的浪费,从而达到零库存以及改善物料流动的目的。采用准时采购模式的企业一般会减少供应商的数量,从而保证与供应商之间建立长期良好的合作关系。通过信息共享来保障信息的准确性和及时性,通过多品种小批量的采购方式,企业可以显著降低库存成本和缩短提前期,从而提高产品质量,达到更高的生产效率。

表 13-2 准时采购与传统采购特点比较

| 比较项目 | 准时采购 | 传统采购 |
| --- | --- | --- |
| 采购批量 | 小批量,送货频率高 | 大批量,送货频率低 |
| 交货准时性 | 按时间点准时交货 | 按时段交货 |
| 供应商选择 | 长期合作,单源供应 | 短期合作,多源供应 |
| 供应商衡量 | 质量、交货期、价格 | 质量、价格、交货期 |
| 检查工作 | 逐渐减少,最后消除 | 收货、点货、质量验收 |
| 协商内容 | 长期合作关系,质量和合理价格 | 获得最低价格 |
| 运输 | 准时送货,买方负责 | 卖方负责安排 |
| 包装 | 标准化,可用重复容器包装 | 普通包装 |
| 信息交流 | 快速、可靠 | 一般要求 |

**2. 整合采购模式**

整合采购模式是指对企业内部各相关部门以及企业与供应商之间的资源进行整合,以充分发挥采购部门专业性的一种模式。它可以被认为是供应链整合的基本元素。企业通过产品设计过程或多或少地实现客户集成、供应商集成和信息集成,以及早期供应商参与等采购实践。整合采购模式旨在使战略性采购实践与公司的竞争优先级保持一致。这种采购模式有以下几个关键内容:在战略规划中指定整合采购计划;在评估公司战略发展方向时,考虑采购和供应链的相关问题;通过整合采购获取部分战略信息等。

图 13-6 展示了整合采购模式中企业各部门与采购部门的双向沟通机制,通过及时的信息共享与策略交流保证采购流程的顺畅。此外,整合采购模式通过企业与供应商形成更加密切的合作关系,可以促进企业和供应商之间的信息和资源共享,保证双方的长期稳定合作,进而提高供应链的运营效率。

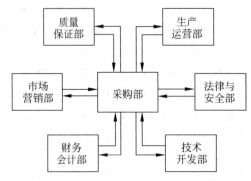

图 13-6 整合采购模式下的双向沟通机制

**3. 多源组合采购模式**

多源组合采购模式是指企业对于所需求的资源选择两种不同类型供应源加以组合,以提高采购效率和产品质量的采购模式。通常情况下,一个供应源作为低成本供应源。但这种供应源往往无法提供多品种、多类型资源,应对需求不确定性的能力较差。另一个供应源作为响应型供应源,用于低成本供应源缺货时的备用供应源,以便灵活应对产品需求的不确定性,但通常此类供应源的供货成本较高。

一般情况下,企业在选择低成本供应源时可以跨区域甚至在全球范围内进行选择,同时更倾向于选择成本较低地区的供应商。而在选择响应型供应源时,企业一般偏好本地供应商,以便在市场需求发生波动时,可以更及时、准确地调整采购和生产计划,响应客户需要,以提高企业在供应链中的竞争力。表 13-3 对选择本地和海外供应源的影响因素进行了比较。当企业基于产量做出选择时,海外低成本供应源可用于补充需求稳定的周转库存,而将本地柔性资源作为后备资源;当企业基于产品做出选择时,需求量小且需求不稳定的产品从响应型供应源处获得,需求量大且需求稳定的产品从低成本型供应源处获得。

表 13-3　本地供应源和海外供应源选择的影响因素

| 影 响 因 素 | 本地供应源 | 海外供应源 |
| --- | --- | --- |
| 产品创新速度 | 快 | 慢 |
| 需求不确定性 | 高 | 低 |
| 产品劳动含量 | 低 | 高 |
| 产品需求数量 | 多 | 少 |
| 产品价值质量比 | 大 | 小 |
| 供应链中断影响 | 大 | 小 |
| 库存持有成本 | 高 | 低 |
| 所需服务支持 | 多 | 少 |

**4. 第三方采购模式(外包)**

第三方采购模式是指除了买方企业以及供应商之外,还有第三方参与的采购模式,也称为采购外包。在这种采购模式中,企业往往为了节省资源和时间成本,选择将采购业务外包给第三方。通过这种方式,企业可以充分利用第三方采购企业的市场资源、顾客信息、采购资源以及专业团队等来优化采购流程,提高采购效率。从供应链的角度来看,企业采用采购外包的方式有利于整合上、下游的采购资源,形成供应链规模效益,以实现采购成本的降低,同时也更容易保证准时交货。显然,通过多家采购商的批量采购,企业可以在某种程度上实现买方优势,有利于和供应商之间的价格谈判,保证了供应链的良性循环和发展。表 13-4 对第三方采购模式的几种主要形式进行了简单比较,主要包括招标代理、网站代理、采购联盟和第三方物流等。不同代理方式各有利弊,企业在选择第三方采购模式时,需要结合自身的采购战略和客户需求进行灵活选择。

表 13-4　第三方采购模式的主要形式

| 代理形式 | 特　　点 | 优　　势 | 风　　险 |
| --- | --- | --- | --- |
| 招标代理 | 将采购业务委托给招标代理机构 | 招标经验丰富,拥有强大的信息来源和专家支持,对供应商有约束效应,竞争机制公平 | 缺乏诚信,短期合作,信息公开不够 |

续表

| 代理形式 | 特 点 | 优 势 | 风 险 |
| --- | --- | --- | --- |
| 代理网站 | 由B2B采购代理网站代理采购 | 市场透明度高,拥有海量信息,询价、比价范围广,采购效率高,保证供应商的综合实力 | 不理智竞标多,供应商有投机行为,容易与供应商关系恶化 |
| 采购联盟 | 需要购买同一产品的企业联合起来形成数量规模 | 降低采购价格,增加谈判能力,减少管理费用,实现资源共享 | 容易泄露核心机密,也容易受到有实力的供应商的抵制 |
| 第三方物流 | 将采购业务委托给第三方物流企业 | 减少固定资产投资,有效利用资源,增加经营灵活性,对采购流程进行科学管理 | 采购能力不足 |
| 采购公司 | 将企业的采购组织独立,成立专业采购公司 | 基于行业优势,采购特色突出,行业供应商资源丰富,人力资源丰富,采购高效 | 容易泄露核心机密,受到行业类型限制 |
| 贸易公司 | 由贸易公司代理采购 | 有国际采购网络,拥有进出口经营权,了解贸易条例,可以提供增值服务,减少采购成本 | 大多数贸易公司服务领域比较狭窄 |

### 13.3.2 采购战略

**1. 单源与多源采购**

单源采购是指企业只选择一家供应商为其提供原材料、产品或者服务的采购战略。单源采购的好处是企业更容易和供应商在长期合作中建立信任关系,乃至组成战略联盟,有利于制造技术和市场需求等资源的共享,从而形成采购规模效应,降低采购成本。这种战略往往适用于关键零部件的采购,企业在对供应商进行考核之后,一旦选择,就不会轻易更换。单源采购战略的主要特点有:采购企业一般采用及时采购模式,采购量少等。相比于采购商,供应商在供应链中占据更有优势的地位。

多源采购是指企业选择两个或者多个供应商为其提供原材料、产品或者服务的采购战略。多源采购的优势在于企业对某个供应商的依赖程度低,采购方占据一定主导地位,在采购过程中更具有议价权。这种战略往往适用于企业需求超过单一供应商产能的情况,能够促进供应商之间形成良好的竞争氛围,采购方可以因此获取更多的产品、技术和市场信息。

**2. 本地化与全球化采购**

本地化采购是指企业在本地选择合适的供应商进行采购的战略。这种采购战略的优势是供应商和采购方的距离较近,原材料、产品的运输成本较低,交货时间大幅度缩减,同时在一定程度上避免了地区差异,如汇率波动等导致的采购成本上涨。虽然本地化采购战略充分利用了本地的供应链资源,但企业往往很难挑选最优秀的供应商,也容易受到同质化产品和物料的负面影响,不利于自身技术的突破和产品质量的提高。

全球化采购是指企业在全球范围内进行零部件、产品和服务采购的战略。全球采购的好处在于企业可以在更大的范围内进行供应商的比较和挑选,在价格和产品质量上有更大的权衡空间,也可以利用汇率的波动获取低价资源。但是这种战略也存在一些弊端,比如与供应商沟通不足,运输距离较远,采购提前期较长,企业在面临市场的剧烈波动时很难在短时间内做出灵活反应等。要解决以上问题,往往需要准备更多的库存,也就导致库存成本的大幅度上升。

**3. 分散与集中采购**

分散采购是指企业各附属单位依据实际生产需求分别进行采购。这种采购战略的使用频率往往因企业类型和性质的不同存在较大差异,通常在临时采购需求、小批量采购需求等场景下采用。分散采购的优势在于更容易满足企业组织生产过程中短时的个性化需求,有利于企业采购决策的分散化,方便采购活动以及供应商的及时响应。当然,在分散采购的过程中往往需要投入更多的采购人员,导致存在交叉采购、采购难以控制、小批量采购价格较高等弊端。

集中采购是指企业统一建立采购部门,对企业生产进行统一的物料和产品采购,以便管理和节约采购成本的一种战略。这种采购战略的好处在于可以有效避免重复采购,减少采购部门之间的内部竞争,采购活动专业化,采购运输成本较低,库存得以统一管理等。但这种方式时效性一般较差,对于小批量采购或者紧急采购等采购需求,其冗长的采购流程常常导致企业无法进行正常生产。同时,因为采购与需求单位分离,采购决策过程中对于内部需求的了解程度会大幅度降低。

**4. 提前与即时采购**

提前采购是指企业根据长期积累的生产经验,在市场需求发生前就对物料进行采购,将其储备起来以备不时之需的采购战略。当企业敏锐地预测到未来一段时间内产品需求会大幅度提高,或是产品价格大幅度上涨时常常采用提前采购战略,以便使企业在供应链中获得竞争优先权。提前采购最主要的优势在于企业在面临市场剧烈波动时,可以进行更灵活的生产,增加了企业的供应柔性。当然提前采购容易导致库存成本的增长,一旦对市场预测出现偏差,则会导致严重后果。

即时采购是指企业对生产过程中的物料需求立刻做出反应,进行采购活动的采购策略。这种策略的好处在于可以消除企业生产过程中的浪费,实现零库存,主要应用于反复采购的场景。在这种战略下,企业一般需要与供应商建立长期稳定的合作关系。

## 13.4 电子采购

电子采购主要指使用电子手段,如软件应用程序、互联网、云解决方案等,通过自动化、集成化的方式进行商品和服务的采购模式。在商品或服务的电子采购过程中,互联网+、人工智能、大数据等新信息技术的广泛应用,实现了智能询价比价、智能采购、智能评标、智能监督、智能存档等,极大地克服了传统采购模式的弊端,为企业发展提供了有力的保障。

### 13.4.1 电子采购的优势

电子采购从本质上改变了企业采购活动的主要模式,它不仅将采购过程自动化,而且让间接的商品采购更直观、清晰地展现在网络平台上,极大地降低了采购成本,也减少了企业因信息不对称引起的资源浪费。电子采购的优势主要体现在以下几个方面。

**1. 提高采购效率**

传统的企业采购需要采购人员在众多的供应商中进行产品质量和产品价格的比对,由于信息来源的多样性和不确定性,采购往往费时费力,有时也需要进行实地考察帮助决策,从而导致传统采购的效率低下。

电子采购的最大优势就是提高了采购的效率。它将传统的采购活动电子化、数字化,采购方通过互联网等手段直观地对供应商和产品进行挑选,通过电子平台进行竞价采购,根据自身的个性化需求决定采购提前期和结算方式。一方面,电子采购的方式使得供应商信息更加公开透明,使得采购打破了时间和空间的限制,在信息的实时交互中保证了资源的共享和协同合作,极大提高了采购效率;另一方面,电子采购的无纸化办公方式也大幅度降低了人工成本,使得采购流程更顺畅,时间更节约。

**2. 降低采购成本**

企业在进行传统采购工作时,往往很难比较所有供应商的供货价格和供货质量,影响企业在供应链中的市场竞争力。

电子采购过程中,网络采购平台中价格和质量信息公开透明,供求双方信息对称,这种合理的市场定价机制的形成有助于打破传统采购过程中的价格垄断。在采购中,需求方企业还可以面向众多供应商提出个性化的产品需求,进行招投标、公开询比价等,进而更方便、快捷地筛选出优质供应商,降低采购成本。此外,电子采购还可以促进供应商之间的良性竞争,有利于供应链的供需资源平衡,有效发挥市场对资源的配置作用。

**3. 优化采购流程**

企业的采购战略和采购活动通过电子采购平台进行信息传递和资源共享,方便采购部门内部以及和其他部门的协同工作。借助电子平台,管理者更容易对企业的采购业务进行实时的观察和把控,通过流程的审核和权限的管理分配加强了采购流程的一体化,更利于防范采购活动中的不确定性。

**4. 减少产品库存**

传统采购中,为了应对市场需求的不确定性,往往会通过积压原材料和产品的库存来增加生产柔性,导致仓储成本的增加,不利于企业在供应链中的长久竞争。

电子采购的出现,使得企业可以灵活地根据自身需求制订采购计划,实现随买随用、随用随到的便捷供货方式。在降低企业产品库存的同时,也提高了资金的流转效率,通过减少盲目采购和提前采购,减少产品库存,提高企业在市场中的风险承受能力。

**5. 加强采购监管**

电子采购通过在网上公开采购过程,并公开最终确定的供应商和采购价格实现采购方案公开。此外,企业内控管理与电子采购的结合使得整个采购业务流程规范透明。通过在线发布采购需求、供应商报价、竞价等数字化采购方式,便于实现采购全过程的在线协同监督,以及采购责任的全流程追溯。

### 13.4.2 电子采购模式

电子采购的模式主要包括网上招标、在线逆向拍卖和网上谈判三种。

网上招标采购模式有相应的法律法规对整个采购过程进行规范,适用于采购金额较大的服务和标准设备的采购。图 13-7 展示了企业的网上招标过程,一般包括招标信息的公布、招标、评标、签订合同、物流控制、结算等主要环节。图中的虚线框内也对招标各过程中供应商和采购商的主要活动进行了说明。

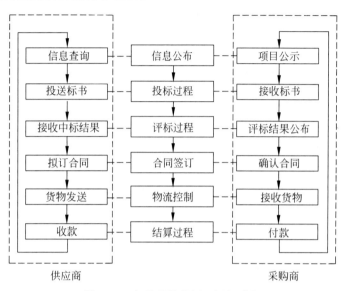

图 13-7　电子采购的网上招标过程

在线逆向拍卖是指发生在采购方以及通过资格审查的供应方之间的在线实时动态拍卖过程。在线逆向拍卖由采购方主导发起,按照实际要求,由三方平台组织供应商进行价格竞争,有利于形成采购方市场,扩展了企业的供应商选择范围,促进了供应商之间的良性竞争。同时,网上谈判兼具快速、联系广泛、内容全面丰富、可以备查等特点,使企业和客户都能掌握最新的信息,有利于增加贸易机会,开拓新市场。图 13-8 展示了采购方视角下的在线逆向拍卖流程。

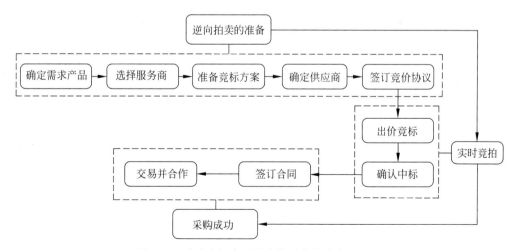

图 13-8　采购方视角下的在线逆向拍卖实施流程

网上谈判是指利用互联网的信息和技术，实现在线实时的协商、对话的一种特殊谈判方式。随着电子商务的出现和迅猛发展，网上谈判的方式逐渐成为电子采购不可或缺的模式之一。网上谈判时，双方的信息可以迅速进行传递，谈判双方既省去了四处奔走的差旅和招待成本，也更加便于存储双方交流的关键内容。当然，由于谈判人员无须见面，双方可以不考虑谈判人员的身份，而把主要精力集中在己方条件的商定上，避免了因谈判者身份不对等而导致的谈判效率低下。

## 13.5 供应商选择、评估及考核

### 13.5.1 供应商的选择和评估

**1. 供应商的选择原则**

采购人员的基本职责是选择适合企业自身发展需求的供应商，而供应商的选择是进行供应链管理的前提。企业在选择供应商时应该遵循以下基本原则。

1) 选择有核心竞争力的供应商

市场上竞争力强的供应商与企业之间是相互促进的，可以帮助企业提升营运效率，减少技术支出费用，从而实现运营效益与利润的最大化。

2) 选择具有互补性和兼容性的供应商

如果供应商与企业的关键技术或者产品定位是高度互补和兼容的，那么企业在资源、人力、资金等方面的不足之处可以由供应商进行一定程度的弥补。这样可以为企业节省大量的研发资源，使企业能够在产品推出上做到时间更快、质量更好，有利于提高企业的竞争力。

3) 选择具有相同理念的供应商

例如，供应商与自身企业都是以质量至上，或者以消费者导向，这样二者在合作过程中可以少一些分歧，更容易达成一致目标。

**2. 供应商的选择流程**

规范的供应商选择流程可以让执行人员有据可依，统一的标准可以让企业更能够选择到能力合适的供应商。在进行供应商选择过程中，应遵循的基本流程主要如下。

1) 设立供应商选择小组

供应商选择小组的成员应来自不同的部门，保证小组成员的多元化，涵盖采购、生产、技术、开发、财务等部门的员工。不同部门的小组成员能对供应商选择提供不同的参考意见，避免陷入对供应商的知识盲点。

2) 分析市场竞争环境

市场竞争环境影响了对供应商的选择标准。当市场竞争激烈的时候，为了在短时间内选择合适的供应商，以便更快地对市场需求做出反应，需要制定相对宽松的供应商选择标准；当市场竞争小的时候，则可以制定相对严苛的选择标准，这样可以选择到更有实力的供应商。

3) 确立供应商选择目标

基于需求对供应商的情况做出分析，从不同维度来分析不同供应商各自的优劣势，并判断是否符合企业的需求。

4）建立供应商评价标准

建立层次化的供应商综合评价指标体系,以及供应商评级标准,可以基于企业的产品要求在质量、成本、服务和交付方面建立评价标准。

5）确保供应商协同参与

与供应商建立协同合作关系,不仅能够切实提升企业自身的业绩水平,还能让供应商尽早融入整个产品设计的过程中。

6）供应商评价

按企业设定的标准对供应商进行整体评价,考察供应商在质量、成本、服务、交付方面的能力,给出综合评分。如果没有适合的供应商可以选择,将重返到市场竞争环境的分析阶段开始新的评价选择。

7）与供应商合作的有效执行

在与供应商的合作过程中,市场和企业的变化无处不在。供应商的评估准则应该根据市场反应的实际情况进行修正,供应商的选择要做出相应的调整及变动。

综合上述内容,可得整个供应商的选择流程如图 13-9 所示。

**3. 供应商的选择方法**

供应商的选择方法有定性分析方法、定量分析方法、定性与定量相结合的方法三大类。定性方法包括直接判断法、招标法、谈判协商法等,多是凭借以往的工作经验进行供应商的选择,对于问题的分析比较全面,但是受主观因素的影响较大。定量分析方法包括采购成本比较法、ABC 分析法等,通过量化分析进行选择,分析方法比较准确,但是对产品原材料的采购质量、大宗物料采购评价等还需要进一步探究。

定性分析和定量分析很多时候都只能表现供应商的一个侧面,不能使企业全方位地了解供应商,定性与定量相结合的分析方法可以互为补充,使企业对供应商进行更全面的分析了解。常见方法有层次分析法、数据包络分析方法等。

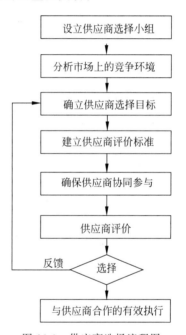

图 13-9 供应商选择流程图

## 13.5.2 供应商绩效考核

对供应商进行绩效考核是进行供应链管理的重要基础,也是对供应链绩效管理风险评估和控制的关键和重点。对供应商的绩效管理不仅涉及与供应商的物料、服务、采购等交易,还涉及对供应商考核评估体系的有效构建,以及供应商的动态绩效评价。目的是基于提高企业核心竞争力的战略,动态地、适时地依据供应商考核评估体系中所确定的考核指标对供应商业绩进行考核、分级、奖惩等,确定其供应商是否已经实现了预期的绩效。

**1. 供应商绩效考核体系的建立**

供应商绩效考核涉及供应商的产品质量数据、交货周期数据,以及供应商的成本数据等的分析、采集、计算,还可能涉及一些主观评分和项目的综合评分。一般由采购部门主持,并联合质量管理、仓储等相关部门共同完成。

1) 供应商绩效考核指标

常见的考核指标包括:

(1) 质量指标。如来料批次合格率、来料抽检缺陷率、来料报废率、供应商来料免检率等。

(2) 供应指标。如准时交货率、交货周期、订单变化接收率等。

(3) 经济指标。如价格、成本、付款方式等。

(4) 支持、配合与服务指标。包括反应与沟通、合作态度、参与本公司的改进与开发项目、售后服务等。

2) 供应商绩效考核步骤

(1) 确定考核策略,划分考核层次。按照考核周期来看,绩效考核策略应当明确划分月度绩效考核、季度绩效考核以及年度绩效考核策略。根据产品定位以及企业战略,确定具体考核标准和所涉及的供应商范围。对符合核心关键指标的供应商进行关键指标的高频次考核评估,以便于尽早发现和解决合作过程中的关键性问题,如供应量充足与否、物料质量是否过关等。

(2) 根据供应商的分类,建立供应商评估准则。确定供应商考核的策略和供应商考核的层次之后,该阶段的重点工作就是对供应商目前所供应的各类产品进行评估分类,对不同类别的产品供应商分别建立不同的供应商评估细项,包括不同的供应商评估指标和每个评估指标所对应的评估权重,进一步研究并建立供应商的评估体系和准则。

(3) 搜集供应商信息。供应商对于服务企业相关信息的管理搜集,主要目的就是通过信息搜集来保证实时跟踪自己提供的产品或者服务在服务企业使用或者流通过程中的关键信息,包括企业产品质量、价格、交货的准确性和及时性、包装的真实符合性、服务与销售产品以及相关管理工作的紧密配合等。

(4) 通过划分三个绩效的等级,进行三个层次的绩效分析。掌握了每家供应商的绩效考核表现之后,要对绩效考核的结果进行有针对性且系统的分类,采取不同的绩效考核处理方法和策略。首先对每个供应商进行考核绩效稳定性分析。具体来说,可从以下三个绩效考核层次开始进行:

① 根据本次考核期的评分和总体排名进行分析;

② 与类似供应商在本次考核期的表现进行对比分析;

③ 根据该供应商的历史绩效进行分析。

通过这些不同类型和维度的数据分析,可以看出每个供应商在单次考核期的销售绩效和改进状况、该供应商在上一次考核和年度该类供应商中目前所处的销售水平、该供应商的销售稳定性和考核绩效的改善发展状况等,从而对每个供应商的销售表现和稳定性有一个清晰、全面的认识和了解。

(5) 确定改进目标,督促供应商进行改进。绩效考核和评估之后,对于那些希望能够继续合作但是表现不够好的主要供应商重新设定继续改进的目标,并明确需要其改进的主要方面。

### 2. 平衡计分卡模型

平衡计分卡(balanced scorecard)模型,简称 BSC 模型,是一种战略绩效管理工具,管理者从财务、客户、经营流程、学习与成长四个角度将企业的战略目标逐层转化为绩效考核指标体系,并且对这些指标的实现情况在不同时间进行定期考核,从而为企业战略目标的完成搭建可靠的评价体系。

1) 财务角度

财务指标可以显示企业在选择不同供应商的情况下,企业收入、利润等的波动情况。主要评估指标有投资回报率、经济增加值等,或者销售额的提高、现金流改善等。

2) 客户角度

从客户的角度来看,客户满意度、客户回头率、目标客户所占比重等都是企业关注的重点指标。在平衡计分卡模型的客户层面,管理者需要明确市场定位和竞争客户的群体,以及核心业务在目标市场及客户中的评价指标。

3) 经营流程角度

从经营流程角度来看,企业需要将战略规划贯穿在供应链全周期中进行流程的改进和提升,并吸引和保留细分市场的目标客户,以满足企业长期发展的要求。

4) 学习与成长角度

平衡计分卡的前三个层面一般反映企业的实际能力与实现突破性业绩所需能力之间的差距,为了弥补这个差距,企业还需要关注员工技术的提升、组织程序的改进以及日常工作的改善等。平衡计分卡在学习与成长层面追求的目标主要有员工满意度、员工保持率、员工培训和技能等,以及这些指标的驱动因素。

### 3. 供应链运作参考模型

供应链运作参考(supply chain operational reference)模型,简称 SCOR 模型,最早是由国际供应链协会(SCC)在 1996 年发布的跨行业标准供应链参考模型和供应链诊断工具,它全面、准确地提供了适用于各种规模和复杂程度供应链的标准化术语和流程。SCOR 模型的独特之处在于,它将业务流程、绩效指标、企业实践和人员职能整合到一个统一的、跨功能的系统框架中。

SCOR 模型将供应链界定为计划(plan)、采购(source)、生产(make)、交付(deliver)、退货(return)五大流程,并分别从供应链划分、配置以及流程元素三个层次切入,描述了各流程的标准定义、对应各流程绩效的衡量指标。运用 SCOR 模型可以使企业内部和外部用同样的语言交流供应链问题、客观地评测其绩效,并明确供应链改善的目标和方向。

1) 计划

提前制订计划,平衡管理需求及供应技术,以便更好地为其他四个流程服务,具体包括:第一,能够平衡产品资源与供货需求之间的联系,因此,供应链计划需要包括退货流程;第二,对供应链相关数据资料进行管理,如资产、运送、供应链绩效等;第三,协调供应链与财务计划。

2) 采购

按计划或需求进行物料获取和订购服务,采购计划的制订应依据相关的需求情况进行,如订单、工程定制情况以及库存状态。产品采购流程涉及的内容主要有三部分:一是采购产品在配送过程中的检查、转运等安排，以及相关的支付过程；二是寻找可能的供应商，在采购过程中需要持续地寻找潜在供应商，特别是工程定制类的产品，更需要寻找与挑选可靠的供应商；三是相关制度规范以及流程的管理，如业务制度、库存、风险管理等内容。

3）生产

厂家按照生产计划进行产品生产，生产计划的制订要依据产品库存情况、产品订单和工程定制情况进行，在实际的管理过程中涉及的内容主要有两部分：生产活动的安排以及产品原材料的发放与配送；相关制度规范的制定与管理，如业务制度、行业规范、生产风险等。

4）交付

交付是指厂家接到订单后，对订单需求产品的运送、转交等活动。交付过程主要涉及三个部分的内容：一是对所有流程步骤的管理工作，包括从订单的接收到最后的运输安排等这一整个过程中的活动安排；二是库存管理，涉及收货、取货以及装运过程；三是客户收到货物后，对所接收货物进行核实，在确认产品内容及质量之后对货物进行安装。

5）退货

退货也属于供应链的一部分，相关的流程也记录了顾客或者供应商的退货记录，退货的内容包括供应商剩余的产品、客户退回的残次品，以及 MRO 产品。供应链一般有两种退货方式，分别为采购退货和配送退货。

**4. 作业成本法模型**

作业成本法（activity-based costing）模型，简称 ABC 成本法模型，是运用数理统计相关方法，以作业为中心，强调从资源到作业，再到产品成本来跟踪整个生产过程的一种定量成本计算模型。其核心思想是引入"作业"的概念建立资源消耗与产品之间的联系，认为作业消耗资源、产品消耗作业，即企业的生产及相关活动催生了作业，作业的进行又产生了成本。

作业成本法涉及的核心概念主要包括资源、作业、作业中心、成本库、作业动因、成本动因、作业链和价值链等。

1）资源

资源指的是一定时间内，为了生产产品和提供服务所消耗的各类成本和其他费用的总和，是作业成本核算的基础，在计算过程中，需要将资源分配到产品或服务上。供应链企业一般涉及的资源有原材料、生产设备、辅助材料以及员工工资等。

2）作业

作业指的是企业生产过程中的各类活动，包括设计、采购、生产、运输、销售等。一般来说，每一个作业的完成也同时意味着资源投入的完成。

3）作业中心

作业中心指的是一系列功能、目标相似度高，且相互关联的作业集合。

4）成本库

成本库指的是作业过程中投入的资源成本的总和。在作业成本法中，相同的成本库一般由同质的成本动因构成。

5）作业动因

作业动因指的是产品成本引发作业的方法和原因，是作业和产品之间的重要纽带。作业动因往往包括多个方面，比如订单数和加工时间等。

6）成本动因

成本动因指的是产品成本的驱动因素，串联起资源、作业和成本。合理和恰当地识别成本动因，有利于提高明确成本信息的准确性。

7）作业链

作业链指的是一系列连续的作业活动，这些作业活动在企业生产中依次相连，保证产品和服务的正常产出。

8）价值链

价值链指的是产品价值沿着作业链转移的动态流动。在作业有序进行时，资源在被消耗的同时，其价值也随之从上一步骤转移到下一步骤，积累到作业完成，直到形成交付给客户的产品。

作业成本法模型的核心流程一般包括四个基本步骤，分别是明确作业和成本核算对象、分析作业情况及使用的资源、确定合理的作业动因、分配和计算产品成本。具体流程如下。

（1）明确作业和成本核算对象。首先，需要分析从采购、生产到运输的产品生产的全过程，按照顺序列出作业清单进行作业分解以及同质化作业合并。

（2）分析作业情况及使用的资源。分析企业在作业过程中消耗的各项资源，汇总各项作业的成本费用。按照资源动因将不同资源分配到每个作业的成本中，归纳出每个作业涉及的资源情况。

（3）确定合理的作业动因。作业动因是指作业贡献于最终产品的方式与原因，反映了产品消耗作业的情况。它往往用来把作业成本分配到成本对象（产品）或者其他作业，分配依据是成本对象（产品）消耗各作业成本库中的标准作业数量。例如：购买货物的作业动因是发送购货单的数量；产品设计的作业动因是产品种类、原材料种类、产品设计工时等；销售活动的作业动因可以是销售合同数量、投放广告数量、宣传方式种类等。

分析作业动因是计算作业成本分配率的基础，即各动因与作业消耗相互关联，常常用于计算每单位作业所需的成本。作业成本分配率的计算方法为作业总资源成本除以作业动因总数：

$$作业成本分配率 = 作业总资源成本 \div 作业动因总数$$

（4）分配和计算产品成本。作业成本的计算方法为产品所消耗的作业数量与作业成本分配率相乘。产品的最终总成本等于各项作业成本之和加上材料和人工等成本的总和。

## 13.6　案例分析

### 案例一：K 公司官网建设的供应商选择[①]

K 公司官网于 2008 年建成，期间虽经历几次修改，但是整体宣传效果和使用体验较差。随着电子商务的日益兴起，为了给用户一个更好的体验，提升企业的形象，使得用户能更加方便地找到需要的产品，能够根据个人的实际需求进行定制化设计，K 公司决定对原有网

---

① 改编自本章参考文献[6]。

站进行全新改版。根据该项目的实际需求，成立了由项目经理、市场部、采购部及财务部组成的项目小组，并对项目进行可行性分析后提出了供应商选择标准：

（1）必须获得不低于 CMMI4 的认证；

（2）具有多个类似网站项目开发经验；

（3）必须有具备丰富 Java 相关经验的技术人员；

（4）必须熟悉 JEE5、MySQL5.5、XML、HTML5、Linux、OpenCms 等编程环境和编程语言。

按照既定的策略，K 公司搜索了目前国内满足上述条件的供应商，初步筛选出四家供应商，分别是 X、D、W、I。

X 公司的总部设在美国，在中国提供软件的开发、维护、升级等业务，通过了 CMMI5、ISO 27001，以及 IAOP 全球外包百强等认证。X 公司拥有图形、3D 及 HTML5 的技术团队和高效的离岸数字化工厂。

D 公司是全球领先的 IT 服务公司，可以提供咨询、应用程序开发、基础设施支持和其他服务，通过了 CMMI5、ISO/ICE 20071：2005、ISO/ICE 20000-1：2005 以及 ISO 9001：2008 认证。该公司拥有较强的 UI 设计团队、虚拟技术团队，曾成功开发多个客户项目。

W 集团公司于 2010 年在纳斯达克上市。W 公司可以提供从人员配置、测试、本地化、软件开发到 IT 咨询等跨行业的多项服务。W 公司还是 2003 年中国第一个获得 CMMI5 认证的外包服务公司，已经开发了大量的移动应用程序，可以从 UX 设计到功能发展等多方面辅助移动发展，可以提供整体解决方案、移动面向测试、部署和操作等服务。

I 公司是创办于 1981 年的美国公司，提供全球领先的技术咨询、技术服务以及外包服务。提供业务策略、业务流程、业务转型、业务咨询、IT 规划等项目，具有丰富的客户关系管理类项目开发经验。该公司拥有 200 个以上的 UI/UE/VR 设计团队，为不同客户开发完成了商务网站以及进行了相应的移动客户端的定制开发。

根据对供应商提供的技术文件的研究和分析，按照专家评分模式，以 100 分制为原则，对每家潜在的供应商进行技术评分，评分结果如表 13-5 所示。按照"最终得分"从高到低排序，选取评分排名前三的公司，即 D、I、W 三家公司作为合格竞标供应商参与正式竞标。

表 13-5 供应商专家评分

| 项目 | 权重 | D公司 | X公司 | I公司 | W公司 |
| --- | --- | --- | --- | --- | --- |
| 软件架构设计 | 20.00% | 80 | 60 | 80 | 80 |
| 基础设施系统架构设计 | 20.00% | 80 | 20 | 20 | 100 |
| 全站建设经验 | 15.00% | 80 | 40 | 40 | 80 |
| 指定平台的开发能力 | 15.00% | 60 | 60 | 40 | 40 |
| 所选平台商业技术支持稳定性和支持能力 | 12.50% | 60 | 40 | 40 | 40 |
| 电子商务开发能力 | 7.50% | 80 | 20 | 40 | 20 |
| 所选平台的电子商务开发经验 | 7.50% | 80 | 20 | 80 | 20 |
| 基础设施运维经验 | 2.50% | 60 | 20 | 40 | 80 |
| 最终得分 | | 74 | 39.5 | 47 | 64 |

随后，根据 K 公司官方网站建设的实际需求，选取价格、功能、经验、售后、移动、技术和时间作为供应商评估的几个重要参考指标。项目小组在正式竞标之前先确定正式竞标评估指标及权重，如表 13-6 所示。

表 13-6　竞标各考核指标权重

| 指标 | 权重 | 指标 | 权重 | 指标 | 权重 |
| --- | --- | --- | --- | --- | --- |
| 价格 | 36% | 售后 | 6% | 时间 | 10% |
| 功能 | 15% | 移动 | 3% | | |
| 经验 | 15% | 技术 | 15% | | |

正式发标并开标后，项目小组按照对各个供应商的投标文件进行评分（见表 13-7）。根据评分结果以及相应考核指标的权重，D 公司以总分 74 分超过其他两家供应商胜出，成为该项目的中标供应商。项目小组对于选择该供应商较为满意，无论从技术方面还是商务方面都满足了 K 公司官网建设项目的需求。

表 13-7　Web 竞标考核打分

| 指标 | 权重 | W 公司 | | D 公司 | | I 公司 | |
| --- | --- | --- | --- | --- | --- | --- | --- |
| | | 得分 | 备注 | 得分 | 备注 | 得分 | 备注 |
| 功能 | 15% | 60 | 满足公司需求 | 60 | 满足公司需求 | 40 | 不完全满足公司需求 |
| 经验 | 15% | 50 | CMMI5 认证，客户评价满意 | 55 | CMMI5 认证，管理规范，客户评价满意，具有跨平台项目经验 | 60 | CMMI5 认证，跨国项目经验 |
| 时间 | 10% | 60 | 提供了完善的解决方案、计划及里程碑安排 | 50 | 提供了较为详细的计划安排，排期略有超出公司计划 | 50 | 完善的项目计划，时间略超出公司计划，里程碑安排略显不足 |
| 售后 | 6% | 58 | 提供完整的售后服务体系 | 56 | 提供完整的售后服务体系 | 46 | 售后服务时间较短，服务流程烦琐 |
| 移动 | 3% | 60 | 拥有优秀的移动客户端案例 | 60 | 拥有国内多个优秀案例 | 40 | 拥有移动客户端，无国内相关经验 |
| 技术 | 15% | 64 | 技术较为成熟 | 74 | 核心技术先进，技术人员能力强 | 40 | 技术水平一般 |
| 价格 | 36% | 77 | 4 912 943 美元 | 100 | 4 000 000 美元 | 48 | 6 080 320 美元 |
| 合计 | 100% | 65 | | 75 | | 47 | |

在官网项目建设过程中，K 公司与供应商 D 公司紧密合作，经过近一年的努力，项目节点多数按照计划流程进行，该官网准时上线，获得了管理层及用户的好评。

## 案例二：A 公司采购流程优化[①]

A 公司是世界上最大的工业气体和医疗气体以及相关服务的供应商，主要为尖端科技

---

① 改编自本章参考文献[7]。

领域的平板显示器和半导体工业提供超纯气体及化学品,其产品还包括饮料中的气泡、食品封装的保护气、医院和家庭理疗所需的医用氧气等气体产品。

A 公司产品的细分市场主要有半导体集成电路(IC)、光电(PV)、薄膜工艺(TFT)三个市场,为了满足不同的产品和原料需求,需要从分散在全球(如美国、日本等国家)的供应商处进行采购,然后运输到位于全国各地的仓库存储,或者运输到下属工厂进行进一步生产加工,再根据各市场客户的个性化需求,将产品运送到全国各地的客户现场。由于公司实行跨国采购战略,对于跨国供应链而言,不仅要考虑其可靠性、反应速度和灵活性,也需要关注跨国采购的成本控制以及资产管理效率。当然,供应商的产品技术创新能力和信息共享的程度也不能忽视。A 公司供应链的部分考核指标如表 13-8 所示。由于产品大多是有毒有害的危险化学品,保质期短且价值较高,因此如果想要提升公司的采购水平,合理缩短订单完成周期、减少库存的周转天数是 A 公司改善采购管理的重中之重。

表 13-8 A 公司供应链考核指标及其细分

| 项 目 | 考核指标 | 细分考核指标 | 评估方法 |
|---|---|---|---|
| 外部因素指标 | 供应链可靠性 | 订单完成率 | 订单数量/订单总数 |
| | 供应链反应速度 | 订单完成周期 | 订单完成时间之和/订单总数 |
| | 供应链灵活性 | 紧急需求满足能力 | 已满足紧急需求数/所有紧急需求数 |
| 内部因素指标 | 供应链成本 | 单位物料获取成本 | 物料获取成本/产品售价 |
| | | 单位物料配送成本 | 物料配送成本/产品售价 |
| | 资产管理效率 | 库存周转率 | 总货物价值/同一时间范围内平均库存水平价值 |

A 公司采用全球化和多源采购的策略,原材料和产品的物流成本高且运输时间长,往往导致采购提前期较长。在合作过程中,容易因为与供应商缺乏沟通,而在面临市场需求波动时,导致灵活性和柔性差。因此,A 公司在与供应商合作中,采用协同计划预测与补给(collaborative planning forecasting and replenishment,CPFR)策略,通过与供应商共享市场信息,共同进行需求预测和评估,以便提高需求预测的精度,从而实现更加精准和高效的采购,减少库存、缩短采购提前期和提高供应链的效率。

以与供应商 R 公司的合作为例。R 公司是 A 公司供应 P 市场的核心供应商之一,采购的产品主要是 SIH4,这种产品的包装规格有两种:一种是充装量为 6300kg 的 S40 产品,另一种是充装量为 4500kg 的 D20 产品。S40 产品将在 A 公司的下属工厂中进行二次加工成小包装后再配送给终端客户。而 D20 产品则在港口完成清关后,根据需求直接配送到终端客户。原有合作方式中,采购订单都是由 A 公司来生成和下达。在开展 CPFR 之后,鉴于双方关于订单预测等许多信息的共享,S40 产品由供应商 R 根据实际销售量进行需求预测,并自行向 A 公司补货;由于客户需求存在很大差异性,D20 产品的采购订单仍由 A 公司来下达。

确定合作方式和流程后,生产计划和需求预测的平衡也需要双方进行合理商定。CPFR 对于 A 公司及其合作伙伴 R 公司来说有很高的要求,但是在明确了合作重点之后,随着时间推移,在获得一定的成果之后,双方逐步加深合作程度,从而使双方都获得了更多的收益。在选择了合适的供应商开展 CPFR 之后,A 公司的相关业务较之前在供应能力方面明显多了更多的选择,与供应商的无间合作使得双方都对业务有了更多的前瞻性。

## 习题

13-1 简述企业在进行外包决策时,怎样才能在保证自身核心竞争力的同时实现合理外包。

13-2 企业在进行外包决策时,需要考虑战略层面的规划吗？简述原因。

13-3 简述企业的一般采购流程,并举例说明。

13-4 简述第三方采购的优势和不足。

13-5 简述提前采购与即时采购的主要应用场景的区别。

13-6 简述电子采购与传统采购的区别。

13-7 供应商的选择方法有哪些？并分别说明其主要应用范围。

13-8 简述供应商绩效考核的主要作用。

## 参考文献

[1] 刘宝红.采购与供应链管理：一个实践者的角度[M].3版.北京：机械工业出版社,2019：149-152.

[2] SIMCHI-LEVI D,KAMINSKY P,SIMCHI-LEVI E,et al.供应链设计与管理：概念、战略与案例研究[M].季建华,邵晓峰,译.5版.北京：中国人民大学出版社,2014：345-349.

[3] CHOPRA S,MEINDL P.供应链管理[M].陈荣秋,译.6版.北京：中国人民大学出版社,2017：35-38.

[4] 丁俊芸.电子采购在国有企业管理中的应用分析[J].中小企业管理与科技,2020,12(8)：5-6.

[5] 高倩,李国栋.基于改进 TOPSIS 法的供应商选择模型研究[J].河北工业科技,2020,37(6)：388-393.

[6] 赵海涛.K 公司非生产性物料采购策略研究[D].上海：上海交通大学,2015.

[7] 袁凌峰.A 公司采购管理优化[D].上海：上海交通大学,2017.

# 第 14 章

# 产品与客户服务

视频 14

产品与客户服务是供应链中两大重要的跨职能驱动因素。在供应链管理中,产品的设计和定价直接影响目标市场的客户群体,而根据客户的个性化需求来提供合理的服务则直接影响企业的口碑和客户满意度。产品的设计决定了产品的核心功能,产品的定价则是企业调节供求关系的重要杠杆,企业需要明确供应链活动的成本结构以及该活动能够带来的价值,进而针对不同的市场进行产品设计和定价,以更好地为客户提供服务,满足不同的需求,提高企业的竞争力。

本章通过对产品定价、产品设计与个性化服务的学习,需要达到以下目标:①熟悉产品定价的类别及其建模方法;②了解面向供应链管理的产品设计的内容;③掌握个性化服务与传统大规模定制服务的区别。

## 14.1 产品定价

不同的细分市场有不同的市场需求,产品价格作为匹配供给和市场需求的重要杠杆,是供应链管理的重点内容之一。如何合理地对产品进行定价,从而提高供应链的利润,是企业管理者经常需要考虑的问题,尤其是针对存在多种顾客细分市场,或是客户愿意支付不同价格(基于响应时间等特征)的产品。本节将对供应链管理中常用的两种产品定价方法进行详细介绍。

### 14.1.1 多种顾客细分市场的产品定价

航空公司和家电行业是存在多种顾客细分市场的典型代表。对航空乘客而言,商务人士为了满足商务需求,愿意支付较高的票价;而普通乘客则希望用较低的价格购买打折机票,灵活安排出行。在家电行业中,以电烤箱为例,电烤箱的北方市场销售额明显高于南方市场。北方顾客往往更愿意为烤肉、烤红薯等正餐的制作为电烤箱支付较高的价格,以及购买容量较大的烤箱;而南方顾客大多只用电烤箱来制作饼干、甜点一类零食,需求不大,不愿意支付较高的价格。

诸如此类的例子在供应链中还有很多,例如某货车运输公司拥有 6 辆卡车,总运输能力为 $6000 m^3$,提供上海与宁波之间的公路运输服务。每辆货车的每月租金和维修费用为 1500 元,那么该运输公司的固定成本为 9000 元/月。经过市场调研可以发现,市场上对货车运输能力的需求曲线如下:

$$d = 10\,000 - 2000p \tag{14.1}$$

式中,$d$ 为市场的需求;$p$ 为单位运输价格。该曲线的图形如图 14-1 所示。例如,2 元/m³ 的价格将会带来 6000m³ 的运输需求。此时,收入为 12 000 元,利润为 3000 元;而 3.5 元/m³ 的价格带来 3000m³ 的运输需求,10 500 元的收入,以及 1500 元的利润。

这里有这样一个问题:3.5 元单价时所发生的 3000m³ 需求是否来自一个不同的细分市场?假设这家运输企业所有需求来自同一个市场,那么最优价格是 2.5 元/m³,将会带来 5000m³ 的需求和 12 500 元的收入。

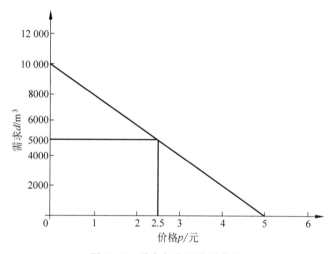

图 14-1  需求与价格关系曲线

如果这家运输企业将愿意支付不同价格的细分市场需求区分开来,则可以提高收入和利润。运输企业给一部分细分市场制定 3.5 元的单价,给只愿意支付低价的细分市场制定 2 元的单价。因此,企业可以从愿意支付 3.5 元单价的细分市场获取 10 500 元的收入,并从仅愿意支付 2 元单价的细分市场获取 6000 元的收入。当存在不同细分市场时,这种差异定价策略将收入从原先的 12 500 元提高到了 16 500 元。

从理论上来讲,上述因市场区别而进行差异定价的方法可以为企业增加利润。但是,在实际应用过程中,企业需要重点关注两个基本问题。

(1) 需要明确区分不同细分市场的差异,并制定合理的定价策略,使得一个细分市场中的客户比另一个细分市场中的客户愿意支付更高的价格来购买产品。

(2) 需要平衡市场需求,使得低价格细分市场的需求不会占用所有的供应资源。

如果市场可以细分,且各个市场都有一定的产品需求,那么企业所面临的决策是:如何确定每个细分市场的产品价格?

下面以多个细分市场的定价策略为例进行说明。

首先考虑企业已经确定了区分不同细分市场的标准这种最简单的情形。这种标准可能是电脑制造商根据使用用途来区别客户,也可能是货运企业根据客户要求的运输时间来区别客户。

假设一个产品供应商(或其他业务功能的供应商)已经确定了 $k$ 个细分市场,每个细分市场 $i$ 的需求曲线如下(假设为线性需求曲线,以简化分析):

$$d_i = A_i - B_i p_i \tag{14.2}$$

设供应商生产单位产品所需的成本为 $c$，企业需要确定每个细分市场的价格 $p_i$，而 $d_i$ 为来自市场 $i$ 在价格 $p_i$ 下的需求。供应商的目标是使得利润最大化。则该定价问题可以表示为

$$\max \sum_{i=1}^{k} (p_i - c)(A_i - B_i p_i) \tag{14.3}$$

当不考虑产能约束时，问题可以按细分市场进行分解，对于每个细分市场 $i$，供应商希望将下式最大化：

$$(p_i - c)(A_i - B_i p_i)$$

则每个细分市场 $i$ 的最优产品价格为

$$p_i = \frac{A_i}{2B_i} + \frac{c}{2} \tag{14.4}$$

如果供应商的产能为 $Q$，那么定价策略可以通过求解以下模型获得：

$$\min \sum_{i=1}^{k} (p_i - c)(A_i - B_i p_i) \tag{14.5}$$

s.t.

$$\sum_{i=1}^{k} (A_i - B_i p_i) \leqslant Q \tag{14.6}$$

$$A_i - B_i p_i \geqslant 0, i = 1, 2, \cdots, k \tag{14.7}$$

**【例 14-1】** 一家服装外包制造商为它的产能确定了两类细分市场：一个市场愿意提前至少一周下订单；另一个市场则希望较晚下订单，但是愿意支付较高的价格。那些不愿意提前下订单的顾客，其需求曲线为 $d_1 = 5000 - 20p_1$；那些愿意提前下订单的顾客对价格更敏感，其需求曲线为 $d_2 = 5000 - 40p_2$。假设该服装制造商的单位生产成本为 $c = 10$ 元。如果制造商的目标是使利润最大化，它将如何为每个市场制定价格？如果该制造商为两个市场制定相同的价格，此价格为多少？差异定价可以增加多少利润？如果该制造商的总产能仅有 4000 单位，该制造商又该如何定价？

如果没有产能约束，则利用式 (14.4)，可以计算出每个细分市场的产品价格。因此，得到

$$p_1 = \left(\frac{5000}{2 \times 20} + \frac{10}{2}\right) 元 = 130 元$$

$$p_2 = \left(\frac{5000}{2 \times 40} + \frac{10}{2}\right) 元 = 67.5 元$$

两个细分市场的需求分别为

$$d_1 = 5000 - 20 \times 130 = 2400$$

$$d_2 = 5000 - 40 \times 67.5 = 2300$$

总利润为

$$总利润 = (130 \times 2400 + 67.5 \times 2300 - 10 \times 4700) 元 = 420\,250 元$$

如果为两个市场制定相同的价格，它使得下式成立：

$$(p - 10)(5000 - 20p) + (p - 10)(5000 - 40p) = (p - 10)(10\,000 - 60p)$$

可以解得这种情况下的最优价格为

$$p = \left(\frac{10\,000}{2 \times 60} + \frac{10}{2}\right) \text{元} = 88.33 \text{ 元}$$

两个细分市场的需求为

$$d_1 = 5000 - 20 \times 88.33 = 3233.4$$
$$d_2 = 5000 - 40 \times 88.33 = 1466.8$$

总利润为

$$\text{总利润} = (88.33 - 10) \times (3233.4 + 1466.8) \text{元} = 368\,166.67 \text{ 元}$$

由此可以看出，差异定价比单一定价的利润高 52 083.33 元。

如果产能只有 4000 单位，则最优差异定价导致的需求显然大于 4000 单位。因此建立如下定价模型：

$$\min(p_1 - 10)(5000 - 20p_1) + (p_2 - 10)(5000 - 40p_2)$$
$$\text{s. t.}$$
$$5000 - 20p_1 + 5000 - 40p_2 \leqslant 4000$$
$$5000 - 20p_1 \geqslant 0$$
$$5000 - 40p_2 \geqslant 0$$

对上述模型进行求解，得 $p_1 = 141.7, p_2 = 79.2$；$d_1 = 2166.67, d_2 = 1833.33$。此时的总利润为 412 083.3 元。

## 14.1.2 易逝资产的产品定价

易逝资产指随着时间的推移和变化，其价值逐渐降低的资产（产品或服务）。显然，生鲜、水产、蔬菜、药品等都是易逝资产。数码产品如电脑、手机、相机等也都属于易逝资产，每当新一代产品设计和生产出来之后，老一代的产品就失去了部分价值。流行服装也是易逝资产，因为当销售季节过去，它们就不能以全价销售。易逝资产除了包括有型的产品外，也包括生产、运输或仓储能力，如果没有合理、充分地利用这些资源和能力，就会产生浪费。而过去没有使用的能力将变得毫无价值，因此所有没有使用的能力就相当于易逝能力。

易逝产品的两个主要定价策略是：

（1）随着时间动态地改变价格以使预期收入最大化，即动态定价；

（2）超订以抵消预订取消。

**1. 动态定价**

动态定价是指随着时间的变化，根据市场对产品的需求，以及顾客的购买愿望对产品进行改价销售的策略。该定价策略非常适用于易逝资产的定价，如服装行业。

讨论一种简单的动态定价方法，零售商在季初拥有某种产品的数量为 $Q$。假设零售商将销售季节分为 $k$ 个时段，并且每个时段的需求曲线已知。假设随着时间的推移，顾客对价格的敏感程度不变，并且顾客不会因为预期价格的变化而改变购买行为。假设时段 $i$ 的价格为 $p_i$，那么时段 $i$ 的需求 $d_i$ 为

$$d_i = A_i - B_i p_i \tag{14.8}$$

假设在早期购买的顾客对价格不太敏感，而较晚购买的顾客对价格比较敏感。零售商

希望随着时间改变价格,以从 $Q$ 单位的产品销售中获取最大的收入。零售商面临的动态定价问题可以定义为以下模型:

$$\max \sum_{i=1}^{k} p_i(A_i - B_i p_i) \tag{14.9}$$

s.t.

$$\sum_{i=1}^{k}(A_i - B_i p_i) \leqslant Q \tag{14.10}$$

$$A_i - B_i p_i \geqslant 0, i = 1, 2, \cdots, k \tag{14.11}$$

如果顾客对价格的敏感性在不同的销售季节不断变化,动态定价就是一种非常强大的提高利润的工具。流行产品就是一种例子,在季初顾客对价格不敏感,快到季末时顾客对价格越来越敏感。但是,动态定价要考虑顾客的行为,他们可能会期望将来价格有所降低而推迟采购。当面临此类顾客时,最好采用固定价格或减少供应量的策略。

【例 14-2】 一家零售商在冬季开始前以 100 元的成本购买了 400 件毛线衣。一般冬季的时间跨度在三个月,零售商预测这三个月的需求分别是 $d_1 = 300 - p_1$, $d_2 = 300 - 1.3p_2$, $d_3 = 300 - 1.8p_3$。零售商应该如何在这三个月内对毛线衣进行定价从而尽可能获得更多的收入?

可见本例中所预测的在季初购买产品的顾客对价格不太敏感,而在季末购买产品的顾客对价格敏感。由式(14.9),该问题可以定义为

$$\max p_1(300 - p_1) + p_2(300 - 1.3p_2) + p_3(300 - 1.8p_3)$$

s.t.

$$(300 - p_1) + (300 - 1.3p_2) + (300 - 1.8p_3) \leqslant 400$$

$$300 - p_1 \geqslant 0, 300 - 1.3p_2 \geqslant 0, 300 - 1.8p_3 \geqslant 0$$

对上述模型求解可得,$p_1 = 162.2$ 元,$p_2 = 127.58$ 元,$p_3 = 95.53$ 元;$d_1 = 137.8$,$d_2 = 134.15$,$d_3 = 128.05$。此时的总收入为 51 697.94 元。

### 2. 超订

超订策略非常适用于客户可以取消订单,且产品或服务的价值会随时间急速下降,甚至失去价值的场景。在企业生产中,产能是有限的,当产能供应量超出产能约束时,超订就会发生。航空公司也经常采用超订的策略来保证飞机起飞时的空座位尽可能少。一旦航班起飞,飞机上的剩余座位就没有任何价值了。而乘客在机票预订之后常常会出现订单取消、改签等情况,导致座位出现空余,而空余座位意味着潜在收入的流失。因此航空公司会接受多于运载量的预订数量,以使预期收入最大化。

超订策略要在发生过多的预定取消而导致产能浪费和过少的预定取消而导致产能短缺之间进行权衡。当出现供应不足时,则需要寻找成本高昂的备用资源进行替代。产能浪费的成本就是利用这些产能进行生产所能创造的利润;而产能短缺的成本则是使用备用资源所带来的额外成本。制定超订决策时的目标是通过减少产能浪费和产能短缺的成本来尽可能最大化供应链利润。

假设 $p$ 为销售单位产品的价格,$c$ 为生产单位产品的成本。当产品短缺时,$b$ 为使用备选资源的单位成本。于是,产能浪费的边际成本为 $C_w = p - c$,产能短缺的边际成本为

$C_s = b - p$。如果产品的售价高于备选资源的成本,则显然不需要限制超订的数量。

假设 $O^*$ 为最优超订水平,$P$ 为取消预订数量小于等于 $O^*$ 的概率,则最优超订水平可以通过以下公式获得:

$$P = \frac{C_w}{C_w + C_s} \tag{14.12}$$

假设取消预订的数量服从正态分布,且均值为 $\mu$,标准差为 $\sigma$,那么最优超订水平可以用下式进行计算:

$$O^* = F^{-1}(P, \mu, \sigma) \tag{14.13}$$

式中,$F^{-1}()$ 表示正态分布的累积分布逆函数。当单位产能的利润增加时,最优超订水平将会提高;当备选资源的成本增加时,最优超订水平将会降低。使用超订的策略可以增加产品的利用率,也可以减少被拒绝的顾客数量,但是难免存在需要寻找备选资源的风险。

【例 14-3】 一家供应商准备接受来自下游零售商的儿童节玩具生产订单。供应商的最大产能为 5000 件,每销售一件玩具的利润为 10 元。供应商在接受订单时需要决策订单的数量,如果最终获得的订单量超出产能,则需要开启备用生产线以增加产能,会导致 5 元/件的损失。

(1) 如果零售商在节日来临前取消订单的数量服从正态分布,均值为 800 件,标准差为 400 件,那么供应商应该接受多少订单?

(2) 如果取消订单的数量服从正态分布,均值为接受订单(产能+超订)的 15%,波动系数为 0.5,那么供应商应该接受多少订单?

解:该玩具供应商产能浪费的边际成本 $C_w = 10$ 元,产能短缺的边际成本 $C_s = 5$ 元。

(1) 根据式(14.12)可得取消预订数量小于等于 $O^*$ 的概率为

$$P = \frac{C_w}{C_w + C_s} = \frac{10}{10 + 5} = 0.667$$

根据正态分布假设条件,可以计算出最优超订水平为

$$O^* = F^{-1}(P, \mu, \sigma) = F^{-1}(0.667, 800, 400) = 972$$

因此,在这种条件下,供应商应该接受 5972 件玩具的订单,超订数量为 972 件。

(2) 按照题目的正态分布假设条件得累积分布函数

$$F(O^*) = P = 0.667$$

当取消订单的数量服从均值为接受订单的 15%、波动系数为 0.5 的正态分布时:

$$O^* = F^{-1}(0.667, 0.15(5000 + O^*), 0.075(5000 + O^*))$$

求解可得 $O^* = 1115$。

因此,在这种条件下,供应商应该接受 6115 件玩具的订单,超订数量为 1115 件。

## 14.2 面向供应链的产品设计

供应链中一个关键问题是为新产品的零部件选择合适的供应商,在传统情况下,这项工作是在产品设计工程师已经确定了产品设计的情况下进行的。也就是说,供应链的设计和运营是在做出了产品设计决策之后进行的。自 20 世纪 90 年代起,管理者开始意识到,在产品和工艺设计阶段就开始考虑物流和供应链的因素能更加有效地对供应链进行运营和管理。

## 14.2.1 面向供应链的产品设计简介

面向供应链的产品设计,是指在产品和工艺的设计过程中就关注到整个供应链成本和业务的设计方式,以尽可能减少产品生命周期内供应链的总成本,它是对面向制造的产品设计、面向装配的产品设计等的拓展。面向供应链的产品设计主要包括:

(1) 标准化设计。标准化设计是指对产品(或零部件)的类型、性能、规格、质量、所需要的原材料、加工设备和质量检验方法等规定统一标准的过程。标准化的产品或零部件又叫作标准件,标准化后,就可以根据不同的需要和用途,按照规定的标准组织生产和使用。

在产品设计中尽量使用标准化的零部件,以减少零部件的种类和数量,在保证性能要求的前提下达到产品最简化状态,方便装配和制造,同时可以降低生产成本和库存成本。而利用标准化的优势,可以达到缩短提前期的目的。我们知道,短期预测比长期预测更为准确,总体需求预测也总是比单个产品需求预测更为准确。因此,标准化设计对后续供应链的运营和管理具有重要意义。

(2) 模块化设计。模块化设计是根据用户需求和实际生产将产品拆分成几个单元,也就是几个模块,每一模块都具有独立功能,使得相同种类的模块在产品装配中可以互换使用,通过对不同模块的组合就可以生产出最终的产品。这种思想有利于企业针对各个产品模块开展并行生产,可以在很大程度上缩短产品提前期,这样不仅降低了库存,也提高了生产效率和客户服务水平。

并行生产允许不同模块的制造环节在不同的地点同时进行。这种策略的另外一个优势是,可以为不同的模块制定不同的库存策略,如果某个模块存在原材料供应或产出不稳定的情况,那么可以为这个模块(而不是整个产成品)设置较高的库存水平。这样可以降低总的库存成本。

(3) 优化物流和包装。在产品设计阶段就充分考虑物流效率和物流成本,以及产品送达客户手中的运输需求,将有利于规划产品和零部件的包装外形、包装材料、运输方式等,从而降低包装和运输物流成本,也可以更加充分地利用整个供应链中上、下游的物流资源。例如,产品包装更加紧凑,其运输成本显然更低。将产品进行装箱处理,可以更大限度地利用运输车辆的容量,这种存储更紧凑的产品就能以更低的成本进行运输。

设计包装紧凑的产品还有利于降低仓储成本。例如,零售商喜欢那些占用更少的存储空间和易于堆放的产品。每单位这类产品所占用的存储空间少,这类产品的分拣成本通常也会较低,这样就节约了仓储空间、降低了库存成本。再如,宜家家居将家具进行模块化设计,可以使得产品的包装更加紧凑,顾客将产品买走后直接在家里组装。而这些模块化的家具产品运输也更加方便、便宜,同时还可以在低成本地区进行生产制造,然后运输到全球的宜家门店。宜家通过这种生产和运输的规模经济优势,可以比竞争对手以更低的价格销售家具。

还有些产品可以在仓库甚至在零售商处完成最后的包装,这样做实际上是将产品的最终包装推迟到销售环节,以节省运输成本。例如,一些零售商散装出售面粉、谷物、大米、豆类等,并允许消费者自己进行包装。

(4) 组建跨部门的产品开发团队。从产品设计阶段就结合供应商的参与,有效整合供应商的设计理念,增加协同作业的工作效率,有助于实现产品信息和市场需求等资源的共享,从不同角度对产品提出设计意见,提高产品开发的效率,降低产品重新生产和再设计造成的浪费。此外,产品设计师与供应商和采购人员及时沟通,也能帮助企业在最佳时间开始采购,降低库存成本,缩短产品的上市提前期,提升整个供应链应对市场波动的响应能力。

上述面向供应链产品设计的优势总结如下。

(1) 降低生产成本。将产品设计和供应链管理进行集成和整合,使得企业更加方便地对生产计划和物料计划进行优化,有效地避免在产品设计阶段由于忽略供应链约束而导致的生产不可行的情况,也可以减少产品参数的更改次数。此外,这种有效的信息共享和设计生产过程的一致性还可以减少原材料的浪费,降低企业的生产成本。

(2) 缩短产品上市提前期。在产品生命周期较短的市场中,对产品提前期的战略管理是供应链管理的一个基本要素,它可以帮助企业迅速地对客户需求做出响应。面向供应链进行产品设计,企业以更加结构化的方式来管理可用资源,通过评估设计师的数量、设计和制造产品所需要的时间等,更高效地应对复杂的产品设计流程。企业将不同的供应链功能与客户需求同步,协调设计、技术、采购的关系以及供应商之间的密切合作,可以大大缩短产品上市提前期。

(3) 提高服务客户的能力。一方面,面向供应链进行产品设计,企业可以降低生产成本和缩短产品的上市提前期,在一定程度上提高满足客户需求的能力,这些客户需求包括产品价格和服务质量等,这是供应链取得成功的关键;另一方面,通过组建跨部门的产品开发团队,企业可以有效协调各部门的职能和组织目标,加强企业内部的沟通效率,提高企业的市场需求响应能力,更快、更好地服务客户。

(4) 降低供应链的整体风险。在产品设计中考虑整个供应链流程,可以显著降低供应链的整体风险。比如,在靠近客户市场的地方建立产品研发中心,以提高响应客户需求的能力,降低产品重新设计的风险和成本,也可以提升供应链的稳定性。此外,供应商的提前整合能够帮助企业更加合理地采购原材料,从而降低上游供应链中可能存在的风险。

以下两小节内容将针对标准化设计以及模块化设计的概念和方法进行详细介绍。

## 14.2.2 标准化设计

标准化设计的方式有四种:①零部件标准化;②工艺标准化;③产品标准化;④采购标准化。

**1. 零部件标准化**

在零部件标准化中,通用的零部件可以用于制造或装配不同类型的产品,实现了风险分担,使用通用零部件减少了总的零部件库存,利用规模经济也降低了生产成本。当然,要实现零部件标准化可能需要重新设计产品线或产品系列以实现零部件通用性。需要注意的是,过度的零部件标准化会降低产品的差异性,导致产品失去一定的竞争力。

**2. 工艺标准化**

工艺标准化是指为不同产品的加工制造制定标准化的工艺流程,并尽可能地在制造的末端进行定制化加工,以便能够采用更多的标准化工艺来组织生产。这样,产品的加工制造过程从制造通用产品或标准化产品开始,然后分化为特定的最终产品。因此,这种方法也被称为延迟产品差异化。实现延迟产品差异化需要进行一些重新设计活动,例如,可能有必要对工艺流程进行重新排序,或是对生产线进行重新布局,甚至是改变产品的设计。

**3. 产品标准化**

产品标准化是指为市场提供标准化的产品以满足不同终端客户的要求。这样产品的多样性降低,供应链管理的复杂程度也就降低。例如,与其他众多手机品牌不同,苹果公司的手机在颜色或型号上的选择非常有限,简化设计(simplicity)也是苹果公司一直遵循的设计理念。产品标准化可以以较低的库存量实现较高的客户服务水平。然而,市场中总是会存在多样性的需求,当某类产品的需求无法满足时,"向下替代"(downward substitution)是一种常见的策略,即向客户提供具有更高功能的其他产品来满足其需求。例如,在半导体行业,当低端芯片缺货时,常常会向客户提供速度更快或功能更高的芯片作为替代。类似地,汽车租赁机构和酒店经常在低端车型或房间紧缺时,用高端车型或房间来满足客户需求。

**4. 采购标准化**

采购标准化包括加工设备和加工方法的标准化,即使产品本身不是标准化的也可以实行采购标准化。当加工设备非常昂贵时,采购标准化方式的意义更加明显。例如,在集成电路的加工制造中,设备非常昂贵。虽然最终产品是高度定制化的,需求不可预测,但同样的设备可以被用于加工不同的终端产品,因此可以通过采购标准化的设备来降低生产成本。

标准化设计带来的收益包括:第一,通过直接或间接地简化生产要素,可以达到降低成本、提高效益的目的。第二,标准化易于保证产品质量。标准化的加工工艺或规范是经过验证的,这样就降低了加工缺陷发生的概率,也减少了质量检验的时间。第三,标准化可以有效利用已有的技术积累。通常,产品设计是一个在技术基础上进行继承和创新的过程,通过标准化,容易实现对已有技术的选优、组合和变换。第四,标准化的产品可以更加方便灵活地进行组装,甚至可以在供应链末端(而非工厂内)进行生产装配,有利于降低运输难度和物流成本,并满足不同终端客户的需求。例如,面对不同国家对打印机电源模块的需求有不同的标准,惠普打印机以标准化产品的形式将打印机配送至位于全球不同地点的配送中心,电源模块的安装将发生在真实需求产生之后,在配送中心内完成。我们知道,越接近真实需求发生的时间所做出的预测越准确。标准化的零部件也更加容易采购,有利于企业采购的外包。

### 14.2.3 模块化设计

模块化产品是由各种模块组装而成的产品,其中的每个模块都有多种选择。模块化产品的典型例子是个人电脑,它可以通过组合不同的显示器、内存、硬盘空间等来进行定制。模块化过程是由标准操作单元组成的制造过程,因此在制品是按照模块的形式进行存储,通过在制造过程中将不同的模块进行组合来形成不同的最终产品。

模块化设计的一个具体应用就是延迟策略。通过在生产制造过程中利用模块化设计方法,尽可能推迟定制化生产或物流活动的发生,从而在满足用户多样化需求的同时降低生产及库存成本,提高对市场需求的反应速度。延迟策略的决定因素包括产品特征(生命周期、价值、产品设计特征)、市场和需求(交货时间和频率,需求的不确定性),以及制造和物流系统(生产规模和运输方式)等。

延迟策略主要可以分为生产延迟、物流延迟、形式延迟等策略。最常见的是生产延迟策略，常常应用于定制化产品生产中。其关键在于精确定义和识别客户-订单分离点（customer order decoupling point，CODP）。CODP 是指在延迟策略中，从基于市场预测、按计划生产转向响应客户个性化需求的定制生产的区分边界。CODP 与 12.3 节中介绍的推-拉边界本质上来说是同一个概念。

当实施生产延迟策略时，产品的生产被分成两个阶段：CODP 前，采用大规模批量生产方式，可以通过规模效应（economies of scale）降低生产成本；CODP 后，采用定制化生产，满足客户的个性化需求，获取范围经济性收益（economies of scope），以便达到企业和客户双赢的目的。

物流延迟是指在供应链中尽可能地延迟货物往下游的移动（时间延迟），并将货物存放在供应链的中心位置（地点延迟）。

形式延迟策略又称结构延迟策略，它是指在产品设计过程中，尽量标准化、通用化零部件或生产工艺，以便减少产品设计中的差异化部分，简化产品结构，这样有利于将产品的差异性推迟到供应链后端，可以提高库存周转率，节省原材料的采购成本。

在应用延迟策略时，除需要充分考虑市场特征、客户需求、产品技术、生产工艺、生产流程等影响因素外，还需要考虑以下前提条件。首先，从供应链的整体角度考虑经济可行性。延迟策略的实施一般会导致一些成本（如产品重新设计、生产线改造等）的增加，只有当收益大于成本时，延迟策略才有实施的价值。其次，从供应链的网络结构出发，需要考虑生产车间、仓库的选址以及各种人员的调整，合理设计产品业务流程与供应链结构。最后，延迟策略的实施与 CODP 的位置相关，CODP 将直接影响供应链的运营成本以及对市场的响应速度。

CODP 的确定是延迟策略成功的关键，它直接影响到生产规模和产品多样性。如果 CODP 偏向供应链上游，则不利于在通用化生产阶段利用规模经济效应；反之，如果 CODP 偏向供应链下游，则在差异化阶段也很难满足市场多样性的需求。CODP 的定位需要结合产品特点和市场变化，综合分析后加以确定。总体而言，在供应链的各个环节中，CODP 出现的位置一般包含以下五种：

（1）CODP 处于装配与运输之间，此时装配及其上游的所有制造环节均按标准化形式组织，产品根据需求预测被制造出来，客户只能在其中选购。常见于日常生活用品、家用电器等产品的生产模式中。

（2）CODP 处于加工与装配之间，即按订单装配。这是一种常见的实现大规模定制的手段，是指在接到订单后，通过对现有标准化零部件进行组装，向客户提供定制化的产品。常见于汽车、个人电脑等产品的生产模式中。

（3）CODP 处于原材料采购与零部件加工之间，即按订单加工。常见于具有不同加工参数的机械产品，如齿轮，以及一些软件系统，如 ERP、MRP 等产品。

（4）CODP 处于设计与采购之间，即按订单采购，此时客户对产品的原材料、加工装配工艺等有特殊要求的产品。

（5）CODP 处于设计阶段之前，此时设计及其下游生产业务均按客户的特定要求进行，常见于大型机电设备、船舶等产品的生产，以及建筑行业。

## 14.3 大规模定制与个性化服务

当前市场环境下,企业为了更好地满足客户需求,需要在短时间内生产或提供能够满足客户个性化需求的产品或服务。大规模生产模式中,产品单一化,无法满足多样化的定制需求;定制化生产模式虽然实现了产品多样化,但牺牲了生产的规模性,使得成本大幅提高。为此,大规模定制应运而生,它是一种将大规模与定制化有机结合起来的新型生产模式。

### 14.3.1 大规模定制

大规模定制是一种在系统思想的指导下,集企业、供应商、客户、环境于一体,利用整体优势,充分利用企业已有的各种资源,在现代信息技术、新材料技术、柔性技术等高新技术的支持下,满足客户定制化需求的低成本、高效率生产或服务方式。大规模定制的内涵主要包括以下几个方面:

(1) 大规模定制是一种将"大规模"和"定制化"结合起来的先进生产模式和系统理论;
(2) 大规模定制需要对生产周期和生产成本进行控制,实现大规模批量生产;
(3) 大规模定制需要依靠先进的制造和信息技术来推动;
(4) 大规模定制是以客户需求为中心的生产模式。

大规模定制的基本原理包括相似性原理、重用性原理和全局性原理。相似性是指大规模定制产品在客户需求、产品功能、产品结构以及生产流程等方面具有类似的性质。重用性是指大规模定制产品中存在的相似单元(包括产品、过程、信息等)的可重新组合以及重复利用的性质。全局性是指大规模定制需要站在全局优化的角度,妥善处理产品生命周期中各个环节的矛盾,不能局限于某个特定的环节或零部件。

大规模定制的优势主要体现在以下几个方面。

(1) 有助于降低生产成本。通过零件的标准化、通用化,实现通过采购更大的数量、更少品种的零件以降低采购的成本。使用标准零件和通用材料,能够减少零件库存和原材料种类,减少生产准备工作,从而降低在制品库存。除了降低采购、库存成本外,由于标准化、模块化大大减轻了生产管理的负担,因此也会降低一系列管理成本。

(2) 有助于提高生产柔性。通过模块化和标准化的生产,生产准备时间被大大缩短,企业可以根据用户需求和市场波动实现"准时制造"。而"准时制造"的真正目的是降低物料库存和流动量,提高柔性程度,并通过消除必备的库存来实现持续的改善。

(3) 有助于加强与供应商的合作。大规模定制生产是以新产品开发,企业与专业化制造企业间的有效合作、互相依存为前提,其中供应链上下游应该保持双赢的合作关系。模块化产品便于分散制造和寻找合作伙伴,开发新产品的主干(核心)企业的任务主要是做好产品的创新研究、设计和市场开拓工作,产品的制造则可以分散给专业化制造企业协作完成。

### 14.3.2 个性化需求与个性化服务

个性化需求是在个性化模式下,针对每个客户个体年龄、性别、消费水平等方面的不同,提供不同产品或者服务的解决方案,这种需求注重客户的全过程体验与反馈,从而满足单个客户的需求。个性化需求具有独特性、多样性、自相关性等特点。

（1）独特性。个性化需求的独特性反映的是一种受到客户个性、兴趣、心情等因素影响的主观特性，这种特性使得客户作为一个独立存在的个体与其他客户区别开来。对于每个个体而言，购买产品或者服务除了满足自身的物质需求之外，其带给客户的精神满足也相当重要。

（2）多样性。客户由于个性爱好、生活环境、收入水平以及受教育程度的不同，往往会对产品和服务有着截然不同的需求，这种客户和市场需求的多样性往往是企业在供应链管理过程中增强企业产品竞争力需要关注的重点。

（3）自相关性。对于同一个客户来说，由于个人购买行为和消费习惯导向，其对于产品的需求在短时间内的变化不会很大，换言之，客户连续两次的需求之间一般会存在一定程度的相似性，也就是个性化客户需求的自相关性。

而不同客户之间的个性化需求存在差异，相对于大规模生产、大规模定制下的客户需求而言，个性化需求之间相关性较弱。而且，个性化程度越高，相关性越弱。

表 14-1 将个性化需求与定制化需求做了简单对比。

表 14-1 个性化需求与定制化需求对比

| 项目 | 定制化需求 | 个性化需求 |
| --- | --- | --- |
| 生产模式 | 大规模定制 | 个性化模式 |
| 出发角度 | 生产商 | 单个客户 |
| 需求产品 | 简单的产品或服务 | 一套解决方案 |
| 需求依据 | 产品属性细分 | 客户需求分析 |
| 需求实现条件 | 客户需要提供大量有关产品或服务的性能和技术信息 | 客户只需要说清楚用途，不需要提供大量产品信息 |

目前市场的波动日益增长，客户需求日新月异，客户消费水平不断提高，这些因素共同导致产品的生命周期不断缩短，也就要求企业的生产技术、服务系统能够对这种变化做出迅速响应。在大量个性化消费的催生下，用户个性化需求增多，满足用户不同的消费习惯、为客户提供个性化服务已经逐渐成为制造业以及服务产业甚至整个供应链发展的新方向。

个性化服务是指根据消费数据利用计算机技术进行分析，来更好地预测和满足客户需求的一种服务模式。从整体上来看，与传统的被动服务模式相比较，个性化服务模式能够更加积极地调动供应链上的各种资源，更加主动地满足客户日益增长的个性化需求。

首先，个性化服务的核心是以人为本，提供个性化服务的企业以满足客户需求为核心竞争力。而个性化服务也增加了企业与客户之间的沟通，促进了供应链中的信息和资源共享，这样更容易增加企业所提供的产品或服务与客户需求之间的契合度，也大大减少了企业在产品宣传、促销等方面的成本。

然而，个性化服务模式生产批量小，面向的客户群体庞大，因此企业的生产成本和交易成本会增加，而分散的服务又增加了运营管理的复杂度，这会在一定程度上影响企业的经济效益、运营效率和执行效率。因此，企业在提供个性化服务时，需要在服务客户的数量和服务质量之间做出权衡。个性化服务模式下生产的产品和提供的服务具有很强的独立性和个性，一旦客户不满意，产品或服务将陷入滞销，这会增加企业运营的风险。此外，个性化服务往往需要客户提供大量的个人信息,也会带来个人信息泄露的风险。

个性化服务所经历的四个过程,从低到高依次是互相信任(trust)、实现价值(value)、培养感情(emotion)、拓宽视野(vision)。

(1) 互相信任。个性化服务的第一步是互相信任,建立稳定的信任关系,这是企业与客户实现成功交易的重要前提。企业在对客户提供产品和服务时,不仅要满足客户的基本要求,还要保证产品和服务的质量,只有得到客户的信任,企业才能获得长久的支持,才更容易在市场上立足。当然,客户与企业之间的互相信任除了口头协议外,纸质的合同也非常重要,它是保障双方合法权益的重要依据。

(2) 实现价值。个性化服务的第二步是实现价值。在获得客户信任的前提下,企业要尽力满足客户需求,也就是实现自身的价值。当然,在提供服务和产品的同时,如果提供了增值服务或者提供了额外价值,对客户产生了更多的帮助,也就更有利于长久稳定合作关系的维系。

(3) 培养感情。个性化服务的第三步是培养感情。所谓培养感情,也就是企业在市场上建立品牌价值的过程。通过对不同的客户建立信任、实现价值,日积月累实现品牌忠诚度的增长。品牌忠诚度高的顾客对价格的敏感度会降低,能够认识到品牌的价值并将企业视为朋友与伙伴,也更愿意为企业品牌的发展做出贡献。

(4) 拓宽视野。个性化服务的第四步是拓宽视野。企业可以根据市场前景和资源分配情况确立更长远的战略规划。远景和战略是此步骤的关键,股份价值、资源整合程度、发展方向的期望收益是衡量此阶段的标准。

### 14.3.3 供应链中的个性化服务

个性化产品的生产、个性化服务的提供均离不开与之配套的供应链。在个性化服务中,供应链运作的参与主体不仅仅是消费者和生产者,还包括为消费者提供服务的各种服务提供商。图 14-2 所示为个性化服务供应链结构模型图。个性化服务供应链的参与主体主要包含消费者、产品集成商、零件供应商、金融服务商、物流服务商和其他服务提供商。其中,消费者是整个供应链的核心,存在消费需求才会产生整个供应链。产品集成商将消费需求转化为实际产品或服务。零件供应商主要为产品集成商提供消费者所需产品的零部件。金

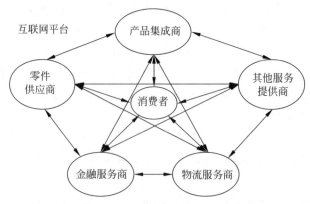

图 14-2 个性化服务供应链结构模型

融服务商在个性化产品供应链的运作过程中保障资金流的运行,为企业和消费者提供资金支持。物流服务商的主要作用是进行零部件和产品运输。其他服务提供商提供保障服务,包含平台安全运行保障和售后保障。

以个性化需求的实现为主要路线,可以将企业的服务流程分为获取客户需求、分析客户需求、处理客户需求及实现客户需求四个阶段,具体如图14-3所示。

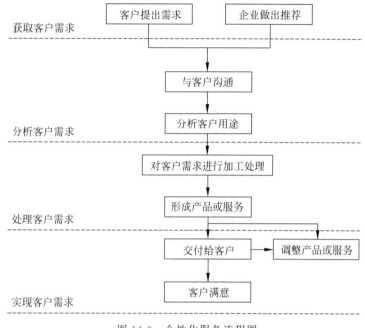

图 14-3 个性化服务流程图

**1. 获取客户需求**

个性化需求的提出是个性化服务的基础与前提。客户可以根据自己的需要、喜好及兴趣等向企业提出自己的想法和要求,根据企业的服务和产品方案以及相应价格判断自己是否要选择这家企业。在这一阶段,客户只需要向企业说明产品功能、产品种类、产品外观、产品包装、产品预期价格等关键信息,而不需要提出具体的产品属性。

电子商务的出现和信息技术的革新,使得企业可以在海量信息中迅速、准确地获取客户的偏好和习惯信息。企业以此提供个性化推荐,可以帮助消费者在各式各样的服务产品中挑选出适合且满足自身需求的产品,为消费者提供更加个性化的服务体验。

在客户面临海量选择时,企业可以根据客户以往的消费情况挖掘其需求习惯、兴趣爱好以及潜在需求等个性化特征,结合自身企业的实际情况,通过个性化推荐系统向客户推荐其可能感兴趣的产品和服务。个性化推荐系统的主要原理是通过机器学习等相关模型寻找与客户相匹配的服务产品,或者通过兴趣相近客户群体的习惯推荐相似产品。

**2. 分析客户需求**

客户对产品或服务的需求主要在于产品或服务所带来的物质满足和精神价值,这种满足程度也就决定了客户对于产品或服务能够接受的心理价格。在个性化需求模式下,应从客户需要的角度来进行服务和生产,而不是从产品细分的角度来理解客户需求。

客户的个性化需求一般有功能性需求和非功能性需求两种。功能性需求是指产品或服务的主要功能,是客户购买产品或服务的实际用途,这是用户最主要的需求。非功能性需求是指使客户获得额外满足的需求,比如客户期望的产品价格、交付时间、产品外观等。在分析和理解客户需求时不仅要分析功能性需求,还应考虑非功能性需求。

### 3. 处理客户需求

应围绕客户的个性化功能需求,按照精益、敏捷的供应链思想,对供应链的资源进行整合,同时对产品的研发、生产、交付等环节进行协同运作。首先,通过分析、比较客户需求和企业能力,进行服务和产品的设计;其次,把产品或服务的生产、供应活动分解成子任务,并把这些子任务分配给供应链上各成员。

### 4. 实现客户需求

在正式交付客户之前,要将产品或服务交给客户进行试用,让客户有一个充分的个性化体验,并让客户发现服务产品的问题;在客户使用期间,需要对客户的反馈和意见进行汇总和归纳,以便总结产品的实际效果,便于对后续的产品调整做好准备。

经过客户试用和产品调整后,将客户满意的产品和服务进行交付,既要保证满足客户需要的主要功能,又要注意产品的经济性、便捷性、稳定性等,在满足个性化需求的同时体现企业的独特价值,在实现顾客满意的同时提升品牌忠诚度。

总体来看,供应链提供个性化服务的整个运作过程起始于客户个性化需求,终止于客户满意。

## 14.4 案例分析

延迟策略在电气产品生产中的应用[①]

A公司是一家为电网业务生产高压隔离开关的企业,以项目形式承接市场上客户的订单。由于A公司产品客户定制化程度较高,目前采用的是按订单设计(engineer to order,ETO)的生产管理模式。项目中标且签订商务合同后,A公司才启动产品设计、物料采购、生产装配和最终成品发运等一系列流程。

A公司所生产的隔离开关是一种户外高压隔离开关,其主要类型为S2DA(双柱水平旋转式)、VCB(V型双柱水平回转式)、S3C(三柱双断口水平旋转开启式)等,主要用于电厂和国家电网下属各变电站。产品的核心能力体现为能够稳定地承受风、雨、雪、污秽、凝露、冰以及浓霜等外在环境变化,并且有效隔离电源,保护检修人员和设备安全。

对隔离开关而言,产品竞争力主要体现在成本、交货期和技术三个方面。A公司作为外资公司,其技术主要来自欧洲母公司,和国内企业相比,优势明显,品牌知名度高。就价格而言,尽管A公司的价格较高,但其产品性能好,质量稳定,所以市场接受度较好。目前,对A公司而言最大的挑战就是交货期,A公司供应模式为项目化采购,即100%按照项目需求购买,产品个性化程度高,但存在原材料交货周期较长、换货补货周期长以及原料通用性差

---

① 改编自本章参考文献[9]。

等问题。目前该公司的产品交货周期平均在 6 个月左右,而客户期望的交货期仅为 2.5 个月,由于交货期与客户预期的不匹配,公司每年在投标时大约会损失掉 360 万欧元的项目合同。

以 2018 年某项目为例,产品设计和图纸确认花费了 7 天,BOM 制作花费了 8 天,进口部件交货周期(包含运输和进口报关时间)长达 104 天,生产装配花费 5 天,产品包装需要 2 天,整个项目从收到项目订单到产品出货共历时 197 天。

对于 100% 定制化供应链管理模式而言,要想优化成本、缩短交货周期,提高整体供应链的效率,就必须打破现有的壁垒,对产品结构和供应链流程进行重造,简化设计和采取模块化设计是重造的重要环节。因此,A 公司开始引入"提前物料清单"的策略,对于标准部件,工程部提前制作 BOM,启动采购流程,物料到货后,生产部按照生产计划开始进行半成品的装配;对于定制部件,确认客户需求后,工程部开始制作相应 BOM,生产部会根据最终 BOM 和图纸的要求将个性化部件组装在之前已经完成的半成品上,形成产成品。产成品经过包装和运输环节,最终会按照客户要求的时间和数量准时交付到变电站现场或客户指定的仓库。经过改进后的供应链产品生产流程见图 14-4。

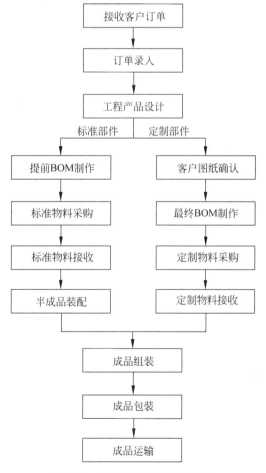

图 14-4  改进后的产品生产流程

经过对产品标准化、模块化的设计改进后,处于客户订单分离点(CODP)前的部件是导电臂、瓷瓶、操作机构(不包括部分二次电器元件)和底座(除连杆和地刀以外)。根据重新构造后的供应链流程,当项目部将销售订单相关信息(包括客户信息、产品型号、数量和交货日期)录入企业资源计划(enterprise resource planning,ERP)系统后,工程部会根据销售订单信息提前 BOM 制作,并将其录入 ERP 系统。计划员可以通过运物料需求计划(material requirement planning,MRP),获得半成品生产建议和物料采购建议。对于标准部件的采购和半成品的生产安排,考虑到其通用性较强的特点,适合采用大批量的推动式生产模式。CODP 后的部件是触头、接线端、操作机构二次电器元件和底座连杆及地刀。这些部件与客户现场的条件密切相关,因此个性化程度较高。对于这些定制化程度高、通用性差的部件,按订单生产、按订单采购的拉动式生产模式更为适合。

产品标准化设计实施之后,在新的供应链流程下,相同数量、相同型号的隔离开关出厂周期约为 2.5 个月。在新的供应链流程中,对产品 CODP 的识别、对 CODP 前零部件标准化和模块化的设计以及提前 BOM 制作的引入,使得延迟策略在 A 公司这样一个 100% 定制化生产管理模式的企业得以运用,产品个性化部分对整体供应链效率的影响得到了有效的改善。提前 BOM 制作的采用为 CODP 前的部件采购和生产争取了更多的时间,实现了个性化设计与标准化生产同步进行,从而有效地缩短了产品交货周期。优化后的产品交货周期可以满足客户的期望,不仅增强了公司的市场竞争力,还有利于公司获得更多的客户订单。

## 习题

14-1 一家玩具店在新年到来前以 2000 元的成本购买了 4000 件玩具。一般每年的市场需求分为上、下半年两个阶段,玩具店老板根据经验预测上、下半年的需求分别是 $d_1 = 2000 - 0.6p_1$,$d_2 = 3000 - 1.3p_2$。那么老板应该如何对玩具进行定价,从而尽可能获得更多的收入?

14-2 一家食品厂商需要供应两家不同的超市,超市 A 偏好膨化类食品,其需求曲线为 $d_1 = 500 - 20p_1$,超市 B 偏好果冻类食品,其需求曲线为 $d_1 = 500 - 40p_2$。假设该厂商的单位生产成本为 $c = 6$ 元。如果该食品厂的目标是使利润最大化,需要进行差异定价吗?它将如何为每个市场制定价格?

14-3 一家工厂 A 准备接受来自下游制造公司的零部件生产订单。工厂 A 的最大产能是 7500 件,生产一个零部件的利润是 15 元。供应商在接受订单时需要决策订单的数量,如果最终获得的订单量超出产能,则需要开启备用生产线以增加产能,会导致 5 元/件的损失。如果制造公司在交付日前取消订单的数量服从正态分布,均值为 1200 件,标准差为 600 件,那么工厂 A 应该接受多少订单来保证盈利?

14-4 简述易逝资产定价的两个主要策略。

14-5 简述面向供应链管理进行产品设计的优势。

14-6 简述模块化产品设计的概念,并举例说明。

14-7 简述个性化需求和定制化需求的主要区别。

14-8 以某家企业为例,谈谈对个性化服务的理解。

# 参考文献

[1] 刘宝红. 采购与供应链管理:一个实践者的角度[M]. 3版. 北京:机械工业出版社,2019:149-152.
[2] SIMCHI-LEVI D, KAMINSKY P, SIMCHI-LEVI E. 供应链设计与管理:概念、战略与案例研究[M]. 季建华,邵晓峰,译. 3版. 北京:中国人民大学出版社,2010.
[3] CHOPRA S, MEINDL P. 供应链管理[M]. 陈荣秋,译. 6版. 北京:中国人民大学出版社,2017.
[4] 胡建波. 延迟策略在供应链管理中的应用[J]. 企业管理. 2012,2(2):100-102.
[5] 段彩丽,陈晓春. 不同外包策略下的产品模块化设计和供应链决策分析[J]. 管理工程学报. 2021,35(5):212-224.
[6] KHAN, OMERA, et al. Integrating product design into the supply chain[J]. Cogent engineering,2016,3(1):1210478.
[7] MILOVANOVIĆ G, HOI YAN, G POPOVIĆ G. The hyper-personalized supply chains[J]. Industry 4.0,2019,4(3):124-127.
[8] YEUNG, HOI YAN J, et al. Postponement strategy from a supply chain perspective: cases from China[J]. International Journal of Physical Distribution & Logistics Management,2007,4(37):331-356.
[9] 陆慧. 延迟策略在输电设备企业供应链管理中的应用[D]. 上海:上海交通大学,2019.